ECONOMIA DE L'EMPRESA

1

Clara González Fernández
Montserrat Pina Massachs
Josep Alfaro Giménez

BARCELONA - MADRID - BOGOTÀ - BUENOS AIRES - CARACAS - GUATEMALA
MÈXIC - NOVA YORK - PANAMÀ - SAN JUAN - SANTIAGO - SÃO PAULO
AUCKLAND - HAMBURG - LONDRES - MILÀ - MONT-REAL - NOVA DELHI - PARÍS
SAN FRANCISCO - SYDNEY - SINGAPUR - SAINT LOUIS - TÒQUIO - TORONTO

Economia de l'empresa 1 · Batxillerat

Totes les activitats d'aquest llibre s'han de resoldre en un quadern a part.

McGraw-Hill/Interamericana de España, S.L.
Edificio Valrealty, 1.ª planta
Basauri, 17
28023 Aravaca (Madrid)

ISBN: 978-84-481-8129-1

Editor del projecte: Germà Bustamante i Núria Sugrañes
Edició: PGE, S.L.
Tècnica editorial: Alèxia Peláez Alegre
Disseny de coberta: rload.es
Disseny d'interiors: dfrente.es
Fotografies: Album, AGE Fotostock, Cover, Getty Images, Lourdes Sogas, Stock Photos i fons McGraw-Hill
Composició: Fotoletra
Imprès a: CTPS

IMPRÈS A LA XINA - PRINTED IN CHINA

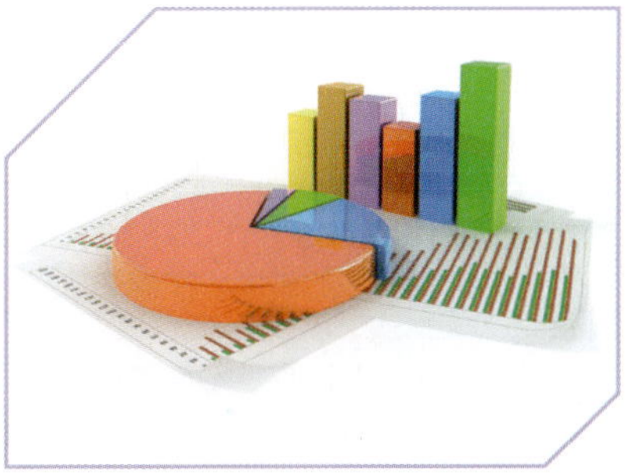

Presentació

L'Economia de l'empresa és una matèria de modalitat del batxillerat d'Humanitats i Ciències Socials. Es tracta de la part de la ciència econòmica dedicada a l'anàlisi de les activitats que du a terme una organització integrada per elements humans, tècnics i materials amb la finalitat de satisfer una necessitat del mercat que li reporti, generalment, un benefici, i sota el govern d'un administrador o empresari. Les competències específiques que l'alumne ha d'assolir amb l'estudi de l'economia de l'empresa són essencialment tres: en gestió i organització, en estratègia i en emprenedoria. Tanmateix, la matèria ha de contribuir a assolir les competències del batxillerat, que són: comunicativa, en recerca, en gestió i tractament de la informació digital, personal i interpersonal, en el coneixement i en la interacció amb el món.

La matèria s'estructura en els dos cursos de batxillerat seguint una escala gradual en la complexitat dels continguts i les reflexions.

El llibre *Economia de l'empresa 1* correspon al primer curs d'aquesta matèria. La seva estructura respon a una aproximació als àmbits més concrets de la matèria, en la qual prenen un relleu especial el descobriment, la reflexió i el debat al voltant de la realitat de l'empresa. Els blocs en què es divideix aquest primer curs corresponen a una concepció general de l'empresa en tant que organització i suposen un recorregut per tres de les àrees de gestió en les empreses. Cada bloc s'estructura en diverses unitats (quatre el bloc 1, dos el bloc 2, quatre el bloc 3 i tres el bloc 4).

En el bloc 1, *L'empresa com a organització*, s'estudia què és una empresa, l'entorn econòmic i social, la responsabilitat vinculada a l'activitat empresarial i els tipus d'empresa. Es mostren els elements de la direcció de l'empresa (planificació, organització, gestió i control) i la importància de la presa de decisions, així com la seva aplicació a casos senzills.

En el bloc 2, *Gestió dels recursos humans*, s'estudia la importància del factor humà dins l'empresa, les funcions del departament de recursos humans, el treball i la legislació laboral.

En el bloc 3, *Gestió de la producció*, s'estudia la funció productiva i l'aprovisionament; els costos de l'empresa i la gestió de la producció, incloent-hi aspectes tan dinàmics i actuals com la gestió de la qualitat i la protecció del medi ambient. També inclou la gestió d'aprovisionament i l'administració i gestió de les existències.

El bloc 4, *La gestió comercial*, mostra la importància i rellevància de la funció comercial de l'empresa. S'estudia el contingut de l'anàlisi dels mercats i s'introdueix el concepte de *màrqueting* i els seus elements fonamentals. També inclou exemples reals de posicionament de productes al mercat i l'elaboració d'un pla de màrqueting.

Cada unitat conté una explicació dels continguts, organitzats per apartats, amb exemples il·lustratius i activitats d'aprenentatge. També s'hi troben lectures de suport, a més de definicions d'alguns termes i adreces d'Internet relacionades amb els continguts que s'estudien. Al final de cada unitat hi ha un seguit d'exercicis que ajuden a posar en pràctica i comprovar el nivell d'assoliment dels diversos continguts adquirits.

Confiem que aquest llibre sigui útil per als professors i les professores i proporcioni a l'alumnat el nivell de coneixement adequat perquè l'any que ve pugui completar l'estudi de la matèria.

Els autors

COM S'UTILITZA AQUEST LLIBRE

BLOC

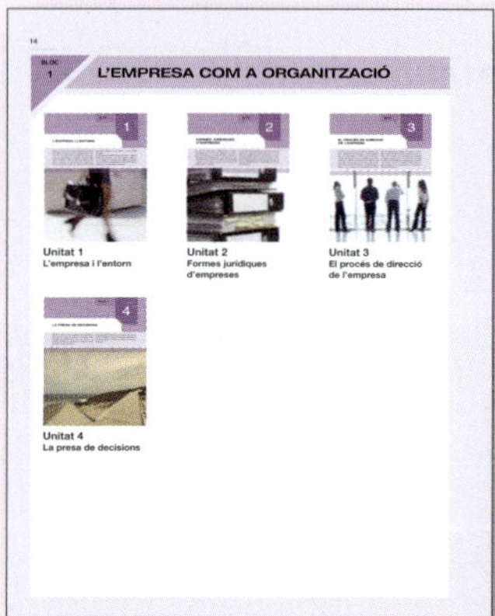

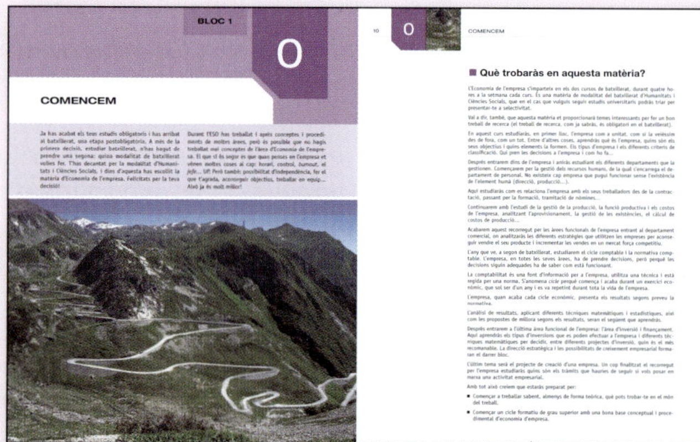

Introducció de bloc

Aquest llibre de primer de batxillerat està format pels quatre blocs que preveu el currículum i que són: 1) l'empresa com a organització; 2) gestió dels recursos humans; 3) gestió de la producció, i 4) gestió comercial.

Comencem

Es tracta d'una breu introducció als temes que es treballaran al llarg del curs; també permet reflexionar sobre la importància del món de l'empresa en la vida quotidiana, de com en el dia a dia tot allò que ens envolta està relacionat, directament o indirectament, amb la realitat empresarial.

BANC DE RECURSOS DIGITALS

A les matèries de batxillerat, hi haurà el suport d'una web de recursos per a alumnat i per al professorat.

A l'espai de l'alumnat, hi descobriràs materials que et permetran d'ampliar els coneixements adquirits a l'aula i treballar-los de manera autònoma.

A l'espai del professorat, aquest hi trobarà material de suport per a les unitats, recursos audiovisuals, presentacions, etc. El professor podrà fer una selecció dels materials que més s'adiguin a les seves necessitats a fi i efecte de completar l'ensenyament de la matèria.

UNITAT

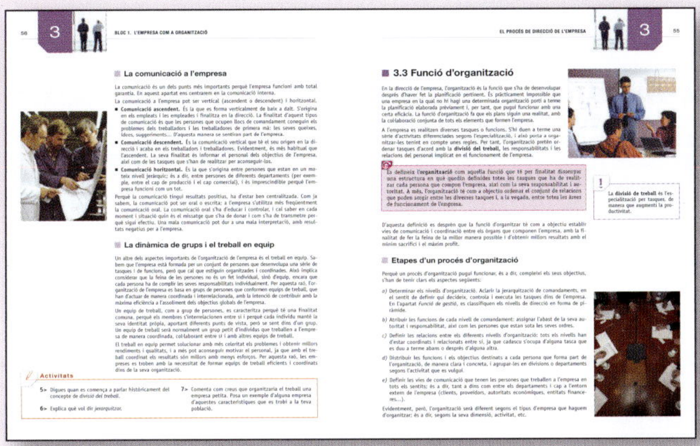

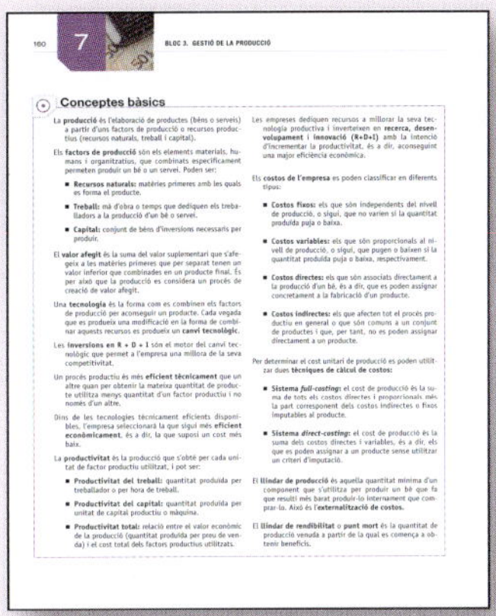

Tractament teòric de la matèria

Les unitats desenvolupen la matèria mitjançant continguts conceptuals i procedimentals, amb exemples resolts, gràfics i taules, a més d'activitats d'aprenentatge després de cada apartat.

Conceptes bàsics

Al final de cada unitat trobaràs un recull dels conceptes bàsics del tema tractat. Aquests conceptes t'ajudaran a assolir i refermar tot l'essencial que has estudiat.

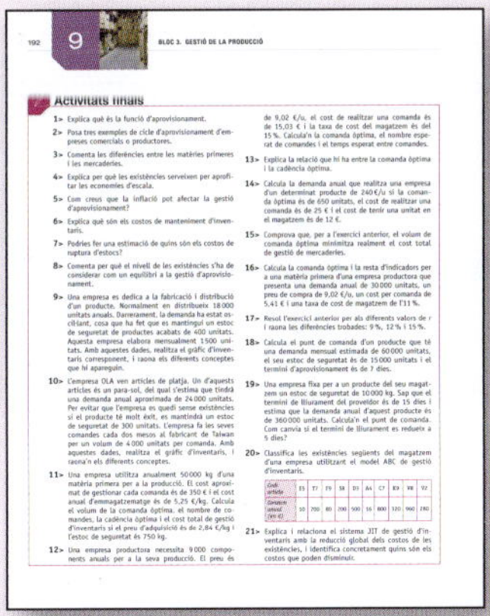

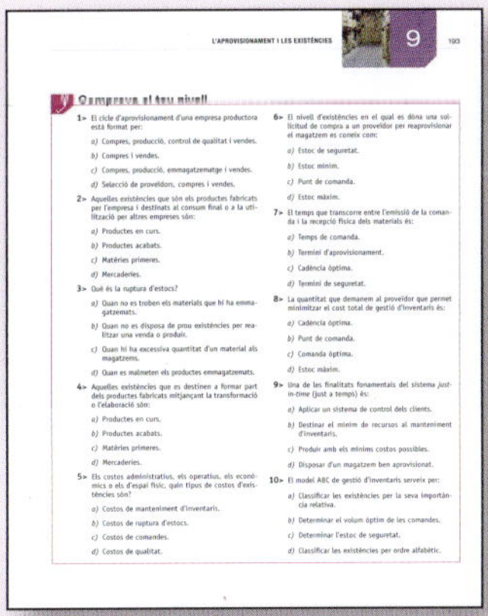

Activitats finals

Recull d'exercicis i problemes relacionats amb els continguts que s'han tractat a la unitat.

Comprova el teu nivell

Al final de cada unitat es proposen un seguit de preguntes de tipus test perquè puguis avaluar els coneixements que has adquirit.

ÍNDEX

0

COMENCEM

Ja has acabat els teus estudis obligatoris i has arribat al batxillerat, una etapa postobligatòria. A més de la primera decisió, estudiar batxillerat, n'has hagut de prendre una segona: quina modalitat de batxillerat volies fer. T'has decantat per la modalitat d'Humanitats i Ciències Socials, i dins d'aquesta has escollit la matèria d'Economia de l'empresa. Felicitats per la teva decisió!

Durant l'ESO has treballat i après conceptes i procediments de moltes àrees, però és possible que no hagis treballat mai conceptes de l'àrea d'Economia de l'empresa. El que sí és segur és que quan penses en l'empresa et vénen moltes coses al cap: horari, control, *burnout*, el *jefe*... Uf! Però també: possibilitat d'independència, fer el que t'agrada, aconseguir objectius, treballar en equip... Això ja és molt millor!

Què trobaràs en aquesta matèria?

L'Economia de l'empresa s'imparteix en els dos cursos de batxillerat, durant quatre hores a la setmana cada curs. És una matèria de modalitat del batxillerat d'Humanitats i Ciències Socials, que en el cas que vulguis seguir estudis universitaris podràs triar per presentar-te a selectivitat.

Val a dir, també, que aquesta matèria et proporcionarà temes interessants per fer un bon treball de recerca (el treball de recerca, com ja sabràs, és obligatori en el batxillerat).

En aquest curs estudiaràs, en primer lloc, l'empresa com a unitat, com si la veiéssim des de fora, com un tot. Entre d'altres coses, aprendràs què és l'empresa, quins són els seus objectius i quins elements la formen. Els tipus d'empresa i els diferents criteris de classificació. Qui pren les decisions a l'empresa i com ho fa...

Després entrarem dins de l'empresa i aniràs estudiant els diferents departaments que la gestionen. Començarem per la gestió dels recursos humans, de la qual s'encarrega el departament de personal. No existeix cap empresa que pugui funcionar sense l'existència de l'element humà (direcció, producció...).

Aquí estudiaràs com es relaciona l'empresa amb els seus treballadors des de la contractació, passant per la formació, tramitació de nòmines...

Continuarem amb l'estudi de la gestió de la producció, la funció productiva i els costos de l'empresa, analitzant l'aprovisionament, la gestió de les existències, el càlcul de costos de producció...

Acabarem aquest recorregut per les àrees funcionals de l'empresa entrant al departament comercial, on analitzaràs les diferents estratègies que utilitzen les empreses per aconseguir vendre el seu producte i incrementar les vendes en un mercat força competitiu.

L'any que ve, a segon de batxillerat, estudiarem el cicle comptable i la normativa comptable. L'empresa, en totes les seves àrees, ha de prendre decisions, però perquè les decisions siguin adequades ha de saber com està funcionant.

La comptabilitat és una font d'informació per a l'empresa, utilitza una tècnica i està regida per una norma. S'anomena *cicle* perquè comença i acaba durant un exercici econòmic, que sol ser d'un any i es va repetint durant tota la vida de l'empresa.

L'empresa, quan acaba cada cicle econòmic, presenta els resultats segons preveu la normativa.

L'anàlisi de resultats, aplicant diferents tècniques matemàtiques i estadístiques, així com les propostes de millora segons els resultats, seran el següent que aprendràs.

Després entrarem a l'última àrea funcional de l'empresa: l'àrea d'inversió i finançament. Aquí aprendràs els tipus d'inversions que es poden efectuar a l'empresa i diferents tècniques matemàtiques per decidir, entre diferents projectes d'inversió, quin és el més recomanable. La direcció estratègica i les possibilitats de creixement empresarial formaran el darrer bloc.

L'últim tema serà el projecte de creació d'una empresa. Un cop finalitzat el recorregut per l'empresa estudiaràs quins són els tràmits que hauries de seguir si vols posar en marxa una activitat empresarial.

Amb tot això creiem que estaràs preparat per:

- Començar a treballar sabent, almenys de forma teòrica, què pots trobar-te en el món del treball.
- Començar un cicle formatiu de grau superior amb una bona base conceptual i procedimental d'economia d'empresa.

- Continuar estudis universitaris de tipus administratiu o de qualsevol altra mena. Ben segur que aquests coneixements et seran molt útils.
- Muntar un negoci i convertir-te en un bon empresari que aplica de forma responsable el que ha après.
- Poder familiaritzar-te amb el llenguatge econòmic que, moltes vegades, utilitza paraules angleses d'ús internacional, com ara *burnout, cash flow, input, output, crack,* etc.
- I moltes altres coses...

Abans d'entrar pròpiament en matèria volem plantejar-te una sèrie d'interrogants amb la intenció que reflexionis sobre temes relacionats amb l'empresa, que t'adonis que l'observació de la realitat que ens envolta és sempre el punt de partida de qualsevol estudi, i que segurament ja hi ha moltes coses que saps sobre economia d'empresa.

La síndrome de *burnout* («estar cremat») va ser descrita pel psiquiatre Freudemberg l'any 1974 i es caracteritza per la pèrdua d'energia fins a arribar a l'esgotament, símptomes d'ansietat i depressió, així com desmotivació per la feina i agressivitat.

L'empresa, una realitat llunyana?

Hi ha molta gent que creu que el seu contacte amb l'empresa comença quan troba la seva primera feina. La realitat empresarial, però, està més a prop i ens acompanya des de pràcticament l'inici de la nostra existència.

Amb un petit exemple ho posarem de manifest. Pensa en el que has fet avui una hora aproximadament abans d'haver arribat a l'escola. És possible que no coincideixis exactament amb els teus companys, però bàsicament la majoria podríeu fer un llistat com aquest:

- Neteja personal (rentar-se les dents, dutxa...).
- Vestir-se (texans i samarreta, faldilla, pantalons esport...).
- Esmorzar (llet, suc, galetes, cereals, torrades amb melmelada, embotits, pa...).
- Fer el llit (funda nòrdica, llençols i cobrellit...).
- Agafar la motxilla amb els llibres i material escolar.
- Traslladar-se a l'escola: a peu, en cotxe, en moto, en transport públic.
- Arribar a l'escola i entrar a classe per fer...

Totes aquestes tasques, si ho penses bé, són possibles gràcies a l'existència de diferents empreses, nacionals i estrangeres, privades i públiques. Si paressis una estona a reflexionar sobre això, segur que t'adonaries que saps moltes més coses de les empreses de les que pensaves i que aquesta és una realitat molt propera a la nostra vida quotidiana. Doncs bé, la intenció de la matèria en aquest curs és ajudar-te a trobar resposta a totes aquestes qüestions i a moltes d'altres.

Són necessaris tants productes?

Durant l'ESO has estudiat tecnologia. La tecnologia es podria definir com el conjunt de coneixements tècnics, científicament organitzats, que tenen per objectiu satisfer necessitats humanes. Observa que el fet de tenir necessitats és el que fa que sorgeixi el procés tecnològic amb la intenció d'arribar a una solució.

Tornem a l'apartat anterior, en què analitzàvem el que havíem fet la primera hora d'aquest matí. És evident que tots tenim la necessitat de menjar, el nostre cos no funciona sense aliments, però et plantegem les següents preguntes:

- Entre els que heu pres llet per esmorzar, ha estat la mateixa (marca) i del mateix tipus (amb vitamina C, descremada, enriquida amb calci)?
- Creus que són realment necessàries tantes variants de la llet? Per què creus que les fan les empreses?

Hem posat l'exemple de la llet, però es podria aplicar a qualsevol altre producte. Per exemple: tots tenim la necessitat de descansar i dormir, i ho fem en un llit. Per protegir el matalàs i no passar fred utilitzem llençols. Per què no són tots els llençols de cotó i de color blanc? Es vendrien tants llençols si fossin tots iguals? Podria una botiga vendre llençols blancs de cotó a 20 € si una altra els vengués a 18 €?

Totes les persones som diferents, i a més de les necessitats bàsiques o fisiològiques, en tenim d'altres que van canviant amb el temps i que es van refinant amb l'increment de la renda de les famílies. Les empreses saben això i treballen per detectar noves necessitats que impliquin nous productes, suficientment diferents dels de les altres empreses per impactar més el consumidor. Tot això que hem comentat està dins de l'estratègia de màrqueting empresarial. O tu també creies, com alguns, que el màrqueting és únicament publicitat? Ho estudiaràs més endavant.

Dins de l'empresa, tots fan el mateix?

Els menors de 16 anys tenen una relació amb l'empresa com a consumidors i, en formar part d'una unitat familiar, reben d'ella uns diners procedents de la feina que fan els seus pares, avis, germans més grans... Però fan els nostres pares tots la mateixa feina? I nosaltres, quan comencem a treballar farem el mateix que ells? Cobrarem igual si treballem les mateixes hores? De què depèn el que es cobra dins de l'empresa?

Si feu una llista amb la professió i el tipus de feina dels vostres pares observareu que molt pocs fan exactament el mateix. Això ens porta a la conclusió que l'empresa és una realitat complexa, amb diferents necessitats, que tot i recompensar cada treballador de manera diferent segons la necessitat que cobreix, necessita absolutament de cadascun d'ells.

L'estudi de les diferents tasques que es realitzen dins de l'empresa, que són conseqüència del departament en què es treballa i del grau de responsabilitat que es té, serà, com ja hem comentat, un dels objectius d'aquest curs.

Activitats

Si ja has reflexionat sobre tot allò que has fet abans de venir a l'escola, intenta donar resposta a les següents preguntes:

1> Quantes empreses diferents han participat en la teva primera hora del dia?

2> Sabries dir quines de les empreses són nacionals i quines són estrangeres?

3> Hi ha alguna empresa que sigui de l'Estat?

4> Quines diferències més importants trobes entre l'empresa subministradora de l'aigua i l'empresa subministradora de la melmelada?

5> Com consideres l'empresa, una realitat llunyana o propera a nosaltres?

BLOC 1

L'EMPRESA COM A ORGANITZACIÓ

Unitat 1
L'empresa i l'entorn

Unitat 2
Formes jurídiques d'empreses

Unitat 3
El procés de direcció de l'empresa

Unitat 4
La presa de decisions

1

L'EMPRESA I L'ENTORN

L'empresa és la institució més important del sistema d'economia de mercat que, a més de produir béns i serveis necessaris per satisfer les necessitats de les persones, té altres funcions i finalitats. Et volem donar una visió global de l'empresa, dels seus objectius, elements i funcions. Al marge de la seva organització interna, no podem oblidar que l'empresa té un repte important: adaptar-se a un entorn i a una societat canviants.

Els conceptes més importants que aprendràs en aquesta unitat són: l'empresa i els seus objectius; elements que la componen i funcions que realitza; la influència de l'entorn; la responsabilitat social de l'empresa; l'empresari, i la classificació d'empreses.

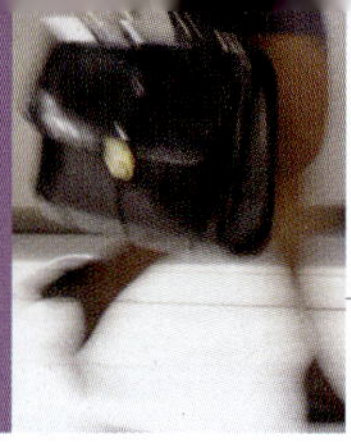

1.1 L'empresa com a unitat econòmica

@ La Cambra de Comerç de Barcelona és una institució que promou l'activitat econòmica i empresarial de Catalunya:

http://www.cambrabcn.es

Des de l'edat mitjana, d'una manera o d'una altra sempre s'ha parlat d'empresa, però aquesta, tot i tenir la mateixa finalitat, ha anat evolucionant en el transcurs del temps. Per tenir una visió general d'aquesta evolució és interessant la lectura de suport de la pàgina 17.

Les persones, al llarg de la història, han tingut i tenen diverses necessitats que els fan desitjar una sèrie de béns i serveis. Són necessitats molt diferents segons el lloc on habiten, la classe social, els recursos econòmics que tenen... Per exemple, una persona que viu al nord d'Europa amb uns recursos econòmics determinats té unes necessitats diferents de les d'una altra que viu al nord d'Àfrica amb uns altres recursos.

Evidentment, encara que parlem de persones diferents amb condicions diferents, les necessitats que tenen solen ser il·limitades; en canvi, els recursos existents per satisfer-les (recursos naturals, treball i capital) són limitats i escassos. El fet que els béns siguin escassos fa que tinguin un valor; per tant, qui els vulgui haurà de pagar d'alguna manera per obtenir-los. A conseqüència d'això, sorgeix la necessitat d'altres persones de proporcionar aquests béns a la població.

Aquest és el punt de partida de l'empresa com a **unitat econòmica de producció,** entenent com a *producció* qualsevol procés que tingui com a finalitat crear o, si més no, posar a l'abast de les persones els béns i serveis necessaris per satisfer les seves necessitats. És important entendre que la producció pot donar lloc tant a béns materials com a béns immaterials; és a dir, els béns que ens pot donar una empresa industrial (béns materials) tenen el mateix caràcter de producció que els serveis que ens pot donar una assessoria jurídica, un banc o una discoteca (béns immaterials o intangibles).

Flux de la renda simple

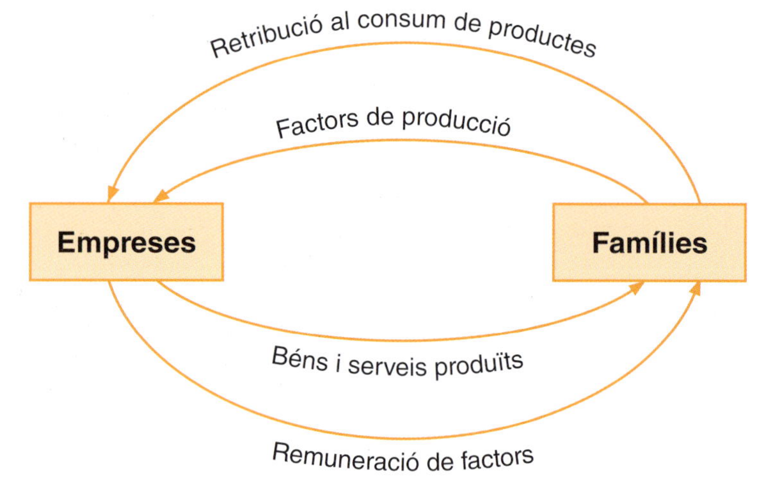

Les **empreses,** per poder realitzar la funció de producció dins del sistema econòmic, necessiten uns grups socials anomenats ***famílies,*** que tenen com a funció el consum i aporten **factors de producció.** Així doncs, el consum i la producció són les dues activitats clau en totes les relacions d'intercanvi que es generen en el sistema econòmic. L'empresa és, però, l'eix de tota l'activitat productiva del sistema.

A la figura de l'esquerra podem veure la relació que hi ha entre les famílies i l'empresa. Mentre les famílies aporten els factors de producció a les empreses, aquestes els subministren els béns i serveis necessaris per satisfer les seves necessitats.

D'altra banda, hi ha una relació monetària; és a dir, les empreses paguen la utilització dels factors productius (matèria primera, maquinària, treball) però ingressen l'import del consum realitzat per les famílies.

Per tant, perquè l'empresa pugui aconseguir el seu propòsit —és a dir, produir— hi ha d'haver una sèrie d'interrelacions, dins i fora de l'empresa, que ho facin possible.

Així doncs, podem definir l'**empresa** com un conjunt d'elements organitzats i coordinats per la direcció, orientats cap a l'obtenció d'una sèrie d'objectius, i que actuen sota condicions de risc.

L'empresa i la seva evolució històrica

Com que l'empresa és un agent fonamental en qualsevol sistema econòmic, la seva sort i la seva evolució corren paral·leles. Vegem molt sumàriament com es produeix aquesta evolució amb el pas del temps.

Durant la baixa edat mitjana (segles XII a XV), a mesura que es desenvolupen les ciutats, també ho fa la indústria artesanal, agrupada en gremis; alhora, s'incrementen de manera molt notable els intercanvis comercials i en sorgeixen importants fires. En aquesta època els comerciants s'agrupen en lligues o hanses freqüentment associades a les seves ciutats d'origen. Al llarg d'aquest període no es pot parlar d'empreses pròpiament dites: l'activitat econòmica és en mans dels menestrals i dels comerciants, que comencen a constituir companyies col·lectives i comanditàries (formes socials que, com veurem, recull la nostra legislació mercantil).

A partir del segle XV, els progressos en la navegació permeten una expansió d'Europa a la recerca de rutes comercials amb l'Extrem Orient; una conseqüència d'aquesta expansió és el descobriment d'Amèrica, que permet a Espanya d'establir un monopoli comercial amb les terres descobertes fins que la seva posició es debilita.

Durant els segles XVI i XVII, els anglesos i els holandesos creen companyies d'Índies per comerciar amb l'Extrem Orient. La formació d'aquestes companyies necessita grans aportacions de capital, per la qual cosa es recorre al mètode de vendre participacions que atorguen la condició de socis a les persones que les compren, amb el consegüent dret a participar en els guanys. Havia nascut la societat anònima.

Al final del segle XVIII i principi del segle XIX, es desenvolupa la Revolució Industrial, primer a la Gran Bretanya i després a la resta d'Europa. Aquest procés es produeix en la segona meitat del segle XIX.

La Revolució Industrial consisteix en un fenomen d'acumulació de capital, aplicació de nous invents tècnics i desenvolupament de la mentalitat empresarial dinamitzada per la burgesia ascendent. En el transcurs d'aquesta època es creen nombroses empreses que utilitzen per primer cop una gran quantitat d'obrers i produeixen de forma massiva. El creixement empresarial es consolida durant tot el segle XIX i, a la fi d'aquell segle, neixen tècniques d'organització i direcció empresarial que constitueixen els antecedents dels moderns sistemes de gestió i direcció d'empreses.

Durant el segle XX, mentre el creixement econòmic continua, es desenvolupen les grans societats anònimes, que són una peça bàsica dins del sistema capitalista o d'economia de mercat.

El 1917, amb la Revolució Russa, neix un nou sistema econòmic que rep el nom de *socialisme real*. En aquest sistema, l'empresa, que pertany a l'Estat o en tot cas al sector cooperatiu, segueix les directrius marcades pel pla econòmic central, i no les pautes del mercat com als països capitalistes.

Després de la Segona Guerra Mundial, a causa de l'anomenada Guerra Freda, el món es divideix en dos blocs: el capitalista i el socialista. Dins de cadascun d'ells es desenvolupen processos d'integració supranacional: destaca, en el primer cas, la CE, i en el segon, el COMECON. Alhora, els Estats Units i la URSS representen un important paper com a líders de cadascun d'aquests dos blocs: suposen dues concepcions diferents de la vida.

En el món occidental, els processos d'integració i l'apropament de relacions entre els estats faciliten el desenvolupament de les empreses multinacionals, les quals busquen expandir la producció a gran escala, adaptar-se als diferents mercats i aconseguir la diversificació d'activitats.

Per la seva banda, el bloc socialista, després del fracàs del seu model, intenta adoptar un sistema d'economia de mercat, però amb enormes dificultats, entre les quals destaquen l'absència de capital i la falta de capacitat empresarial i de mercats interiors amb poder adquisitiu. Cal destacar, per altra banda, el paper emergent de la Xina en l'economia internacional, els efectes del qual són avui imprevisibles.

- Fes un esquema per etapes cronològiques de l'evolució de l'empresa.
- Argumenta per què la Revolució Industrial va afavorir la creació d'empreses.
- Digues per què el sistema capitalista s'anomena d'*economia de mercat*.

> L'empresari professional és aquell que gestiona l'empresa i pot ser propietari o no d'aquesta.

Objectius de l'empresa

Cal distingir entre el fi de l'empresa o objectiu general, els objectius pròpiament dits i els subobjectius.

El **fi de l'empresa** o **objectiu general** és el primer nivell en la jerarquia dels objectius i és la missió o la raó de ser de l'empresa com unitat econòmica. Expressa metes que l'empresa desitja aconseguir a llarg termini i seria el punt de partida de l'actuació empresarial, però que s'han de concretar en els objectius pròpiament dits.

Els **objectius pròpiament dits** són aquells que vol aconseguir l'empresa durant un període concret, és a dir, les metes triades una vegada s'ha analitzat l'entorn (canvis interns de la pròpia empresa, socials, culturals...). Els objectius solen ser canviants i per tant l'empresa s'ha d'anar adaptant a l'entorn, però sense perdre de vista el seu fi.

Normalment, però, l'objectiu bàsic de l'empresa és maximitzar el benefici minimitzant costos, tenint en compte el medi ambient. Tot i això, ara per ara hi ha molts punt de vista sobre aquesta afirmació, ja que, com veurem més endavant, hi ha una separació entre la propietat de l'empresa i la seva direcció, per la qual cosa les prioritats de les dues figures no són les mateixes.

D'altra banda, l'empresa també té com objectiu els fins socials, ja que crea llocs de treball, abasta la població i crea riquesa.

Els **subobjectius** també els podríem anomenar *objectius departamentals* o *operacionals*, que són els que ens ajudaran a aconseguir els objectius prèviament marcats i els que impliquen tota la plantilla (a la unitat 3 s'expliquen amb més detall).

Conflicte d'objectius

L'empresa, com veurem més endavant, està formada per uns elements, entre els quals es troben les persones, que formen part del factor humà, i de l'entorn de l'empresa.

A l'hora de fixar els objectius, s'ha de mantenir un equilibri amb totes les persones que estan relacionades amb l'empresa, ja que cadascuna d'elles voldrà que se satisfacin els seus interessos. D'alguna manera, aquests objectius sortiran de l'acord de totes elles, i pot ser complicat, ja que les prioritats de cadascun dels grups que formen el factor humà i l'entorn de l'empresa són diferents. Per exemple:

- Propietaris, socis, accionistes... voldran obtenir, en caràcter general, el màxim rendiment, un benefici i, des del punt de vista particular, el màxim dividend (són els beneficis repartits als propietaris per la seva participació en l'empresa).
- L'empresari professional tindrà com objectiu fer una bona gestió, el creixement de l'empresa, la millora de les inversions, etc.
- Els treballadors voldran millorar el seu salari i les seves condicions laborals, de seguretat...
- Els clients voldran que l'empresa compleixi amb els compromisos d'entrega de productes, ofereixi condicions de venda com ara descomptes, etc.
- Els proveïdors intentaran cobrar en els terminis pactats i que l'empresa compleixi els compromisos que s'han marcat.
- Els bancs i les institucions financeres voldran assegurar-se que l'empresa els pugui tornar els diners prestats juntament amb els corresponents interessos.
- L'Estat i les administracions públiques tindran com interès cobrar els corresponents impostos.

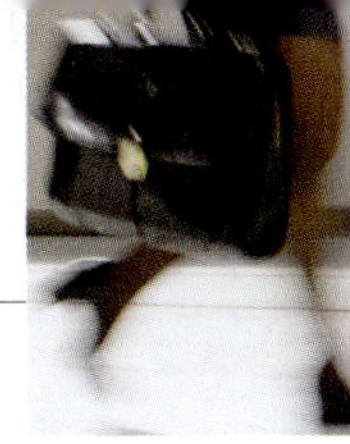

Resumint, a l'hora de marcar els objectius s'hauran de tenir en compte tots aquests grups i els seus interessos, el tipus d'empresa i el seu l'entorn, sense oblidar que, perquè es compleixin, aquests objectius han de ser realistes i extensibles a tots els elements interns de l'empresa que els han de dur a terme.

Michael E. Porter és professor de la Càtedra d'Administració de Negocis C. Roland Christensen en l'Escola de Negocis de Harvard i ha estat assessor sobre estratègia competitiva en destacades empreses, com AT&T, Credit Suisse, DuPont o Procter & Gamble.

És una autoritat destacada en estratègia competitiva i en competitivitat internacional, i és conegut principalment pel seu model d'anàlisi competitiva d'indústries que, posteriorment, va estendre a l'anàlisi de països en la seva obra *La riquesa competitiva de les nacions*.

La cadena de valor

Un altre dels objectius de l'empresa, per tal de ser més competitiva, és optimitzar al màxim la seva **cadena de valor.** La cadena de valor engloba tots els passos d'una empresa i, des del moment que entra la demanda del producte fins que surt el producte acabat, inclou tota la logística de l'empresa. En cada un dels passos l'empresa va creant valor. Segons Porter, la cadena de valor és una forma d'anàlisi de l'activitat empresarial mitjançant la qual una empresa disgrega l'activitat global en diferents parts amb l'objectiu d'identificar fonts d'avantatge competitiu en les accions que generen valor. Així, es concreten un conjunt d'activitats que afegeixen valor als productes i serveis d'aquesta empresa (matèries primeres, producció, màrqueting, distribució...) i s'intenta, en cadascuna de les activitats, obtenir la màxima rendibilitat possible reduint tot el que sigui superflu. Si aquest objectiu és assolit per l'empresa, llavors les activitats de la seva cadena de valor es podran desenvolupar i integrar de forma menys costosa, alhora que es diferenciarà de manera més evident de la competència i podrà assolir el que s'entén com a avantatge competitiu.

En la cadena de valor podem diferenciar tres elements bàsics:

- Les **activitats bàsiques primàries,** és a dir, aquelles que tenen a veure amb el desenvolupament del bé o servei que ofereix l'empresa, com la seva producció, distribució, comercialització i servei postvenda.
- Les **activitats de suport a les activitats primàries,** com l'administració, l'organització dels recursos humans (tenint en compte les seves idees i, en general, el potencial humà), el desenvolupament tecnològic, les finances, la comptabilitat, el control de qualitat, etc.
- El **marge** o **diferència entre el valor real i els costos totals** que l'empresa ha tingut per generar aquest valor. Segons com sigui aquest marge, l'empresa pot veure quines activitats són rendibles i quines no, de manera que si alguna no ho és pot plantejar-se l'opció de subcontractar-la a una altra empresa externa (*outsourcing*).

Exemple 1

Exemple de cadena de valor: l'operativa de les companyies aèries de baix cost que han pogut oferir vols a preus econòmics desenvolupant de forma intensiva l'esquema de la cadena de valor: facturació *on line,* cobrant per les maletes, reducció dels serveis en cabina, cobrant per elegir seient, cobrant per embarcar de forma preferent, cobrant pels seients més espaiosos, etc.

Elements que la componen

Tota empresa que produeix béns i serveis, per poder funcionar correctament, ha de tenir en compte una sèrie de factors, que es poden classificar en quatre grups:

- **Factors humans.** Són les persones físiques o jurídiques (societats) que tenen una vinculació directa amb l'empresa: els propietaris del capital, és a dir, socis o accionistes, i els treballadors, tant si són directius com empleats.
- **Factors materials.** Són els béns econòmics de l'empresa. Distingim els béns que formen l'anomenat *capital fix,* que és tot el capital de l'empresa que dura més d'un exercici econòmic (maquinària, mobiliari d'oficina com ara taules, cadires...), dels béns que formen el *capital circulant,* que és tot el capital que es renova cada exercici i que depèn del cicle d'explotació (matèries primeres, material d'oficina com ara bolígrafs, paper...).
- **Organització.** És un conjunt de relacions d'autoritat, de coordinació i de comunicació que formen l'activitat del grup humà entre si i amb l'exterior. Aquesta estructura organitzativa és definida per l'empresari o l'empresària.
- **Entorn.** S'entén com tots aquells factors que condicionen d'alguna manera l'actuació de l'empresari o l'empresària i, en conseqüència, de l'empresa, des de la normativa governamental fins als clients o proveïdors.

L'avantatge competitiu és el conjunt de característiques internes que l'empresa ha de desenvolupar. Això implica obtenir i reforçar una posició d'avantatge davant de les empreses competidores.

Funcions que realitza

Per poder coordinar tots els seus elements i assolir els objectius prèviament marcats, l'empresa es divideix en una sèrie d'àrees funcionals o departaments, que tot i que tenen unes funcions i unes característiques determinades, actuen conjuntament:

- **Àrea comercial.** Inclou el conjunt d'activitats necessàries per fer arribar als consumidors els béns i serveis produïts.

  Aquest departament comercial, però, té dues funcions; una, abans de la producció, que analitza les necessitats dels consumidors mitjançant l'anàlisi de mercat i, una altra, un cop elaborat el producte, que consisteix a dissenyar una política comercial adequada per poder vendre'l.

- **Àrea de producció.** Per una banda controla l'aprovisionament de les matèries primeres i, per l'altra, gestiona la producció dels béns i serveis.

  La informació sobre els gustos i les preferències dels consumidors, així com la informació de la situació econòmica del mercat li ve donada pel departament comercial, i el marge econòmic sobre el qual ha d'actuar li ve donat pel departament d'inversió i finançament.

- **Àrea d'inversió i finançament.** A més de captar fons necessaris per al funcionament de l'empresa, ha de dur a terme la política d'inversions.

  Totes les àrees o departaments de l'empresa necessiten finançament, és a dir, recursos econòmics que han d'estar aprovats per aquest departament, i s'han adaptar als pressupostos de la companyia.

  Per exemple, si el departament de producció necessita fer una inversió en maquinària ha de comptar amb aquest departament, així com també amb el departament comercial quan ha de fixar el preu de venda establint el marge de benefici.

- **Àrea de recursos humans.** Té com a funcions seleccionar i contractar treballadors, formar-los i, en general, organitzar tot el personal, a més d'una funció bàsica d'administració gestionant tota la documentació que es derivi de les altres (contractes, nòmines...). Evidentment, l'equip humà de totes les àrees es coordina mitjançant aquesta àrea.

  Per exemple, aquest departament, abans d'iniciar un procés de selecció de personal, rep la informació del perfil professional i de les aptituds de les persones que es necessiten en cada departament.

Aquesta distribució és la que es troba en una empresa industrial. Si parlem d'una empresa comercial, l'àrea de producció no existeix, ja que no es transformen productes, sinó que tan sols es distribueixen.

Activitats

1> Explica la relació que es forma entre les empreses i les famílies dins del sistema econòmic.

2> Digues quines àrees funcionals hi hauria en una empresa de serveis, com ara un banc.

1.2 Influència de l'entorn a l'empresa

L'empresa com a sistema

Per poder parlar de l'entorn, primer hem de definir l'**empresa com a sistema,** entenent el sistema com un conjunt d'elements interrelacionats entre ells i amb el **sistema econòmic global.** Aquest sistema econòmic pertany a un tot unitari relacionat amb l'**entorn** o el medi en què actua.

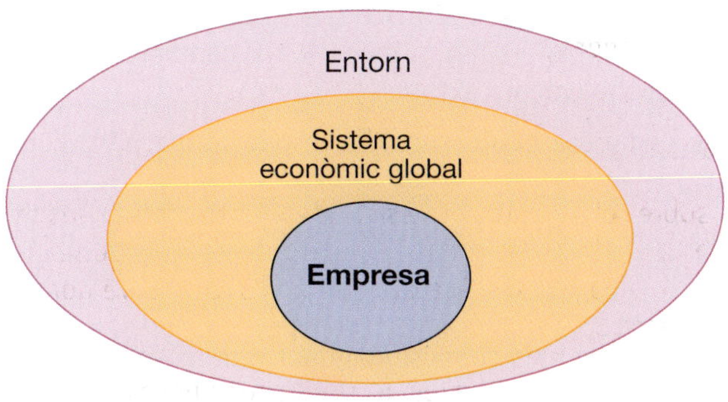

L'empresa, com a sistema, es pot representar de la manera següent:

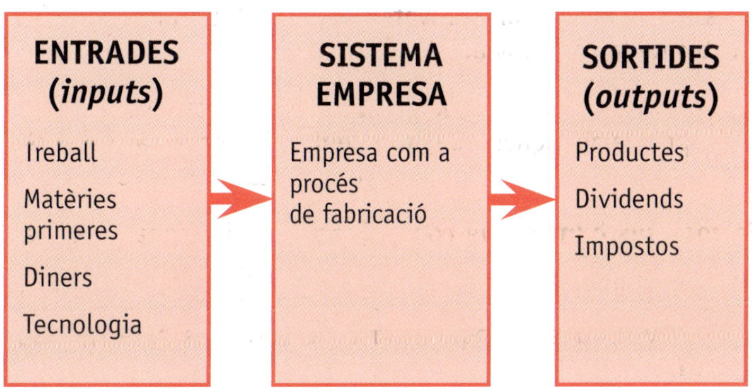

Com veiem a la figura, l'empresa coordina una sèrie d'elements que són els *inputs* o entrades i que envia a fora en forma d'*outputs* o sortides.

L'empresa com a sistema té les característiques següents:

- És un **sistema obert.** Això vol dir que, com que es relaciona amb l'entorn, tot allò que passa fora de la mateixa empresa l'afecta i l'influeix en les seves decisions; és a dir, qualsevol element extern, tant si és tecnològic com sociològic, polític, etc., té molta rellevància.
- Està composta per la **combinació d'elements** o **subsistemes diferents,** combinació que li atorga unes característiques concretes que no té cap dels subsistemes que la formen. Per tant, com que actuen tots els subsistemes junts, se'n treu més rendiment que de cadascun per separat. Aquest fet s'anomena *sinergia*.
- És un **sistema global,** perquè qualsevol influència que rebi algun dels seus subsistemes repercuteix sobre els altres i sobre tot el conjunt de l'empresa.
- S'**autocontrola,** en el sentit que s'adapta a qualsevol canvi conjuntural, com pot ser un canvi de la demanda, un augment de preus, etc.

Input/output. Denominació anglesa d'entrades i sortides.

Subsistema. Subdivisió d'un sistema, que té raó de ser sempre que formi part d'aquest sistema global. En el cas de l'empresa, parlem de subsistema de producció, subsistema de finançament, subsistema de recursos humans...

L'entorn

Considerem la unitat empresarial o empresa integrada dins del sistema econòmic. El **sistema econòmic** s'entén com la manera de resoldre els problemes econòmics bàsics d'una societat en un moment històric i social determinat; és a dir, què cal produir, com cal produir-ho i a qui va destinada la producció, així com el règim de propietat dels factors de producció.

Per tant, l'empresa no és un ens independent aliè a les estructures o infraestructures del sistema; és a dir, aliè a l'entorn.

Evidentment, l'empresa no és res més que un element del subsistema productiu dins d'un sistema econòmic més ampli. Per això està condicionada per l'estructura econòmica en què es troba immersa; o sigui, a més d'estar condicionada pels factors de producció, ho està per altres elements externs.

Així, podem dir que l'empresa és un subsistema que forma part d'un entorn, del qual podem diferenciar:

- L'**entorn general,** que afecta totes les empreses en general. Hi ha molts aspectes que l'influeixen, com els culturals, tecnològics, polítics, legals, demogràfics, sociològics, econòmics, etc.

  Per exemple, l'entorn d'un país subdesenvolupat ofereix un major nombre de dificultats per a l'activitat econòmica que el d'un país avançat pel que fa a la infraestructura, el capital humà, els serveis financers...

- L'**entorn específic,** que afecta d'una manera concreta cadascuna de les empreses i, per tant, varia segons el tipus d'empresa.

  Per exemple, els aspectes que poden influir en una empresa industrial poden ser els clients, els proveïdors, la competència, el control del govern sobre el sector o les relacions amb els sindicats, entre d'altres.

D'aquí es dedueix el concepte de **cultura d'empresa** com una sèrie d'influències constants i duradores que condicionen d'alguna manera el comportament de les persones que componen l'empresa; és a dir, la personalitat de l'empresa, el fet diferencial.

Com a conclusió, direm que l'empresa, com a unitat econòmica, té el repte d'anar-se adaptant als requeriments d'un entorn social canviant, com poden ser canvis en el marc legal, en la tecnologia, etc.

Les infraestructures d'un país formen part de l'entorn general d'una empresa.

Responsabilitat social de l'empresa

Malgrat que a mesura que ha anat passant el temps l'empresa s'ha convertit en una font de poder i d'influència sobre el medi en què es desenvolupa, és responsable de problemes socials com la pol·lució de l'aire i de l'aigua, l'especulació del sòl o la concentració industrial urbana; a més, ha de tenir en compte aspectes tan importants com l'ètica empresarial, el tracte amb els clients, la política de recursos humans, la relació amb els proveïdors, etc.

Fins fa poc temps, el que es demanava a l'empresa era que fos eficient en l'obtenció de béns i serveis; és a dir, que obtingués el màxim amb el menor cost, utilitzant per això el mínim de factors productius. Actualment, però, no sols interessa l'augment del PN (producte nacional), sinó també el context socioeconòmic on anirà a parar el producte.

En l'actualitat, l'empresa ha de considerar, a més dels aspectes purament econòmics, els aspectes socials i, a conseqüència d'això, els efectes que les seves decisions tindran en la societat en general.

> Alguns d'aquests aspectes socials es traslladen a la societat en forma dels anomenats ***costos socials***.

La relació entre el medi ambient i les activitats econòmiques és molt estreta.

> El **producte nacional** (PN) és el valor dels béns i serveis produïts en un país al llarg d'un any o d'un cicle econòmic.

Els costos socials negatius no són res més que despeses directes o bé indirectes suportades sense compensació per persones alienes a l'empresa, a conseqüència de l'activitat d'aquesta.

Per exemple, el fum de la xemeneia d'una empresa afecta directament les persones que viuen a prop; els residus que aboca una indústria al riu, encara que aquest estigui molt lluny d'una ciutat, afecten indirectament els ciutadans; l'esgotament de recursos econòmics que són insubstituïbles ens afectarà al cap dels anys...

Per tant, per mitjà dels costos socials, la societat paga els perjudicis que ocasionen les empreses. Com que això representa un problema per a la societat, les empreses haurien de mirar de no provocar aquests costos socials negatius o si més no privatitzar-los; és a dir, assumir-ne els costos perquè repercuteixin el mínim possible en la societat.

> El **cost social positiu** és aquell cost de l'empresa que té una repercussió positiva en la societat.

Activitats

3> Posa exemples d'aspectes de l'entorn general que puguin influir en una empresa comercial, com ara un supermercat.

4> Digues exemples d'aspectes de l'entorn específic que puguin influir en una empresa de serveis, com ara la teva escola.

5> Defineix els costos socials negatius. Davant la seva existència, com creus que haurà d'actuar l'empresa?

6> Explica amb les teves paraules el concepte de *cultura d'empresa* i posa'n exemples.

El **cost social negatiu** és aquell cost de l'empresa que té una repercussió negativa per a la societat. Per exemple, la fabricació d'esprais amb aerosol.

La Llei 2/2011, de 4 de març, d'economia sostenible (LES) estableix, en els articles 35 i 39 i en la disposició final 31, noves obligacions legals pel que fa a la responsabillitat social empresarial (RSE) per al Govern, el Consell Estatal de la Responsabilitat Social Empresarial (CERSE), les administracions públiques, les societats anònimes de més de 1 000 assalariats, les empreses públiques adscrites a l'Administració General de l'Estat i els fons de pensions.

Alguns dels criteris de responsabilitat especificats de certificació (SA 8000) són:

- La no-realització de treball infantil ni de treballs forçats.
- L'establiment d'un entorn de treball saludable i segur.
- El respecte a la lliure associació dels treballadors i a la negociació col·lectiva.
- La no-discriminació per raons de sexe, raça, religió...
- La no-imposició de càstigs físics.
- Un horari de treball que no excedeixi les 48 hores setmanals.
- Que la remuneració respecti la normativa legal vigent i que els sistemes de gestió de la companyia no entrin en conflicte amb cap dels drets anteriors.

Pel que fa a l'empresa, li costa assumir com a seus els costos socials, ja que, com que el seu objectiu és minimitzar costos per poder ser competitiva enfront de les altres empreses, fer-se'n càrrec implica reduir beneficis.

L'altra opció és que els costos siguin a càrrec dels organismes públics (Generalitat, ajuntaments...), però això faria que, indirectament, els costos socials els estiguessin pagant tots els ciutadans.

Malgrat aquestes dues opcions, la llei obliga les empreses a adaptar les seves instal·lacions, com poden ser les màquines o la manera de treballar, amb la finalitat de reduir al màxim els possibles costos socials negatius. D'altra banda, les empreses que inverteixen en el medi ambient tenen beneficis de tipus fiscal.

En tot això ens sorgeixen dos conceptes que són prou importants per destacar-los:

1. La responsabilitat social corporativa (RSC).
2. L'ètica empresarial.

La responsabilitat social corporativa (RSC)

Existeixen moltes definicions sobre la responsabilitat social corporativa; aquí la definirem com la integració activa i voluntària per part de les empreses de les preocupacions socials i mediambientals en les seves operacions comercials i en les seves relacions amb els seus interlocutors: els treballadors, els accionistes, els inversors, els consumidors, el sector públic..., amb l'objectiu de millorar la seva situació competitiva i el seu valor afegit.

Es dóna per suposat, però, que les empreses han de complir la normativa vigent i, per tant, aquest compliment no es correspon, com molts es pensen, amb la responsabilitat social, sinó que és el punt de partida per aplicar-la.

En l'àmbit de la responsabilitat social corporativa, les organitzacions empresarials poden dur a terme moltes actuacions amb la idea de millorar, com per exemple, la qualitat de vida laboral, el medi ambient, el màrqueting per desenvolupar una comercialització responsable o bé l'ètica empresarial.

I això pot fer-se de diverses maneres:

- Elaborant codis de conducta interns.
- Establint mesures per afavorir la conciliació de la vida familiar i laboral dels treballadors del centre.
- Formant els treballadors sobre els aspectes mediambientals relacionats amb la fabricació de productes de l'empresa.

S'ha de tenir en compte que, en l'àmbit empresarial, l'aplicació de l'RSC afecta de manera positiva els resultats de les empreses. Per tant, s'ha de tenir present en la presa de decisions i, a l'hora de marcar els objectius, és convenient incorporar valors com l'ètica, la transparència i la responsabilitat cap a la societat.

Perquè les empreses puguin dur a terme tots els seus objectius des del punt de vista de RSC cal que les parts implicades, sobretot els treballadors, col·laborin activament. Han d'estar informats i rebre formació en aquest sentit.

Per altra banda, s'han de poder mesurar els resultats d'aplicació de la responsabilitat social corporativa. No existeixen estàndards clarament definits; avui en dia hi ha una norma (Norma SA8000) que regula la responsabilitat social de l'empresa, que serveix com a guia per a moltes empreses i està molt relacionada amb els drets dels treballadors.

Les empreses de països emergents milloren amb polítiques responsables

El bon govern ha ajudat moltes empreses de països en vies de desenvolupament a multiplicar els seus ingressos. Aquesta és la conclusió d'un informe del Banc Mundial que pretén que les companyies de les regions emergents siguin responsables per elevar els seus beneficis. No obstant això, el nivell d'exigència en aquests països és menor que el que es demana a les empreses de zones desenvolupades.

Com més responsable, més diners. Aquesta és la idea que es desprèn d'un informe que acaba de fer públic el Banc Mundial sobre Responsabilitat Social Corporativa en països emergents. La International Finance Corporation (IFC, organisme que depèn del Banc Mundial) ha exposat el cas de quatre companyies, molt diferents entre elles, per avalar la seva teoria que si s'apliquen polítiques de bon govern en companyies amb seu a la Xina, Índia o Brasil, les empreses poden multiplicar els seus ingressos.

No obstant això, el concepte de bon govern no està tan avançat com ho està en països desenvolupats. Tot i així, els clients valoren l'esforç d'aquestes companyies per aplicar mesures responsables socialment i mediambientalment, asseguren des de la IFC. Segons l'estudi, tenir un líder conscienciat, la integració de les polítiques responsables des de l'inici, la diferenciació o la qualitat de les relacions amb totes les parts interessades són ingredients que poden constituir una bona llista perquè els negocis converteixin les economies dels seus països en més desenvolupades. Altres estudis, centrats en països desenvolupats, asseguren que no es pot parlar de l'RSC com un factor determinant del creixement econòmic. Malgrat això, revelen una associació positiva entre els indicadors de RSC i els de creixement econòmic.

En el cas de la companyia xinesa Dequingyuan va ser fonamental la voluntat del conseller delegat. El seu interès perquè els seus productes (les aus de corral i els ous) tinguessin una garantia de qualitat i seguretat va fer que evités amb molt èxit la crisi de grip aviària. De fet, els seus ingressos en aquests anys es van multiplicar dels 0,3 milions d'euros el 2002 fins als 4,6 milions el 2006. Zhong Kaimin, conseller delegat, assegura que «les polítiques de sostenibilitat han fet de l'empresa un líder del mercat, i un líder de mercat no només sobreviu a les crisis, sinó que creix amb elles». Sembla complicat, però la seva estratègia va ser simple: «Proporcionar bons productes i saludables. Alguna cosa que no tenen tan assumit en altres negocis a la Xina».

El cas de la farmacèutica Jubilant és també significatiu: en cinc anys multiplica per 11 els seus beneficis. De 3,4 milions a 37,9 milions el 2007. L'estudi del Banc Mundial revela que ho ha fet gràcies a la transparència de les seves accions i les auditories mediambientals que supera cada any.

Però la cosa més important per aconseguir el benefici desitjat és, segons la IFC, aconseguir comunicar. És una estratègia que té clara l'empresa de canonades Amanco. Com en qualsevol altre negoci, aquesta companyia vol més beneficis, però «una canonada és només una canonada». No es pot donar més. Com fer-ho? La forma de diferenciar-se ha estat desenvolupant una marca que estigués associada a la sostenibilitat en tots els països en els quals opera. Jorge Ramírez, director financer d'Amanco, està convençut que l'extensa cobertura que els mitjans han fet de les seves accions han tingut un efecte positiu en el consumidor.

Paula Carrión
CincoDias.com, 11 de febrer del 2008

- Comenta la següent afirmació: «Els clients valoren l'esforç de les companyies per aplicar mesures responsables i mediambientals».
- Per què la IFC diu que per aconseguir el benefici esperat «s'ha de comunicar»?

L'ètica empresarial

Definir l'ètica en els negocis pot resultar un tant subjectiu (atesa la varietat d'empreses existents, així com la filosofia dels seus dirigents), però, en general, hi ha una sèrie de normes d'educació, basades en el que es considera moralment correcte, de general acceptació; per exemple: l'honradesa, el respecte a les lleis i al medi ambient, el compliment de les obligacions fiscals i dels compromisos amb els seus clients, proveïdors i empleats, i la transparència informativa i comptable.

L'empresa ha d'aplicar l'ètica en totes les seves activitats: en la gestió, el servei que ofereix, la qualitat dels seus productes... i, sobretot, en l'honradesa que ha de caracteritzar totes les seves relacions internes i externes.

Si l'empresa actua aplicant els principis ètics en els seus negocis, aquests li generaran beneficis, com per exemple:

- L'augment del seu prestigi, l'acceptació i la preferència davant dels competidors, i tot això farà que millori la seva competitivitat.
- La fidelitat dels seus clients i proveïdors, que farà que s'incrementin les seves vendes.
- La motivació i la millora en el treball del seu personal, la qual cosa millorarà la seva productivitat.
- La possibilitat de rebre millors suports financers, ja que els informes que es facin sobre ella seran positius en aquest sentit.

Activitats

7> Llegeix el text següent i respon les preguntes:

Cor de l'estratègia

«El govern corporatiu s'ha convertit en un element imprescindible en l'estratègia de les companyies», va assegurar Francisco González.

Sembla que els escàndols empresarials també tenen una lectura positiva: l'ús de la reputació com a element de creació de valor.

«El bon govern és un tema antiquíssim. La seva rellevància actual és una conseqüència de la globalització. El món empresarial s'ha tornat més complex i la labor de les companyies ja no es redueix només a guanyar diners, sinó que també tenen una responsabilitat amb la societat», va assegurar José Ramón Pin, professor de l'IESE i director de l'Assemblea. Antonio Brufau també comparteix aquesta opinió, fins al punt d'assegurar que «el valor de les empreses ja no radica en el preu de les seves accions, sinó en la seva reputació».

La imatge social de les companyies, a més, s'ha convertit en la major garantia de supervivència a llarg termini.

«Cal gestionar pensant en el futur. Això suposa trobar l'equilibri entre l'actual pressió del curt termini i la inversió en innovació i desenvolupament», va assegurar Jan Oosterveld, membre del comitè de gestió de Royal Philips Electronics.

«Però aquesta inversió en la millora contínua no pot tenir com a únic objectiu el negoci, sinó la societat en el seu conjunt. Les innovacions han d'anar dirigides a millorar la qualitat de vida de totes les persones», va afegir Oosterveld.

Font: *Expansión*

a) Què penses de «l'ús de la reputació com a element de creació de valor»?

b) Per què creus que és tan important el concepte de *responsabilitat* social per a l'empresa?

Els valors socials també venen

La Responsabilitat Social de l'Empresa (RSE) en les pimes respon fonamentalment a uns valors, però va també molt lligada a l'interès pragmàtic d'obtenir un avantatge competitiu que permeti garantir la supervivència de l'empresa al mercat.

La Responsabilitat Social de l'Empresa és un concepte llunyà per a la gran majoria de les pimes, que la perceben com una cosa lligada a les grans empreses o a una sèrie de pràctiques que estan fora de les seves capacitats econòmiques i organitzatives. Amb tot, la realitat no sempre és així. Hi ha pimes que la practiquen des de sempre, encara que mai l'havien anomenat així. L'RSC és un invent recent. El seu fons, no. Molts empresaris-propietaris apliquen valors socials que han deixat un rastre importantíssim en les pràctiques que realitzen aquestes empreses. En qualsevol cas, són dos calibres diferents d'un mateix concepte. En les pimes respon fonamentalment a uns valors, però va també molt lligat a l'interès pragmàtic d'obtenir un avantatge competitiu que permeti garantir la pervivència de l'empresa al mercat. Aquesta és a grans trets la tesi que es planteja en el recent estudi promogut per l'Obra Social de Caixa Sabadell, *RSE i pimes, una aposta per l'excel·lència empresarial,* i realitzat a ESADE per Josep M. Ufanós, director de l'IPES i l'investigador David Murillo. L'estudi es basa en quatre pimes reconegudes per les seves aportacions socials o mediambientals. Els autors encunyen un nou concepte: la competitivitat responsable com model d'aproximació necessari, mentre el concepte de RSE el posen en quarantena en el cas de les pimes.

Per al professor Ufanós, l'important és anar al fons de la qüestió. «Si l'RSC va seriosament ha de ser per a totes les empreses. A la UE hi ha l'acord que l'RSC només té sentit si és assumible per les pimes. I si l'assumeixen serà perquè ho fan de manera adequada per a elles i no per replicar les grans.» Ara bé, té sentit per a les pimes? «Quan hem entrat en elles hem vist que arriben a l'RSC per dos camins. Un és el sentit altruista que els impulsa a ser socialment responsables, i dos, l'obtenció de beneficis a través de la diferenciació que comporta, la millor relació amb els treballadors, imatge social... Hem intentat conèixer aquesta cultura organitzativa que els ha portat a implicar-se en això», comenta Murillo.

Un aspecte previ que cal considerar en les pimes és el rebuig que moltes senten cap a l'RSC, en assimilar-la a un cost addicional. Xavier Martínez, director de Tecnol, creu que «no hauria de ser així. En la pime, quan apliques aquest model social t'adones que t'és més fàcil retenir talent, que tens una mica més de motivació en la gent... i després veus que ets més competitiu, creixes més de pressa i hi ha més beneficis. Precises molta comunicació interna... S'assimila el model des de dalt fins a baix». Sobre això, Ufanós diu que «ha estat una sorpresa comprovar com les pimes que apliquen l'RSE estan tan convençudes que guanyen més diners que ni ho quantifiquen amb indicadors. Simplement, ho veuen com una evidència. Ho viuen com una opció de profund convenciment, com model d'empresa...».

A diferència de les grans empreses, en les quals l'RSE mira fonamentalment cap a fora, els anomenats *stakeholders* (proveïdors, clients, administració, societat...), en les pimes es concentra habitualment en les plantilles.

«Hi ha molta dificultat per trobar talent, en la mesura que crees un clima laboral positiu ho retens i pots atreure de nou», apunta Martínez.

Però no només és el talent. És la gestió en si. Ufanós insisteix que «parlar de responsabilitat social és parlar de gestió. No s'entén una al marge de l'altra. Quan una pime decideix adoptar l'RSC com clau de la seva gestió ha de construir a partir de la seva pròpia història». I sentencia: «La responsabilitat social en una pime només és creïble si es pot presentar com a resultat d'una coherència».

Quins límits té la responsabilitat social en les pimes? Murillo apunta que hi ha sectors on pot ser més complicada la seva adopció, fonamentalment en aquells con els marges són molt estrets. Ufanós assenteix, però insisteix que la cosa més important «és comunicar el missatge. I el missatge és que hi ha oportunitats i s'obren possibilitats. No em semblaria just penjar a l'RSC un plus de dificultats. Si aquestes ja existeixen en altres àmbits de l'empresa, és lògic que existeixin també en l'aplicació de l'RSC. En definitiva, no podem sostreure-la de la gestió».

Jordi Goula, 9 de setembre del 2006

- Què s'entén per responsabilitat social?
- Les petites empreses també s'han de preocupar de la responsabilitat social?
- Tenen recursos per invertir? Els surt a compte?
- Fes un resum de les idees de l'article.

1.3 L'empresari, l'empresària

La figura de l'empresari o l'empresària ha anat evolucionant des de la Revolució Industrial fins als nostres dies, i s'ha passat dels empresaris individuals a les societats empresarials.

Evolució històrica de l'empresari

En l'evolució històrica de la figura de l'empresari hi trobem una sèrie d'economistes importants que han aplicat les teories de l'empresari, adequades a l'època en la qual van viure:

- **Segle XVIII.** L'empresari capitalista com a propietari dels mitjans de producció (Adam Smith, 1723-1790).

  En l'època de la Revolució Industrial (finals del segle XVIII i principis del segle XIX) l'empresari és de tipus individual. Segons els economistes de l'escola clàssica (Smith, Ricardo...) l'empresari coincideix amb el propietari del capital, i desenvolupa una funció de controlador dels mitjans de producció. L'empresari es defineix, en aquesta època, com el subjecte que compromet la seva capacitat en el funcionament de l'empresa i en conseqüència afronta el risc patrimonial de l'activitat.

- **Segle XVIII-XIX.** L'empresari com a home de negocis (R. Cantillon [1680-1734] i J. B. Say [1767-1832]).

  Cantillon és la primera persona que entén l'empresari com a home de negocis, pel fet que és un agent que compra els mitjans per produir i, posteriorment, revendre a un preu incert. Podem dir que és una persona que assumeix negocis i riscos i que no sap a quin preu ho recuperarà.

  Say, en canvi, considera que el valor de la producció ha de ser capaç de pagar tots els costos dels factors de producció i aconseguir guanys.

- **Segle XIX.** L'empresari com a organitzador (Marshall [1842-1924]).

  A poc a poc, gràcies als avenços tecnològics, a les majors retribucions i al fet que els mercats es van ampliant, es necessiten més capitals i, davant l'opció que un sol patrimoni hagi de fer front a les despeses, apareixen les grans societats, en les quals diversos propietaris financen conjuntament l'empresa. Aleshores, neix una nova figura d'empresari, alhora que es comencen a separar els objectius de l'empresari i els del capitalista.

  En el segle XIX la concepció d'empresari canvia a conseqüència de l'adaptació de l'empresa al canvi social. El capital obtingut és confiat a un empresari professional, que pot ser o no partícip del capital, sobre la base dels seus coneixements. Per aquesta via s'arriba a una etapa del capitalisme en la qual el capital es fracciona entre un nombre ampli de socis o d'accionistes i s'elegeix l'empresari en funció de la seva capacitació. Per tant, l'empresari afronta ara un risc professional més que patrimonial, és a dir, arriscant la continuïtat del seu lloc de treball.

  A partir d'aquest moment, els objectius empresarials es poden separar. Per una banda els socis o accionistes que persegueixen l'obtenció d'uns fruits presents o futurs de la inversió i, per l'altra, l'empresari professional que busca una continuïtat que li permeti incrementar el seu poder, la qual cosa depèn tant dels accionistes com del creixement de l'empresa.

  Així, per Marshall, l'empresari és una persona que, a més d'organitzar, planificar i dirigir factors per satisfer necessitats (professional), distingeix entre el benefici empresarial, és a dir, remunerar la capacitat d'organització i el dividend, o el que és el mateix, remunerar exclusivament les aportacions del capital (patrimonial).

- **Segle XX.** L'empresari com a persona que assumeix el risc (F. H. Knight [1885-1972]).

  Segons Knight, l'empresari és la persona que assumeix el risc derivat de l'activitat econòmica, avança els diners i, per tant, ha de ser recompensat amb un benefici. Té dos tipus de riscos: un més tècnic per si la producció no funciona o no es produeixen les quantitats esperades i un altre més econòmic, evidentment relacionat amb l'anterior, per si els ingressos no són els esperats. Per tant, justifica el seu benefici amb el risc, ja que els diners que posa són certs i reals i, en canvi, no sap si els recuperarà.

  Tot i això segueix diferenciant els dos tipus d'activitats que la direcció fa a l'empresa:

  - **La del director o empresari professional:** persona que dóna ordres de gestió de l'empresa i desenvolupa la funció d'organització.
  - **La de l'empresari patrimonial:** persona que assumeix el risc i elegeix la persona que dirigeix i dóna ordres en l'empresa, és a dir, l'empresari professional. Evidentment, però, el risc és d'ell.

- **Segle XX.** L'empresari com a persona innovadora (J. A. Schumpeter [1883-1950]).

  Per a Schumpeter no és el risc el factor explicatiu dels guanys de l'empresari, sinó la innovació i el progrés tècnic. En el sistema capitalista el procés de canvi tecnològic genera en principi innovacions en el mercat i fa que les empreses que innoven siguin més competitives originant-los uns beneficis extraordinaris fins que altres competidors entren en la imitació. Per tant, l'empresari ha d'inventar i innovar fins que apareix la imitació, moment en el qual els seus beneficis extres es veuran reduïts. Podríem dir que les fases del canvi tecnològic són invenció, innovació i imitació.

- **Segle XX.** L'empresari tecnòcrata (J. K. Galbraith [1908-2006]).

  Segons Galbraith, el poder econòmic ha anat passant de les persones i de la propietat a les organitzacions. Apareix el que s'anomena *dret de poder restringit,* que l'autor anomena *tecnoestructura*, és a dir, els que prenen les decisions de les grans empreses són especialistes i són els que tenen i coordinen tota la informació. Un grup que, actualment, es coneixen com el dels directius, que tenen el poder executiu de les grans empreses, és a dir, el poder decisori.

  A més, Galbraith fa un estudi crític de la relació que hi ha en el mercat, sobre l'economia dominada per les grans empreses que són poques indústries però amb gran poder i que conviuen amb una altra estructura de petites empreses que són moltes, però que hi influeixen poc, i que s'ha d'adaptar a les condicions de les altres.

  Podem dir, doncs, que la tecnoestructura existeix a les empreses grans; a les empreses individuals, familiars, en definitiva, les petites empreses, queda el primitiu poder del capitalista o propietari. A les empreses grans els socis o accionistes són únicament els inversors que tenen com única finalitat treure un rendiment del seu capital invertit, i en cas que aquest no sigui l'esperat, treure el seu capital de l'empresa i invertir-lo en un altre lloc.

- **Segle XX-XXI.** L'empresari líder (W. G. Bennis [1925-]).

  Actualment l'empresari ha de tenir una capacitat d'innovació, ha de ser un bon líder i saber ser un bon estrateg. Quan es parla d'innovació es refereix a totes les vessants, és a dir, innovació tècnica (productes, processos...) i innovació de gestió (tècniques de direcció d'empreses); si parlem de lideratge (tot i que se'n parlarà més endavant), un líder ha de tenir unes qualitats personals per poder-les exercir i finalment ha de ser un bon estrateg en el sentit de triar els camins adequats per assolir els objectius.

DEMÀ NO VINC!!! ...

CONGO DA VINCI

Quadre resum de l'evolució històrica de l'empresari		
Etapa	*Autor*	*Tipus d'empresari*
Segle XVIII	(Adam Smith)	Empresari capitalista com a propietari dels mitjans de producció
Segle XVIII-XIX	R. Cantillon i J. B. Say	Empresari com a home de negocis
Segle XIX	Marshall	Empresari com a organitzador
Segle XX	F. H. Knight	Empresari com a persona que assumeix el risc
Segle XX	J. A. Schumpeter	Empresari com a persona innovadora
Segle XX	J. K. Galbraith	Empresari tecnòcrata
Segle XX-XXI	W. G. Bennis	Empresari líder

La figura de l'empresari o l'empresària és diferent segons si l'empresa és petita, mitjana o bé gran. A les petites i mitjanes empreses (pime), de caràcter familiar, l'empresari és a la vegada qui té la propietat de l'empresa i qui la dirigeix i, per tant, té un risc patrimonial; és a dir, ha de fer rendible el capital —els diners invertits, que normalment són seus.

En canvi, a les grans empreses, on el capital és de persones diferents de les que les dirigeixen, la figura de l'empresari o l'empresària no està personalitzada i té un risc més professional que patrimonial, tot i que estan molt lligats, ja que l'interessa fer la feina ben feta per no perdre el lloc de treball i perquè li segueixin tenint confiança. Per tant, la seva finalitat és que l'empresa creixi i que obtingui beneficis que aportin guanys als propietaris del capital, els accionistes.

Resumint, actualment es defineix l'**empresari** com una o diverses persones que tenen com a finalitat prendre decisions en l'empresa per assolir uns objectius prèviament marcats, intentant mantenir un equilibri entre tots els elements que la formen i actuant sempre en condicions de risc.

Funcions de l'empresari

Les funcions de l'empresari o l'empresària es poden resumir en:

- **Planificar** o dissenyar un pla d'acció una vegada ha analitzat i diagnosticat la situació econòmica del moment; és a dir, ha interpretat els desitjos del consumidor mitjançant estudis de mercat.
- **Gestionar,** en el sentit de dirigir tots els elements que formen l'empresa, cap a l'obtenció de l'objectiu prèviament marcat o planificat.
- **Organitzar** o **coordinar** tots els elements de l'empresa disponibles, de manera que el funcionament de tot el conjunt sigui el més eficaç possible.
- **Controlar** de manera que pugui conèixer en quina mesura s'estan complint els objectius marcats en el seu pla i corregir les possibles desviacions.

Activitats

8> Explica la diferència entre un empresari patrimonial o capitalista i un empresari professional.

9> Defineix el concepte de *tecnoestructura*.

1.4 Classificació de les empreses

D'empreses, malgrat que totes tinguin els mateixos trets generals que serveixen per definir-les, n'hi ha de molts tipus i amb grans diferències. Per exemple, no té res a veure el forn de pa del costat de casa amb la Renfe.

Aquesta varietat d'empreses permet fer diverses classificacions, atesos aspectes diferents.

Les empreses poden classificar-se segons els aspectes següents:

Classificació segons l'activitat

Fa referència als tres grans sectors en què es divideix l'activitat econòmica.

- El **sector primari** comprèn les empreses que realitzen activitats referents als recursos naturals, com ara una granja de gossos o una explotació agrícola o ramadera.
- El **sector secundari** inclou les empreses que es dediquen a activitats transformadores o industrials, com per exemple una fàbrica tèxtil o metal·lúrgica. En aquestes empreses hi ha un procés productiu.
- El **sector terciari** o de serveis inclou les empreses comercials (venda d'articles, sense transformació ni modificació), per exemple Carrefour, una farmàcia o qualsevol majorista que vengui a un altre comerç i les empreses de serveis, tant financeres, de transports..., com per exemple un banc, una agència de viatges, una clínica...

@

L'Associació Independent de Joves Empresaris de Catalunya dóna suport a l'activitat empresarial entre els joves:

http://www.aijec.es

Catalunya. 2010						
	Valor			*Variació (%)*		
	2008 (*)	*2009*	*2010*	*2008 (*)*	*2009*	*2010*
Total	690.533	687.753	678.660	..	-0,4	-1,3
Indústria	53.608	52.728	49.046	..	-1,6	-7,0
Construcció	123.005	111.652	102.601	..	-9,2	-8,1
Serveis	513.920	523.373	527.013	..	1,8	0,7
Sense assalariats	351.536	362.889	367.800	..	3,2	1,4
1-9	291.635	280.364	270.890	..	-3,9	-3,4
10-49	40.554	38.180	33.981	..	-5,9	-11,0
50-199	5.687	5.314	5.032	..	-6,6	-5,3
200 o més	1.121	1.006	957	..	-10,3	-4,9

Unitats: nombre d'establiments.
Font: Idescat, a partir del Directori central d'empreses (DIRCE) de l'INE.
http://www.idescat.cat/economia/inec?tc=3&id=6003

Taula 1.1. *Empreses espanyoles segons els seus assalariats i els diferents sectors (2010). Font: Instituto Nacional de Estadística.*

@

El CIDEM (Centre d'Innovació i Desenvolupament Empresarial) impulsa el desenvolupament empresarial a Catalunya:

http://www.gencat.es/cidem

Patrimoni. Són tots aquells béns, drets i obligacions de l'empresa.

Hi ha altres fórmules intermèdies, a més de les empreses individuals o societàries, com ara la comunitat de béns, les empreses unipersonals o les cooperatives.

Classificació segons la mida

Les empreses poden classificar-se en grans, petites o mitjanes segons la seva mida. Per delimitar la mida hi ha diversos criteris. Alguns d'ells són els següents:

- **Criteri econòmic.** És el volum de facturació; és a dir, els ingressos obtinguts per les vendes.
- **Criteri tècnic.** És el nivell tecnològic; la innovació del capital.
- **Criteri patrimonial.** És el patrimoni que té (béns, drets, obligacions).
- **Criteri organitzatiu.** Té a veure amb el nombre de treballadors de l'empresa i amb la seva organització.

Malgrat aquests criteris, no hi ha una mesura fixa, acceptada per tothom, per establir la classificació. Ara bé, normalment el criteri més utilitzat és l'organitzatiu pel que fa al nombre de treballadors, tal com veiem a la figura anterior. Des de l'1 de gener del 2005 està en vigor la definició de les microempreses i de la petita i mitjana empresa (PIME) adoptada per la Comissió Europea en la seva Recomanació C(2003) 1422, aprovada el 6 de maig del 2003. Els valors dels criteris esmentats segons aquesta llei són els del quadre següent:

Dimensió	N. de treballadors	Volum de facturació anual	Total actiu
Microempreses	0-9	Igual o menys de 2 milions d'euros	Igual o inferior a 2 milions d'euros
Petita empresa	10-49	Igual o menys de 10 milions d'euros	Igual o inferior a 10 milions d'euros
Mitjana empresa	50-249	Igual o menys de 50 milions d'euros	Fins a 43 milions d'euros
Empresa gran	Més de 250	Més de 50 milions d'euros	Més de 43 milions d'euros

Taula 1.2. *Valors dels criteris segons la Recomanació C(2003) 1422.*

Quan una empresa de socis o societària està formada per un sol propietari s'anomena **societat unipersonal.**

Activitats

10> Defineix la figura de l'empresari en la societat actual.

11> Classifica les empreses següents segons la seva activitat: Telefónica, Nestlé, Iberia, SEAT, Renfe.

Classificació segons la propietat del capital

La propietat del capital en una empresa permet establir tres tipus diferents d'empresa:

- L'empresa **privada** és propietat de persones físiques o jurídiques particulars, per exemple Danone, Telepizza o el bar proper a casa.
- L'empresa **pública** és l'empresa que és propietat de l'Estat o qualsevol entitat de caràcter públic, per exemple Renfe o TVE.
- L'empresa **mixta** és aquella empresa la propietat de la qual és compartida entre l'Estat i particulars. Malgrat això, quan el capital és majoritàriament de l'Estat, se l'anomena també empresa pública.

Classificació segons l'estructura jurídica

Aquesta classificació mostra dos grans tipus d'empreses:

- Empresa **individual,** si té un sol propietari; és a dir, és propietat d'una sola persona física; per exemple, una botiga petita de queviures on l'empresari o l'empresària és la mateixa persona que ha posat el capital.
- Empresa **de socis** o **societària,** quan té un o més propietaris; quan són diversos, aquests s'associen i formen un patrimoni comú, aportant cadascú un capital per a l'explotació; per exemple, IBM o el BBVA (és un grup d'empreses).

Mahou-San Miguel aposta per la innovació, l'obertura a nous mercats internacionals i el compromís social

Mahou-San Miguel ha fet pública la *Memòria de Sostenibilitat 2010,* en la qual destaca que ha mantingut el lideratge en el sector cerveser espanyol, amb una quota de producció del 37,4% i un increment de la xifra de negoci del 0,8%. El llançament de nous productes i formats, l'aposta per nous mercats internacionals i el compromís amb l'entorn han estat alguns dels seus eixos estratègics. Diverses entitats nacionals i internacionals han reconegut els seus avenços en aquests àmbits, tot destacant les accions en matèria de responsabilitat social corporativa.

El grup cerveser va registrar un lleuger descens de les vendes per causa del context econòmic desfavorable del país. Es manté com a líder del sector cerveser nacional, amb una quota de producció del 37,4%. Gràcies a l'aportació de nous negocis i a l'increment de les exportacions, la xifra de negoci va augmentar un 0,8%: va arribar als 1 154 milions d'euros i el benefici d'explotació es va situar en la xifra dels 204 milions d'euros.

A tot això hi ha contribuït el reforç de l'estratègia comercial, la recerca d'eficiències i els nous llançaments que han estat molt ben acollits pel mercat, com ara Mahou SIN, San Miguel 0,0% limón i Clara San Miguel. La introducció de la llauna *sleek* en algunes de les seves marques com ara Mixta, Mahou Premium Light i San Miguel 0,0%, o el llançament d'un innovador sistema d'obertura fàcil per a l'ampolla San Miguel Especial, han respost amb èxit a les noves demandes, necessitats i gustos dels seus consumidors.

Aposta pel mercat internacional

Un altre dels factors clau per a Mahou-San Miguel l'any 2010 ha estat l'aposta pels nous mercats, amb aliances amb socis internacionals. Cal destacar la signatura d'acords amb Carlsberg UK per a la distribució de Mahou en els canals d'hostaleria del Regne Unit; amb Sara Lee per a la distribució en exclusiva en el canal d'hostaleria espanyol de Marcilla, Hornimans i Natreen; amb Molson-Coors per a la distribució de Carling al nostre país i les marques Caffrey's i Worthington a Canàries, Portugal i Gibraltar; i amb la cervesera alemanya Warsteiner per a la comercialització de les seves cerveses a Espanya, Portugal i Andorra.

Líders en gestió mediambiental

El compromís de Mahou-San Miguel amb el desenvolupament sostenible és evident. Diverses entitats han reconegut els esforços, recollits a la *Memòria de Sostenibilitat* feta segons les pautes del Global Reporting Initiative (GRI).

El grup cerveser ha centrat els seus esforços en matèria mediambiental en la millora dels indicadors ambientals, l'optimització de recursos, el foment de la comunicació amb els principals grups d'interès i la disminució de residus que es generen. Una mostra d'aquesta responsabilitat són els 12,6 milions d'euros invertits l'any 2010 en aquesta matèria. O reconeixements com ara la concessió, per part de la Comissió Europea, del prestigiós premi EMAS, atorgat a l'excel·lència de la gestió ambiental i l'ús eficient dels recursos. Es converteix, així, en la primera cervesera que aconsegueix aquest guardó.

L'any passat va incrementar la taxa de valorització de productes fins al 99,8% gràcies, sobretot, a millores en la segregació de residus, per exemple amb la implantació de sistemes de treball específics en els punts nets de les fàbriques. D'altra banda, des del 1990, les emissions totals de gasos que provoquen l'efecte d'hivernacle del grup s'han reduït gairebé un 53%.

Un transport més eficient i sostenible

Mahou-San Miguel ha dut a terme una important aposta pel transport sostenible amb l'objectiu d'augmentar la seva eficiència, reduir costos (fins a un 10,7% d'estalvi l'any 2010), millorar el servei al client i contribuir a la reducció d'emissions: el 13,3% respecte de l'any 2008 gràcies, entre altres aspectes, a la disminució dels quilòmetres fets. Com a resultat d'aquest esforç, els seus més de 550 vehicles tenen una mitjana d'emissions de 130 grams de CO_2 per quilòmetre.

El grup també va posar en marxa l'any 2010 un sistema pioner en el sector cerveser per fer un control i seguiment de les emissions dels vehicles que accedeixen a les seves instal·lacions. L'objectiu: reduir de manera significativa les emissions de CO_2 i òxids de nitrogen, i estalviar combustible i assolir una eficiència i una seguretat més gran.

Un compromís actiu amb les persones

Mahou-San Miguel ha estat el primer i únic grup del sector de begudes a rebre el distintiu Igualtat a l'empresa, que atorga el Ministeri de Sanitat, Política Social i Igualtat, i que reconeix els avenços en aquesta matèria. De fet, ha estat la primera empresa cervesera a signar a Espanya un pla d'igualtat per als 2 469 empleats (xifra del 2010). Amb la finalitat de fomentar la qualitat de vida i salut dels treballadors, a les seves instal·lacions s'hi desenvolupa un programa de benestar físic i salut reconegut amb guardons prestigiosos en l'àmbit nacional i europeu dels recursos humans.

Aquest grup ja va ser pioner del sector quan va obtenir el certificat d'Empresa Familiarment Responsable: va assumir compromisos concrets que afavorien la conciliació de la vida laboral i familiar, tot evitant qualsevol tipus de discriminació. A més a més, ha subscrit el Pacte Mundial de les Nacions Unides, tot assumint els deu principis bàsics. I també s'ha incorporat al Club d'Excel·lència en Sostenibilitat, que aglutina les empreses que lideren la responsabilitat corporativa a Espanya. Els seus compromisos s'estenen a la cadena de valor, ja que inclou un apartat especial sobre aquests compromisos en tots els contractes que signa amb els seus proveïdors.

- Creus que els bons resultats de l'empresa tenen a veure amb el seu compromís mediambiental?
- Quines accions en relació amb la responsabilitat social corporativa ha fet l'empresa Mahou-San Miguel?

Activitats finals

1> Defineix l'empresa i digues quina funció realitza dins del sistema econòmic.

2> Explica per què es diu que l'empresa és l'eix de tota l'activitat productiva.

3> Imagina que hi ha una economia en la qual només existeix un consumidor, la Sra. Rosa Campmany, i una sola empresa, que podria ser qualsevol magatzem on hi venen de tot. Per tant, la Sra. Rosa treballa de dependenta al magatzem i rep un salari per la seva feina, i conseqüentment els béns i serveis que necessita els proporciona l'única empresa que hi ha, el magatzem.
Feu el flux circular de la renda.

4> Digues quins fins o objectius creus que es podria marcar el personal directiu d'una empresa de detergents.

5> Explica els elements que formen l'empresa.

6> Explica amb les teves paraules què és la cadena de valor d'una empresa.

7> Quin creus que és l'objectiu més important de l'àrea de finançament i inversió de l'empresa?

8> Explica què vol dir que «l'empresa és un sistema obert».

9> Relaciona amb un exemple els diferents departaments de l'empresa.

10> Explica el concepte de *sinergia*.

11> Digues quina diferència hi ha entre l'entorn general i l'entorn específic de l'empresa.

12> Explica què entens per *responsabilitat social corporativa*. En aquest sentit, com poden actuar les empreses?

13> Defineix l'ètica empresarial.

14> Compara l'empresari segons Schumpeter i segons Knight.

15> Explica les funcions de l'empresari o l'empresària.

16> Explica què vol dir la frase «l'empresari té un risc més professional que patrimonial».

17> Per classificar les empreses segons la mida, quins criteris seguiries? Posa'n exemples.

18> Una empresa l'activitat de la qual és l'elaboració de conserves de peix pertany al sector:

a) Primari.

b) Secundari.

c) Terciari.

19> Els proveïdors de l'empresa formen part de:

a) L'entorn general.

b) L'entorn específic.

c) Els proveïdors no formen part de l'entorn.

20> Comenta les frases següents:

- Els bons dirigents volen que les persones sentin que estan al centre de les coses, no a la perifèria (Bennis).
- La responsabilitat social de les empreses augmenta els seus resultats.

21> Completa la taula següent amb les dades que corresponguin.

Empresa	*Mida*	*Activitat*	*Propietat del capital*	*Forma jurídica*
Correus				
SEAT				
IBM				
Vodafone				
Bayer				
Banc Sabadell				
Telefónica				
Benetton				
Barceló Viatges				
Inditex				
Firestone				

Comprova el teu nivell

1> La funció de l'empresa dins del sistema econòmic és:

a) Consumir.

b) Retribuir el consum de productes.

c) Aportar els factors de producció.

d) Subministrar béns i serveis.

2> L'objectiu bàsic de l'empresa és:

a) Maximitzar els beneficis.

b) Maximitzar els beneficis, minimitzant costos.

c) Enriquir-se sigui com sigui.

d) Crear llocs de treball.

3> Digues quina d'aquestes àrees funcionals pròpiament dita no trobaries en una bugaderia.

a) Recursos humans.

b) Comercial.

c) Finançament i inversió.

d) Producció.

4> Un canvi legal, com per exemple el nombre d'hores que ha de treballar una persona a la setmana, afecta:

a) L'entorn específic de l'empresa.

b) L'entorn general de l'empresa.

c) No té per què afectar l'empresa.

d) Tant el general com l'específic.

5> L'empresa té una responsabilitat social en temes com:

a) Medi ambient.

b) Relacions laborals internes.

c) Relacions tant amb els seus clients com amb els seus proveïdors.

d) Amb tots aquests aspectes.

6> L'empresari com a persona que assumeix el risc és un concepte que aplica per primera vegada:

a) Smith.

b) Galbraith.

c) Schumpeter.

d) Knigt.

7> Segons Smith, l'empresari s'entén com:

a) Un home de negocis.

b) Un propietari dels mitjans de producció.

c) Un líder.

d) Un tecnòcrata.

8> El 99 % de les empreses a Espanya són:

a) Empreses grans.

b) Empreses mitjanes.

c) Empreses petites i mitjanes (pimes).

d) Microempreses.

9> Una de les funcions de l'empresari és:

a) Dissenyar un pla d'acció i gestionar-lo.

b) Cobrar més que ningú.

c) Aportar tot el seu patrimoni a l'empresa.

d) Cap d'aquestes funcions és pròpia d'un empresari.

10> Per classificar les empreses segons la seva mida s'ha de tenir en compte:

a) El nombre de treballadors.

b) El nombre de màquines.

c) El nombre de sucursals que té l'empresa.

d) El nombre de factures que fa a l'any, independentment del seu import.

Conceptes bàsics

L'**empresa** és un conjunt d'elements organitzats i coordinats per la direcció, orientats cap a l'obtenció d'una sèrie d'objectius i que actuen sota condicions de risc.

L'**objectiu bàsic** de l'empresa és maximitzar els beneficis, minimitzant costos.

Els **elements** que componen l'empresa són: factors humans, factors materials, organització i entorn.

Les **àrees funcionals** de l'empresa són bàsicament: àrea de producció, àrea comercial, àrea de finançament i inversió i àrea de recursos humans.

L'**empresa com a sistema** es caracteritza per ser un sistema obert que combina elements o subsistemes diferents que produeixen efectes sinèrgics, constituint un sistema global que s'autocontrola.

L'**entorn** és la suma de factors que condicionen l'actuació de l'empresari i, en conseqüència, de l'empresa.

L'**entorn general** afecta totes les empreses en general i l'**entorn específic** afecta una empresa concretament.

La **responsabilitat social** és aquella que té l'empresa envers la societat en general.

Els **costos socials** són aquells que repercuteixen en la societat. Poden ser positius o negatius.

La **cadena de valor** és un conjunt de funcions que afegeixen valor als productes i serveis de l'empresa, intentant obtenir la màxima rendibilitat, reduint allò que és superflu, en cadascuna de les fases en què es desenvolupa un producte (aprovisionament de primeres matèries, producció, màrqueting, distribució...).

La **responsabilitat social corporativa** es pot definir com la integració activa i voluntària per part de les empreses de les preocupacions socials i mediambientals a les seves operacions comercials i les seves relacions amb els seus interlocutors.

L'**ètica empresarial** és la responsabilitat ètica de l'empresa, que té en compte les conseqüències de l'activitat empresarial, de les prestacions socials que ofereix i dels costos mediambientals en què incorre. La responsabilitat ètica de l'empresa no tan sols no perjudica la seva rendibilitat econòmica, sinó que es pot convertir en un avantatge competitiu.

La **tecnoestructura** és el que engloba el grup de professionals de les organitzacions de les grans empreses, que són qui realment tenen el poder, ja que disposen de tota la informació i la gestionen.

L'**empresari** és una o més persones que tenen com a finalitat prendre decisions per aconseguir uns objectius marcats prèviament, intentant mantenir un equilibri entre tots els elements que formen l'empresa i actuant sempre en condicions de risc.

La **classificació d'empreses** es fa segons la seva activitat, la seva mida, la propietat del capital o l'estructura jurídica.

BLOC 1

2

FORMES JURÍDIQUES D'EMPRESES

En aquesta unitat veurem detalladament les classes d'empreses segons la seva forma jurídica, per aprofundir en el concepte que ja hem introduït a la unitat 1. Estudiarem les característiques més importants i els seus òrgans de funcionament; dedicarem una atenció especial a les societats anònimes i a les societats de responsabilitat limitada.

Els conceptes més importants que aprendràs en aquesta unitat són: l'empresari individual; l'empresa societària; les societats mercantils personalistes i capitalistes (societat col.lectiva, societat comanditària, societat de responsabilitat limitada, societat limitada nova empresa, societat anònima, societat laboral); societat d'interès social.

2.1 L'empresa individual

Com ja hem comentat, les empreses es classifiquen segons la seva forma jurídica en empresa individual i empresa de socis o societària.

En aquest apartat estudiarem l'empresa individual, que és un tipus d'empresa que té personalitat física; és a dir, que és propietat d'una persona. Les podem classificar en empresari o empresària individual i societat civil privada.

Empresari o empresària individual

Els **impostos** són tributs, és a dir, pagaments obligatoris que serveixen per finançar la despesa pública o bé per controlar l'activitat econòmica del país (polítiques macroeconòmiques).

Es tracta d'una persona física que realitza en nom propi i mitjançant una empresa una activitat comercial, industrial o professional. Per fer-ho és necessari ser major d'edat i tenir plena disponibilitat dels béns propis.

En aquest tipus d'empreses generalment es confon l'empresari amb el capitalista i, per tant, el patrimoni de l'empresari amb el de l'empresa.

Aquesta figura implica el control total de l'empresa per part del propietari, que dirigeix personalment la seva gestió i respon dels deutes contrets davant de terceres persones amb tot el seu patrimoni present i futur. És a dir, la responsabilitat de l'empresari o l'empresària és il·limitada.

Per constituir aquest tipus d'empresa no fa falta un capital mínim.

La raó social —és a dir, el nom de l'empresa— ha de ser la del titular.

Els empresaris individuals tributen (paguen a Hisenda) mitjançant l'impost sobre la renda de les persones físiques (IRPF), ja que el benefici de l'empresa està considerat com a individual.

Societat civil privada

L'impost sobre la renda de les persones físiques (IRPF) és un impost directe que recau sobre les persones que han obtingut rendes procedents del seu treball, del seu capital o d'altres fonts d'ingressos.

Es basa en un contracte pel qual dues o més persones s'obliguen a posar en comú diners, béns o indústria, amb la voluntat de repartir-se'n els guanys.

Malgrat que les societats civils privades estan formades per més d'una persona, es consideren empreses individuals, perquè no tenen personalitat jurídica; és a dir, tenen personalitat física.

Són societats amb pactes secrets entre els seus membres i en les quals les actuacions dels socis són individuals. A més, han de tenir un objecte lícit, han d'establir-se amb interès comú entre els socis. La societat dura el que s'hagi pactat en el contracte.

Aquestes societats tenen responsabilitat il·limitada i personal davant terceres persones.

La societat es constitueix mitjançant un document privat i es regula per les disposicions de la comunitat de béns.

No hi ha límit de capital.

La raó social pot ser qualsevol nom elegit pels socis.

Els socis civils tributen mitjançant l'impost sobre la renda de les persones físiques (IRPF), ja que el benefici de l'empresa es considera individual, perquè actuen com a persones físiques.

Activitats

1> Explica què és una empresa individual.

2> Què vol dir responsabilitat il·limitada de l'empresari?

2.2 L'empresa societària

Es tracta d'una empresa amb personalitat jurídica; és a dir, que adquireix una personalitat pròpia diferent de la dels seus propietaris. Totes les societats han d'estar formalitzades en escriptura pública i inscrites al Registre Mercantil.

Les podem classificar en societats civils públiques, societats mercantils i societats d'interès social.

Societat civil pública

Aquesta societat té el mateix objectiu i les mateixes característiques que la societat civil privada (empresa individual), però els pactes entre els socis són públics i es constitueixen mitjançant escriptura pública atorgada davant notari. Això fa que tingui una personalitat jurídica que la diferencia de la societat civil privada. Com totes les societats amb personalitat jurídica, s'ha d'inscriure al Registre Mercantil.

Exemple 1

Marta Massó, economista, i el seu cunyat Joan Lluís Font, advocat, decideixen unir-se per obrir un despatx, en el qual cadascun actuarà de manera independent, encara que tinguin alguns clients comuns. D'entrada, pensen a crear una empresa civil, però com que prefereixen escripturar-la davant notari per donar-li un caràcter públic, opten per la societat civil pública.

Societat mercantil

Són societats formades per diverses persones que reuneixen un fons patrimonial comú per col·laborar en l'explotació d'una empresa, amb la finalitat d'obtenir-ne un benefici i participar en el repartiment dels guanys. Totes les societats mercantils s'han de formalitzar en escriptura pública i inscriure's al Registre Mercantil. Aquestes societats les podem classificar en:

a) **Societats personalistes.** Són aquelles en què la gestió correspon als socis i, per tant, és més important l'aspecte personal de cadascun que el capital en si.

Dins d'aquest grup hi trobem la societat col·lectiva i la societat comanditària simple.

b) **Societats capitalistes.** Són aquelles en què és més important l'aportació del capital que les característiques personals dels socis. En aquestes empreses la gestió no ha de recaure necessàriament en els socis, ja que es pot contractar un empresari o una empresària professional perquè les gestioni.

Dins d'aquest grup, hi trobem la societat comanditària per accions, la societat de responsabilitat limitada, la societat anònima i la societat laboral.

@

El Registre Mercantil Central és una institució oficial de publicitat que recull i ofereix accés a la informació de les societats inscrites en els registres mercantils provincials:

http://www.rmc.es

Societat d'interès social

Es tracta de societats que no pretenen obtenir un benefici, sinó satisfer les necessitats comunes dels seus membres.

Les empreses més corrents incloses en aquest grup són les societats cooperatives, les quals analitzarem detingudament més endavant.

Activitats

3> Defineix les societats mercantils.

4> Què vol dir que una empresa és personalista?

A continuació tens un esquema aclaridor dels tipus de societats que es treballen en aquesta unitat:

- Empresa individual (personalitat física)
  - Empresari o empresària individual
  - Societat civil privada
- Empresa societària (personalitat jurídica)
  - Societat civil pública
  - Societats mercantils
    - Personalista
      - Col·lectiva
      - Comanditària simple
    - Capitalista
      - Comanditària per accions
      - De responsabilitat limitada
      - Limitada nova empresa
      - Anònima
      - Laboral
  - Societat d'interès social-cooperativa

2.3 Societat mercantil

En aquest apartat estudiarem detalladament les característiques de cada tipus de societat mercantil. Recordem que aquestes societats poden ser personalistes (societat col·lectiva i societat comanditària simple) o bé capitalistes (societat comanditària per accions, societat de responsabilitat limitada, societat anònima i societat laboral).

Societat col·lectiva

En aquest tipus de societat, les qualitats personals dels socis són determinants per al funcionament, ja que es tracta d'una societat personalista.

Les característiques de les societats col·lectives són les següents:

- El nombre mínim de socis per a la seva constitució és de dos, però no hi ha un màxim. Malgrat això, és adequada per a un nombre reduït de socis.
- Tots els socis intervenen en la gestió de l'empresa. Tot i això, si aquests aporten únicament treball, és a dir, són socis industrials, no poden intervenir en la gestió. Estan exclosos de participar a les pèrdues socials, tret que es pacti el contrari.
- Els socis responen dels deutes socials davant de terceres persones de manera personal, solidària (és a dir, es pot exigir la totalitat dels deutes a cadascun dels socis) i il·limitada (els socis responen dels deutes de la societat amb tots els seus béns personals de manera conjunta).
- No hi ha un capital social mínim per a la seva constitució.
- La raó social ha de ser el nom de tots els socis, o el d'un d'aquests seguit de l'expressió «i companyia» o l'abreviatura «i cia». Sempre, però, ha d'anar seguit de l'expressió «societat col·lectiva» o les sigles «SC».
- Aquestes societats tributen per l'impost de societats.

!

L'impost de societats és un impost directe que paguen les societats mercantils pels beneficis que obtenen i en el qual la quantitat que es paga és proporcional al benefici obtingut.

Societat comanditària simple

Les característiques d'aquestes societats són les següents:

- Hi coexisteixen dos tipus de socis:

  a) Els socis col·lectius, que intervenen directament en la gestió de la societat i responen de manera personal, solidària i il·limitada davant els deutes socials.

  b) Els socis comanditaris, que realitzen una aportació econòmica a la societat i participen únicament dels resultats econòmics, sense intervenir en la gestió de l'empresa. Per tant, tenen una responsabilitat davant de terceres persones limitada a la seva aportació.

- El nombre mínim de socis és de dos, dels quals un ha de ser col·lectiu i l'altre, comanditari.
- La condició de soci o sòcia no es pot transmetre lliurement, sense el consentiment dels altres socis.
- No hi ha un capital social mínim per a la seva constitució.
- La raó social està formada pel nom de tots els socis col·lectius seguits de «societat en comandita» o l'abreviatura «s. en c.» o «s. com.»
- Les societats comanditàries simples tributen per l'impost de societats.

Societat comanditària per accions

Aquests tipus de societats s'inclouen dins de les societats capitalistes, ja que en una part dels socis el capital té més importància que les seves característiques personals.

Les seves característiques generals són pràcticament comunes amb les de les societats comanditàries simples. Les diferències són les següents:

- La participació dels socis comanditaris (que només aporten capital) és representada per accions, que són parts alíquotes (iguals) del capital. Per aquest motiu, se'ls aplica la normativa de les societats anònimes. Per tant, han de tenir un capital mínim de 60 000 €, que en el moment de la constitució de la societat ha d'estar totalment subscrit i desemborsat com a mínim en un 25 %.
- El nombre de socis comanditaris ha de ser com a mínim de dos i almenys un ha de ser col·lectiu. Aquest, com en les societats comanditàries simples, és el que s'encarrega de la gestió de l'empresa.
- La raó social pot ser qualsevol nom elegit pels socis seguit de «societat en comandita per accions» o l'abreviatura «s. en c. per a.» El nom dels socis comanditaris no pot figurar mai en el nom de la societat.
- Aquestes societats tributen per l'impost de societats.

Les **accions** són part alíquota del capital d'una societat anònima. Estan documentades en títols nominatius o al portador, i són negociables.

Exemple 2

Una societat comanditària per accions està formada per tres socis, dos de col·lectius, que són el Sr. Roig i la Sra. Ramos, i una sòcia comanditària, que és la Sra. Roma. El nom de la societat és «Roig, Ramos i Roma, s. en c.» És correcta la denominació?

La denominació no és correcta, perquè incorpora el nom de la sòcia comanditària i, a més, no especifica que la societat és comanditària per accions «s. en c. per a.».

Societat de responsabilitat limitada

És un tipus de societat de caràcter capitalista, apropiada per a societats amb pocs socis i que no necessiten una xifra elevada de capital.

Característiques generals

Les característiques més importants d'aquestes societats són les següents:

- El nombre de socis per a la seva constitució és d'un o més d'un. Quan estan formades per un sol soci s'anomenen *societats unipersonals*.
- Entre els drets dels socis hi ha els següents:
  a) Dret de participar en el repartiment de beneficis i en el patrimoni de la societat en cas de liquidació.
  b) Dret de tempteig en l'adquisició de les participacions dels socis sortints.
  c) Dret de participar en les decisions socials i ser elegits com a administradors.
  d) Dret d'informació en els períodes establerts en les escriptures.
- La responsabilitat dels socis és limitada al capital aportat; és a dir, només responen dels deutes pel capital invertit.
- El capital social està dividit en participacions. No pot ser inferior a 3 000 €, i en el moment de la constitució de la societat ha d'estar totalment subscrit i desemborsat; és a dir, es tracta d'una fundació simultània, no s'admeten dividends passius (parts pendents de pagament). El capital pot ser en metàl·lic, béns o drets.
- La raó social ha d'estar formada pel nom seguit de «societat de responsabilitat limitada» o «societat limitada» o bé de les sigles «SRL» o «SL».
- Per a la transmissió de les participacions socials s'ha de comunicar als administradors la intenció del traspàs, el nombre, la identitat de l'adquirent i el preu. Hi tenen dret preferent els socis restants. Aquesta transmissió s'ha de realitzar en document públic.
- Aquestes societats tributen per l'impost de societats.

> **!** En les **societats unipersonals,** el soci pot ser una persona natural o jurídica. També pot succeir que la societat hagués estat constituïda per dos o més socis i que les seves participacions haguessin passat a ser propietat d'un de sol.

> **abc** Les **participacions** són parts iguals, acumulables i indivisibles del capital d'una societat de responsabilitat limitada que no poden incorporar-se a títols negociables ni dir-se accions. Això vol dir que les participacions tenen un caràcter abstracte, que no es poden documentar, ni negociar, ni ser transferibles lliurement.

Constitució

De la mateixa manera que totes les societats mercantils, s'han de constituir en escriptura pública, que haurà d'estar inscrita en el termini de dos mesos al Registre Mercantil. En l'escriptura de constitució, entre altres dades, s'hauran d'incloure els estatuts de la societat (que són les regles pactades pels socis). Aquests estatuts han de contenir com a mínim:

- La denominació de la societat.
- L'objecte social, amb la indicació de les societats que l'integren.
- El domicili social.
- El capital social, les participacions en què es divideix, el seu valor nominal i la seva numeració correlativa.
- La manera d'organitzar l'administració, en els termes establerts per la llei.
- Els altres pactes lícits i les condicions especials que els socis creguin convenient establir.

Òrgans

La gestió i l'administració de la societat s'encarreguen a un òrgan social. Aquest òrgan directiu està format per la Junta General i pels administradors.

- La **Junta General.** És l'òrgan de deliberació i de decisió. Els assumptes de què pot tractar la Junta són: l'anàlisi de la gestió laboral, l'aprovació dels comptes anuals (balanç de situació, compte de pèrdues i guanys i memòria) i l'aplicació del resultat de l'exercici, el nomenament i la destitució dels administradors i la modificació dels estatuts. Tots els socis, inclosos els que no hagin participat en la reunió, queden sotmesos als acords de la Junta General.
- Els **administradors.** L'administració de l'empresa es pot confiar a una sola persona o a un consell d'administració. Els administradors han de complir una sèrie de requisits:

  a) No poden dedicar-se, per compte d'altri, al mateix gènere de comerç que constitueix l'objecte de la societat.

  b) Exerciran el càrrec durant el període de temps que indiqui l'escriptura social, i poden ser destituïts en qualsevol moment per la Junta General.

  c) Per dur a terme els comptes anuals han de seguir les normes de les societats anònimes.

  d) No és necessari que tinguin la condició de socis.

El Registre Mercantil de Barcelona està situat a l'edifici de La Campana.

Societat limitada nova empresa

És una especialitat o versió de la societat de responsabilitat limitada (SRL), un cas particular que es va crear per facilitar i simplificar els tràmits de creació d'una societat tipus pime o més aviat les ara anomenades *microempreses*.

+

http://ipyme.org/ca-ES/CreacionEmpresas/FormasJuridicas/Paginas/FormasJuridicas.aspx

és la web del Ministeri d'Indústria, Turisme i Comerç, i s'hi pot trobar informació sobre totes les formes jurídiques d'empreses i les seves característiques.

Característiques

En ser un cas particular d'una SL comparteix una gran quantitat de característiques; aquí anotarem únicament les que canvien:

- El nombre màxim de socis en el moment de la constitució es limita a cinc, que han de ser persones físiques. Es permet la societat limitada nova empresa unipersonal.
- El nombre de socis pot ampliar-se amb la transmissió de participacions socials. Si els nous socis són una persona jurídica, en el termini màxim de tres mesos s'ha de fer la transmissió a favor de persones físiques.
- El capital social mínim, que haurà de ser desemborsat íntegrament amb aportacions dineràries en el moment de constituir la societat, és de 3 012 euros, i el màxim, de 120 202 euros.
- La denominació social ha de ser els cognoms i el nom d'un dels socis més un codi alfanumèric únic (ID-CIRCE). Haurà de figurar a més la indicació «societat limitada nova empresa» o l'abreviatura «SLNE». Si posteriorment el soci que ha posat el seu nom deixa de ser-ho, el nom s'haurà de canviar per algun altre.
- Se li dóna ajudes fiscals i facilitats comptables (sistema simplificat).
- Importants facilitats per continuar la seva activitat com a societat de responsabilitat limitada.

Constitució

- Possibilitat de realitzar els tràmits de constitució i posada en marxa per mitjans telemàtics, evitant els desplaçaments de l'emprenedor i fent un estalvi important de temps i costos, mitjançant el document únic electrònic (DUE).

- Possibilitat de constitució pel procediment presencial, amb els mateixos temps de resposta de notaris i registradors (48 hores).
- No cal portar un llibre de registre de socis.

Òrgans

Són els mateixos que els de la societat de responsabilitat limitada.

Societat anònima

Constitueix una societat purament capitalista, ja que les condicions personals dels socis no tenen cap rellevància: el capital és l'únic element important. És el tipus de societat que s'adapta millor a les grans empreses.

Característiques generals

Les característiques més importants d'aquestes societats són les següents:

- El nombre de socis per a la constitució pot ser d'un o més d'un, ja siguin persones físiques o siguin jurídiques. Com en les societats de responsabilitat limitada, quan hi ha un sol soci s'anomenen *societats unipersonals*.
- La responsabilitat dels socis és limitada al capital aportat.
- El capital d'una societat anònima es divideix en parts iguals i cadascuna d'elles s'anomena *acció*. Les aportacions del capital d'una empresa es representen o bé mitjançant títols o bé per anotacions en compte.
- El capital social mínim de constitució és de 60 000 €. Aquest capital està dividit en accions que poden ser nominatives o al portador. Aquest tipus de societat es pot crear mitjançant fundació simultània (es desemborsen totes les accions en el moment de la fundació) o mitjançant fundació successiva (les accions es van desemborsant a poc a poc de manera successiva). En el moment de la creació, però, el capital ha d'estar totalment subscrit i desemborsat almenys en un 25 %. Les quantitats pendents de desemborsar s'anomenen *dividends passius* i es van satisfent segons el que s'hagi acordat.
- La raó social ha d'estar formada pel nom de la societat seguit de «societat anònima» o les abreviacions «s. a.» o SA.
- La transmissió de les accions és lliure una vegada que la societat s'hagi inscrit al Registre Mercantil.
- Aquestes societats tributen per l'impost de societats.

Constitució

Recordem que, com totes les societats mercantils, s'han de constituir en escriptura pública, que ha de ser inscrita en el termini de dos mesos en el Registre Mercantil. En l'escriptura de constitució, s'hauran d'incloure els estatuts de la societat. Aquests estatuts han de contenir com a mínim:

- La denominació de la societat.
- L'objecte social, amb la determinació de les societats que l'integren.

> **!** Els **títols** són documents físics i les **anotacions en compte** són aquelles en les quals es consigna el nombre d'accions que posseeix cada soci i les successives transmissions, que s'inscriuen mitjançant transferències comptables. Aquest mètode evita el maneig dels títols, en cas que n'hi hagi molts. Si les accions cotitzen a borsa, és obligatori que estiguin anotades en compte.

> **@** La CEOE (Confederació Espanyola d'Organitzacions Empresarials) representa els interessos dels empresaris espanyols:
>
> *http://www.ceoe.es*

- El domicili social.
- El capital social, amb l'especificació, si escau, de la part del seu valor no desemborsat, així com la manera i el termini màxim en què s'han de satisfer els dividends passius.
- El nombre d'accions en què està dividit el capital social: el seu valor nominal, classe i sèrie.
- La manera d'organitzar l'administració, en els terminis establerts per llei.
- Els altres pactes lícits i les condicions especials que els socis creguin convenient establir.

Òrgans

Les societats anònimes tenen bàsicament dos òrgans, que són la Junta General d'Accionistes i els administradors.

- La **Junta General.** És la reunió dels accionistes on es prenen decisions, per majoria absoluta dels vots presents o representats, sobre qüestions importants de l'empresa (aquest dret està reconegut en el text refós de la Llei de societats anònimes, TRLSA). Hi ha tres tipus de juntes:

  a) La Junta General Ordinària es reuneix dins els sis primers mesos de cada exercici per analitzar la gestió social, aprovar els comptes de l'exercici anterior i resoldre l'aplicació del resultat (art. 95 TRLSA). Ha de ser convocada per l'administració.

  b) La Junta Extraordinària és tota junta que no reuneixi els requisits de l'anterior. Per tant, n'hi pot haver diverses a l'any, i en qualsevol període (art. 96 TRLSA). Han de ser convocades per l'administració.

  c) La Junta Universal serà convocada i quedarà vàlidament constituïda per tractar qualsevol assumpte, sempre que aquest representi tot el capital social i els assistents n'acceptin la celebració per unanimitat (art. 99 TRLSA).

- Els **administradors.** Tal com succeeix amb les societats de responsabilitat limitada, l'administració es pot confiar a una única persona o a un grup de persones; és a dir, a un consell d'administració; en aquest cas les decisions es prenen per majoria absoluta. La Junta General és l'òrgan al qual correspon nomenar els administradors.

> Els **administradors** han de complir una sèrie de requisits:
>
> *a)* No és necessari que siguin accionistes.
>
> *b)* Han de portar els comptes anuals en el termini de tres mesos comptats a partir del tancament de l'exercici.
>
> *c)* No poden dedicar-se, per compte d'altri, al mateix gènere de comerç que constitueix l'objecte de la societat.
>
> *d)* Exerciran el càrrec durant el període de temps que indiqui l'escriptura social, i poden ser destituïts en qualsevol moment per la Junta General.
>
> *e)* Responen davant de la societat, els accionistes i els creditors socials, del dany que causin per actes contraris a la llei i als estatuts.

Els accionistes

Els accionistes tenen la propietat d'una o més accions de l'empresa i, per tant, en són propietaris. Per aquest fet tenen, entre d'altres, els drets següents:

- Dret de participar en el repartiment de beneficis socials; és a dir, en els dividends actius, i en el patrimoni resultant de la liquidació d'acord amb la seva participació en la societat. També es pot acordar no repartir beneficis i acumular-los en reserves; és a dir, reinvertir-los en la societat.
- Dret preferent de subscripció en l'emissió de noves accions. En les ampliacions de capital, els accionistes tenen preferència a l'hora d'adquirir noves accions.
- Dret d'assistència i vot a les juntes. Normalment cada acció dóna dret a un vot, encara que en algun tipus d'acció no sigui així. El dret d'assistència en les grans empreses està condicionat pel gran nombre d'accionistes, de manera que cal limitar aquest dret a un nombre mínim d'accions. En aquest cas, hi ha la possibilitat de sindicació; és a dir, d'unir-se diversos accionistes per arribar al mínim exigit.
- Dret a impugnar els acords socials, en cas que siguin contraris a la llei o als estatuts.
- Dret d'informació sobre els assumptes que cal tractar en la Junta d'Accionistes per poder emetre el vot.

Societat laboral

Són societats anònimes o de responsabilitat limitada en què la majoria del capital social, almenys el 51 %, és propietat dels treballadors que presten serveis retribuïts de manera personal i directa i la relació laboral dels quals és de caràcter indefinit.

Característiques generals

Les característiques més importants d'aquestes societats són les següents:

- Cap soci no pot tenir accions o participacions que representin més de la tercera part del capital (33 %), excepte les entitats públiques, que poden arribar fins al 49 %. El nombre mínim de socis és de quatre, dels quals tres han de ser socis treballadors.
- La responsabilitat dels socis és limitada al capital aportat.
- El capital social està dividit en accions nominatives o en participacions. Aquestes s'han de subscriure, i desemborsar almenys en un 25 % de cada acció si es tracta d'una societat anònima laboral, i el 100 % si és una societat de responsabilitat limitada laboral. El capital no pot ser inferior a 60 000 € o 3 000 €, respectivament. Hi ha accions i participacions de dues classes:

  a) Classe laboral: estan destinades als socis treballadors.

  b) Classe general: propietat dels socis no treballadors, si n'hi ha.

  Les accions de les societats anònimes laborals han d'estar representades per títols, no per anotacions en compte.
- Aquestes societats poden contractar treballadors que no siguin socis, però amb algunes limitacions: el nombre d'hores que treballen no pot ser superior al 15 % de les hores que dediquen a l'empresa els socis treballadors, o al 25 % per a les societats amb menys de 25 treballadors.
- La raó social pot estar formada per qualsevol nom seguit de «societat de responsabilitat limitada laboral» o «societat anònima laboral», o bé les seves respectives sigles: «SRLL» o «SAL».
- Per a la transmissió d'accions i participacions socials de la classe laboral es donarà preferència als treballadors indefinits que no siguin socis; si aquests no les volguessin, les poden adquirir, en primer lloc, els socis treballadors; després, els socis de classe general, i en el seu defecte els altres treballadors que no tinguin contracte indefinit.
- Aquestes societats han de constituir obligatòriament un fons especial de reserva amb el 10 % del benefici líquid obtingut.

Constitució

Les societats laborals s'han de formalitzar en escriptura pública i s'han d'inscriure al Registre Mercantil. Prèviament han d'estar inscrites al Registre de Societats Laborals, que depèn de la comunitat autònoma.

@

L'Administració general de l'Estat ofereix una sèrie de serveis a les empreses privades que es poden consultar a la pàgina d'Internet

http://www.administracion.es/empresa.htm

Activitats

5> Què vol dir que una empresa és capitalista? Posa'n exemples.

6> En una empresa comanditària, quina diferència hi ha entre els socis comanditaris i els socis col·lectius?

7> Enumera tres diferències i tres similituds entre les societats anònimes i les de responsabilitat limitada.

8> Carme Ferrer, Rosa Foix i Pere Roca formen una societat col·lectiva. Quins noms pot adoptar la societat?

2.4 Societat d'interès social

Aquest tipus de societats tenen l'objectiu de satisfer les necessitats comunes dels seus socis.

Societat cooperativa

La **societat cooperativa** és una associació de persones físiques o jurídiques amb interessos i necessitats comunes, que desenvolupen una activitat empresarial. En aquesta societat s'imputen els resultats econòmics (excedents, no beneficis) als socis, una vegada atesos els fons comunitaris, en funció de l'activitat cooperativa que realitzen. Creen un patrimoni comú que no es pot repartir i no tenen afany de lucre.

Característiques generals

- Les cooperatives poden ser de primer grau i de segon o ulterior grau. Les de primer grau tenen 3 socis, que normalment són persones físiques. Les de segon grau en tenen 2, i estan integrades per cooperatives que normalment són persones jurídiques. En les societats cooperatives la incorporació i baixa dels socis és voluntària i lliure. Les cooperatives també poden tenir associats —persones físiques o jurídiques que aporten capital, cobren interessos per la seva aportació i no responen personalment dels deutes.
- La responsabilitat dels socis pels deutes de la cooperativa queda limitada a l'import nominal de les respectives aportacions socials, efectivament desemborsades o compromeses. Malgrat això, els estatuts de la societat poden determinar una altra responsabilitat, que pot ser il·limitada.
- El capital social mínim de cada cooperativa es fixa en els estatuts i és variable segons el nombre de socis. Cap soci no pot posseir més del 25 % del capital en les cooperatives de primer grau, ni més del 45 % en les de segon grau. Ha d'estar totalment subscrit en el moment de la constitució i desemborsat almenys en un 25 %.
- La raó social ha d'incloure de manera general l'expressió «societat cooperativa» o l'abreviatura «s. coop.», segons la comunitat autònoma: «s. coop. C.» (Catalunya).
- El 30 % dels excedents obtinguts s'ha de destinar al fons de reserva obligatori i al fons d'educació i promoció.

> **Constitució.** Per adquirir personalitat jurídica, la societat cooperativa ha de complir els requisits formals següents: redacció d'escriptura de constitució i dels estatuts, atorgament davant de notari de l'escriptura i inscripció al Registre General de Cooperatives.

Òrgans

- L'**Assemblea General.** És la reunió dels socis i, si escau, dels associats, per deliberar i prendre acords com a òrgan suprem de decisió. Té per objecte examinar la gestió social, aprovar els comptes anuals, aprovar la imputació de l'excedent i establir la política general de la cooperativa.
- El **Consell Rector.** És l'òrgan de govern, gestió i representació. Ha de tenir tres membres com a mínim que siguin socis, i es pot nomenar un director o una directora.
- El **Comitè de Recursos.** Aquest òrgan només existeix en les cooperatives de primer grau quan ho preveuen els estatuts. La seva funció és tramitar i resoldre els recursos contra les sancions dels seus socis.
- Els **interventors.** La seva funció és la censura dels comptes anuals. Han de ser entre un i tres socis, persones físiques.

Socis

Els socis tenen una sèrie de drets, com ara participar en les activitats de la cooperativa, rebre informació necessària per a l'exercici dels seus drets i el compliment de les seves obligacions, o al retorn cooperatiu (repartir l'excedent).

> Entre les obligacions dels socis hi ha: assistir a les reunions de l'Assemblea General i altres òrgans dels quals formin part, complir els acords vàlidament acordats pels òrgans socials i participar en les activitats de formació.

Activitats finals

1> Explica què vol dir que una empresa té personalitat física.

2> La relació d'un empresari individual amb el Registre Mercantil és:

a) Està obligat a inscriure-s'hi.

b) Pot fer-ho, si ho vol.

c) No s'hi ha d'inscriure.

3> Explica la diferència que hi ha entre una societat comanditària simple i una societat comanditària per accions.

4> Defineix el concepte de *societat d'interès social.*

5> Una empresària vol constituir tota sola una empresa de serveis: una agència de viatges. El capital que vol aportar d'entrada no és gaire elevat, i el mercat que vol assolir, segons la seva infraestructura, tampoc. Quin tipus d'empresa li aconsellaries que creés? Per què? Explica totes les opcions que té.

6> Explica quins són els socis industrials i quina funció tenen.

7> Compara el concepte de *participació* amb el d'*acció*.

8> Explica alguns dels requisits per a la constitució d'una societat de responsabilitat limitada (SRL).

9> Explica com ha de ser el capital en les societats anònimes.

10> Quins són els òrgans de gestió en una societat anònima? Explica'ls.

11> El fet de tenir la propietat d'una acció, quins drets comporta?

12> Explica i diferencia el concepte de *dividend actiu* i el de *dividend passiu*.

13> Una SRL pot tenir dividends passius? Per què?

14> Quins tipus de socis han de tenir les cooperatives de segon i ulterior grau?

15> Esbrina si a la teva població hi ha cooperatives i de quin tipus són.

16> Un dels socis de la cooperativa SEMO va aportar la quantitat de 30 051,60 €. El seu patrimoni individual supera 10 vegades la seva aportació. Si en aquesta cooperativa es produeixen deutes per un valor d'1 120 206,70 €, amb quina quantitat haurà de respondre el soci davant d'aquests deutes?

17> Després d'una ampliació de capital en una societat anònima laboral, el capital en mans dels socis laborals s'ha reduït al 50 % del total. Pot seguir la societat amb la mateixa forma jurídica? Per què?

18> Tres companys de feina han rebut, en concepte d'indemnització per acomiadament, un total de 72 121,45 €. Amb aquesta quantitat volen instal·lar-se pel seu compte i crear una societat. En el moment de la constitució, quants euros hauran d'aportar? Explica les opcions que tenen.

19> Digues algunes diferències entre la societat limitada nova empresa i la societat de responsabilitat limitada.

20> Digues quina és la resposta correcta:

a) El capital d'una SL està dividit en accions i no pot ser inferior a 3 000 €.

b) En la SA el capital no pot ser inferior a 60 000 €, i les aportacions només poden ser en diners.

c) Cap de les respostes anteriors no és correcta.

21> Una SA laboral:

a) Pot reunir, a més de socis treballadors, socis no treballadors.

b) No ha de fer necessàriament una activitat mercantil.

c) N'hi ha prou que el 25 % de les accions pertanyi als socis treballadors.

22> L'Anna, la Marta i la Carla són tres amigues que volen crear una empresa de publicitat. No saben quina forma de societat mercantil és la més adequada a les seves circumstàncies personals i empresarials, i demanen ajuda a l'Oriol, assessor jurídic i econòmic.

Les dades que aporten a l'assessor són les següents:

a) Les tres amigues seran les úniques sòcies.

b) Només disposen d'un total de 3.200 € per aportar al negoci.

c) L'Anna té previst anar a viure als Estats Units en termini de temps breu, per la qual cosa es vendrà les participacions que té en el capital de l'empresa. La Marta i la Carla volen assegurar que podran adquirir aquestes participacions en el futur.

d) Les tres amigues no volen arriscar el seu patrimoni personal en aquest projecte empresarial.

Determineu quina és la forma jurídica que creieu més recomanable per a aquest projecte empresarial. Justifiqueu la resposta per cadascuna de les dades que aporten les promotores.

Comprova el teu nivell

1> Quina d'aquestes afirmacions sobre l'empresari individual és falsa?

a) Ha se ser major d'edat.

b) Ha de tenir plena disponibilitat dels seus béns.

c) La raó social pot ser qualsevol nom.

d) Per constituir aquest tipus d'empreses no fa falta capital mínim.

2> La societat civil privada:

a) La forma una persona física.

b) Té personalitat física.

c) Té personalitat jurídica.

d) Té responsabilitat limitada.

3> Les societats personalistes poden ser:

a) De responsabilitat limitada.

b) Anònimes.

c) Col·lectives.

d) Laborals.

4> Una empresa individual és:

a) Una associació de dues o més persones amb la intenció de portar un negoci.

b) Una empresa propietat d'una sola persona que rep tots els guanys i suporta tots els riscos.

c) Un empresa amb personalitat jurídica pròpia.

d) Un tipus de societat anònima formada per un únic soci.

5> En el moment de constituir una societat anònima, el capital social escripturat:

a) No ha d'estar ni subscrit ni desemborsat.

b) Pot estar parcialment subscrit i parcialment desemborsat.

c) Ha d'estar totalment subscrit i totalment desemborsat.

d) Ha d'estar totalment subscrit i pot estar parcialment desemborsat.

6> Una societat de responsabilitat limitada té el seu capital en forma de:

a) Accions.

b) Participacions.

c) Tant pot ser acció com participació, s'han de posar d'acord.

d) Obligacions.

7> Els beneficis que es reparteixen en una societat anònima s'anomenen:

a) Dividend passiu.

b) Dividend actiu.

c) Reserves.

d) Interessos.

8> La societat cooperativa:

a) Únicament la poden formar persones jurídiques.

b) És una societat d'interès social.

c) S'ha d'inscriure en el registre mercantil.

d) Únicament la poden formar persones físiques.

9> La societat limitada nova empresa:

a) Té un nombre mínim de 5 socis en el moment de la constitució.

b) Té el mateix capital mínim que l'SA.

c) Té un nombre màxim de 5 socis en el moment de la constitució.

d) No té un capital màxim.

10> La societat laboral:

a) Pot ser anònima o limitada.

b) Té responsabilitat il·limitada.

c) Tots els treballadors han de ser socis.

d) No té nombre mínim de socis.

Conceptes bàsics

Les **societats mercantils** són aquelles que estan formades per diverses persones que apleguen un fons patrimonial comú per col·laborar en l'explotació d'una empresa amb la finalitat d'obtenir-ne un benefici i participar en el repartiment de guanys.

Les **societats d'interès social** són aquelles que no pretenen obtenir beneficis, sinó satisfer les necessitats comunes dels seus membres. Les empreses més habituals incloses en aquest grup són les **societats cooperatives.**

La **responsabilitat il·limitada** és quan l'empresari individual o els socis d'una societat responen dels seus deutes davant de terceres persones, de manera personal amb tot el seu patrimoni present i futur.

La **responsabilitat limitada** és quan els socis o accionistes d'una societat responen dels seus deutes davant de terceres persones amb el capital aportat o invertit.

Les **participacions** són parts iguals acumulables i indivisibles del capital d'una societat de responsabilitat limitada que no poden incorporar-se a títols negociables. La seva transmissió està restringida (no és lliure) i no es poden denominar accions.

Les **accions** són parts alíquotes (iguals) d'una societat anònima. Normalment estan documentades en títols nominatius o al portador i són negociables.

Quadre comparatiu de les característiques dels diferents tipus de societats

Tipus	*Socis*	*Responsabilitat*	*Capital*	*Tributació*
Empresa individual	1	Il·limitada	No hi ha mínim	IRPF (rendiment per activitats econòmiques)
Societat civil privada	2 o més	Il·limitada i personal	No hi ha mínim	IRPF (rendiment per activitats econòmiques)
Societat civil pública	2 o més	Il·limitada	No hi ha mínim	IS
Societat col·lectiva	2 o més	Il·limitada, personal, solidària i subsidiària	No hi ha mínim	IS
Societat comanditària simple	2 o més (1 de col·lectiu i 1 de comanditari)	Il·limitada per als socis col·lectius Limitada al capital aportat, per als socis comanditaris	No hi ha mínim	IS
Societat comanditària per accions	2 o més (1 de col·lectiu i 1 de comanditari)	Il·limitada per als socis col·lectius Limitada al capital aportat, per als socis comanditaris	Mínim de 60 000 €	IS
Societat de responsabilitat limitada	1 o més	Limitada al capital aportat	Mínim de 3 000 €	IS
Societat limitada nova empresa	Màxim 5	Limitada al capital aportat	Mínim de 3 012 € Màxim de 120 202 €	IS
Societat anònima	1 o més	Limitada al capital aportat	Mínim de 60 000 €	IS
Societat laboral (responsabilitat limitada o anònima)	4 o més (com a mínim 3 han de ser socis treballadors)	Limitada al capital aportat	Mínim de 3 000 € si és SRLL o de 60 000 € si és SAL (almenys el 51 % del capital ha de ser dels socis treballadors)	IS
Societat cooperativa	De 2 a 5, segons el tipus de cooperativa	Limitada al capital aportat	Mínim fixat en els estatuts	IS (règim especial)

3

EL PROCÉS DE DIRECCIÓ DE L'EMPRESA

Perquè en una empresa s'assoleixin els objectius conjunts, inabastables individualment, es crea l'agrupació dels seus components, de manera que l'esforç coordinat de cadascun conflueixi en el resultat que se cerca. Aquesta és la funció de la direcció de l'empresa, una mena d'eix sobre el qual giren les altres àrees funcionals. Aquesta unitat t'introduirà en el departament de direcció, que coordina tots els elements que formen part de l'empresa per obtenir els objectius prèviament marcats. Et descriurem les funcions que s'hi realitzen. Els conceptes més importants que aprendràs en aquesta unitat són: les fases i funcions del procés de direcció (de planificació, d'organització, de gestió i de control), així com l'organització formal (els models d'estructura, els organigrames) i l'organització informal de l'empresa.

3.1 El procés de direcció

La direcció de l'empresa consisteix a realitzar tasques de govern, com ara donar tot tipus d'instruccions i establir els criteris que es creguin convenients per a la consecució dels objectius marcats. La persona encarregada de la direcció, per tant, ha de combinar els factors humans i els materials de la millor manera per aconseguir els objectius, però sense perdre de vista el seu entorn, sempre canviant.

Per poder dur a terme la seva tasca, el director o la directora necessita **planificar, organitzar, gestionar** i **controlar** tots els factors que té disponibles.

Activitats

1> Explica el concepte de *direcció*.

2> Quins són els factors de què disposa el directiu per realitzar la seva funció?

3.2 Funció de planificació

La planificació és la primera de les activitats que componen la tasca de la direcció de l'empresa, perquè es realitza abans que les altres funcions.

La planificació constitueix l'estudi i la fixació dels objectius que cal assolir referents al sistema total (empresa) i a cadascun dels seus subsistemes (departaments o seccions).

La **planificació** consisteix a fixar uns objectius, marcar estratègies per aconseguir-los, definir les polítiques de l'empresa i establir criteris de decisió, sempre amb la intenció d'aconseguir els fins de l'empresa.

@

A continuació et donem les pàgines web de dues escoles d'administració i direcció d'empreses.

ESADE (Escola Superior d'Administració i Direcció d'Empreses):

http://www.esade.es

EADE (Escola Autònoma de Direcció d'Empreses):

http://www.eade.es

Classificació dels plans

Una bona planificació ha de considerar els plans des de visions diferents, per aconseguir objectius distints. Això implica l'existència de diversos plans, o més ben dit, de plans que actuïn en diferents àmbits. Per tant, se'n poden fer les classificacions següents:

1. Classificació dels plans per la seva naturalesa i característica

Fa referència a l'extensió del pla i s'hi poden distingir:

a) **Metes.** Es refereix als fins fonamentals perseguits per l'empresa. Per exemple, les metes d'una empresa del ram tèxtil són la producció i la comercialització de teixits de llana. Per tant, les metes són el punt de partida de la planificació.

b) **Objectius.** S'han de distingir diversos graus d'objectius. Com ja s'ha explicat a la unitat 1, podem diferenciar entre objectius i subobjectius.

Els **objectius** tenen un caràcter general, ja que involucren tota l'empresa i tothom ha de contribuir a aconseguir-los; els **subobjectius** es refereixen a temes més específics, que afecten àrees concretes de l'organització. Per exemple, un objectiu seria incrementar les vendes en un percentatge determinat durant un període (en general, per a tota l'empresa); un subobjectiu seria que el departament de producció intentés reduir els costos d'algun dels factors productius (amb la finalitat d'abaixar preus i així poder vendre els articles més barats i, per tant, incrementar les vendes).

Però a l'hora d'establir els objectius, en general, s'ha de tenir en compte que:

1. Aquests objectius siguin realistes i quantificables i es puguin adaptar al moment en què es posin en pràctica.
2. S'estudiïn i s'aprofitin les possibilitats de l'entorn.
3. S'estableixin prioritats entre els diferents objectius i subobjectius, aprofitant sempre el cost d'oportunitat (triar la millor alternativa).
4. S'obtinguin amb el mínim de conseqüències imprevistes i que els seus costos siguin mínims, fins i tot els costos socials.
5. Tots els subsistemes de l'empresa tinguin els recursos necessaris per obtenir-los.

Una vegada s'han marcat els objectius, s'han de comunicar a totes les persones subordinades que hi estiguin implicades, i intentar motivar-les perquè els compleixin.

c) **Polítiques.** Són els principis bàsics que serveixen de guia per prendre decisions específiques i delimiten uns certs límits d'actuació; ens referim al fet diferencial de l'empresa. Per exemple, una política de personal d'una empresa pot ser potenciar una plantilla estable i decidir que tots els empleats cobraran un plus de dedicació quan faci més de dos anys que hi treballen. Una empresa d'electrodomèstics pot adoptar la política, per exemple, de destacar en qualitat i servei, de manera que tots els seus productes tinguin una garantia de cinc anys, quan l'habitual en aquest tipus de productes és d'un any. Per tant, a partir d'aquest tipus de polítiques es poden fer planificacions.

d) **Procediments.** Són els passos que s'han de seguir per executar una acció. Per exemple, el procediment que efectua una empresa per fer una compra de matèries primeres: totes les compres són supervisades pel cap del departament de producció juntament amb el cap del departament financer; una vegada arriba la comanda a l'empresa, és revisada i controlada per l'encarregat o encarregada del magatzem, que en fa la fitxa d'existències corresponent.

Les empreses que tenen un bon procediment actuen amb més eficiència.

e) **Regles.** Indiquen què es pot fer i què no es pot fer, i són molt estrictes. Un exemple de regla seria determinar que les comandes de compres sempre han de ser supervisades pel cap del departament de producció.

f) **Pressupostos.** Són plans quantificats, és a dir, són l'expressió numèrica del pla escrit. Normalment preveuen les necessitats de diners per afrontar els plans marcats. També serveixen per donar prioritats a l'hora d'executar-los.

2. Classificació dels plans per la seva dimensió temporal

Es refereix al temps en què es poden aplicar. Els plans poden ser:

a) **A llarg termini.** Són aquells plans que es preveuen en un període de temps superior a cinc anys. Normalment es refereixen a aspectes estructurals de l'empresa, relatius a una expansió futura, com ara noves inversions en maquinària.

b) **A mitjà termini.** Són aquells plans que s'han d'assolir en un temps superior a un any i inferior a cinc anys. Aquests plans mostren l'activitat que han de desenvolupar la major part dels departaments de l'empresa. Per exemple, el volum de producció, el volum de vendes...

c) **A curt termini.** Són aquells plans que tenen com a límit l'exercici econòmic, és a dir, un any. Es tracta de plans molt immediats i molt concrets per departaments, i que poden servir de canal per assolir els altres objectius. Per exemple, complir els pressupostos prèviament marcats.

Tot i aquesta classificació, les empreses solen fer una planificació mitjà termini.

3. Classificació dels plans per funcions o departaments

Es refereix als plans de producció, de vendes, financers i d'inversions, de personal, etc. El contingut i les característiques de cada tipus de pla està relacionat amb el tipus de funció o departament al qual pertany.

Etapes del procés de planificació

El procés de planificació consta d'una sèrie d'etapes que s'han d'anar cobrint durant el temps que dura l'elaboració dels plans. Aquestes s'enumeren de la manera següent:

1. **Anàlisi de la situació de partida.** S'analitza la situació actual de l'empresa i del seu entorn, i es pren consciència de les oportunitats existents per poder aprofitar-les. Per exemple, les necessitats del mercat on s'actua o la situació dels recursos que es necessitaran.

2. **Fixació dels objectius.** Es marquen els objectius, tant els generals com els subobjectius, és a dir, es concreten les fites on es vol arribar.

3. **Creació d'alternatives o determinació de les línies d'actuació.** Es marquen els diferents camins que duran l'empresa cap als objectius proposats.

4. **Avaluació de les alternatives.** Consisteix a avaluar i analitzar cadascuna de les línies d'acció, és a dir, estudiar-ne els punts forts i els febles i avaluar-ne els costos, els riscos, les dificultats que cal superar...

5. **Elecció d'una de les alternatives.** En aquesta etapa és quan es decideix quin pla s'executarà.

6. **Control i determinació de desviaments.** Encara que s'hagi triat una alternativa amb la seguretat que és la millor, hi ha la possibilitat que la realitat evolucioni de manera diferent i no funcioni tal com s'esperava; aleshores s'ha de tornar a les alternatives i fer-hi les modificacions pertinents. Per tant, s'ha de fer un seguiment periòdic dels plans i corregir-los.

Activitats

3> Especifiqueu metes, objectius, polítiques, procediments, regles i pressupostos que et puguin afectar, en aquests moments, en l'àmbit escolar.

4> Pensa en una empresa que coneguis i explica alguna de les polítiques que utilitza.

3.3 Funció d'organització

En la direcció de l'empresa, l'organització és la funció que s'ha de desenvolupar després d'haver fet la planificació pertinent. És pràcticament impossible que una empresa en la qual no hi hagi una determinada organització porti a terme la planificació elaborada prèviament i, per tant, que pugui funcionar amb una certa eficàcia. La funció d'organització fa que els plans siguin una realitat, amb la col·laboració conjunta de tots els elements que formen l'empresa.

A l'empresa es realitzen diverses tasques o funcions. S'hi duen a terme una sèrie d'activitats diferenciades segons l'especialització, i això porta a organitzar-les tenint en compte unes regles. Per tant, l'organització pretén ordenar tasques d'acord amb la **divisió del treball**, les responsabilitats i les relacions del personal implicat en el funcionament de l'empresa.

Es defineix l'**organització** com aquella funció que té per finalitat dissenyar una estructura en què quedin definides totes les tasques que ha de realitzar cada persona que compon l'empresa, així com la seva responsabilitat i autoritat. A més, l'organització té com a objectiu ordenar el conjunt de relacions que poden sorgir entre les diverses tasques i, a la vegada, entre totes les àrees de funcionament de l'empresa.

La **divisió de treball** és l'especialització per tasques, de manera que augmenti la productivitat.

D'aquesta definició es desprèn que la funció d'organitzar té com a objectiu establir vies de comunicació i coordinació entre els òrgans que componen l'empresa, amb la finalitat de fer la feina de la millor manera possible i d'obtenir millors resultats amb el mínim sacrifici i el màxim profit.

Etapes d'un procés d'organització

Perquè un procés d'organització pugui funcionar, és a dir, compleixi els seus objectius, s'han de tenir clars els aspectes següents:

a) Determinar els nivells d'organització. Aclarir la jerarquització de comandaments, en el sentit de definir qui decideix, controla i executa les tasques dins de l'empresa. En l'apartat *Funció de gestió*, es classifiquen els nivells de direcció en forma de piràmide.

b) Atribuir les funcions de cada nivell de comandament: assignar l'abast de la seva autoritat i responsabilitat, així com les persones que estan sota les seves ordres.

c) Definir les relacions entre els diferents nivells d'organització: tots els nivells han d'estar coordinats i relacionats entre si, ja que cadascu s'ocupa d'alguna tasca que es duu a terme abans o després d'alguna altra.

d) Distribuir les funcions i els objectius destinats a cada persona que forma part de l'organització, de manera clara i concreta, i agrupar-les en divisions o departaments segons l'activitat que es vulgui.

e) Definir les vies de comunicació que tenen les persones que treballen a l'empresa en tots els sentits; és a dir, tant a dins com entre els departaments i cap a l'entorn extern de l'empresa (clients, proveïdors, autoritats econòmiques, entitats financeres...).

Evidentment, però, l'organització serà diferent segons el tipus d'empresa que haguem d'organitzar; és a dir, segons la seva dimensió, activitat, etc.

La comunicació a l'empresa

La comunicació és un dels punts més importants perquè l'empresa funcioni amb total garantia. En aquest apartat ens centrarem en la comunicació interna.

La comunicació a l'empresa pot ser vertical (ascendent o descendent) i horitzontal.

- **Comunicació ascendent.** És la que es forma verticalment de baix a dalt. S'origina en els empleats i les empleades i finalitza en la direcció. La finalitat d'aquest tipus de comunicació és que les persones que ocupen llocs de comandament coneguin els problemes dels treballadors i les treballadores de primera mà: les seves queixes, idees, suggeriments... D'aquesta manera se sentiran part de l'empresa.
- **Comunicació descendent.** És la comunicació vertical que té el seu origen en la direcció i acaba en els treballadors i treballadores. Evidentment, és més habitual que l'ascendent. La seva finalitat és informar el personal dels objectius de l'empresa, així com de les tasques que s'han de realitzar per aconseguir-los.
- **Comunicació horitzontal.** És la que s'origina entre persones que estan en un mateix nivell jeràrquic; és a dir, entre persones de diferents departaments (per exemple, entre el cap de producció i el cap comercial), i és imprescindible perquè l'empresa funcioni com un tot.

Perquè la comunicació tingui resultats positius, ha d'estar ben centralitzada. Com ja sabem, la comunicació pot ser oral o escrita; a l'empresa s'utilitza més freqüentment la comunicació oral. La comunicació oral s'ha d'educar i controlar, i cal saber en cada moment i situació quin és el missatge que s'ha de donar i com s'ha de transmetre perquè sigui efectiu. Una mala comunicació pot dur a una mala interpretació, amb resultats negatius per a l'empresa.

La dinàmica de grups i el treball en equip

Un altre dels aspectes importants de l'organització de l'empresa és el treball en equip. Sabem que l'empresa està formada per un conjunt de persones que desenvolupa una sèrie de tasques i de funcions, però que cal que estiguin organitzades i coordinades. Això implica considerar que la feina de les persones no és un fet individual, sinó d'equip, encara que cada persona ha de complir les seves responsabilitats individualment. Per aquesta raó, l'organització de l'empresa es basa en grups de persones que conformen equips de treball, que han d'actuar de manera coordinada i interrelacionada, amb la intenció de contribuir amb la màxima eficiència a l'assoliment dels objectius globals de l'empresa.

Un equip de treball, com a grup de persones, es caracteritza perquè té una finalitat comuna, perquè els membres s'interrelacionen entre si i perquè cada individu manté la seva identitat pròpia, aportant diferents punts de vista, però se sent dins d'un grup. Un equip de treball serà normalment un grup petit d'individus que treballen a l'empresa de manera coordinada, col·laborant entre si i amb altres equips de treball.

El treball en equip permet solucionar amb més celeritat els problemes i obtenir millors rendiments i qualitats, i a més pot aconseguir motivar el personal, ja que amb el treball coordinat els resultats són millors amb menys esforços. Per aquesta raó, les empreses es troben amb la necessitat de formar equips de treball eficients i coordinats dins de la seva organització.

Activitats

5> Digues quan es comença a parlar històricament del concepte de *divisió del treball*.

6> Explica què vol dir *jerarquitzar*.

7> Comenta com creus que organitzaria el treball una empresa petita. Posa un exemple d'alguna empresa d'aquestes característiques que es trobi a la teva població.

L'organització del treball

Quan es parla de l'organització del treball es fa referència a un conjunt de normes que tenen com a finalitat coordinar tots els mitjans a disposició de l'empresa, perquè amb els mínims costos i esforços s'obtinguin els objectius prèviament marcats.

Evolució històrica de l'organització del treball

Com sabem, des de l'inici de la humanitat les persones s'han organitzat per poder fer millor les tasques. Al llarg de la història, l'individu ha tingut la necessitat de treballar conjuntament amb els altres i, per tant, d'organitzar-se. A la prehistòria, l'individu s'organitzava per procurar-se aliment; a l'edat antiga, a l'època de grans construccions com les piràmides i els grans temples, evidentment també havia d'existir una important organització per poder-les realitzar. Però les empreses com a tals no van tenir la necessitat d'organitzar el treball, amb la finalitat d'aconseguir una millor productivitat, fins al segle XIX, en plena Revolució Industrial.

> !
>
> La **productivitat** és el rendiment d'un factor de producció (treball) amb relació a la producció obtinguda.

Els precursors de les primeres teories de l'organització científica del treball són, principalment, dos autors: Taylor, als Estats Units, i Fayol, a França. A partir de les seves teories s'han creat escoles que han estudiat l'organització del factor humà a les empreses. Aquestes escoles són les que s'expliquen a continuació.

Escola d'organització científica del treball

> @
>
> A la pàgina d'Internet del Ministeri de Treball i Immigració podem trobar tot tipus d'informació relacionada amb el món del treball:
>
> *http://www.mtin.es*

El principal representant i creador d'aquesta escola va ser **Frederik W. Taylor,** nascut el 1856 a Pennsilvània. Les seves idees van formar part del que s'anomenaria *taylorisme* i van ser creades per aplicar-les a la producció industrial. Tenien com a finalitat racionalitzar el treball; és a dir, eliminar els temps morts i marcar els moviments justos que havia de fer cada treballador o treballadora, amb la finalitat d'incrementar la productivitat.

Aquesta escola defensava que les tasques havien de ser organitzades per una oficina tècnica dedicada exclusivament a pensar què havien de fer els treballadors i les treballadores; aquests únicament havien de complir el que estava prèviament determinat, sense cap opció a la creativitat ni a la improvisació.

D'altra banda, per incentivar el personal perquè produís més, es proposaven uns salaris basats en el rendiment, de manera que el treballador o la treballadora que tingués un rendiment i un ritme d'activitat alt obtindria una retribució més gran, un salari millor.

En els seus inicis, el taylorisme va ser ben acollit tant pels empresaris com pels treballadors, ja que ambdues parts n'obtenien beneficis. Però, a mesura que van passar els anys, aquest sistema va començar a ressentir-se, sobretot a causa del descontent dels treballadors, els quals, per mitjà dels sindicats, protestaven per la monotonia del treball, que els produïa cansament i fatiga.

Mentre el govern nord-americà investigava aquestes queixes, un francès, **Henri Fayol,** creava un sistema d'organització del treball que lligava més el factor humà amb la totalitat de l'empresa, de manera que no només s'organitzava el treball, sinó la globalitat de l'empresa. Així, donava importància a les diferents funcions de l'empresa i oferia pautes per poder-les organitzar.

Fayol remarcava la necessitat de l'existència d'una estructura jerarquitzada en què s'admetés la unitat de comandament; és a dir, en què cada persona depengués d'un únic superior. Per ell, la funció més important era l'administrativa, ja que considerava que en depenien totes les altres funcions de l'empresa.

Escola de relacions humanes

Davant les crítiques al taylorisme, entre els anys 1915 i 1930 es van intentar buscar alguns mètodes per fer que els punts més febles d'aquest sistema (monotonia en el treball, fatiga dels treballadors) es poguessin solucionar. L'objectiu era fer el treball més humà. La primera persona que va demostrar que les relacions humanes tenen molta importància a l'empresa va ser **Elton Mayo.**

Elton Mayo, l'any 1929, va fer una sèrie d'experiments a la planta de Hawthorne de la companyia Western Electric Co., que fabricava material electrònic. Aquests experiments li van servir per formular les seves teories. En les seves experiències, Mayo va comprovar que els treballadors augmentaven el rendiment si se'ls explicava la importància de la seva feina, s'introduïa música ambiental durant la jornada laboral i es feien descansos. D'aquesta manera es coneixien entre ells, ja que fins aleshores només es dedicaven a la producció i no es relacionaven.

Posteriorment, va tornar a la situació inicial; és a dir, a les condicions anteriors als experiments, i va comprovar que la producció continuava augmentant. Així, va arribar a la conclusió que les causes de l'augment de rendiment havien estat la relació de col·laboració entre el personal de la planta i la relació d'amistat i de convivència que havia sorgit entre ells, incloent-hi els seus caps.

Charles Chaplin va satiritzar la mecanització del treball a la pel·lícula Temps moderns.

Les conclusions a què van arribar Elton Mayo i els seus deixebles van ser:

- L'existència d'incentius diferents dels materials.
- L'atenció per part de l'empresa cap al treballador, amb la finalitat que aquest se senti emocionalment satisfet i això repercuteixi positivament en la productivitat.
- L'home no es pot programar com una màquina.

Més tard, el 1960, va néixer una altra escola amb els mateixos fonaments.

En aquesta nova escola trobem autors com Abraham H. Maslow o Herzberg, entre d'altres.

Els membres d'aquesta escola creuen que la motivació en la conducta humana és l'única cosa que fa augmentar la productivitat del treball. Per tant, segons aquesta teoria, el que ha de fer un empresari és motivar els treballadors.

La motivació a la feina

Com s'ha pogut veure fins ara, l'escola de relacions humanes té un caràcter humanista, i considera que la motivació constitueix el nucli de les relacions laborals.

Per poder parlar de la motivació, s'ha de parlar del principi bàsic de l'activitat econòmica; és a dir, de les necessitats. Les persones tenen unes necessitats que provoquen insatisfacció si no s'assoleixen. L'empenta que els cal per cobrir les necessitats —i, per tant, quedar satisfets— es pot anomenar *motivació*. Per motivar les persones, doncs, cal conèixer les seves necessitats.

Per tant, cada empresa ha d'aplicar una sèrie d'incentius motivadors en les seves polítiques de gestió de recursos humans per tal que el rendiment o la productivitat augmenti. Aquestes polítiques dependran del tipus de treballadors que tingui l'empresa i, per tant, cada empresa seguirà una política determinada.

Alguns dels incentius que utilitzen les empreses són:

- **Els diners.** Els diners serveixen bàsicament per satisfer necessitats de consum; és a dir, de compra. Tothom té unes necessitats vitals (menjar, vestit, habitatge...), i per poder adquirir aquests béns calen els diners.

També serveixen per cobrir el que s'anomena *necessitat d'estatus*, en el sentit que un bon salari atorga una bona posició social.

Malgrat aquestes consideracions, perquè els diners siguin motivadors, el treballador o la treballadora ha de notar que l'empresa és conscient del seu esforç en la feina i li ho reconeix, i que és per això que li paga més.

- **Les expectatives de futur.** Quan el treballador o la treballadora tingui possibilitats de millorar i d'ascendir en el lloc de treball, i quan els esforços que faci tinguin algun tipus de repercussió professional, tindrà més motivació per realitzar la seva feina.
- **El reconeixement del treball.** S'ha de tenir en compte l'esforç que fa cada persona en el seu lloc de treball, prescindint del lloc que ocupa a l'empresa, i cal recompensar-lo d'alguna manera. No s'ha de passar per alt la feina que fa.
- **La col·laboració en el treball.** S'han d'atorgar àrees de responsabilitat, delegar funcions, fer que els subordinats i les subordinades participin en els problemes de l'empresa, demanar-los opinions..., de manera que els treballadors i les treballadores se sentin part de l'empresa i s'adonin que la seva col·laboració és necessària per al seu funcionament.

Sobre la motivació es van crear algunes teories, com ara la de Herzberg, la de Vroom, etc. La més important és la teoria de Maslow, que veurem en aquesta unitat.

La lectura següent dóna pistes sobre què cal fer per mantenir la motivació a la feina.

Com mantenir la motivació a la feina

La necessitat d'ocupació i d'èxit en una tasca és una motivació bàsica de l'ésser humà. Permet d'explorar l'entorn, obtenir els recursos personals per a la supervivència i contribuir a l'organització de les societats. Així, encara que amb diferències entre els individus, les persones es mostren inherentment actives, i manifesten una tendència natural a establir i buscar objectius professionals.

Moltes ocupacions s'inicien amb al·licients i de manera gairebé vocacional. Independentment de gratificacions econòmiques, d'afany competitiu o de poder social, s'experimenta satisfacció per treballar i es gaudeix del sol fet d'ésser efectiu i desenvolupar una habilitat concreta. En la psicologia aquesta condició s'anomena *motivació d'assoliment* o *motivació intrínseca.*

Per contra, la motivació extrínseca designa el comportament encaminat principalment a obtenir recompenses externes o evitar conseqüències negatives.

Entre les persones es poden observar diferències: unes manifesten més sensibilitat als efectes intrínsecs i unes altres, als extrínsecs. El tipus de tasca també condiciona les motivacions: hi ha tasques estimulants i d'altres inevitablement avorrides.

A la pràctica, l'activitat laboral diària és un compendi complex de satisfacció per obtenir gratificacions externes i per mantenir la il·lusió pròpia de la professió. No és infreqüent experimentar una disminució o fins i tot una pèrdua completa de la motivació laboral. Esportistes, artistes, professionals altruistes (com ara metges) o qualsevol persona que inicia una feina amb molt d'interès pot notar el seu esvaïment al cap d'un temps si no es mantenen les condicions idònies.

Els psicòlegs han trobat algunes interferències curioses entre els motius intrínsecs i els extrínsecs: en condicions en què no s'esdevenen ni gratificacions ni repercussions negatives rellevants (és a dir, quan no hi ha motivacions extrínseques), les persones actuen per interès genuí, per curiositat o per necessitat d'ésser efectius. L'excessiva generositat en les recompenses, sobretot en forma de diners o altres béns tangibles, redueix el nivell d'interès natural (o intrínsec). Per contra, les gratificacions no tangibles (elogis, felicitacions, valoració dels resultats, recompenses simbòliques...) no disminueixen l'interès per la tasca. L'interès només decau quan s'aconsegueix el domini o s'assoleix el propòsit.

Les recompenses extrínseques poden ser preferibles quan la motivació intrínseca de l'individu és bastant baixa. Així, una feina inicialment avorrida que es fa únicament per assegurar-se la manutenció pot acabar cobrant interès.

Tot això indica que, per mantenir la motivació per l'activitat professional, cal fer servir estratègies que potenciïn la tendència natural a gaudir intrínsecament. Però sense renunciar, és clar, a les gratificacions externes coherents.

«Cómo no perder la motivación en el trabajo»
Xaro Sánchez
La Vanguardia

- Explica la diferència que hi ha entre la motivació intrínseca i l'extrínseca.
- Comenta i digues si estàs d'acord amb l'afirmació: «Per mantenir la motivació, la satisfacció per la feina és més important que els diners que es guanyen».
- Fes un resum de l'article i dóna'n la teva opinió.

Teoria de Maslow

Abraham H. Maslow, l'autor més destacat de la teoria humanista, va classificar les necessitats humanes en cinc nivells que s'han de satisfer de manera progressiva. Aquestes necessitats constitueixen una font de motivació que desapareix a mesura que es van satisfent.

Maslow representava aquestes necessitats en forma de piràmide:

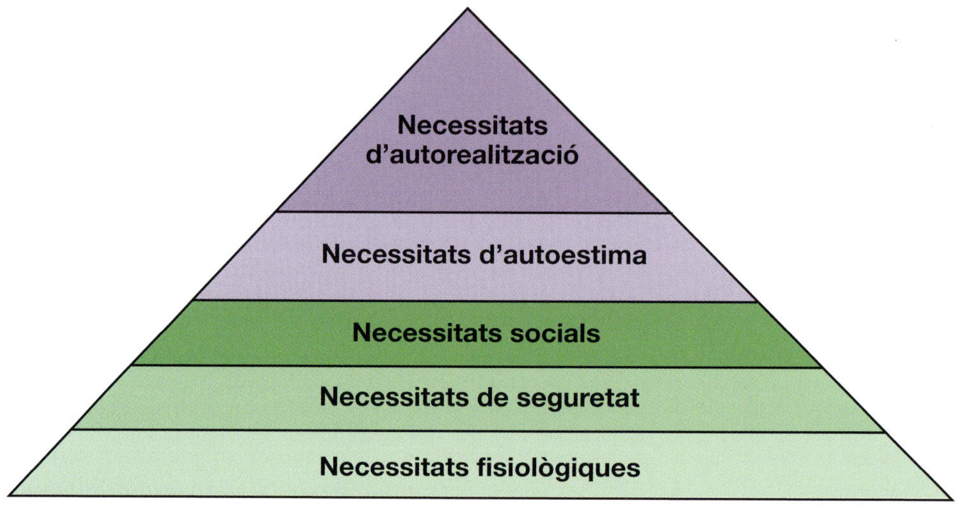

1. Primer es troben les **necessitats fisiològiques,** que són les necessitats bàsiques (menjar, beure, no passar fred...). L'individu arriba a creure que si té el menjar garantit per a tota la vida serà feliç i no desitjarà res més.
2. Però quan les necessitats primàries estan ben satisfetes apareixen les **necessitats de seguretat.** D'alguna manera serveixen per consolidar el que s'ha obtingut fins ara, com un contracte indefinit, una assegurança, la jubilació...
3. Les **necessitats socials o d'estatus** agruparien les necessitats d'amor, d'afecte i de sentir-se acceptat per la comunitat, que en el cas d'una empresa seria sentir-se considerat, respectat i integrat.
4. Després apareixen les **necessitats de la pròpia estima,** que són aquelles necessitats d'arribar a tenir confiança en un mateix, tenir fama, prestigi, que aplicat a l'empresa seria que es valorés la capacitat de treball de l'individu, cosa que el faria sentir bé.
5. Per acabar, quan l'individu ha satisfet la necessitat d'estima, arriba al nivell més alt de la piràmide; és a dir, a la **necessitat d'autorealització.** Per Maslow, l'autorealització vol dir el desig de ser més i més el que un és; arribar allà on pugui ser capaç d'arribar. En el cas de l'empresa seria aconseguir l'objectiu que el treballador s'hauria proposat: ser cap, director...

Maslow considera que aquesta estructura no és absolutament rígida. Hi ha persones, per exemple, que situen la pròpia estima per davant de l'estatus. També cal dir que no cal tenir una necessitat satisfeta al cent per cent perquè en sorgeixi una altra.

Activitats

8> Fes un esquema comparatiu entre els trets més importants de l'organització del treball segons Taylor i segons Mayo.

9> Explica quines podrien ser les teves necessitats d'autorealització si treballessis en un banc.

L'organització formal

Com s'ha dit anteriorment, l'organització és diferent segons la grandària de l'empresa. Així, hi ha empreses que per la seva dimensió, per la simplicitat de la seva gestió i perquè tenen una plantilla reduïda (petites empreses) no necessiten un repartiment formal de tasques i responsabilitats ni una definició de circuits de comunicació.

En canvi, a les mitjanes i grans empreses, que tenen diversos centres de decisió i de control del treball, la gestió és complexa i la plantilla no és reduïda. Per això s'ha d'establir una estructura programada. Aquesta estructura s'anomena *organització formal*.

L'organització formal és l'estructura intencional definida i identificada en què l'empresa situa cadascun dels seus elements en el lloc que creu més adient. És una estructura a la qual s'han d'ajustar les persones que formen part de l'empresa i que cooperen entre si per assolir uns objectius predeterminats.

Una de les condicions clau perquè l'organització formal funcioni és que cadascun dels seus elements sàpiga quin és el seu paper i la seva responsabilitat. Alhora, hi ha d'haver flexibilitat o llibertat de moviments de tots els membres, de manera que es pugui delegar l'autoritat, en els moments en què es cregui oportú, a nivells inferiors.

!

Perquè l'organització formal de l'empresa quedi ben definida i sigui comprensible per a totes les persones que hi treballen, ha d'estar ben estructurada. És necessari conèixer quina és la divisió del treball, analitzar com es portarà la coordinació i com serà la comunicació entre els elements (persones, departaments...) que en formen part.

Estructura organitzativa

Pel que fa a la divisió del treball, es pot fer una estructuració segons les tasques que es realitzen, de manera que s'assignin a cada persona aquelles per a les quals estigui més capacitada; així es formen els **departaments.** Aquesta divisió en departaments o divisió del treball es classifica, atesos diferents criteris, de la manera següent:

- **Per funcions.** Els treballadors s'organitzen segons la seva especialització i, per tant, la seva capacitat, d'acord amb la feina que hauran de realitzar. Per exemple, el departament de finances, que té com a finalitat l'obtenció i la inversió de recursos econòmics.
- **Per producte.** S'utilitza en empreses que fabriquen més d'un producte i fa referència a l'agrupació del personal segons el producte final que s'obtingui. Per exemple, dins d'una mateixa empresa, hi pot haver el departament de productes farmacèutics i el departament de productes de cosmètica.
- **Per processos.** El treball s'organitza per les fases que componen qualsevol cadena de producció. Un exemple seria una fàbrica de teixits que tingués el departament de tenyit i el departament de planxat, entre d'altres.
- **Per zones geogràfiques.** S'organitza el personal de manera que conegui la zona on està destinat el producte i s'intenta que els clients estiguin més ben atesos. Aquesta organització també pot sortir del departament de vendes, màrqueting, producció...

@

Effective Management és una publicació que proporciona resums de llibres sobre diferents temes empresarials, entre els quals hi ha l'organització:

http://www.effective-management.com

Pel que fa a la comunicació entre els diversos elements de l'empresa, es poden establir diverses maneres de relacionar-se, que es poden classificar en:

- **Relacions lineals,** que es produeixen quan hi ha un lligam entre les ordres, en el sentit que una persona mana i una altra obeeix.
- **Relacions de *staff* o equip assessor,** que tenen com a finalitat l'assessorament per part d'especialistes. Un exemple corrent són els assessors fiscals o els advocats que moltes empreses tenen en plantilla.
- **Relacions funcionals.** Són un conjunt d'especialistes en un sol tema que tenen autoritat i responsabilitat sobre tot el que fa referència a la seva especialització. Per exemple, el cap de compres en una empresa que fabrica diversos productes només controla i autoritza tot allò que té a veure amb les compres de les matèries primeres de l'empresa.

Tenint en compte la divisió del treball, aquestes maneres de relacionar-se i l'existència d'una relació d'autoritat i jerarquia, les empreses han de decidir l'estructura organitzativa que més els convingui.

Models d'estructura organitzativa

Hi ha diversos models d'estructura organitzativa i cada empresa s'adapta a aquell que s'adiu més amb la seva manera de fer. Es pot fer una classificació d'aquests models organitzatius tenint en compte els principis de comunicació esmentats en l'apartat anterior:

- **Model lineal o jeràrquic.** Es basa en el principi de comandament; és a dir, tothom depèn d'un superior, que és qui dóna les ordres, i només se'n poden rebre d'aquesta persona. Per tant, cada persona es troba subordinada a un immediat superior. És un model vàlid per a empreses petites i mitjanes, o empreses grans amb explotacions simples o processos d'un sol producte.

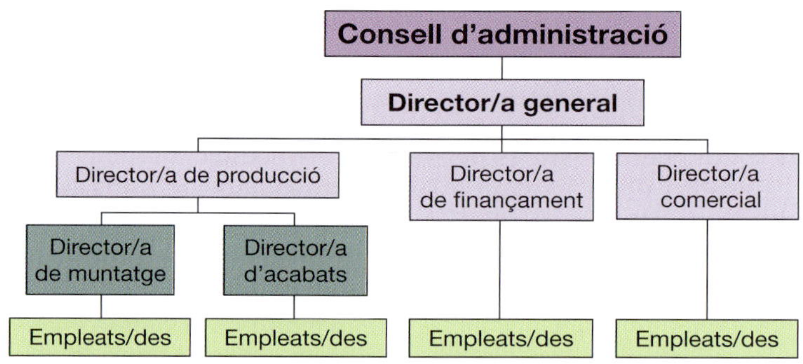

Els avantatges d'aquest model d'organització són: la simplicitat, és a dir, la facilitat d'entendre's; l'autoritat i les àrees de responsabilitat estan ben definides; cada treballador sap a qui ha d'obeir i és responsable davant d'un sol cap, i per acabar, la rapidesa en la presa de decisions.

Quant als inconvenients, s'ha de dir que hi ha una falta d'especialització per part dels caps i una excessiva concentració d'autoritat. També hi ha una manca de flexibilitat i de motivació en els subordinats.

- **Model funcional.** Es caracteritza per l'existència d'especialistes que dediquen tot el seu esforç a una tasca concreta, tots els nivells inferiors estan connectats a diversos caps i cadascun d'ells desenvolupa una funció de la qual és especialista. Sorgeix amb la finalitat de superar les limitacions de l'estructura lineal, sobretot amb l'especialització, ja que els subordinats no depenen d'un superior immediat. Aquest especialista pot tenir, per sobre jeràrquicament, diversos caps o directius.

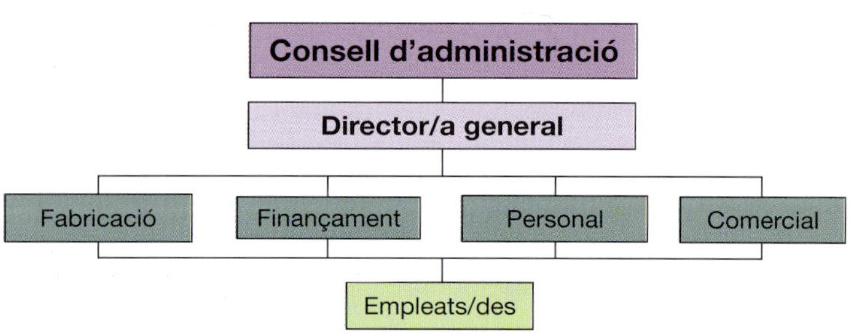

L'avantatge d'aquest model és que es pot disposar d'especialistes dins de la mateixa empresa i els empleats i empleades es dediquen únicament a la seva especialitat. Les comunicacions són efectuades directament, sense necessitat d'intermediaris. No és la jerarquia sinó l'especialitat qui promou les decisions.

Pel que fa a inconvenients, cada treballador pot rebre ordres de més d'un cap, i de vegades són ordres contraposades, per la qual cosa es creen conflictes de convivència.

- **Model en línia i d'assessorament *(staff)*.** Aquest model intenta solucionar els inconvenients dels models anteriors. Es caracteritza per tenir una estructura central de manera jeràrquica, amb un suport per part dels departaments d'assessorament, que no tenen cap tipus d'autoritat dins de l'organització.

  L'avantatge que presenta el model és que permet la intervenció d'especialistes que assessoren diversos departaments. A més, segueix la relació de comandament en el sentit que cada persona depèn d'una altra; és a dir, només rep ordres d'un cap.

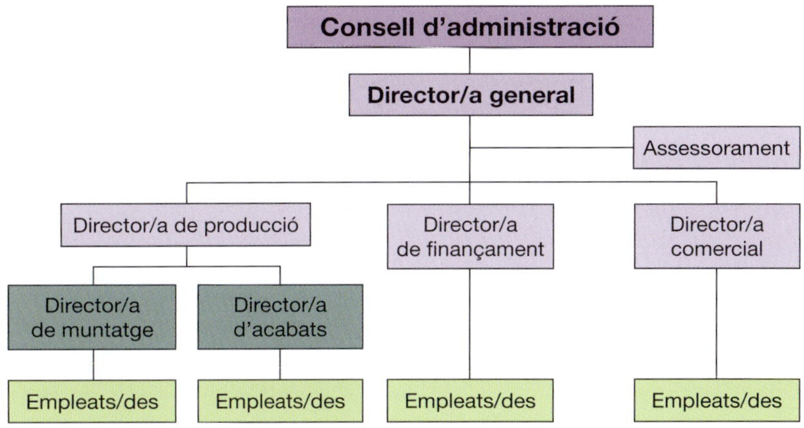

  Malgrat tot, aquest model també té inconvenients. Les decisions són lentes, perquè s'han de consultar els departaments d'assessorament. Pot haver-hi conflictes de relacions de personal en cas que les persones que en formen part s'involucrin en decisions que no els pertoquen. Aquests departaments representen un cost addicional per a l'empresa.

- **Model en comitè.** Es caracteritza per la cooperació de diverses persones a l'hora d'assumir autoritat i responsabilitat: es comparteixen decisions. Normalment les decisions les prenen conjuntament els caps de les diferents àrees o departaments, amb la finalitat d'obtenir una visió global dels aspectes que poden afectar la decisió.

  L'avantatge d'aquest model és que les decisions es prenen des de diferents òptiques o punts de vista. Això fa que hi hagi una participació general en cada decisió, cosa que permet assumir-les millor perquè hi ha més integració entre la gent.

  Quant als inconvenients, s'ha de dir que es triga molt a prendre les decisions i quan es prenen, a vegades, es fa per compromisos o «amistats». Sovint també sorgeixen problemes pel fet que hi ha més d'una autoritat.

  És molt complex representar l'esquema d'aquest model d'estructura, a causa de les múltiples relacions que s'estableixen entre les unitats que gestionen l'empresa i els diferents nivells d'autoritat.

- **Model matricial.** És un model propi d'empreses industrials, que consisteix a combinar com a mínim dues variables organitzatives, com ara funcions i projectes, que s'enllacen per mitjà d'unes relacions d'autoritat.

  En aquest model hi ha una doble autoritat: cada persona rep, per una banda, instruccions del director o la directora del projecte (horitzontalment) i, per l'altra, del director o la directora del seu departament funcional (verticalment). Normalment, però, hi ha una de les dues autoritats que és superior, en aquest cas el director o la directora del projecte.

  Generalment té una durada temporal limitada a la realització del projecte concret.

Quant als avantatges, es pot dir que és una organització flexible, en el sentit que pot variar segons els projectes que es presentin. És un mètode nou, però a la vegada manté una estructura habitual.

Pel que fa als inconvenients, s'han de saber combinar i coordinar totes les persones que intervenen en un projecte, tot i que siguin d'àrees diferents. A més, poden sorgir conflictes entre els diferents directors o directores; és a dir, entre els funcionals i els dels projectes.

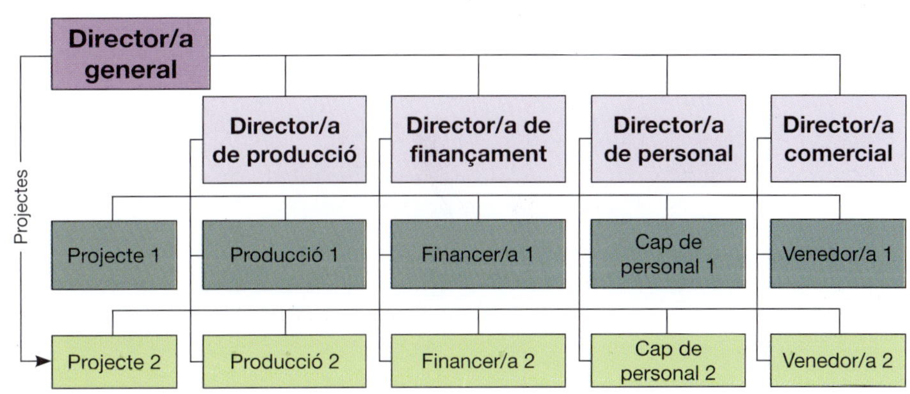

Els organigrames

Perquè un organigrama realitzi la seva funció d'esquematitzar l'estructura de l'empresa ha de complir els requisits següents: *a)* diferenciar els elements que componen l'empresa; *b)* diferenciar els nivells i les posicions d'autoritat; *c)* ser fàcil de comprendre; *d)* ser senzill: únicament ha de contenir els elements indispensables.

Els organigrames són la representació gràfica, sintètica i simplificada, de l'estructura de l'organització empresarial, i donen a conèixer les característiques primordials d'aquesta estructura.

Com que l'organigrama és un instrument simple, no dóna prou informació sobre l'estructura organitzativa d'una empresa. Per saber com s'estructura tota l'empresa són necessàries les descripcions de posició, on hi ha tota la informació sobre les responsabilitats i relacions entre els diferents caps de l'organització i tots els procediments de decisió.

Els organigrames poden classificar-se segons la seva forma, finalitat, extensió i contingut.

Classificació segons la forma

- **Organigrames verticals.** Pretenen destacar la jeraquia de comandament, en el sentit que les posicions que tenen més autoritat se situen en els llocs més elevats i, per sota, les que hi estan subordinades. També pretenen destacar les relacions de subordinació directes i indirectes.

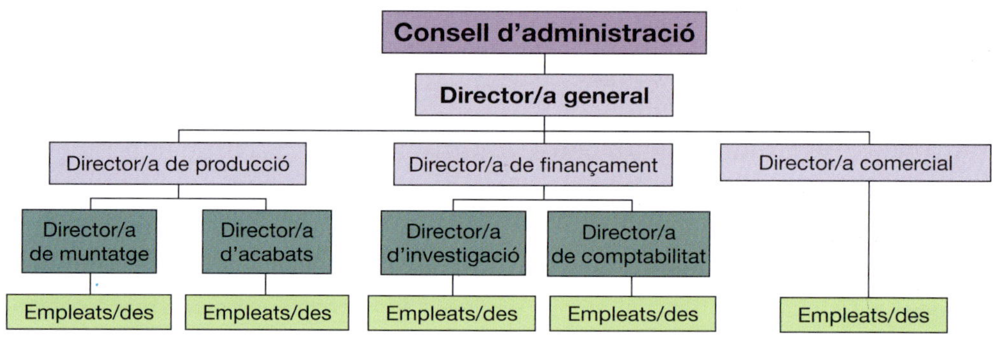

- **Organigrames horitzontals.** Poden tenir els mateixos elements que els organigrames verticals, però les unitats de comandament normalment se situen a l'esquerra i, a la seva dreta, les unitats que hi estan subordinades. L'objectiu d'aquesta organització és destacar la importància de les funcions sobre la jerarquia de comandament.

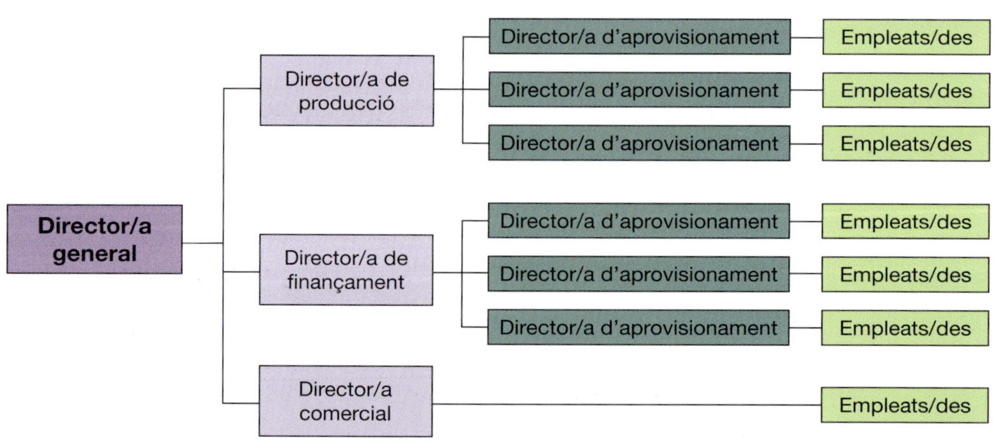

- **Organigrames radials.** Són menys corrents que els altres dos. És un tipus d'organigrama que intenta crear un impacte visual per destacar en el centre els nivells més alts de la direcció. En tenim un exemple a l'esquema inferior.

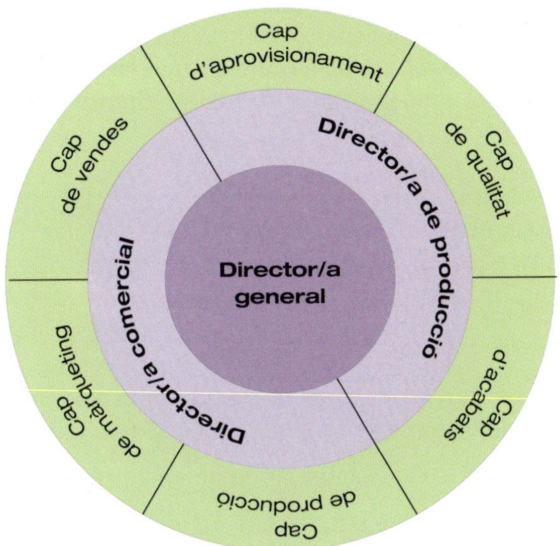

Classificació segons la finalitat

- **Organigrames informatius.** Donen una informació global de l'empresa; per tant, només hi apareixen les grans unitats que la formen.
- **Organigrames d'anàlisi.** Hi apareix la totalitat de l'estructura organitzativa de l'empresa d'una manera detallada.

Classificació segons l'extensió

- **Organigrames generals.** S'hi reflecteix tota l'estructura general de l'empresa; és a dir, tots els departaments.
- **Organigrames detallats.** Informen sobre l'organització d'un departament concret de l'empresa.

Classificació segons el contingut

- **Organigrames estructurals.** Només representen les unitats que formen l'empresa i les seves relacions.
- **Organigrames de personal.** Només hi ha representades les persones (nom i càrrec) que ocupen les diferents unitats.
- **Organigrames funcionals.** Informen sobre com estan formades cadascuna de les unitats marcades en el gràfic.

Activitats

10> Explica amb les teves paraules què s'entén per *relacions funcionals*.

11> Comenta què s'entén per *divisió en departaments* i digues els tipus de divisions més corrents.

12> De tots els tipus d'organigrama que has estudiat fins ara, quin ens dóna una informació més sintètica?

L'organització informal

Els conceptes estudiats fins ara en aquesta unitat formen part de l'organització formal, que és la que coneixen tots els integrants de l'empresa. Com que està recollida documentalment, també es pot anomenar *organització constituïda*. De manera paral·lela, hi pot haver una altra organització, no oficial, que sorgeix de les mateixes relacions entre els membres que formen l'empresa. Aquest tipus d'organització s'anomena *organització informal*.

> **L'organització informal** és el conjunt de relacions personals i socials que no estan preestablertes per la direcció o organització de l'empresa, però que sorgeixen espontàniament quan les persones s'associen entre si.

L'organització informal no neix d'una manera predeterminada, sinó que en la majoria dels casos és conseqüència d'una sèrie de circumstàncies naturals, com ara:

- Les relacions personals entre els membres, que no apareixen en l'organigrama.
- L'aparició de líders espontanis en qüestions que no tenen res a veure amb l'empresa.
- L'existència de problemes a l'empresa i la necessitat de fer reivindicacions.

Així doncs, l'organització informal neix quan els treballadors es relacionen amb persones que no pertanyen al seu departament i es formen grups de treball que no estan predeterminats. En aquests grups, es transmet informació no oficial en forma de rumors i s'estableixen, a vegades, normes de funcionament que tenen més força que les que estan escrites. Moltes vegades en una empresa sorgeix l'organització informal per la necessitat que hi hagi una organització real. És a dir, si l'organització formal no està ben definida i hi ha buits, principalment d'autoritat o de responsabilitats, espontàniament neix una organització informal amb la finalitat de suplir el buit i així poder fer la feina de la millor manera possible i d'assolir objectius amb menys esforç i cost.

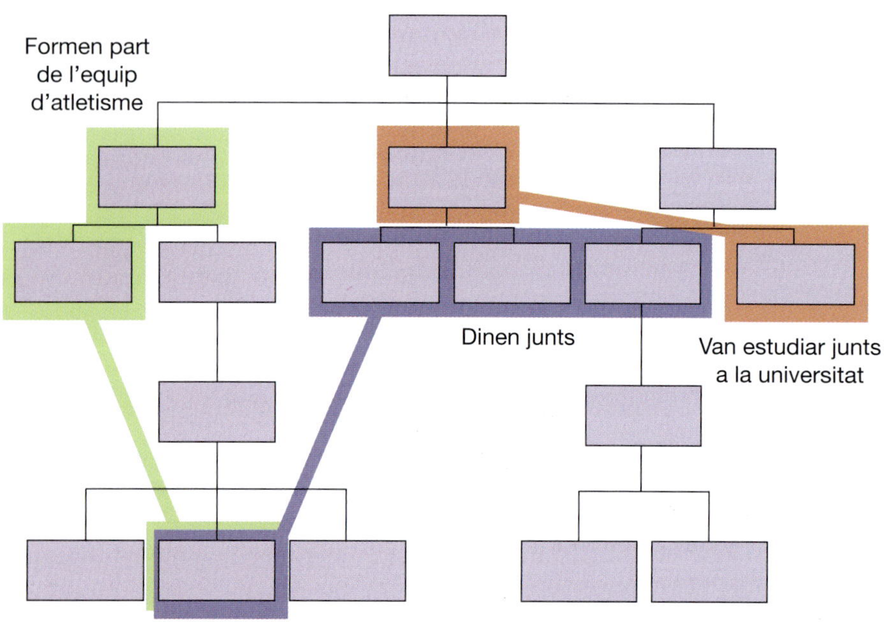

Es pot dir que totes les empreses estan formades per una organització formal o oficial i una organització informal o oficiosa. Partint d'això, el que solen fer els directius és tenir coneixement de l'existència d'aquesta organització i treure'n profit intentant que actuï a favor d'ells o, si més no, a favor de l'organització de l'empresa.

Activitats

13> Dóna la teva opinió sobre l'afirmació «l'organització informal és present en tot tipus d'empreses».

14> Digues en quin sentit creus que els directius d'una empresa es poden beneficiar de l'organització informal.

3.4 Funció de gestió

Després d'haver planificat i de tenir una estructura organitzativa clara dels recursos disponibles, s'ha d'intentar que tot el que estava previst es compleixi. Per fer-ho, l'empresa ha d'estar ben gestionada.

Gestionar vol dir intentar que les persones que formen l'empresa realitzin les tasques necessàries perquè s'assoleixin els objectius marcats.

A l'hora de gestionar l'empresa, i tenint en compte l'estructura organitzativa, hi ha diversos nivells de direcció que s'encarreguen de diferents tasques. Aquests nivells es representen en forma de piràmide, dividits en tres nivells.

A dalt de tot de la piràmide es troba l'**alta direcció,** on estan ubicats els alts càrrecs de l'empresa. Aquests es dediquen a fer planificacions a llarg termini (per tant, les seves decisions afecten la totalitat de l'empresa) i tenen com a responsabilitat el compliment dels objectius. Supervisen el funcionament global de l'empresa.

Al segon nivell hi ha els directius o les directives del **nivell intermedi,** que són els que solen encarregar-se directament de l'execució i el control de la planificació general i els que realitzen plans més concrets perquè la planificació general es compleixi. Es tracta dels caps de departament.

L'últim nivell s'anomena **nivell de gestió.** Hi ha els directius o les directives que tenen la responsabilitat directa sobre l'assoliment de tots els plans fets i, per tant, són els que assignen directament als treballadors les tasques que han de fer. Es pot dir que executen i controlen tots els processos que s'han d'assolir.

Malgrat aquesta classificació, aquest apartat se centra en l'últim nivell, que és el de gestió.

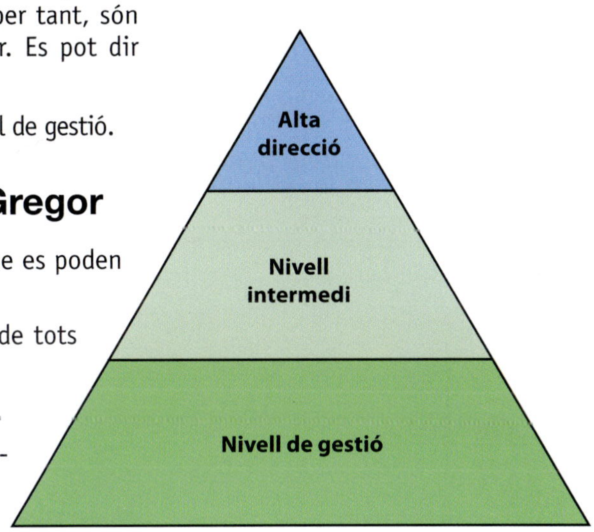

Funcions del directiu. Teoria de Douglas McGregor

En el nivell de gestió, el directiu o la directiva té una sèrie de funcions que es poden diferenciar de la manera següent:

- Elegir les tasques que s'han de realitzar. És a dir, fer una classificació de tots els passos necessaris que cal fer per arribar on s'havia proposat.
- Transmetre les tasques que s'han marcat a les persones que té al seu càrrec.
- Donar instruccions a aquestes persones perquè puguin realitzar les tasques amb els mètodes i procediments correctes.
- Crear bones situacions de treball, amb la finalitat de motivar el personal.

És clar, però, que no totes les persones, pel seu caràcter, la seva manera de fer o els seus coneixements tècnics, tenen les qualitats necessàries per assumir la funció de direcció. Així com les aptituds personals poden ser innates, les tècniques s'aprenen a les escoles d'administració d'empreses. Per tant, una persona es pot formar per assumir un càrrec de direcció i adquirir les condicions per poder desenvolupar aquesta tasca.

D'estils de direcció, però, n'hi ha diversos, i segons si es dirigeix d'una manera o d'una altra es pot fer augmentar o disminuir el rendiment de les persones que estan sota el comandament d'un directiu o una directiva.

Els estils de direcció normalment se situen en límits extrems: per una banda, hi ha l'estil purament autoritari, que es caracteritza per dirigir amb ordres imperatives; i per l'altra, una manera més democràtica de dirigir, en el sentit que les decisions es prenen d'una manera participativa entre les persones interessades. Evidentment, però, seria necessari trobar un estil mixt o intermedi, encara que aquests estils s'utilitzin quan el treballador o la treballadora se situa en els límits extrems.

La revista *Emprendedores* està especialitzada en temes relacionats amb el món empresarial i amb l'economia en general. Aquesta és la versió electrònica:

http://www.emprendedores.vizzavi.es

Douglas McGregor va estudiar el comportament del personal directiu i va observar que aquest depenia de la visió que tenia dels treballadors. A partir d'aquest estudi va identificar dues postures extremes, que va anomenar *teoria X* i *teoria Y*.

Segons la **teoria X** hi ha persones que:

a) Tenen aversió al treball, el consideren un mal que s'ha de suportar com es pugui i a conseqüència d'això treballen el mínim possible.

b) No tenen ambició i, per tant, no volen responsabilitats.

c) Prefereixen que els manin.

d) No volen canvis i prefereixen mètodes coneguts.

Segons la **teoria Y** hi ha persones que:

a) Volen treballar; la feina els és estimulant i els realitza com a persones.

b) Creuen que l'energia que desprenen amb el treball és tan natural com l'energia despresa en l'esport o bé en un joc.

c) Tenen ambició, imaginació i creativitat.

d) Volen responsabilitats i se senten responsables de la seva feina.

Activitats

15> Si haguessis de triar una persona per portar la direcció de la teva empresa, amb quines qualitats la triaries?

16> Explica què significa *gestionar.*

Per tant, segons es participi de la teoria X o de la teoria Y, la manera de dirigir les persones serà completament diferent. El primer tipus de treballador necessita una direcció autoritària, i el segon, una de molt més flexible i democràtica. Malgrat això, ja s'ha dit que es tracta de comportaments extrems, i en cada situació s'aplica l'estil més convenient. Hi ha també una posició intermèdia per a treballadors amb comportaments intermedis.

McGregor representa aquesta posició intermèdia mitjançant uns eixos de coordenades.

En l'eix d'abscisses es mostren els estils de direcció, i en l'eix d'ordenades, els trets generals de les teories.

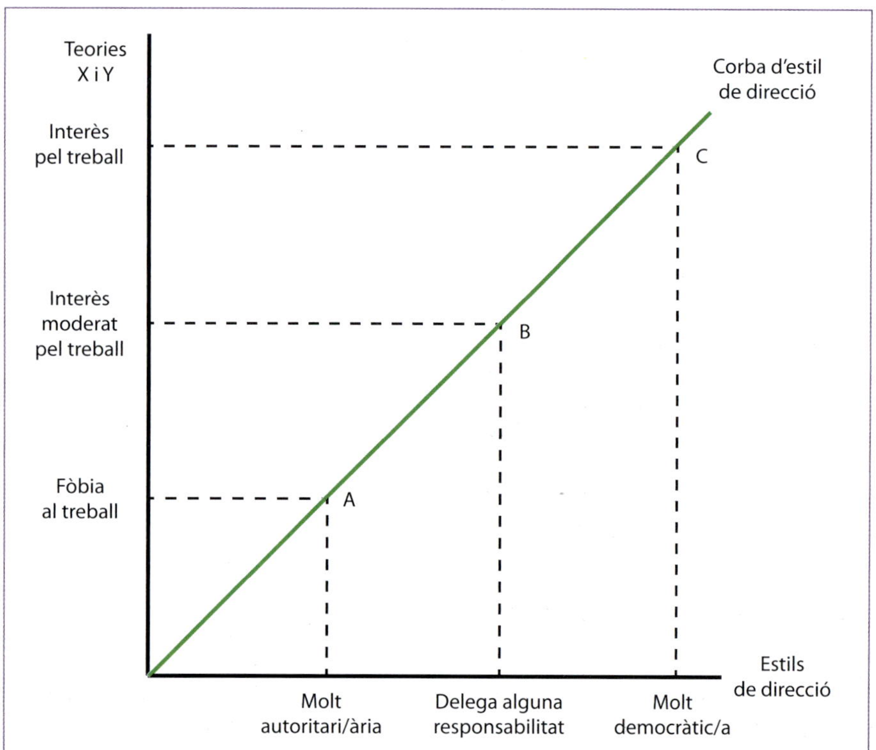

Els punts *A* i *C* són dues mostres de comportament extrems, tant del treballador com de la direcció. En canvi, el punt *B* mostra un comportament intermedi.

Aquest comportament hauria de ser d'una manera que motivés les persones que estan per sota del directiu o la directiva. Per tant, és important que:

a) Es puguin delegar responsabilitats, en el sentit que les persones puguin decidir, en alguns moments, accions que afectin la seva feina en concret.

b) Les persones sàpiguen què s'espera de la seva feina i que, a la vegada, els la reconeguin quan la fan ben feta.

c) Es donin facilitats perquè el personal de l'empresa pugui, d'alguna manera, formar-se i reciclar-se i incrementi els seus coneixements.

d) Els sous s'avinguin amb la feina i els esforços realitzats per aconseguir fer-la bé.

3.5 Funció de control

La funció de control és l'última de les funcions de la direcció de l'empresa.

Controlar consisteix bàsicament a verificar que tot surti tal com s'havia previst en fer la planificació, tant pel que fa als objectius generals —en els nivells alts de l'organització (alta direcció)—, com als subobjectius més concrets —en els nivells més baixos (nivell de gestió).

La funció de planificació i la de control estan molt lligades. En realitat, la finalitat del control és detectar les desviacions que es produeixen respecte de les previsions prèvies, amb la intenció de corregir-les abans que produeixin conseqüències negatives. Aquesta funció és una tasca difícil; s'ha d'intentar que no esdevingui de cap manera repressiva sobre els treballadors i que no provoqui actituds negatives.

Etapes del control

Per poder fer una bona tasca en el control s'ha de seguir una sèrie de fases o etapes:

1. **Marcar uns estàndards,** és a dir, unes mesures que es considerin normals. Per exemple, la quantitat de producció obtinguda per una màquina en un temps determinat, el cost per unitat de producte o l'ingrés esperat per unitat de producte venut.

2. **Mesurar les activitats,** és a dir, una vegada s'han fixat els estàndards, s'ha de mesurar o analitzar el que s'ha obtingut en la realitat. Per fer-ho correctament, s'han d'examinar pas a pas les fases de l'activitat, per poder-ne estar constantment al corrent, sense esperar el final de tota l'activitat. Una vegada analitzades, s'han de comparar amb els estàndards marcats, i determinar-ne les desviacions produïdes.

3. **Corregir les desviacions obtingudes.** Una vegada s'han detectat les desviacions s'han d'analitzar i determinar els motius que les han originat. Normalment, els motius solen ser dos: o bé no s'han fet les coses tal com s'havien planificat, per manca d'organització o per poca rendibilitat dels recursos, o bé aquests plans no eren els correctes i s'estava parlant d'objectius que no es podien assolir. Tant si el motiu és l'un com l'altre, s'ha d'intentar resoldre la desviació aprofitant la informació obtinguda en el control i realitzar-ne un plantejament diferent.

Tècniques de control

Cal saber que hi ha **diferents tècniques de control,** com ara:

- L'**auditoria.** Verifica la planificació tant pel que fa a la comptabilitat (anàlisi dels estats financers), com a la rendibilitat de recursos o a la gestió global de l'empresa, tot fent recomanacions per millorar. Hi ha dues classificacions de l'auditoria. La primera distingeix entre **auditoria interna** (es duu a terme dins de la mateixa empresa com a mecanisme de control) i **auditoria externa** (la realitzen persones alienes a l'empresa, que són professionals independents). La segona inclou l'**auditoria de comptes,** que analitza els estats financers de l'empresa; l'**auditoria operativa,** la funció de la qual és analitzar l'estructura global de l'empresa pel que fa als objectius, les polítiques o les planificacions, i, per acabar, l'**ecoauditoria,** que controla l'impacte mediambiental de les empreses.
- El **control del pressupost.** Es tracta de controlar que la relació numèrica (referida als costos de les operacions i els ingressos de les vendes) de la planificació es compleixi.
- L'**estadística.** Permet tractar les dades històriques d'un problema, treure'n conclusions i realitzar pronòstics. Un exemple clar són les previsions de vendes fetes amb dades històriques d'anys anteriors o d'altres empreses del sector.

Activitats

17> Enumera les etapes de control de la direcció de l'empresa.

18> Defineix el concepte d'*auditoria* i digues els tipus d'auditories que coneixes.

Manar menys i delegar més

A l'IESE, l'Strategic Management Society planteja canvis en la manera de dirigir l'empresa

Cal canviar amb urgència la manera de dirigir les empreses. Els esquemes de direcció implantats a conseqüència de la Revolució Industrial han quedat obsolets. Aquesta és la principal conclusió a la qual han arribat els 750 assistents a l'assemblea anual de l'Strategic Management Society, que s'ha celebrat aquesta setmana a l'IESE de Barcelona i entre els membres de la qual hi havia destacats acadèmics, consultors i directius empresarials.

I conjuntament amb el diagnòstic de la situació, els membres de l'Strategic Management Society han facilitat algunes receptes. La principal és que s'ha de manar menys i delegar més i, sobretot, apostar per l'individu com la principal riquesa d'una empresa. El *boom* de la tecnologia, de les inversions, del capital, s'acaba i comença a sorgir amb força un corrent humà en el món dels negocis. «Els únics avantatges competitius que no són imitables pels nostres competidors són les idees de les persones que integren l'organització, els individus», explica el professor de l'IESE Joan Enric Ricart, coordinador de l'assemblea.

En la seva opinió, aquest ha estat el denominador comú sobre el qual han voltat les ponències dels directius empresarials que han intervingut en l'assemblea de l'Strategic Management Society i que, com Pedro Luis Uriarte, del BBV; Miguel Ángel Canalejo, d'Alcatel, o Kees J. Storm, d'Aegon, han exposat les transformacions portades a terme a les seves companyies.

«Està canviant l'estil de direcció, de control i de comandament: ja no consisteix en el fet que un digui com es fan les coses i la resta de l'equip directiu s'encarregui de posar-ho en pràctica; ara s'han de crear espais en les organitzacions que permetin a les persones desenvolupar la seva creativitat», comenta el professor Ricart.

Aquests canvis suposen, a la pràctica, una descentralització de les decisions, uns majors nivells d'autonomia i una reducció dels anomenats *càrrecs intermedis* quan desapareix la necessitat d'exercir d'enllaç de transmissió de les ordres del superior. Aquest nou model defensat per directors, acadèmics i consultors exigeix, tal com ells reconeixen, «uns directius més capacitats, més participatius, amb una major capacitat de delegar». A més d'un canvi d'actituds, també exigeix una aposta més ferma de les empreses per la formació i per tot tipus d'incentius per als recursos humans.

Alhora, Ricart està convençut que per portar a terme aquesta transformació en el si de les companyies es requereix la recerca d'equips directius menys homogenis, més oberts a la diversitat, capaços de generar idees noves i diferenciades. Durant els debats celebrats, els participants van insistir en la necessitat i la importància del lideratge per a la bona marxa de les empreses, en la necessitat de comptar amb persones capaces de motivar els equips i de saber transmetre amb tota claredat les comeses i els objectius que s'han d'assolir.

Un segon missatge que ha fet impacte durant els tres dies que ha durat l'assemblea —organitzada per l'IESE— ha estat el de la diversitat dins d'un món globalitzat o interconnectat. El professor Ricart destaca el reconeixement per part de les consultores que no és possible aplicar un esquema únic per analitzar diferents empreses, sinó que s'han d'utilitzar diferents criteris en funció del sector el país o la companyia. Aquest va ser l'argument defensat per Kevin Coyne, director internacional de Pràctica d'Estratègia de McKinsey, i va evidenciar que les consultores han renunciat al seu anterior sistema de treball, que consistia a aplicar esquemes fixos per a l'anàlisi d'una companyia, independentment del seu sector o del seu problema concret.

En tercer lloc, i amb relació a la interconnexió que ha d'operar entre els diversos departaments d'una empresa, encara que estiguin en països diferents, els experts reunits a Barcelona han defensat l'adopció d'una llengua oficial a les grans empreses per facilitar la comunicació i la transferència de coneixement i experiències entre unes parts i altres de l'empresa. Per tot això, no només és necessari que hi hagi un idioma comú, sinó que haurien de compartir-se els sistemes informàtics, les pautes de comportament, l'estil de l'empresa.

Una altra de les conclusions dels 750 experts reunits a la Ciutat Comtal ha estat la necessitat de professionalitzar més els consells d'administració de les companyies, que han de ser els que decideixin el rumb que ha de portar l'empresa i els que triïn l'equip que ha de dirigir-la. En aquest sentit, també es va debatre la importància que el consell d'administració, com a òrgan de govern de les companyies, garanteixi una millor successió en la cúpula de les empreses.

«Mandar menos y delegar más». Mayte Rius
La Vanguardia, suplement *Economía y negocios*

- A què es refereix l'article quan parla d'un corrent humanista en el món dels negocis?
- Explica el concepte de *descentralització* de les decisions de l'empresa.
- Fes un comentari personal a partir d'un resum de l'article.

És difícil fer que la gent cregui en ella mateixa

Pedro Duque, conegut per haver estat astronauta, és ara president executiu d'Elecnor Deimos Imaging.

Pedro Duque (Madrid, 1964) és astronauta, però en el terreny empresarial —la seva faceta menys coneguda— és dels que toca de peus a terra. Enginyer aeronàutic per la Universitat Politècnica de Madrid, va volar per primera vegada a l'espai el 29 d'octubre de 1998 amb el transbordador Discovery. Ha fet quatre vols espacials en altres missions. I ara presideix una empresa privada pionera en el món aeroespacial.

Duque ha sabut penjar el vestit d'astronauta i posar-se la jaqueta i la corbata. Explica que ser astronauta i executiu d'una empresa són dos mons molt diferents. Però de l'experiència del primer es poden treure conclusions de com és l'altre, i aplicar-les. «Una nau espacial és quelcom que es fa funcionar amb unes regles. El que és més important és la precisió; tot està basat en la ciència», diu. «Dirigir una empresa és quelcom més indefinit.»

El primer astronauta de nacionalitat espanyola està actualment en la reserva de l'Agència Espacial Europea (ESA). Compagina aquesta excedència amb la presidència executiva d'Elecnor Deimos Imaging, una filial de serveis aeroespacials del grup Elecnor, que ha desenvolupat el seu propi satèl·lit comercial d'observació, la qual cosa la situa com una de les pioneres en aquest camp a Europa.

El canvi d'astronauta a directiu «va suposar una adaptació, no es pot dir que fos traumàtica, però sí que va generar una certa tensió», explica, i insisteix en la idea que entre l'espai i el món real hi ha tot un univers.

«En una nau espacial no es deixa res a l'atzar; compten més les matemàtiques i tota la ciència que hi ha al darrere», explica. «En una empresa, el més difícil és que quan prens una decisió, no saps quin serà realment el resultat». «Vas a cegues, palpant, i això és més complicat. La vida reglada és més fàcil que la vida no reglada. El que és més important és, en qualsevol cas, que les persones donin el 100%». I és precisament en les persones en allò que Duque basa tota la seva estratègia de gestió.

«En una empresa és molt important que es prenguin les decisions ràpidament. Encara que no siguin exactes». Els resultats sempre dependran de les persones. Per això, és important «parlar amb elles i motivar-les».

«El més difícil és fer que hom expremi les seves capacitats; el que és difícil és fer que la gent cregui en ella mateixa», perquè el gran repte és aconseguir i «fer possible coses que semblen molt difícils». La feina d'un directiu és fer que la gent s'ho cregui.

Pedro Duque és també un dels que creu que els directius han de delegar. «Vinc d'un món en el qual tot estava delegat», explica. I posa un exemple molt gràfic de com la seva vida mateixa depenia d'altri: «La persona que omple el dipòsit de combustible de la nau espacial no és l'astronauta, i t'has de refiar que qui ho fa és el millor i que ho fa bé».

«La confiança en l'equip és essencial», argumenta Duque, que fa un pas endavant. Per poder delegar, «cal deixar una mica de marge perquè la gent pugui equivocar-se, com a mínim, una vegada», explica. Si de la primera equivocació que fa un subordinat se'n deriva una esbroncada, mai més tornarà a prendre una decisió. «Si hom no sap perdonar un error, no es pot delegar». Això, però, no implica que els directius es puguin confiar. «Sempre s'ha de vetllar perquè les coses surtin bé».

Pedro Duque està al capdavant d'un equip d'una trentena de persones, majoritàriament enginyers. Reconeix que ell «parla el seu idioma». En aquest sentit, és més fàcil l'entesa. Però en qualsevol cas, dirigir significa convèncer.

«Sí que és possible de desconnectar»

Quan arriben les vacances, i hom deixa l'oficina per uns dies, «en els temps que corren no és possible de desconnectar del tot», explica Pedro Duque. «Però sí que és possible de fer-ho bastant». Tot depèn del lloc on cadascú marxi de vacances. Pedro Duque recorda la seva experiència quan va visitar el parc de Yellowstone, als Estats Units. «Allà no hi havia cobertura», amb la qual cosa «sí que és possible de desconnectar». Duque confessa que passarà les vacances «en alguna platja de la Mediterrània espanyola», al poble dels seus sogres, però li encantaria tornar a Yellowstone perquè «és la natura en estat pur».

- Comenta les següents frases extretes del text:

  El que és més important és, en qualsevol cas, que les persones donin el 100%.

  La confiança en l'equip és essencial.

- Fes un resum del text tot destacant les idees més importants.

Activitats finals

1> Classifica els plans per funcions o departaments.

2> Dins les activitats que formen part de la tasca de direcció, detalla les etapes del procés de planificació.

3> Explica què vol dir l'afirmació següent: «La funció d'organització fa que els plans siguin una realitat».

4> Digues quins motius van originar les crítiques, per part dels treballadors, al taylorisme.

5> Explica què s'entén per *motivació*.

6> Comenta per què la motivació es considera un factor tan important en la gestió del personal de l'empresa.

7> Explica per què els diners són bàsics per a la motivació del treballador.

8> Analitza quins són els impulsos motivadors per a l'estudi.

9> Què cal per estructurar l'organització de l'empresa:

a) Conèixer la divisió del treball.

b) Determinar com és la comunicació entre les persones de l'empresa.

c) Existència d'una relació d'autoritat i jerarquia.

d) Totes són correctes.

10> Comenta quines són les fases que s'haurien de seguir per determinar un procés d'organització que pogués ser vàlid.

11> Explica què s'entén per *organització formal de l'empresa*.

12> Defineix el concepte d'*estructura organitzativa*.

13> Descriu què s'entén per *staff*. Posa'n un exemple.

14> Comenta quins són els principis que s'han de tenir en compte per estructurar l'organització de l'empresa.

15> Explica què és un organigrama i digues la diferència que hi ha entre aquest i un model d'estructura.

16> Digues quins són els models d'estructura més coneguts.

17> Explica què s'entén per *l'organització informal de l'empresa*.

18> Fes un organigrama d'un concessionari de cotxes. El concessionari ha de tenir una part de venda de cotxes i una part de taller oficial. Abans de dibuixar l'organigrama, has de definir totes les persones que hi treballaran i les seves funcions.

19> Elabora un organigrama d'una empresa del sector serveis; per exemple, una assessoria jurídica, que tingui una divisió en departaments per clients.

20> Fes l'organigrama que creus que hauria de tenir una empresa del sector secundari (una indústria).

21> Fes l'organigrama d'una empresa on treballen persones que tenen els càrrecs següents:

- Director general.
- Encarregat de comprar materials.
- Cap de compres.
- Comptable.
- Cap de finances i inversions.
- Encarregat de vendes.
- Cap de màrqueting.
- Encarregat d'entrevistar i contractar personal (selecció de personal).
- Encarregat de gestionar les nòmines i els salaris del treballadors.
- Comercial.
- Assessor d'informàtica.

22> Explica les funcions que ha de fer un directiu per gestionar l'empresa.

23> Explica en què consisteixen les teories X i Y que va utilitzar McGregor per a l'estudi de la gestió d'empresa.

24> Desgraciadament, els directius i fins i tot els presidents de clubs esportius sovint manifesten, com molts aficionats, el seu desacord amb els esportistes dels seus equips, acusant-los de no «suar la samarreta» i d'estar només pendents de les retribucions econòmiques. Identifica aquest comportament dels directius amb la teoria X o bé amb la teoria Y de Douglas McGregor, per mitjà de les quals s'analitza l'opinió que té un dirigent d'empresa sobre els seus col·laboradors. Justifica la teva resposta.

Comprova el teu nivell

1> La planificació és un procés que consisteix a:

a) Definir objectius i posar els mitjans per aconseguir-los.

b) Definir els mecanismes de coordinació.

c) Controlar els resultats.

d) Gestionar el personal

2> Segons la teoria Y de McGregor, els treballadors:

a) Mai tenen ganes de treballar.

b) Prefereixen que els manin.

c) Volen responsabilitats i se senten responsables de la seva feina.

d) Cap de les anteriors.

3> L'auditoria:

a) És una tècnica de control de l'empresa.

b) Serveix per organitzar correctament els recursos de l'empresa.

c) És una tècnica de gestió de l'empresa.

d) Ajuda a planificar el objectius.

4> A l'hora d'establir objectius cal tenir en compte:

a) Que es pugin complir.

b) Que s'adaptin a les possibilitats de l'entorn.

c) Davant diferents alternatives s'ha de triar la millor.

d) Totes són correctes.

5> L'objectiu del taylorisme és:

a) Treballar molt.

b) Incrementar la productivitat.

c) No fer vacances mai.

d) Cobrar per dia treballat.

6> El creador de l'escola científica del treball va ser:

a) Taylor.

b) Fayol.

c) McGregor.

d) Mayo.

7> Maslow va crear una teoria sobre:

a) La direcció d'empresa.

b) L'organització.

c) La motivació.

d) Els salaris.

8> La funció d'organització té com objectiu fonamental:

a) Marcar els objectius de l'empresa.

b) Organitzar un comitè d'empresa.

c) Analitzar els estats comptables de l'empresa.

d) Fer la divisió i coordinació del treball.

9> La representació gràfica d'un model d'estructura organitzativa és:

a) Anagrama.

b) Diagrama de barres.

c) Organigrama.

d) Cap de les anteriors.

10> El concepte de *staff* fa referència a:

a) Un mecanisme de control.

b) Un òrgan d'assessorament de l'empresa.

c) Un tipus de test que es fa als treballadors quan s'incorporen a la feina.

d) Una manera de dirigir els treballadors.

11> Què és un organigrama?

a) És la forma de representar gràficament una organització formal.

b) És la forma de representar el recorregut del producte dins de la fàbrica.

c) És la manera d'expressar gràficament els objectius de l'empresari.

d) És la forma de representar gràficament una organització informal.

12> L'estructura basada en el principi de comandament és:

a) Funcional.

b) Matricial.

c) Lineal.

d) Comitè.

13> Quan en un organigrama volem destacar la importància de les funcions sobre la jerarquia de comandament farem un organigrama:

a) Vertical.

b) Horitzontal.

c) Radial.

d) Són correctes les opcions *a*) i la *b*).

14> L'organització informal és:

a) Que cadascú faci el que vulgui.

b) Les relacions personals creades a l'empresa no establertes.

c) Que els treballadors vagin junts a dinar.

d) L'organització informal no la té cap empresa.

Conceptes bàsics

Dirigir una empresa consisteix a realitzar funcions de govern, donar tota mena d'instruccions i establir els criteris convenients per aconseguir els objectius marcats.

Les **funcions de direcció** són planificar, organitzar, gestionar i controlar tots els factors que té a la seva disposició.

La **planificació** és l'estudi i la fixació dels objectius referents al sistema de l'empresa, i a cadascun dels seus subsistemes (departaments o seccions).

Els **plans** es poden classificar en: metes, objectius, polítiques, procediments, regles i pressupostos.

Organitzar és dissenyar una estructura en la qual quedin definides totes les funcions que ha de realitzar cada persona que forma part de l'empresa, així com també la seva responsabilitat i autoritat.

Gestionar és intentar que les persones que formen l'empresa realitzin les tasques necessàries per aconseguir els objectius marcats.

Controlar és verificar que tot surti com s'havia previst a la planificació.

Les **teories de McGregor** serveixen per estudiar els diferents estils de direcció, per això es divideixen els treballadors que un directiu té sota el seu control.

L'**auditoria** és un mètode de control que verifica la planificació tant en relació amb els estats financers com amb la rendibilitat de recursos o la gestió global de l'empresa, alhora que fa recomanacions per millorar-la.

La **comunicació a l'empresa** és el procés d'interacció que es produeix entre dues persones, és a dir, el pas d'informació a través d'un canal, que pot ser oral o escrit. Aquesta comunicació pot ser ascendent, descendent o horitzontal.

L'**equip de treball** és un grup de persones que tenen una finalitat comuna, mantenint però la seva identitat pròpia, i que treballen de manera coordinada.

L'**organització formal** és l'estructura intencional definida i identificada en què l'empresa situa cadascun dels seus elements (treballadors, departaments), procurant que sigui sempre en el lloc més adequat.

L'**estructura organitzativa** és definir de manera comprensible per a totes les persones de l'empresa l'organització. Els tipus de models d'estructura són: lineal o jeràrquic, funcional, model en línia i d'assessorament, en comitè i matricial.

L'**organigrama** és la representació gràfica de l'estructura organitzativa, de manera esquemàtica i sintètica.

L'**organització informal** és el conjunt de relacions personals i socials que no estan preestablertes per la direcció i l'organització de l'empresa, però que sorgeixen espontàniament quan les persones s'associen entre elles.

4

LA PRESA DE DECISIONS

Una de les funcions més importants de la direcció de l'empresa és la presa de decisions. En aquesta unitat expliquem què s'entén per prendre una decisió i els mètodes científics que s'utilitzen per fer-ho: la matriu de decisió i l'arbre de decisió. En aquesta unitat treballarem les situacions de certesa, de risc i d'incertesa; en el cas d'incertesa aplicarem els criteris pessimista, optimista, de Laplace, de Hurwicz i de Savage.

4.1 Concepte de *presa de decisions*

Una de les característiques principals de la direcció de l'empresa és la presa de decisions, que és, segons Forrester, el procés de convertir la informació en acció, essent la decisió el conjunt d'accions adoptades en un moment concret.

Les decisions es prenen, freqüentment, basant-se o bé en la intuïció de qui les pren, o bé en l'experiència obtinguda en decisions preses anteriorment o després d'un procés basat en un tractament racional que utilitzi mètodes científics. Tanmateix, com que estem en un món molt competitiu, el més coherent és basar les decisions en un procés racional i científic que garanteixi una certa consistència en les decisions preses. Per això, aquí s'estudiarà com prendre les decisions de manera científica.

4.2 Etapes de la presa de decisions

Per poder prendre decisions d'una manera correcta s'han de seguir unes fases o etapes:

1. Definir l'objectiu que es vol assolir, és a dir, tenir clar on es vol arribar.
2. Aconseguir tota la informació que es consideri important per assolir l'objectiu, o sigui, aconseguir informació tant del passat com actual.
3. Establir hipòtesis sobre el comportament de les variables que es tinguin, és a dir, establir previsions.
4. Dissenyar alternatives: descriure tots els camins possibles per arribar on s'ha marcat.
5. Avaluar cadascun dels camins marcats, tant pel que fa a l'assoliment dels propòsits com a l'aspecte econòmic.
6. Seleccionar l'alternativa, és a dir, prendre la decisió.
7. Realitzar o executar les actuacions previstes en el camí seleccionat.
8. Establir un control que permeti detectar si es compleixen les previsions.

Es pot veure que hi ha una certa similitud entre el procés de presa de decisió i el procés de planificació, ja que prendre una decisió implica planificar el futur.

4.3 La matriu de decisió

Quan es vol prendre alguna decisió única, de manera que no estigui condicionada a altres, i que no en depengui cap decisió posterior, s'utilitza el que s'anomena ***matriu de decisió***, que no és res més que una taula que conté tots els elements que intervenen en el procés de la presa de la decisió. Aquesta taula facilita l'anàlisi i serveix de punt de partida per obtenir una posterior solució del problema.

La matriu de decisió està formada pels elements següents:

- **Estratègies.** Estan formades per variables controlables i són les alternatives o les opcions d'elecció que es poden triar; per tant, constitueixen l'element bàsic de la decisió.
- **Estats de la naturalesa.** Estan compostos per variables no controlables; la persona que pren la decisió no hi pot influir en cap moment. Representen les possibles situacions en què aquesta persona es pot trobar.
- **Desenllaços** o **resultats esperats** en cadascuna de les estratègies, partint d'un estat concret de la naturalesa. L'obtenció dels desenllaços es pot aconseguir mitjançant estimacions i prediccions, resultats experimentals, l'aplicació de relacions que ja han existit...
- **Prediccions de la probabilitat** que es produeixi cadascun dels estats de la naturalesa.

Així, la matriu de decisió, tenint en compte tots els elements comentats, té l'estructura següent:

Successos investigats		1	2	…	n
Estats de la naturalesa		N_1	N_2	…	N_n
Probabilitats		P_1	P_2	…	P_n
	E_1	D_{11}	D_{12}	…	D_{1n}
	E_2	D_{21}	D_{22}	…	D_{2n}
Estratègies	E_3	D_{31}	D_{32}	…	D_{3n}
	…	…	…	…	…
	E_N	D_{N1}	D_{N2}	…	D_{Nn}

Exemple 1

Una empresa ha d'analitzar, entre les diferents estratègies de producció, aquella que li proporcioni més vendes i, a conseqüència d'això, més ingressos i, per tant, més beneficis. Els possibles productes són abrics de llana, gavardines o americanes. La decisió l'ha de prendre en funció del temps hivernal que farà en els mesos següents, ja que segons com sigui, es vendrà un producte o un altre. Els estats de la naturalesa en termes generals els sintetitza en tres: es pot trobar amb un hivern plujós, un hivern fred o bé un hivern càlid.

En el moment de prendre la decisió, l'empresari o l'empresària no pot saber amb certesa el temps que farà, però consultant els estats climàtics dels últims anys arriba a les estimacions següents en forma de probabilitats: hi ha el 30 % de probabilitats que el temps sigui plujós, el 45 % que sigui fred i el 25 % que sigui càlid.

L'experiència en el sector li permet estimar els resultats esperats quant a vendes, i això el condueix als desenllaços o les prediccions següents:

- La fabricació d'abrics de llana donaria uns beneficis de 150, 600 i 25, segons si el temps fos plujós, fred o càlid, respectivament.
- La fabricació de gavardines donaria uns beneficis de 300, 50 i 100, segons si el temps fos plujós, fred o càlid, respectivament.
- La fabricació d'americanes donaria uns beneficis de 75, (–50) i 500, segons si el temps fos plujós, fred o càlid, respectivament.

Amb aquestes dades, elabora la matriu de decisió.

En la matriu de decisió s'introdueixen tots els elements que es tenen a l'abast per poder prendre una decisió davant les alternatives o estratègies que es presenten. La matriu serveix de punt de partida per començar a fer l'estudi que durà a la decisió òptima.

Successos investigats	1	2	3
Estats de la naturalesa	Pluja	Fred	Calor
Probabilitats	30 %	45 %	25 %
Abrics de llana	150	600	25
Gavardines	300	50	100
Americanes	75	(–50)	500

Criteris de decisió

Segons el grau de coneixement dels estats de la naturalesa, es poden presentar tres situacions de decisió:

a) **Situació de certesa.** És aquella situació en la qual es coneix amb absoluta seguretat quin és l'estat de la naturalesa que es pot presentar, és a dir, hi ha un estat únic. En l'exemple, la situació de certesa és que se sàpiga amb seguretat que farà fred, o bé que se sàpiga que plourà o que el temps serà calid.

b) **Situació de risc.** És la situació en què hi ha diversos estats de la naturalesa, però se'n coneixen les probabilitats que succeeixin. Per l'exemple, se sap la probabilitat que hi ha que plogui (30 %), que faci fred (45 %) i que el clima sigui càlid (25 %).

c) **Situació d'incertesa.** És aquella situació en la qual es desconeix la probabilitat de cadascun dels possibles estats de la naturalesa. En l'exemple seria que se sapigués que pogués ploure, fer fred o que el temps fos càlid, però que no se'n sabessin les probabilitats.

Dins de cadascuna d'aquestes tres situacions, es pot actuar o decidir d'una manera o altra segons la personalitat de qui prengui la decisió.

Decisions segons la situació de certesa

Es prenen decisions segons la situació de certesa quan se sap amb tota seguretat l'estat de la naturalesa que es presentarà. Per tant, el problema de quina decisió prendre es redueix a valorar en termes econòmics els diferents desenllaços i elegir aquella estratègia que dugui a un resultat més favorable.

La informació de la decisió que cal prendre es pot deduir de la mateixa matriu de decisió o, si no, se'n pot fer una de nova, restringida a l'estat de la naturalesa que es coneix.

Per a l'*Exemple 1*, que s'ha proposat a la pàgina 79, i suposant que el temps fos fred (situació de certesa), la matriu de decisió es podria reduir a la del quadre de sota. Tal com es veu en la matriu de la figura, se sap amb certesa que el temps que farà el proper hivern serà fred; per tant, es triarà la fabricació d'abrics de llana, perquè és el producte que proporcionarà més beneficis (600).

Successos investigats	1
Probabilitat	100 %
Probabilitats	Fred
Abrics de llana	600
Gavardines	50
Americanes	(–50)

Matriu de decisió per al temps fred.

Decisions segons la situació de risc

Es poden prendre decisions segons la situació de risc quan es coneixen totes les probabilitats dels estats de la naturalesa. Per triar la decisió que aportarà més beneficis s'ha de calcular el valor monetari esperat (càlcul de l'esperança matemàtica) de cada alternativa i elegir aquella que presenti un valor esperat màxim.

El valor monetari esperat *(V)* de cada estratègia *(E)* serà el resultat del sumatori del producte de cada probabilitat de l'estat de la naturalesa *(P)* pel desenllaç que correspon en aquest estat a cada alternativa *(D)*:

$$VE_1 = P_1 \cdot D_{11} + P_2 \cdot D_{12} + \ldots\ldots + P_n \cdot D_{1n}$$
$$VE_2 = P_1 \cdot D_{21} + P_2 \cdot D_{22} + \ldots\ldots + P_n \cdot D_{2n}$$
$$VE_N = P_1 \cdot D_{N1} + P_2 \cdot D_{N2} + \ldots\ldots + P_n \cdot D_{Nn}$$

Si s'aplica a l'exemple tractat, els resultats esperats seran:

V (abrics de llana) $= (0{,}3 \cdot 150) + (0{,}45 \cdot 600) + (0{,}25 \cdot 25) = 321{,}25$

V (gavardines) $= (0{,}3 \cdot 300) + (0{,}45 \cdot 50) + (0{,}25 \cdot 100) = 137{,}5$

V (americanes) $= (0{,}3 \cdot 75) + (0{,}45 \cdot (-50)) + (0{,}25 \cdot 500) = 125$

Una vegada calculats els valors de les estratègies, s'opta per aquella alternativa el valor de la qual sigui més alt; per tant, es triarà la producció dels abrics de llana, ja que és el producte que proporcionarà més beneficis.

L'aplicació d'aquest tipus de decisions en la situació de risc està determinada pel comportament o la manera de ser de la persona que pren les decisions, ja que com que en aquest criteri no es té en compte el risc que comporta cada estratègia, qui prengui les decisions s'ha de fer responsable de les conseqüències. Si tornem a l'exemple, si s'han de triar els abrics perquè se suposa que el fred és l'estat de la naturalesa que més probablement es presentarà, els guanys seran de 600. Qui decideix s'ha de plantejar que si es produís un altre estat hauria d'estar preparat per assumir-ne el desenllaç. Per exemple, si el temps finalment fos càlid, hauria de saber si l'empresa podria suportar els mínims guanys que obtindria (25). Si aquests mínims guanys no es poguessin assumir, s'hauria de triar una altra alternativa.

Les decisions estan condicionades per l'aversió, la indiferència o la preferència que té la persona que decideix davant el risc, tenint sempre en compte si l'empresa pot suportar sense greus problemes les pèrdues que comporti l'alternativa escollida.

Decisions segons la situació d'incertesa

Es prenen decisions segons la situació d'incertesa quan l'empresari o l'empresària és incapaç de fer una estimació de la probabilitat que es produeixi cadascun dels estats de la naturalesa. En aquests casos la determinació es pren d'una manera subjectiva, és a dir, segons la manera de ser de qui hagi de prendre la decisió o la seva actitud davant el risc. Podem distingir els criteris de decisió següents:

1. **Criteri pessimista o de Wald.** És el criteri que elegiria una persona que pensés que, una vegada seleccionada una estratègia, se li presentaria l'estat de la naturalesa més desfavorable. En aquests casos hi ha dos tipus de criteris que podria utilitzar.

   Segons el **criteri maxi-min,** l'empresari o l'empresària triaria el valor més alt entre els més baixos de cada estratègia, és a dir, elegiria l'estratègia que li proporcionés

el valor màxim entre els mínims existents. S'utilitza aquest criteri quan els resultats que es volen mostrar interessa que siguin els màxims.

Segons el **criteri mini-max,** es triaria el valor mínim entre els màxims existents. S'utilitza quan els resultats que es volen mostrar interessa que siguin els mínims.

En l'exemple, s'aplicarà el criteri maxi-min si les variables són favorables, ja que els resultats que es volen mostrar són els màxims. Es triarà, per a cada estratègia, el valor més baix: abrics de llana, 25; gavardines, 50, i americanes, –50. D'aquests, caldrà triar-ne el valor més alt, ja que en cas que es presenti l'estat de la naturalesa més desfavorable, les pèrdues seran menors o es deixarà de guanyar menys; per tant, l'opció serà produir gavardines i, així, com a mínim, s'assegurarà un guany de 50.

Successos investigats	1	2	3
Estats de la naturalesa	Pluja	Fred	Calor
Probabilitats	30 %	45 %	25 %
Abrics de llana	150	600	25
Gavardines	300	50	100
Americanes	75	(–50)	500

Matriu de decisió de l'exemple.

2. **Criteri optimista.** És el criteri que elegiria una persona que pensés que, fos quina fos l'estratègia que triés, sempre se li presentaria l'estat de la naturalesa més favorable.

   Segons aquest criteri, hauria d'elegir l'alternativa que li proporcionés el millor resultat. S'anomena **criteri de maxi-max** (es tria el valor màxim entre els màxims) si els resultats que interessa mostrar són els màxims, i **criteri mini-min** (es tria el valor mínim entre els mínims) si els resultats que es volen mostrar són els mínims.

   En l'exemple, l'empresari o l'empresària optaria pels abrics de llana, ja que el resultat més alt, 600, és superior que els millors de les altres estratègies o alternatives.

3. **Criteri de Laplace.** Consisteix a enfrontar-se a les decisions sense saber les probabilitats que es presenti cadascun dels estats de la naturalesa, però assignant a cada estat la mateixa probabilitat. Posteriorment es calcula el valor monetari esperat de cada estratègia, i se n'elegeix aquella que ofereixi un valor més alt.

   En l'exemple, com que hi ha tres estats de la naturalesa, es dóna a cadascun una probabilitat que es presentin d'1/3; així, el valor esperat de cada producció és el següent:

$$\begin{aligned} V\,(\text{abrics de llana}) &= (150 \cdot 1/3) + (600 \cdot 1/3) + (25 \cdot 1/3) = 258{,}3 \\ V\,(\text{gavardines}) &= (300 \cdot 1/3) + (50 \cdot 1/3) + (100 \cdot 1/3) = 141{,}6 \\ V\,(\text{americanes}) &= (75 \cdot 1/3) + ((-50) \cdot 1/3) + (500 \cdot 1/3) = 175 \end{aligned}$$

   En aquest cas es triarien els abrics de llana, ja que donen el valor esperat més alt.

4. **Criteri de Hurwicz.** Aquest criteri és una combinació entre el criteri pessimista i l'optimista i es basa en el fet de definir un coeficient d'optimisme (α) referent al desenllaç, que ha d'estar entre el 0 i l'1. Conseqüentment, també hi ha un coeficient de pessimisme que serà $1 - \alpha$.

   Aquí només interessen els valors màxims i els mínims —és a dir, els millors i els pitjors valors de cada estratègia—, ja que se suma el millor resultat de cada estratègia (ponderat amb el coeficient d'optimisme) amb el pitjor resultat de cada estratègia (ponderat amb el coeficient de pessimisme).

El coeficient d'optimisme el marca qui pren les decisions; per tant, com més optimista sigui, més a prop de l'1 se situarà.

En el cas proposat, i definint un coeficient d'optimisme del 0,7, el resultat seria el següent:

$$V\text{ (abrics de llana)} = (600 \cdot 0{,}7) + (25 \cdot (1-0{,}7)) = 427{,}5$$
$$V\text{ (gavardines)} = (300 \cdot 0{,}7) + (50 \cdot (1-0{,}7)) = 225$$
$$V\text{ (americanes)} = (500 \cdot 0{,}7) + (-50 \cdot (1-0{,}7)) = 335$$

L'alternativa que es triaria seria la fabricació d'abrics de llana, perquè ofereix el valor esperat més alt, però si es variés el coeficient d'optimisme i es fes més petit (fins a arribar a 0 —coeficient d'optimisme d'una persona pessimista—), l'alternativa triada seria la fabricació de gavardines.

> **!** El **cost d'oportunitat** és, en una elecció, allò a què es renuncia, és a dir, els resultats que s'haurien pogut obtenir si s'hagués elegit una altra alternativa.

5. **Criteri de Savage.** L'utilitzarien les persones que tenen por d'equivocar-se i de penedir-se'n. Savage, per estudiar aquest criteri, proposa crear una nova matriu de desenllaços en termes d'oportunitat, substituint els valors que es tenien en principi per les diferències o els perjudicis que s'hagin presentat per no haver elegit la millor estratègia, és a dir, són les pèrdues o els costos d'oportunitat per no haver elegit correctament.

Aquesta matriu d'oportunitat mostra el que s'ha deixat de guanyar en el cas d'equivocar-se d'estratègia.

Per fer la matriu d'oportunitat, es prenen els resultats més bons possibles de cada estat de la naturalesa i s'hi resta el valor de cada desenllaç. A l'hora de triar l'alternativa més adequada, s'aplica el criteri de mini-max, és a dir, s'agafen els pitjors resultats de cada estratègia i d'aquests s'escull el que representa el mínim perjudici.

Estats de la naturalesa / Estratègies	Pluja	Fred	Calor
Abrics de llana	150	0	475
Gavardines	0	550	400
Americanes	225	650	0

Matriu de decisió de l'exemple.

Per confeccionar la nova matriu, el primer que cal fer és, partint de la matriu inicial, donar a cada valor màxim dels estats de la naturalesa el número 0. A aquest valor màxim hi restarem els altres valors, que representen allò que no s'ha guanyat a causa d'haver-se equivocat d'estratègia.

Concretament i aplicant-ho a l'exemple, si el temps és plujós, es posa el 0 a les gavardines, ja que són la millor opció. Els altres desenllaços es troben restant els beneficis de les gavardines i els altres valors: $300 - 150 = 150$ i $300 - 75 = 225$, que representen allò que no s'ha guanyat per culpa d'haver triat una estratègia equivocada. Així doncs, si es tria l'opció de produir americanes, es deixa de guanyar un valor de 225 i es guanya un valor de 75; i si es tria l'opció correcta (les gavardines), es deixa de guanyar un valor de 0 i es guanya un valor de 300.

Una vegada s'ha obtingut la matriu s'ha de triar l'estratègia més adequada i, com s'ha dit, s'aplica el criteri mini-max. És a dir, es tria el pitjor resultat de cada estratègia i se n'agafa el més baix:

$$V\text{ (abrics de llana)} = 475 \qquad V\text{ (gavardines)} = 550$$
$$V\text{ (americanes)} = 650$$

Com que les persones que utilitzen aquest criteri tenen por d'equivocar-se i de penedir-se'n, es tria el valor més baix (abrics de llana), perquè en cas que s'equivoquessin, les pèrdues serien menors.

4.4 Arbres de decisió

Quan s'ha parlat, en l'apartat anterior, de la matriu de decisió, ja s'ha dit que és una eina que utilitza la persona que decideix quan vol prendre una decisió única. Però és freqüent que se li presentin processos en els quals hagi d'adoptar més d'una decisió. En aquests casos, la utilització de la matriu de decisió es fa més complexa i es recomana utilitzar l'arbre de decisió.

L'arbre és, doncs, una forma de representar la informació disponible i totes les alternatives que s'hi poden trobar.

abc

Un **arbre de decisió** és un graf, és a dir, un conjunt format per vèrtexs units per camins o arestes, on s'expliquen les diferents seqüències de les decisions que s'han de prendre i els diversos esdeveniments o successos que es poden presentar.

Fases de l'elaboració d'un arbre de decisió

Per elaborar un arbre de decisió s'han de seguir els passos següents:

1. Determinar on es vol arribar, el conjunt d'accions possibles, els esdeveniments que es poden presentar i totes les decisions que s'han de prendre.
2. Representar amb l'arbre totes les alternatives possibles, així com els esdeveniments.
3. Un cop es té el graf, determinar-ne els resultats i marcar els punts finals. Aquests punts estan condicionats a les dades econòmiques disponibles.
4. Prendre nota de la probabilitat que hi ha que succeeixi cada esdeveniment.

Una vegada s'han seguit aquestes fases, es pot passar a la representació de l'arbre. Per fer-ho cal utilitzar tres elements:

- ■ Punts de decisió
- ● Esdeveniments
- ▲ Resultats esperats

Quan es pren una decisió, qui decideix ha de triar entre diverses opcions o alternatives. Aquest moment de la decisió es representa en el vèrtex de l'arbre i es marca amb ■. D'aquest punt surten unes arestes que corresponen a cada estratègia que cal estudiar, i quan s'opti per una alternativa, s'abandonaran les altres. Per decidir-se a abandonar alguna estratègia s'ha d'haver plantejat la possibilitat que succeeixi un esdeveniment que no es coneix, és a dir, un estat de la naturalesa. Això es representa al final de l'aresta corresponent i es marca amb ●. Aquest formarà un altre vèrtex, que, segons com sigui l'esdeveniment, durà a resultats diversos. Així doncs, s'aniran succeint esdeveniments i punts de decisió fins a obtenir uns resultats esperats, representats per ▲.

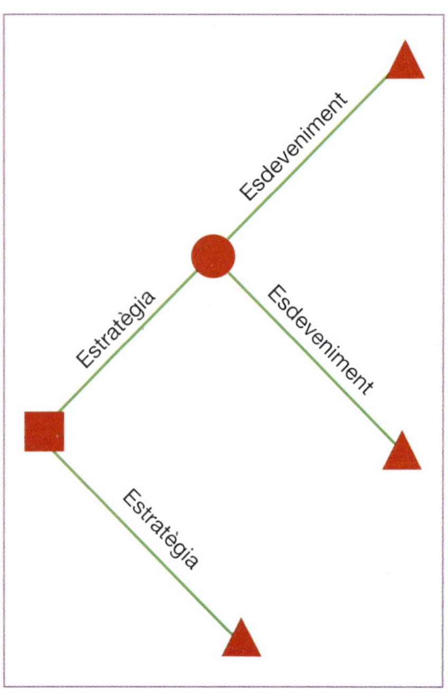

Malgrat que l'arbre de decisió s'utilitza bàsicament quan s'han de prendre decisions seqüencials, també es pot utilitzar per resoldre decisions úniques, tal com es fa amb la matriu de decisió. Per aquest motiu, també es pot aplicar aquest procediment a l'*Exemple 1*.

Cal recordar que s'ha de decidir si es volen fabricar abrics de llana, gavardines o bé americanes, tenint en compte una sèrie de condicions esmentades a l'apartat *Etapes de la presa de decisions*.

Per començar a fer l'arbre, s'ha de tenir clar entre quines estratègies cal decidir. Aquestes es col·loquen en el vèrtex de l'arbre unides pel símbol ■. Que se'n triï una o una altra depèn de l'estat climàtic que es presenti, és a dir, depèn de si plou, si fa fred o si el temps és càlid —la persona que ha de prendre la decisió ja en sap les probabilitats (0,3 %, 0,45 % i 0,25 %, respectivament). Aquests possibles esdeveniments es marquen en el graf amb el símbol ●.

Una vegada fet aquest arbre de decisió, cal fer ús de tota la informació econòmica que es té per arribar a una decisió ajustada. Per fer els càlculs numèrics s'utilitzen les probabilitats disponibles i els possibles resultats per a cada estat de la naturalesa (cal basar-se en el càlcul del valor esperat).

El **rendiment de la inversió** és la diferència entre els ingressos i els costos.

$$E_2 = (150 \cdot 0{,}3) + (600 \cdot 0{,}45) + (25 \cdot 0{,}25) = 321{,}25$$

$$E_3 = (300 \cdot 0{,}3) + (50 \cdot 0{,}45) + (100 \cdot 0{,}25) = 137{,}5$$

$$E_4 = (75 \cdot 0{,}3) + (-50 \cdot 0{,}45) + (500 \cdot 0{,}25) = 125$$

Una vegada fets els càlculs numèrics, es tria la decisió que doni el valor esperat més alt.

En l'exemple, es triarà la producció dels abrics de llana; per tant, l'E_1 serà 321,25. Tots aquests resultats es poden posar en un nou graf.

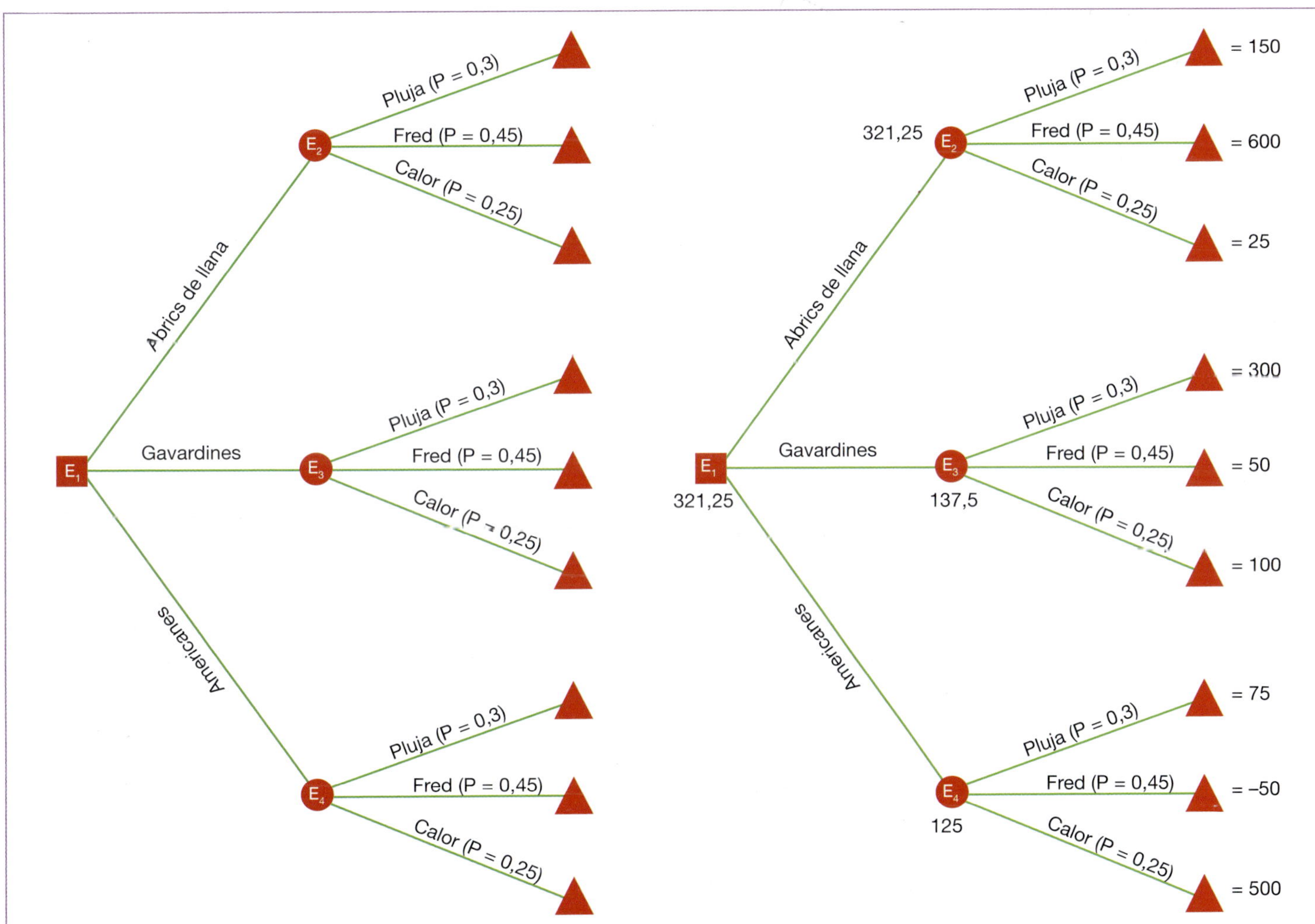

Com es pot comprovar, com que la probabilitat que s'utilitza és la mateixa que en el criteri de risc, el resultat és el mateix.

Veurem un altre cas en el qual, tot i que en el moment inicial només s'ha de prendre una decisió, aquesta depèn d'altres decisions o esdeveniments.

Exemple 2

Una empresa decideix llançar un producte amb una vida comercial d'uns 10 anys. Per a la fabricació del producte necessita construir una nova factoria, la dimensió de la qual se li planteja com un problema, ja que estarà condicionada per la seva demanda futura.

L'empresa té dues alternatives:

a) Construir una fàbrica gran sense possibilitat d'ampliació.

b) Construir una fàbrica petita, amb la possibilitat d'ampliació passats els 2 primers anys, depenent de la demanda.

Quin tipus de fàbrica l'interessa constituir si hi ha un 60 % de probabilitats que la demanda sigui alta durant els 2 primers anys i, si la demanda és alta, hi ha un 80 % de probabilitats que continuï així durant els 8 anys restants, mentre que la probabilitat que baixi és del 20 %?

Amb aquestes dades es construeix l'arbre de decisió.

Primer de tot cal tenir clar què és el que es vol decidir. La disjuntiva és construir una fàbrica gran o bé una de petita; per tant, aquestes dues accions es posen en el vèrtex o extrem de l'arbre, unides pel símbol ■.

La decisió de constituir una cosa o l'altra depèn de com es presenti la demanda, primerament a 2 anys vista i posteriorment amb la visió dels 10 anys. Per tant, l'esdeveniment que farà decidir per una opció o una altra serà la demanda, que en el graf es marcarà amb el símbol ●.

Tant en el cas de la fàbrica gran com en el cas de la petita, tant si s'amplia com si no, s'anoten també els esdeveniments (●) que poden succeir quan la demanda dels 2 primers anys és alta, i conseqüentment, que en els 8 anys següents o bé sigui alta o que baixi. A més, també s'hi anoten les probabilitats que apareguin aquests esdeveniments.

En el cas de la fàbrica petita, si la demanda és alta caldrà prendre una altra decisió, és a dir, ampliar la factoria o deixar-la en les dimensions inicials. Per tant, en el graf es marcaran aquests punts amb el símbol de decisió ■.

Però per poder arribar correctament al final de la decisió, és a dir, per triar la millor alternativa, són necessàries les dades econòmiques. Les que s'estudien en aquest exemple són el resultat del rendiment de la inversió que s'ha fet, tenint en compte els ingressos i les despeses que es produiran durant els anys de la inversió.

Per a la fàbrica gran:

- Si la demanda és alta durant els 10 anys, el rendiment és de 5 100 €.
- Si la demanda és baixa durant els 10 anys, el rendiment és de −1 800 €.
- Si la demanda és alta però es preveu que en el termini de 2 anys serà baixa, el rendiment serà de −600 €.

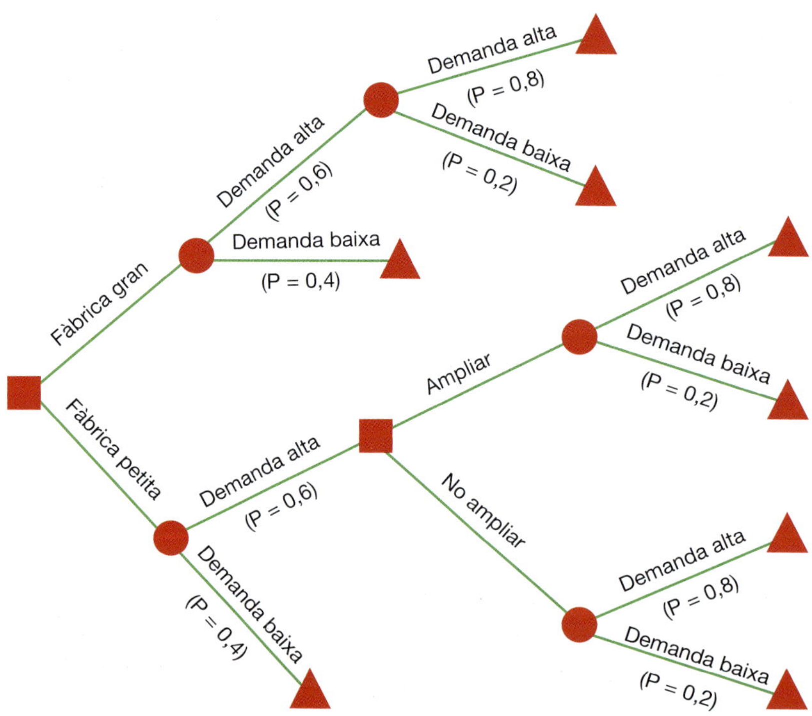

Per a la fàbrica petita:

- Si la demanda és baixa els 2 primers anys, el rendiment serà de 4 200 €.
- Si s'ha ampliat i la demanda és alta els 8 anys restants, el rendiment serà de 3 000 €.
- Si s'ha ampliat i la demanda baixa els 8 anys següents, el rendiment serà de –1 500 €.
- Si no s'ha ampliat i la demanda es presenta alta els 8 anys, següents el rendiment serà de 7 800 €.
- Si no s'ha ampliat i la demanda es presenta baixa, el rendiment serà de 4 200 €.

Una vegada es tenen les dades, cal fer els càlculs numèrics. Mitjançant el càlcul de l'esperança matemàtica, es calculen els valors esperats de cada opció:

$E_5 = (5\,100 \cdot 0{,}8) + (-600 \cdot 0{,}2) = 4\,200$ €

$E_2 = (4\,200 \cdot 0{,}6) + (-1800 \cdot 0{,}4) = 1\,800$ €

$E_6 = (3\,000 \cdot 0{,}8) + (-1500 \cdot 0{,}2) = 2\,100$ €

$E_7 = (7\,800 \cdot 0{,}8) + (4\,200 \cdot 0{,}2) = 7\,080$ €

E_4 = valor més alt entre E_6 i E_7 = 7 080 €

$E_3 = (7\,080 \cdot 0{,}6) + (4\,200 \cdot 0{,}4) = 5\,928$ €

E_1 = valor més alt entre E_2 i E_3 = 5 928 €

Per a cada esdeveniment s'aplica el càlcul de l'esperança matemàtica, i per a cada decisió s'ha de triar el valor més alt entre les dues opcions possibles, i així successivament fins a arribar al resultat esperat.

Tots aquests resultats es poden plasmar en el graf, i els resultats finals es marquen amb el símbol de resultat esperat ▲.

Com mostra el graf, el valor més alt és E_3; per tant, la millor alternativa és construir, de moment, una fàbrica petita.

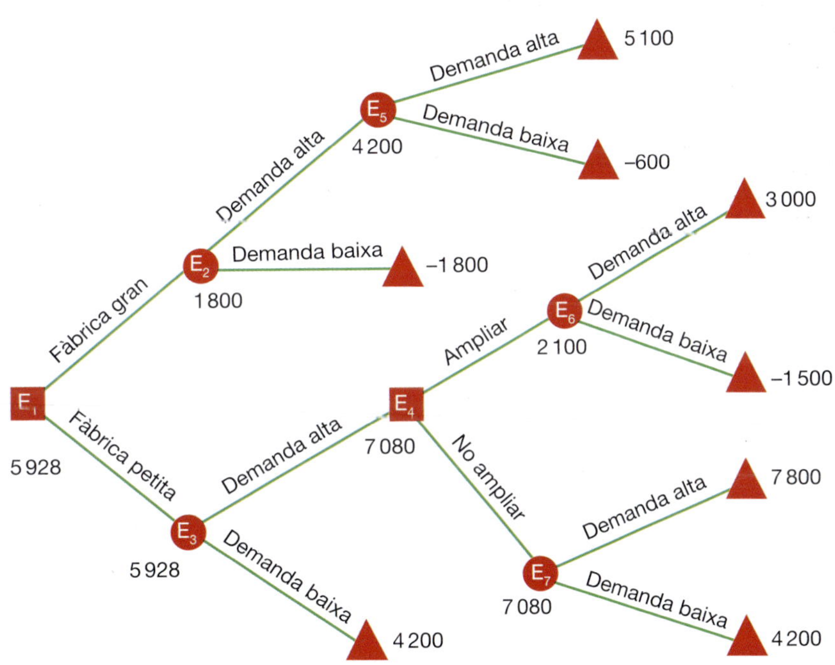

Activitats

1> Inventa un exemple en el qual un empresari o una empresària es trobi davant d'un procés de decisió.

2> Explica en què consisteix el criteri maxi-min i el criteri mini-max.

3> Digues quin criteri s'utilitzaria per prendre una decisió en cas que es tinguessin les probabilitats d'aparició de cada estat de la naturalesa.

Activitats finals

1> Digues quan utilitzaries una matriu de decisió i quan un arbre de decisió.

2> Un agricultor no sap si plantar blat, patates o pèsols. La decisió la prendrà segons el canal de distribució al mercat que li ofereixin. Les opcions que té són dues:

a) Canal d'una etapa, és a dir, passar per un minorista per arribar al consumidor.

b) Canal de dues etapes, és a dir, passar primer per un majorista i després per un minorista per arribar finalment a un consumidor.

Que pugui adoptar un canal o un altre depèn d'una possible nova normativa que variaria el sistema actual d'una única etapa. Té el 60 % de probabilitats que el canviïn. Evidentment, segons els canals, els seus guanys seran diferents.

Els resultats esperats serien: per al blat, unes pèrdues de 150; per a les patates, uns guanys de 200, i per als pèsols, unes pèrdues de 50, en cas que pogués utilitzar el canal d'una etapa.

En el cas que hagués d'utilitzar el canal de dues etapes, els resultats serien: per al blat, uns guanys de 300; per a les patates, unes pèrdues de 100, i per als pèsols, uns guanys de 150.

Es demana fer la matriu de decisió i prendre la decisió aplicant el criteri de risc.

3> Si l'agricultor de l'exercici anterior no conegués les probabilitats de l'aparició de la nova normativa, digues quin producte escolliria. Aplica els diferents criteris que coneixes (coeficient d'optimisme: 60 %).

4> Davant les expectatives favorables de conreu d'un determinat producte, una importadora estudia la possibilitat de llogar per 20 anys un terreny de 1 000 ha. Aquest conreu necessita un clima temperat i per això divideix el país en tres zones: nord, centre i sud. En cas de considerar els estats climàtics fred, normal i càlid, ha avaluat els possibles guanys per a cadascuna de les zones geogràfiques:

- Si el temps és càlid, al nord obtindrà uns guanys de 10; al centre, uns guanys de 7, i al sud, uns guanys de 4.
- Si el temps és normal, al nord obtindrà uns guanys de 8; al centre, uns guanys de 20, i al sud, uns guanys de 17.
- Si el temps és fred, al nord obtindrà uns guanys de 6; al centre, uns guanys de 18, i al sud, uns guanys de 30.
- Sap, per la informació facilitada pel Servei de Meteorologia, que les probabilitats de cada estat són: càlid, 20 %; normal, 60 %, i fred, 20 %.

Fes-ne la matriu i l'arbre de decisió.

5> Suposant que no tinguessis les probabilitats dels estats climàtics, digues, aplicant el criteri de Savage, la decisió que prendries per a l'exercici 4.

6> Explica com resoldries la situació següent:

- Has de prendre una decisió sobre la fabricació d'un producte entre dues possibilitats, que depenen d'uns estats de la naturalesa.
- No tens cap indici de les probabilitats de succés dels estats de la naturalesa que es poden presentar i que t'ajudarien a prendre la decisió.
- Ets una persona de caràcter indecís i pessimista.

7> Una empresa que fabrica dues gammes diferents de productes té exhaurida la capacitat productiva i l'empresària ha decidit produir només una de les dues gammes. D'altra banda, té un 40 % de possibilitats de subscriure un acord comercial exclusiu amb una gran superfície.

L'empresària sap que si accepta aquest acord obtindrà un augment en les vendes de 120 000 unitats de la primera gamma i de 80 000 unitats del segon tipus de producte. Si per contra no aconsegueix tancar l'acord amb aquesta gran superfície, l'increment de les vendes previstes serà de 80 000 unitats en la primera gamma i de 120 000 unitats en la segona.

a) Calcula el valor esperat per a cadascuna de les gammes de producte.

b) Opina sobre la decisió que ha d'adoptar l'empresària. Justifica'n la resposta.

8> Una empresa es planteja la possibilitat de muntar una nova planta amb l'objectiu d'incrementar els seus beneficis. Té dubtes d'on ubicar-se. Té dues opcions: quedar-se aquí a Espanya o anar a algun altre país d'Europa. Que s'instal·li en un lloc o en un altre depèn que es mantinguin o no els costos de personal tal com estan fins ara o bé que s'incrementin. Hi ha un 30% de probabilitats que els costos es mantinguin.

Si els costos es mantenen i es queden aquí els beneficis seran de 10 000 € l'any, i si es deslocalitzen els beneficis seran de 5 000 €.

Si es queden i els costos s'incrementen, els beneficis seran de 8 000 €, i si s'instal·len fora seran de 15 000 €.

Es demana:

a) Fer la matriu de decisió.

b) Prendre la decisió aplicant el criteri de risc.

c) Criteri de Laplace.

d) Criteri de Hurwicz tenint en compte que el coeficient d'optimisme és del 40 %.

e) Criteri de Savage.

9> Una empresa espanyola es planteja la reestructuració de la seva producció amb l'objecte d'afrontar en els propers anys l'actual crisi econòmica. Per assolir aquest objectiu decideix estudiar les possibilitats d'actuació que té al seu abast.

En el moment inicial se li presenten les alternatives següents:

a) Intentar modificar el producte que produeix actualment, investigant en els seus laboratoris.

b) Comprar una llicència americana que li resoldrà el problema fins al final, és a dir, fins a la producció del nou producte.

En el cas que intentés modificar el producte en els seus laboratoris, podria assolir l'èxit o no. Tenint en compte experiències similars realitzades pel departament d'investigació, es poden estimar en el 70 i el 30 % de probabilitats d'èxit i de fracàs, respectivament.

En l'hipotètic cas que assolís l'èxit en la investigació, hauria de decidir si modifica la fàbrica, ja que és condició necessària per poder llançar el nou producte, o si no la modifica i continua fabricant el producte antic.

Amb la informació que tens, fes l'arbre de decisió.

10> De l'empresa de l'exercici 9 hem pogut saber les dades econòmiques següents:

- Si inicialment decideix investigar, necessita un pressupost de 6 000 €.
- Si compra la llicència americana, això li suposa un cost de 18 000 €.
- Pel que fa a la reforma de la nova factoria i el llançament del nou producte, pot representar uns costos actualitzats de 6 000 €.

En canvi, si decideix llançar el producte amb la prèvia intenció d'efectuar la seva pròpia investigació, i ampliar posteriorment la fàbrica, els ingressos actualitzats que es poden obtenir són de 36 000 €, i si la decisió passa per la compra de la llicència americana, són de 30 000 €.

Amb aquesta nova informació, fes un nou arbre de decisió i digues quina seria la millor decisió que es podria prendre.

11> Una empresa que fabrica aspiradors ha de decidir entre treure al mercat un model d'aspiració per aire, un per aigua o un combinat. La decisió la prendrà depenent dels futurs beneficis, condicionats pel comportament de la demanda. Té el 30 % de possibilitats que aquesta augmenti, el 20 % que baixi i el 50 % que es quedi estabilitzada.

De manera que si elegeix aspiradors per aire, els beneficis seran de 300 000 €, 200 000 € o 100 000 €, si la demanda augmenta, baixa o es queda estabilitzada.

Si escull aspiradors per aigua els beneficis seran de 250 000 €, 240 000 € o 160 000 €, si la demanda augmenta, baixa o es queda estabilitzada. Si elegeix aspiradors combinats, els beneficis seran de 225 000 €, 205 000 € o 175 000 €, si la demanda augmenta, baixa o es queda estabilitzada.

Es demana:

a) Fer la matriu de decisió. Pren una decisió fent servir el criteri de risc.

b) Digues quina decisió prendries utilitzant tots els criteris d'incertesa (el coeficient d'optimisme és del 60 %).

Comprova el teu nivell

1> L'element de la matriu de decisió que són variables no controlables és:

a) Estratègies.

b) Probabilitats.

c) Estats de la naturalesa.

d) Cap de les anteriors.

2> La matriu de decisió és:

a) Una manera científica de prendre una decisió.

b) És el mateix que l'arbre de decisió.

c) Només serveix per prendre decisions úniques.

d) Són correctes les opcions *a* i *c*.

3> El criteri de Laplace:

a) És el mateix que el criteri optimista.

b) S'utilitza davant una situació d'incertesa.

c) S'utilitza quan tenim les probabilitats dels estats de la naturalesa.

d) S'utilitza davant una situació de certesa.

4> Quan en un procés de decisió únicament hi ha un estat de la natura possible, ens trobem davant d'una situació:

a) De risc.

b) De certesa.

c) D'incertesa.

d) En aquest cas no cal prendre cap decisió.

5> Si en el càlcul del valor esperat de tres alternatives trobem els resultats 125, 200 i 180 per a les alternatives A1, A2 i A3, respectivament. Quina alternativa triarem?

a) L'A1, perquè té un valor inferior.

b) L'A2, perquè té un valor superior.

c) L'A3, perquè representa un valor mitjà entre les dues.

d) Per poder decidir cal tenir el nombre d'estats de la natura que es presenten.

6> En la situació d'incertesa:

a) No es tenen en compte les probabilitats dels estats de la naturalesa.

b) No es tenen en compte els estats de la naturalesa.

c) Sempre tindrem tres estratègies per triar.

d) Utilitzarem el criteri de risc.

7> En una situació de certesa haurem d'utilitzar:

a) El criteri de Laplace.

b) El criteri de Savage.

c) El criteri de Hurwicz.

d) Utilitzarem l'alternativa amb millor resultat.

8> Si ets una persona indecisa amb por d'equivocar-te a l'hora de prendre una decisió en situació d'incertesa, faràs servir:

a) El criteri de Laplace.

b) El criteri de Savage.

c) El criteri de Hurwicz.

d) No prendré decisions.

9> Si has de prendre una decisió de la qual dependran altres, faràs servir:

a) La matriu de decisió.

b) L'arbre de decisió.

c) És una situació que no succeeix mai.

d) Les opcions *a* i *b*.

10> La situació de risc:

a) Només s'utilitza quan tenim les probabilitats.

b) És un criteri d'incertesa.

c) És el mateix que el criteri de Laplace però amb un altre nom.

d) Cap opció és correcta.

Conceptes bàsics

La **presa de decisions** és el procés de convertir la informació en acte. La **decisió** és el conjunt d'accions adoptades en un moment concret.

Per prendre una decisió en una situació d'incertesa es poden aplicar els criteris següents: el pessimista o de Wald, l'optimista, el de Laplace, el de Hurwicz o el de Savage.

La **matriu de decisió** és una taula que serveix de punt de partida per trobar una solució a un problema a partir de diferents alternatives. S'utilitza quan s'ha de prendre una decisió única que no estigui condicionada a cap altra ni que en depenguin decisions posteriors.

L'**arbre de decisió** és un gràfic on s'expliquen les diferents seqüències de les decisions que s'han de prendre i els diversos esdeveniments o successos que es poden presentar. S'utilitza en processos en els quals s'ha de prendre més d'una decisió.

La **situació de certesa** és aquella situació en la qual es coneix amb absoluta seguretat quin és l'estat de la naturalesa, és a dir, hi ha un estat únic.

La **situació de risc** és la situació en què hi ha diversos estats de la naturalesa, però se'n coneixen les possibilitats que succeeixen.

La **situació d'incertesa** és aquella situació en la qual es desconeix la probabilitat de cadascun dels possibles estats de la naturalesa.

BLOC 2

GESTIÓ DELS RECURSOS HUMANS

BLOC 2

5

EL DEPARTAMENT DE RECURSOS HUMANS

Si es té en compte que de tots els factors de producció (terra o recursos naturals, treball i capital), el treball és el considerat més important, és normal que se li dediqui una atenció especial. Perquè una empresa funcioni cal una bona gestió de recursos humans, és a dir, es necessita una bona organització del treball, ja que es considera l'element humà vital per al bon funcionament de l'empresa.

La majoria d'empreses té, entre els seus departaments, el departament de recursos humans. En aquesta unitat trobaràs, de manera detallada, les funcions que es poden fer en un departament de recursos humans. També hi trobaràs una especial atenció a la igualtat en el treball.

Unitat 5
El departament de recursos humans

BLOC 2

6

EL TREBALL I LA LEGISLACIÓ LABORAL

Una bona part de les tasques que desenvolupa el departament de recursos humans són les de la funció d'administració de personal. No són les més importants, però en molts casos absorbeixen força recursos. Es tracta de tot allò relacionat amb els tràmits legals que l'empresa ha de complir en l'àmbit laboral: contractes, salaris, cotitzacions socials i retencions sobre l'impost de la renda, entre d'altres.

En aquesta unitat explicarem què és la normativa laboral, els seus elements fonamentals i tots aquells aspectes administratius que l'empresa té l'obligació legal d'observar i tramitar. Tenint en compte que una part molt important de les persones obtenen del treball els ingressos que els permeten viure, és important conèixer els trets essencials de la legislació laboral, així com el contingut dels drets i deures laborals.

Unitat 6
El treball i la legislació laboral

BLOC 2

5

EL DEPARTAMENT DE RECURSOS HUMANS

Si es té en compte que de tots els factors de producció (terra o recursos naturals, treball i capital), el treball és el considerat més important, és normal que se li dediqui una atenció especial. Perquè una empresa funcioni cal una bona gestió de recursos humans, és a dir, es necessita una bona organització del treball, ja que es considera l'element humà vital per al bon funcionament de l'empresa.

La majoria d'empreses té, entre els seus departaments, el departament de recursos humans. En aquesta unitat trobaràs, de manera detallada, les funcions que es poden fer en un departament de recursos humans. També hi trobaràs una especial atenció a la igualtat en el treball.

5.1 L'element humà dins de l'empresa

Importància de l'element humà dins de l'empresa

L'element humà a l'empresa està format per les persones que col·laboren en l'organització i evolució de l'activitat empresarial. Els components de l'element humà són fonamentalment els següents:

- Empresari: normalment és l'emprenedor que ha creat la seva empresa i que la dirigeix. També es pot donar el cas que el propietari de l'empresa no la dirigeixi; seria el cas dels accionistes o socis no directors. Llavors apareix la figura de l'empresari professional que, encara que no és propietari de l'empresa, s'encarrega de la seva gestió i direcció com un projecte professional. Això ja s'ha estudiat a la unitat 1 d'aquest llibre.
- Treballadors: són la força de treball de l'empresa. A canvi d'un salari aporten un dels factors productius, el treball. La seva capacitació professional i la seva formació defineixen les aptituds que l'empresa necessita per tal que el treball aporti valor a l'activitat empresarial.

L'element humà és el fet diferenciador de les empreses, és l'element únic i irrepetible de l'organització. Les màquines, la tecnologia, les instal·lacions... es poden copiar i adquirir, però les persones, la seva formació, experiència, personalitat, habilitats socials són diferents. Si una empresa és capaç d'envoltar-se d'un bon equip de professionals tindrà un avantatge competitiu clar en el mercat.

El progrés tecnològic i la innovació constant són una realitat que ha caracteritzat el desenvolupament de les economies modernes. I com sempre s'ha donat, les noves tecnologies són cada vegada més intensives en capital i, per tant, estalviadores de mà d'obra: processos productius creixentment automatitzats i robotitzats. Això no vol dir que el factor humà perdi importància; potser des del punt de vista quantitatiu, però no des del punt de vista qualitatiu, ja que cada vegada és més necessària mà d'obra altament qualificada i especialitzada en entorns tecnològics molt dinàmics i canviants.

A mesura que les organitzacions operen en mercats més competitius, globalitzats i dinàmics, redueixen personal per reestructuracions i modifiquen l'estil de gestió. Els treballadors han de desenvolupar noves aptituds per adaptar-se millor als canvis. Els treballadors haurien de combinar competència tècnica i **intel·ligència emocional.**

La intel·ligència emocional a l'empresa

El 1990, dos psicòlegs nord-americans, el Dr. Meter Salovey i el Dr. John Mayer, van definir el terme *intel·ligència emocional.* Però va ser Daniel Goleman, investigador i periodista del *New York Times,* qui va portar el tema al centre de l'atenció de tothom, a través de les obres *La intel·ligència emocional* (1995) i *La intel·ligència emocional en l'empresa* (1999).

La intel·ligència emocional es pot definir com l'habilitat que ens permet conèixer i dominar els nostres propis sentiments, interpretar o afrontar els sentiments dels altres, sentir-nos satisfets i ser eficaços en la vida. Altres habilitats que caracteritzen la intel·ligència emocional són: prou motivació, desenvolupament d'empatia i domini de l'estrès.

Cal destacar que un coeficient intel·lectual superior o unes qualitats tècniques molt bones poden ser negatives per a l'èxit laboral en l'empresa moderna si es relacionen amb una baixa intel·ligència emocional: falta de capacitat per acceptar crítiques i consells, dificultat de treballar en equip, dificultat per resoldre conflictes, baix ús de la diplomàcia en situacions tenses o en el tracte amb persones difícils...

Pel que fa als directius, una bona capacitació emocional els ajuda a emfatitzar amb els subordinats i transmetre els missatges de la manera més eficaç possible, desperten l'entusiasme, es posen al davant quan és necessari i guien mitjançant l'exemple.

Els components de la intel·ligència emocional són cinc:

1. Conèixer les pròpies emocions.
2. Conduir les emocions. Ho poden fer les persones que saben asserenar-se i alliberar-se de l'ansietat, la irritació i la melancolia excessiva i es recuperen amb més facilitat dels problemes de la vida.
3. Automotivació. Les persones que saben controlar la impulsivitat compleixen els seus objectius i estan contentes del que aconsegueixen.
4. Empatia. És la capacitat per reconèixer les emocions dels altres, saber què volen i què necessiten, és l'habilitat fonamental per establir relacions socials i vincles personals.
5. Conduir les relacions. Això significa actuar segons les emocions dels altres. Aquest fet determina la capacitat de lideratge i popularitat.

5.2 El departament de recursos humans

Concepte i característiques

El departament de recursos humans és aquell que s'encarrega de tot el que té a veure amb l'element humà de l'empresa, independentment del departament en què es trobin.

La manera que té una empresa de gestionar el seu personal influeix molt directament en la seva globalitat. Hi ha diferents models de gestió de recursos humans i estan determinats per la relació entre la participació del treballador i l'autoritat de la direcció, que ja es va estudiar detalladament a la unitat 3 (teories de McGregor). Malgrat això, la majoria d'empreses té un departament de personal la funció del qual és gestionar els recursos humans.

L'estructura del departament de recursos humans, que també es pot anomenar *departament de personal*, varia d'una empresa a una altra en funció, sobretot, de la seva dimensió.

@

Les organitzacions que s'encarreguen de la defensa dels drets dels treballadors dins de l'empresa són els sindicats. Els principals sindicats espanyols són Comissions Obreres (CCOO) i la Unió General de Treballadors (UGT):

http://www.ccoo.es

http://www.ugt.es

Relació del departament de recursos humans amb altres departaments de l'empresa

El departament de recursos humans busca que l'element humà sigui el màxim de productiu i eficaç. Això ho aconsegueix amb la selecció i contractació dels millors treballadors disponibles per a cada departament: comercial, producció, financer, etc., amb l'organització de la formació per adaptar els treballadors a la feina i als canvis que es produeixin. S'encarrega de tots els tràmits administratius que afecten els empleats i influeix en la seva cura i defensa.

Activitats

1> Explica la importància del factor humà dins de l'empresa.

2> En una empresa petita, es porta a terme la gestió de personal? Hi ha un departament de recursos humans? Raona les teves respostes.

Funcions que realitza

El departament de recursos humans té una sèrie de funcions, que són:

- Organització i planificació del personal.
- Selecció i contractació del personal.
- Formació de recursos humans.
- Administració de personal.
- Relacions laborals.
- Salut laboral.
- Control de personal.

En aquesta unitat explicarem algunes d'aquestes funcions.

> +
>
> Segons el Ministeri de Treball podem dir que les competències laborals són el conjunt de coneixements teòrics, habilitats, destreses i actituds que són aplicats pel treballador en el desenvolupament de les funcions que se li assignin en una organització.

Organització i planificació del personal

Consisteix a planificar les plantilles en funció de l'organització de l'empresa, descriure el perfil professional dels treballadors de l'organització, dissenyar llocs de treball oportuns, definir les funcions i responsabilitats, preveure les necessitats del personal a mitjà i a llarg termini, analitzar els sistemes retributius i de promoció interna, etc.

Algunes empreses des de fa un temps basen l'organització i la planificació del treball de les seves plantilles en les competències laborals. És el que s'anomena **gestió per competències.**

Podem definir la gestió per competències com la manera que tenen algunes empreses de gestionar el seu personal de manera que els llocs de treball s'ocupen per persones amb un ampli ventall de competències, ja siguin tècniques, professionals, socials..., en el sentit que es puguin adaptar a totes les situacions de l'entorn de l'empresa.

Avui dia hi ha moltes empreses que, a l'hora de contractar algú, seleccionen el candidat aplicant les competències en el sentit de la capacitació del treballador, és a dir, es fa una anàlisi completa de tot el que el candidat pot aportar al lloc de treball de l'empresa més enllà del compliment de les seves tasques; es mira no tant allò que ha fet fins ara sinó més el que pot arribar a fer o aportar a l'empresa.

Aquesta nova forma d'orientar la contractació substitueix la manera tradicional, que es basava únicament en el currículum i com a molt en els trets de la personalitat del candidat.

La diferència radica en el fet que ara no és tan important la formació sinó les possibles actuacions del candidat a l'empresa, dia a dia, i els resultats obtinguts.

A més, també es té en compte que l'empresa és un tot i que el candidat ha d'estar preparat per poder-se coordinar i adaptar a tots els departaments i que ha de poder treballar en equip; per tant, també se li demana que sigui multidisciplinari.

Selecció i contractació del personal

Per fer una bona selecció s'han de seguir diversos passos:

- Determinar el perfil exacte de la persona idònia que ha d'ocupar la vacant o el nou lloc de treball. Per això, es pot elaborar un professiograma: un gràfic en què es detallen totes les qualitats personals que ha de tenir la persona candidata.

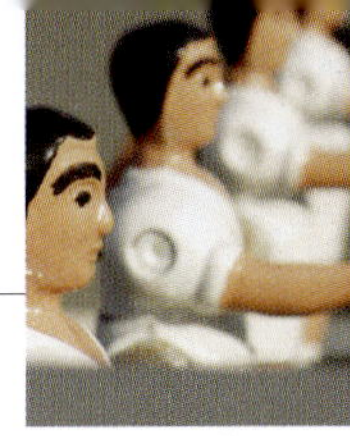

Si la contractació es fa per competències s'haurà de:

- Definir prèviament el perfil de competències del lloc que s'ha d'ocupar, és a dir, marcar uns estàndards. Per fer-ho s'estudien els comportaments de les persones que estan ocupant el mateix lloc de treball amb eficàcia, i a partir d'aquí es marquen les característiques del candidat.

  Per marcar aquests estàndards en realitat emmarquen: competències tècniques, experiència funcional, competències professionals i capacitats socials.

  Per exemple, una persona que ha estat contractada com a infermera, amb tota seguretat ho ha estat perquè té la formació adequada. Però les bones professionals a més tenen alguna cosa més: són educades, amables, es preocupen per tothom, no tenen mai una paraula negativa per a ningú. Podem dir que les competències ens serveixen per mesurar i objectivar tots aquests paràmetres, que no estaven en el seu currículum, i detectar-los per tenir-los presents en les properes contractacions.

- Reclutar candidatures. Es pot fer mitjançant una selecció interna, és a dir, oferint el lloc de treball a algun empleat de l'empresa mateixa, o bé de manera externa, si s'amplia la plantilla. Normalment, l'empresa comença per buscar entre el seu propi personal, ja que d'aquesta manera la possibilitat d'aconseguir ascensos funciona com un element motivador especialment eficaç. Per buscar una persona de fora de l'empresa es recorre a la publicació d'anuncis, a les oficines de treball, les borses de treball, etc. En l'actualitat, hi ha les empreses de treball temporal (ETT) que posen a disposició de les empreses treballadors amb contractes de caràcter temporal.

- Fer el procés de selecció de la persona. Es coneix la persona interessada, s'estudia el seu currículum, se li fa una entrevista personal i, si cal, un test de capacitat, de personalitat, etc.

Informació 1

De l'entrevista personal i les diferents proves que se li puguin fer als candidats se'n pot treure informació com la següent:

- Formació acadèmica i cultural concreta relacionada amb el lloc de treball que ha d'ocupar.
- Cultura general.
- Nivell d'intel·ligència mitjà (proves psicotècniques).
- Motivació i interès pel lloc que ha d'ocupar i perspectiva de futur.
- Afinitat en els valors de l'empresa (socials, ètics i morals).
- Capacitats físiques i fisiològiques, si s'escau pel lloc de treball.
- Capacitat per adaptar-se al lloc de treball.
- Disponibilitat horària, de viatjar, de canvi de residència, etc.

Si es vol fer una contractació tenint en compte les competències també hem de:

- Entrevistar els candidats d'una manera distesa (Informació 2) amb tècniques adequades com *l'entrevista d'incidents crítics,* que es basa en el fet de posar el candidat en possibles situacions en les quals es pot trobar i com les resol. Serveix per conèixer les competències d'una persona, és a dir, serveix per veure si una persona podrà desenvolupar les seves qualitats que ja estan reflectides en el currículum i altres proves fetes, en el seu lloc de treball i en les situacions concretes de la realitat de l'empresa en la qual aspira a treballar.
- Triar la persona que hagi mostrat més adequació al lloc de treball que s'ofereix.
- Contractar definitivament la persona si durant el període de prova corresponent ha respost a les expectatives previstes.

Informació 2

D'aquesta entrevista, algunes de les competències que més es valoren en els candidats a una feina són:

- L'entusiasme i les ganes de treballar.
- La capacitat d'adaptació a la filosofia de l'empresa.
- L'empatia amb els altres.
- La capacitat d'aprendre.
- La flexibilitat per adaptar-se als canvis.
- El treball en equip.

Si a més el lloc de treball és per a un càrrec de responsabilitat se li valorarà:

- La iniciativa.
- La capacitat de decisió i de gestió d'equips de treball.
- La creativitat.
- El lideratge.
- La capacitat per anticipar-se als canvis, en especial als de l'entorn.
- El control de les emocions.
- La capacitat de negociació.

+

Curriculum vitae és una expressió llatina que vol dir, literalment, «carrera de la vida» i es refereix al conjunt d'experiències (laborals, acadèmiques, vivències...) d'una persona. Per tant, un currículum és un document on s'anoten totes aquestes experiències. Quan es vol accedir a una feina, és imprescindible presentar-lo.

En aquestes adreces es pot trobar informació sobre com fer un currículum, tipus i exemples:

http://www.gipe.ua.es/formacion/ejemplocv.htm

http://www.oficinadetreball.cat

CURRICULUM VITAE

Dades personals

Nom i cognoms: Meritxell Vidal i Marcet

Lloc i data de naixement: el Vendrell, 29 de maig del 1990

DNI: 35 121 726 X

Adreça: C. Àngel Guimerà, 22, 43700 el Vendrell

Telèfon: 667 32 15 19

Formació

Primària al Col·legi Sagrat Cor.

Secundària a l'IES Baix Penedès.

Batxillerat, modalitat d'Humanitats i Ciències Socials a l'IES Baix Penedès.

Idiomes: 3r curs d'anglès a l'Escola Oficial d'Idiomes de Tarragona. Nocions bàsiques d'alemany.

Informàtica: Word 7.0 amb coneixements d'usuari.

Música: 3r curs de solfeig i 2n de guitarra a l'Aula de Música de Tarragona.

Dades professionals

Socorrista a la piscina municipal els mesos de juny i juliol de l'any 2006.

Monitora de l'esplai parroquial, des del 2005.

Professora particular de català i de matemàtiques de 3r i 4t d'ESO.

Dades complementàries

Esports: jugadora de bàsquet a l'equip del Sagrat Cor i ajudanta d'entrenadora de la categoria infantil. Afició per la natació i l'excursionisme.

Formació de recursos humans

La formació dels treballadors permet que el personal de l'empresa pugui adaptar-se als canvis que es produeixen en la societat, així com als avenços tecnològics. A més de l'adaptabilitat als canvis que es produeixen en l'entorn, l'empresa ha de facilitar formació per a la tasca específica que s'hi ha de fer dins en funció dels seus objectius i plans.

La vertiginosa evolució tecnològica actual obliga que la formació del treballador sigui contínua. Això vol dir que la formació no acaba mai per a una persona en el terreny laboral. Aquesta evolució, al seu torn, determina que aquella empresa que millor i més ràpidament s'adapti als canvis tindrà més possibilitats de supervivència i, per això, la formació actualitzada és fonamental. Aquesta formació pot fer-se a l'empresa mateixa, si aquesta té un grandària adequada per rendibilitzar-la, o bé en d'altres àmbits, com les confederacions d'empresaris, les escoles privades de formació o les administracions públiques.

Una bona formació del personal de l'empresa implica un cost. L'empresa ha de buscar un equilibri entre el cost de la formació i l'expectativa de resultats.

Una de les noves formes de formació en l'empresa és l'**educació electrònica *(e-learning)***.

Hi ha moltes definicions d'aquest concepte, però una d'elles podria ser, potser la més tècnica, el que s'entén com el lliurament de material educatiu per qualsevol mitjà electrònic, tant sigui Internet, intranets, àudio, vídeo, via satèl·lit, CD, DVD o altres mitjans.

Una altra, i potser més simple i entenedora, seria definir l'*e-learning* com l'aprenentatge basat en la tecnologia, o l'aprenentatge en línia.

Les empreses van introduint a poc a poc aquest tipus d'aprenentatge ja que, tot i que comporta avantatges, també té alguns inconvenients.

Avantatges	*Inconvenients*
■ Costos. Es redueixen notablement els costos (30 %, ja que no tots els cursos es fan per aquest mètode), tal com les dietes (allotjament, transport, dinar...). ■ Temps. Es redueixen els temps d'aprenentatge sobre un 50 %. ■ Comoditat. S'eviten desplaçaments i l'accés al curs és fàcil ja que només fa falta un terminal i connexió a Internet. ■ Estar actualitzat. Els continguts del curs es van actualitzant i qualsevol modificació és rebuda al moment. ■ Infraestructura. No cal buscar lloc ni espai de temps per realitzar-lo; un cop ofert, el treballador s'adapta al temps. ■ Flexibilitat. Cada treballador va al seu ritme d'aprenentatge i l'empresa el va informant dels cursos als quals pot accedir. ■ Coordinació dels cursos per part de l'empresa. L'empresa pot marcar els cursos que són més adequats a cada treballador depenent del seu lloc de treball i de manera individualitzada.	■ Retroalimentació lenta, poca interactivitat. Potser es perden les relacions directes entre l'alumne i el formador. ■ Abandonaments. Sol haver-hi més abandonaments que a la formació tradicional. ■ Problemes tècnics: pot haver problemes de saturació a la xarxa. ■ Falta d'hàbit. Encara és una manera nova d'entrar per part dels treballadors.

Taula 5.1. *Avantatges i inconvenients de la formació electrònica* (e-learning).

Gestió del coneixement

La gestió del coneixement és un concepte utilitzat a les empreses que pretén transferir el coneixement i l'experiència dels treballadors i empleats de manera que es puguin utilitzar com un recurs disponible per a altres membres de l'organització. Pretén posar a disposició de cadascun dels treballadors de l'empresa la informació que necessiti en el moment adequat perquè l'activitat que realitzi en aquell moment sigui del tot efectiva. L'objectiu més important és aconseguir un entorn de treball que sigui col·laboratiu i que tingui un ànim d'aprenentatge, és a dir, un entorn on els treballadors puguin fer les activitats que els pertoquen i que puguin compartir tot el coneixement adquirit amb totes les persones que formen part de l'organització de l'empresa.

En realitat, l'objectiu és que tot el coneixement que existeix en una organització pugui ser utilitzat per qui ho necessiti per actuar de manera adequada en cada moment.

La gestió del coneixement és la gestió del capital intel·lectual en una organització amb la finalitat d'afegir valor als productes i serveis que ofereix l'organització al mercat i diferenciar-los de la competència.

Hi ha especialistes, com Drucker (1993), Black i Synan (1997), que afirmen que les empreses del futur només podran obtenir avantatges competitius si utilitzen la informació i el coneixement. Per el professor Porter, aquest és també un dels arguments que expliquen la cadena de valor (explicat a la unitat 1). Per tant, si una empresa vol ser competitiva haurà d'identificar, crear, classificar i guardar, així com, transmetre i utilitzar de manera eficient el coneixement individual i col·lectiu dels seus treballadors amb l'objectiu de resoldre els problemes, millorar els processos i aprofitar les oportunitats de negoci.

Podem concloure dient que el coneixement és un dels principals actius de qualsevol organització i avui dia és un instrument bàsic de gestió empresarial, una manera d'entendre i gestionar les organitzacions que té com objectiu augmentar la seva eficiència i productivitat. Nonaka i Takeuchi (1995) distingeixen dos tipus de coneixement:

- **L'explícit:** aquell que pot ser estructurat, emmagatzemat i distribuït. Poden ser fórmules, paraules, equacions, tecnologia en general.
- **El tàcit:** aquell que forma part de les experiències d'aprenentatge personals de cada individu i que, per tant, resulta summament complicat, si no impossible, d'estructurar, emmagatzemar en llocs i distribuir. Parlem d'experiències personals, habilitats, destreses, valors.

En la pràctica, però, hi ha una manera de gestionar tot el coneixement, que és creant fòrums virtuals on cadascuna de les persones explica les seves experiències i coneixements i aquests són accessibles a tots els membres de l'organització. Tot i això, el coneixement tàcit és més complicat de transmetre.

Un exemple seria la creació d'una base de dades d'experts, una espècie de guia de l'organització, en què figurin els camps d'especialitat de cada persona. Si en un moment determinat fan falta coneixements de matemàtica financera, es pot buscar a la base de dades quina és la persona que més coneixement té sobre el tema. O si no, una altra manera de gestionar el coneixement és aconseguir que la persona que el posseeixi el plasmi en un document que es pugui emmagatzemar i ser recuperat per una altra persona que ho necessiti en un moment donat.

Administració de personal

Aquesta funció consisteix a gestionar tots els tràmits juridicoadministratius que comporta el personal de l'empresa. Per exemple:

- Selecció i formalització de contractes.
- Tramitació de nòmines i assegurances socials.
- Control de drets i deures dels treballadors: vacances, permisos per maternitat, etc.

A causa de la importància d'aquesta funció, s'explicarà en més detall a la unitat següent.

Relacions laborals

Són les activitats que relacionen les empreses amb els treballadors a través dels seus representants, com els comitès d'empresa o els delegats de personal.

Aquests representants s'ocupen de les condicions col·lectives del treball, com la negociació dels convenis col·lectius, els conflictes que es poden originar a l'empresa i les vies de solució.

A causa de la importància d'aquesta funció, també s'explicarà en més detall a la unitat següent.

Salut laboral

És la que té per objecte la promoció de la millora de les condicions de treball per augmentar el nivell de protecció de la salut i la seguretat dels treballadors.

La seguretat i higiene en el treball comprenen tot un conjunt d'actuacions que han de realitzar:

- Empresaris. Han d'avaluar els possibles riscos, intentar evitar-los i planificar i aplicar l'activitat preventiva, ja que són els responsables de fer complir la normativa de seguretat i higiene en les seves empreses.

- Treballadors. Han de vetllar per la seva pròpia seguretat i salut i per la de tercers. Per tant, han de: utilitzar adequadament les màquines, eines i substàncies perilloses, utilitzar els mitjans de prevenció i de protecció segons les instruccions i informar un superior si observen alguna situació que pugui comportar risc per a la seguretat o salut dels treballadors.
- Fabricants, importadors, subministradors de maquinària, equips, productes i estris de treball. Tots ells han d'informar convenientment de la utilització correcta, manipulació i conservació dels productes per evitar riscos.
- Les administracions públiques. En aquest camp, el Ministeri de Treball i Afers Socials i les comunitats autònomes desenvolupen un conjunt d'actuacions que té com a finalitat la prevenció dels accidents de treball, les malalties professionals i l'estímul i desenvolupament dels coneixements i de les activitats dels empresaris i treballadors sobre els riscos laborals i les seves conseqüències.

Independentment de les actuacions dels diversos agents que hi intervenen, hem de recordar que el responsable últim de la normativa de seguretat i higiene és l'empresari.

Exemple 1

Què passa si un obrer de la construcció no porta el casc quan està treballant en una obra?

Passa que no està complint la normativa de seguretat en el treball, ja que no utilitza els mitjans de protecció exigits.

Control de personal

El departament de recursos humans controla les activitats que es fan, gestiona la motivació del personal i avalua els resultats obtinguts amb la intenció de solucionar els possibles errors.

En el control de personal cal tenir en compte els aspectes següents: absentisme o absències del personal del seu lloc de treball, plantilla, hores extraordinàries, moviment de plantilla, piràmide d'edat, formació, relacions laborals i tots aquells altres que l'empresa consideri necessaris.

Activitats

3> Dóna algun argument que justifiqui la importància que s'atorga al departament de personal a l'empresa.

4> Explica els passos que seguiries si haguessis de buscar feina.

5> Explica què entens per *formació online*.

6> Digues alguns avantatges i alguns inconvenients de la formació *online*.

7> Per què creus que els cuiners utilitzen una gorra per fer la seva feina?

8> Què han de fer els subministradors de maquinària per seguir la normativa de seguretat i higiene en el treball?

Formar-se és invertir

En l'àmbit social, la formació activa actua com un instrument necessari per assolir nivells d'ocupació adequats. És a través de l'experiència i del reciclatge que és possible ascendir en el món laboral.

L'educació permanent es mostra com un fenomen ampli i irreversible, però és un fenomen d'aparició tardana. En efecte, durant molt de temps les formes tradicionals d'aprenentatge, principalment l'escola, han pretès assegurar, per a tota la vida, una preparació suficient per a l'existència quotidiana i per a l'ofici desitjat.

A causa de factors com ara l'evolució dels oficis i de la tecnologia i el pes social de l'extensió del lleure i de la cultura, la formació contínua ha hagut de penetrar en aquestes esferes i ocupar-hi un lloc destacat. A causa de la introducció de les noves tecnologies, algunes d'antigues es veuen profundament modificades o bé es fusionen en una de nova. Per aquest motiu, el procés de formació no ha de considerar-se mai com un període tancat, sinó com una inversió personal tant a curt com a llarg termini. En aquests moments que la tecnologia ens obliga a canvis constants i a un reciclatge tecnològic, els cursos de formació contínua són la millor manera de no perdre el tren del coneixement. Cursos generals, de postgrau, màsters i doctorats són algunes de les possibilitats per ampliar els nostres coneixements. En aquests moments, és important no deixar de banda disciplines com la microelectrònica, informàtica, robòtica, telecomunicacions, nous materials, làser, biotecnologia, àmbit aeroespacial i idiomes. I és que, tant els treballadors com els empresaris, sense oblidar els caps de personal, són conscients que, avui dia, la formació és un punt a tenir en compte per augmentar la competitivitat.

La formació de capital humà és imprescindible per a l'avenç de qualsevol empresa, i més encara si tenim en compte que, en aquests moments, la tecnologia es troba a tots els camps i nivells.

L'accés a tot el ventall de possibilitats formatives que ofereix un país, sense oblidar les opcions d'aprenentatge que tenim a fora, necessita una informació prèvia que podem trobar a les universitats públiques i privades, i als centres especialitzats en cada disciplina.

«Formarse es invertir»
Gemma Martí Coma

La Vanguardia

- Explica què s'entén per *capital humà*.
- Explica el concepte de *competitivitat empresarial* i relaciona'l amb la formació laboral.
- Digues a què es refereix l'article quan parla de reciclatge tecnològic i la seva importància en l'empresa i en el seu entorn.

Adaptar-se o morir

Igual que en la naturalesa, en el món de l'empresa la supervivència és un factor essencial. Els canvis se succeeixen a un ritme vertiginós i els treballadors han d'adaptar-se a aquests canvis. El que avui és blanc, demà pot ser gris clar, o gris fosc..., o fins i tot negre. Vegem un exemple que ens mostra la importància que té adaptar-se a l'entorn.

Durant milers d'anys, l'anomenada *papallona del bedoll* —de color blanc i amb petites taques fosques— va ser molt més comuna a Anglaterra que la papallona negra: un 90 % de blanques enfront d'un 10 % de negres. Les papallones negres eren presa fàcil dels ocells, ja que en posar-se en els blancs troncs dels bedolls eren fàcilment visibles i els ocells se les menjaven.

Però la situació de l'entorn va canviar. Durant la Revolució Industrial, a mitjan segle XIX, la contaminació per la sutja de les fàbriques de carbó va fer que els troncs dels bedolls es tornessin negres. Les papallones blanques que es posaven en els troncs negres eren ara presa fàcil per als ocells, ja que les albiraven perfectament. Les tornes van canviar, les papallones negres van començar a prosperar i a reproduir-se, i en pocs anys la majoria va passar a ser de les negres: un 80 % d'aquestes enfront d'un 20 % de blanques. Però aquest avantatge va ser temporal, ja que les mesures anticontaminació i la progressiva substitució del carbó per altres energies van fer que la població de papallones canviés una vegada més de negra a blanca, seguint el mateix procés evolutiu. Aquesta espècie va tenir la capacitat d'adaptar-se ràpidament al canvi del seu entorn, i gràcies a això va sobreviure.

Com veiem, adaptar-se a l'entorn sempre ha estat i serà un factor de supervivència. En el món laboral fa uns anys també es va produir una revolució important: la utilització de la informàtica en una gran quantitat de processos en l'empresa. La immensa majoria dels treballadors van haver d'aprendre a utilitzar un ordinador personal, el correu electrònic, etc., per adaptar-se a aquest canvi i no ser substituïts. I com aquest exemple en podríem citar molts d'altres, ja que les empreses canvien... i el treballador ha d'adaptar-se a aquests canvis si vol aconseguir un lloc de treball o mantenir el que ja té.

- Quina funció fa el departament de recursos humans per contribuir al fet que els seus treballadors s'adaptin als canvis?

La promoció interna guanya respecte a la contractació directa

A l'hora de cobrir vacants, les empreses continuen apostant per la promoció interna. Concretament, el 40% de les organitzacions afirma que recorre més aviat a les promocions internes dels seus empleats o de companyies filials que no pas a la contractació directa i externa de personal. Són dades d'un estudi realitzat per l'escola de negocis ESCP Europe.

L'estudi fet per aquesta institució entre les principals multinacionals amb seu a Espanya posa de manifest que els responsables de selecció de les empreses confien en el talent intern per cobrir les vacants que hi ha a les seves organitzacions. Concretament, més del 40% de les companyies recorre abans a les promocions internes dels seus empleats o de firmes filials que no pas a la contractació directa i externa de personal.

L'informe revela que les companyies utilitzen la promoció interna com a fórmula de motivació entre els seus empleats, amb l'objectiu d'incentivar-los i fer-los participar del projecte empresarial, especialment ara que molts joves tenen por pel futur dels seus llocs de treball.

A més a més, des d'ESCP Europe asseguren que, davant la incertesa de l'economia i dels mercats, les empreses també es decanten per aquesta fórmula perquè s'estalvien els costos (generalment astronòmics) que comporten els nous fitxatges.

Malgrat tot, l'estudi destaca que, en el cas que optin per noves incorporacions, les multinacionals apliquen majoritàriament el contracte indefinit (66%), enfront del temporal, que és l'opció que utilitza el 22,2%. L'11,1% restant opta per la modalitat de contracte d'obra i servei «per donar una resposta immediata a projectes limitats pel que fa al temps».

En el marc de la irrupció de les xarxes socials com a nous canals de comunicació, l'estudi afirma que gairebé un 70% dels directors de recursos humans consultats preveu que el departament de gestió de comunitats es convertirà en els pròxims anys en una «peça estratègica», tot i que només el 33% admet que ha creat, hores d'ara, llocs de feina relacionats amb aquesta àrea.

- Consideres que és una bona política d'empresa cobrir les vacants de treball per personal de la mateixa organització?
- A qui creus que pot perjudicar i a qui pot beneficiar aquesta política?

Quatre de cada cinc candidats no supera l'entrevista de feina

Un dels més grans reptes al qual s'enfronta una persona en el procés de recerca de feina és l'entrevista. Segons Randstad, només un de cada cinc candidats supera aquesta prova.

Segons l'empresa líder en recursos humans, els processos de selecció actuals consten d'unes tres entrevistes de mitjana: amb el director de recursos humans, amb el superior directe del lloc al qual hom aspira, i amb el director del departament, que serà qui prengui la decisió definitiva.

Encara que actualment és complicat apuntar alguna característica concreta que el candidat hagi de tenir, la formació, l'experiència professional i els idiomes s'han consolidat com les tres potes fonamentals a l'hora de trobar feina. Aquests tres pilars són el principal motor que permet l'aspirant encaixar en una oferta de feina i destacar en el procés de selecció. I no només això. Aquests patrons, tal com explica Randstad, adquireixen una importància més gran entre els que ja tenen feina. Més de la meitat dels treballadors actuals (57%) ha millorat la seva formació durant el darrer any amb l'objectiu d'adequar-se als esquemes del mercat laboral.

«Els candidats han de demostrar, abans de tot, seguretat, ja que és molt important que la persona transmeti allò que realment és, tant en l'àmbit personal com professional. Aquest fet té encara més importància davant de possibles complicacions com ara contraofertes o altres tipus de negociacions», assegura Julián Rubio Rivas, coordinador de les àrees d'Enginyeria, Logística i Transport i ITC de Randstad Professionals.

Un altre dels fets destacables detectats per Randstad, a través de l'enquesta realitzada per la seva eina Workmonitor a disset països europeus, és que el 63% dels espanyols reconeix que utilitza les xarxes socials per preparar-se de cara a una entrevista de feina. Aquesta xifra situa els espanyols al capdavant d'Europa en aquest matèria, seguits dels alemanys (61%), grecs (60%) i eslovacs (59%).

La importància que té l'entrevista en aquest procés no és intranscendent. Potser per aquest motiu, Randstad ha enumerat els passos que cal seguir si hom vol tenir èxit en aquesta empresa:

1. Preparació prèvia. El candidat ha d'informar-se sobre el lloc de feina a què aspira i sobre l'empresa, la seva activitat i

la seva situació actual. També ha de preparar de nou el seu currículum, vetllar per l'aspecte personal i reflexionar sobre les preguntes més freqüents que se solen fer.

2. Primer contacte. L'aspirant ha de ser puntual.

3. L'entrevista. El començament d'aquesta prova també és important. El candidat ha de mirar els ulls de l'entrevistador, donar la mà amb fermesa i deixar que la persona que interroga faci la primera pregunta i dugui la iniciativa. Ha de mostrar-se còmode i relaxat.

4. Claus. El candidat ha de mostrar motivació, esperit de cooperació i seguretat, així com tractar amb respecte l'entrevistador. Les respostes han de ser concises i clares.

5. Finalitzar l'entrevista. Informar-se de quina i quan és la següent etapa del procés de selecció. Una vegada acabada l'entrevista, és important analitzar què s'ha fet bé i què s'ha fet malament per tal de reflexionar sobre els aspectes que cal millorar.

L'empresa líder en recursos humans també aporta algunes pistes sobre el que no s'ha de fer mai durant una entrevista de feina:

1. No s'ha de parlar de tot allò que ens posi en una situació compromesa.

2. Cal centrar-se en allò que ens pregunten i no ser excessivament extensos en les respostes.

3. No cal parlar de temes personals (tret que es tracti d'aficions o interessos).

4. No s'ha de parlar sobre el salari en una primera entrevista, ja que es pot donar la sensació que és l'únic que ens interessa del lloc de feina.

5.3 La igualtat en el treball

Segons la Constitució espanyola, els ciutadans i les ciutadanes són iguals davant la llei, sense que pugui prevaldre cap discriminació per raó de naixement, raça, sexe, religió, opinió o qualsevol altra condició o circumstància personal o social (article 14, capítol segon de drets i llibertats).

A la Carta dels Drets Fonamentals de la Unió Europea (capítol 3 sobre la igualtat) s'indica un contingut molt semblant: igualtat davant la llei, no-discriminació per cap supòsit, respecte a la diversitat cultural, religiosa i lingüística, igualtat entre homes i dones, integració de les persones discapacitades, drets del menor i drets de la gent gran.

I podríem continuar amb exemples de normatives en l'àmbit nacional i internacional que consagren la igualtat i proposen mesures per promoure-la de manera efectiva, i de manera especial en el món del treball.

Una de les vessants fonamentals de la igualtat és el reconeixement de la igualtat en el treball, ja que és en l'àmbit laboral on es manifesta de manera més crua i alarmant. Però com la realitat mostra, el reconeixement del dret fonamental de la igualtat en el treball és insuficient, ja que encara hi ha mostres de molta importància que es manifesten de la forma següent:

- Discriminació salarial.
- Discriminació en les pensions de viduïtat.
- La més gran taxa de desocupació femenina.
- L'escasa presència de les dones en llocs de responsabilitat política, social, cultural i econòmica.
- Problemes de conciliació entre la vida personal, laboral i familiar.
- Discriminació genèrica a col·lectius especialment sensibles, a part de la dona: persones immigrades, amb discapacitats, amb risc d'exclusió social, joves, persones grans (en edat laboral), etc.

+

La Constitució espanyola és la norma legal suprema de l'ordenament jurídic i està per sobre de qualsevol altre, i és el fonament jurídic de la societat, ja que suposa les bases sobre les quals es fonamenta la resta de les normes i es desenvolupen els drets i les llibertats fonamentals dels ciutadans.

De vegades aquesta vessant laboral és una de les cares del problema de discriminació, que pot subsistir en altres àmbits socials. Però per aquesta mateixa raó, també pot ser una de les principals fonts de solucions d'aquests problemes de discriminació. Si la societat promou i facilita l'accés d'aquests col·lectius al món laboral, està proporcionant recursos econòmics a aquestes persones i, a més, incentiva la integració des del punt de vista social i humà.

Recentment s'ha promulgat en l'àmbit estatal la **Llei d'igualtat efectiva d'homes i dones** (Llei 3/2007, de 22 de març), on es recullen àmplies mesures per garantir a les dones, com a col·lectiu desfavorit, més igualtat en matèria social, laboral, política i familiar. L'objectiu d'aquesta llei se centra fonamentalment en la prevenció de conductes discriminatòries i a fer efectiu el principi d'igualtat. Les principals aportacions d'aquesta llei són les següents:

- Creació d'un permís de paternitat amb la seva corresponent prestació, amb l'objectiu de contribuir al repartiment més equilibrat de les responsabilitats familiars.
- La igualtat de tracte i la prohibició de discriminació per raó de sexe s'aplicaran independentment de la nacionalitat, residència o altres, és a dir, s'aplica a totes les persones físiques i jurídiques.
- Eradicar els desavantatges que existeixen pel fet de ser dona i que de vegades es manifesten en comportaments verbals o físics que puguin atemptar contra la dignitat de la persona i la discriminació per embaràs o maternitat.
- Es fixen normes específiques que permetin la paritat entre sexes en les institucions i en tots els àmbits de la societat, com a l'Administració pública i les forces armades i els cossos i les forces de seguretat de l'Estat.
- Fomentar la presència equilibrada de dones i homes en els consells d'administració de les empreses.
- Mesures que possibilitin la conciliació de la vida personal, familiar i laboral, així com l'adopció de mesures concretes per prevenir l'assetjament sexual en el treball.

El text que es reprodueix a continuació comenta aspectes específics d'aquesta llei, que sembla que comença a generar expectatives optimistes:

Continua el compte enrere en les empreses cotitzades

Les societats que estan obligades a presentar comptes de pèrdues i guanys no abreujats procuraran d'incloure en el seu consell d'administració un nombre de dones que permeti d'assolir un nivell equilibrat de dones i d'homes en un termini de vuit anys, a partir de l'entrada en vigor de la llei. Aquest és el mandat inclòs a la Llei d'igualtat pel que fa a la presència femenina als òrgans de direcció de les empreses cotitzades, que recomana una proporció d'entre el 40% i el 60% de conselleres l'any 2015. Tot i aquesta recomanació (que la CEOE va aconseguir a darrera hora que no fos obligatòria), les trenta-cinc empreses més grans del país que conformen l'índex borsari segueixen fent-se l'orni respecte del que estipula la norma.

De fet, segons la darrera actualització Add Talentia 2010, del 30 d'abril del 2011, dels 496 llocs existents en els consells d'administració d'aquestes trenta-cinc societats, només cinquanta-cinc els ocupen dones. És a dir, l'11,1% del total de seients de les cúpules directives. Això ha suposat un avançament de tres dècimes respecte del mes de desembre anterior (perquè hi ha una consellera i set homes menys). En qualsevol cas, si segueix aquest ritme de creixement (una nova consellera cada quadrimestre), farien falta quaranta-vuit anys per arribar al llindar mínim de la paritat (40%), destaca l'informe. O, en unes altres paraules, s'hauria de multiplicar per quatre el nombre de dones en els consells d'administració per acatar aquesta recomanació l'any 2015. Només setze d'aquestes companyies superen aquest percentatge; mentrestant, en el cantó oposat, el mes d'abril encara hi havia cinc entitats d'aquest índex sense cap dona en els seus òrgans màxims de direcció: Endesa, Gas Natural Fenosa, Iberdrola Renovables, Sacyr Vallehermoso y Técnicas Reunidas.

Mateix treball, mateix salari

La Inspecció de Treball va investigar l'any passat 362 empreses, en un esforç per detectar possibles situacions de discriminació salarial per qüestió de sexe. El resultat d'aquesta investigació, que va englobar una mica més de 57.000 treballadors, va revelar que només set companyies, el 2% del total, practicaven aquesta discriminació. L'actuació de la Inspecció de Treball, que s'emmarca en el pla d'actuacions per a la vigilància i el compliment de la Llei d'igualtat, es va tancar amb una proposta de multa de 10.000 euros a una de les set companyies i sis requeriments per regularitzar la seva situació a la resta.

Les dades obtingudes sobre el terreny per part dels inspectors laborals contrasten ostensiblement amb la radiografia que les estadístiques ofereixen de les suposades i àmplies diferències salarials pel mateix treball entre homes i dones. La darrera Enquesta Nacional d'Estructura Salarial de l'INE estipula aquesta fractura en el 22%, tot i que es tracta d'un càlcul basat en les masses salarials d'homes i dones, sense entrar a analitzar la casuística individual en un mateix lloc de feina. Quan l'enquesta aprofundeix en el detall revela diferències efectives, que en el cas de determinats perfils de treballadors (per exemple, els no qualificats en algunes àrees de serveis i de la indústria) arriba al 31%, mentre que entre els empleats amb titulació universitària de primer cicle es queda en l'11%.

Els darrers anys han proliferat nombrosos estudis, molts dels quals duts a terme per sindicats, que denuncien l'existència de fractures salarials de similar magnitud en el mercat espanyol. Tot i evidenciar que el problema existeix, i que per tant és necessari d'eradicar-lo, un nombre creixent d'experts relativitza considerablement aquests càlculs i recorda que una part d'aquesta diferència s'ha d'atribuir a factors aliens a la segregació per sexe, com ara el fet d'haver passat més o menys temps en el mercat laboral, o bé disposar, en general, d'un major o menor nivell de formació.

Els resultats de l'informe fet per la Inspecció de Treball apunten en aquesta direcció i revelen que, en la majoria d'empreses, no s'ha detectat discriminació salarial directa. Un problema diferent, més difícil de detectar i, per tant, d'eradicar, és l'anomenada *discriminació indirecta:* l'absència de dones en càrrecs d'alta responsabilitat. Tot i que aquí també cal matisar conclusions (hi ha professionals que decideixen voluntàriament disminuir la pressió sobre les seves carreres per dedicar més temps a la seva vida personal), un ràpid cop d'ull a la composició dels òrgans d'administració de les grans empreses revela que es tracta d'un camp on encara hi ha moltes coses a fer.

CincoDias.com, 29/08/2011

- Creus que, de forma general, a les empreses es compleix la Llei d'igualtat? Cerca informació sobre aquesta qüestió.
- Què n'opines, del fet que, en algunes empreses, a les dones els costi de tenir accés a llocs de responsabilitat, tal com diu l'article? Consulta els consells d'administració d'algunes empreses que coneguis.

En l'àmbit autonòmic, existeixen altres iniciatives públiques, com la de la Generalitat de Catalunya, a través del seu Departament de Treball, que promou una línia d'actuacions sobre la igualtat d'oportunitats en el treball. L'objectiu fonamental és adreçar-se als diversos grups socials que en aquests moments no gaudeixen d'igualtat d'oportunitats en les condicions d'accés, presència i permanència en el món laboral per tal d'avançar en la lluita contra qualsevol forma de discriminació, exclusió o preferència que tingui per efecte anul·lar o alterar la igualtat d'oportunitats o de tracte en el treball.

Tenint en compte que el principi d'igualtat constitueix un dels pilars bàsics de la societat, la intenció és incentivar el desenvolupament de projectes que assegurin donar cobertura a dues línies d'actuació:

- Programes d'igualtat entre homes i dones en el treball: l'objectiu és desenvolupar accions, programes i campanyes de sensibilització per tal d'aconseguir eliminar els obstacles que encara impedeixen a les dones una igualtat real d'oportunitats en l'àmbit laboral.
- Polítiques laborals per a la diversitat: tenen per objectiu desenvolupar accions ocupacionals i d'emprenedoria per tal d'aconseguir la igualtat d'oportunitats en aquells grups socials que presenten majors dificultats en el mercat de treball: persones immigrades, amb discapacitats, amb risc d'exclusió social, joves o persones grans (en edat laboral).

Activitats

9> Creus que per aconseguir la plena igualtat d'oportunitats en el treball és suficient el compliment d'una sèrie de lleis, o són necessàries altres mesures?

10> Fes una recerca per Internet sobre la normativa que actualment existeix per fomentar la igualtat en el treball. Primer pots identificar, a la Constitució espanyola, quina és la seva aportació. Després, localitza i descarrega't el text íntegre de la Llei d'igualtat efectiva d'homes i dones i resumeix quines són les aportacions fonamentals.

Activitats finals

1> Explica amb les teves paraules què és la intel·ligència emocional.

2> Escoltar activament el treballador, a través d'una política de portes obertes i enquestes d'opinió per detectar el que vol i necessita, amb quina habilitat de la intel·ligència emocional està relacionat?

3> Motivar el treballador fent-lo l'únic responsable del seu lloc de treball i resultats i que se senti entusiasmat amb ells, amb quina habilitat de la intel·ligència emocional està relacionat?

4> Explica què entens per *gestió del coneixement.*

5> Què s'entén per *competència laboral?*

6> Què vol dir que una empresa es gestiona per competències?

7> Explica què és un *curriculum vitae*.

8> Confecciona el teu *curriculum vitae*.

9> Per què és important la formació a l'empresa?

10> Quines tasques creus que estan dins de la funció d'administració del departament de recursos humans?

11> Posa exemples de mitjans de protecció que utilitzen els treballadors per complir les normes de seguretat i higiene.

12> Quina diferència hi pot haver entre el departament de recursos humans d'una gran empresa i el d'una empresa petita?

13> Fes un quadre esquema de totes les funcions del departament de recursos humans.

14> Explica els passos que seguiries per seleccionar una persona que ha de cobrir una vacant de cambrer en una discoteca.

15> Redacta un anunci per al diari que demani una persona per cobrir un lloc a la teva empresa, en principi de comptable, però amb Possibilitats d'ascendir.

16> Explica què entens per la Llei d'igualtat entre homes i dones. Estàs d'acord que existeixi una llei que reguli aquest tema?

17> Llegeix el següent article i contesta les preguntes:

Planeta i la UB creen una escola de negocis 'on line'

JOSEP LOSADA.avui.cat

El grup editorial Planeta i la Universitat de Barcelona (UB) han creat el projecte Online Business School, una escola de negocis a distància, a través de la xarxa, i en llegua espanyola. El president de Planeta, José Manuel Lara, i el rector de la UB, Màrius Rubiralta, van firmar ahir l'acord que lliga l'Institut de Formació Contínua de la UB (l'IL3) i l'Escola d'Administració d'Empreses (EAE), del grup Planeta, con un projecte orientat a la formació de directius compatible amb la vida laboral.

En el projecte, la UB aportarà la formació i Planeta el màrqueting per atreure alumnes i posar la marca al mercat, com han explicat els firmants. L'escola de negocis oferirà màsters i postgraus de direcció i gestió financera, MBA, direcció de màrqueting, relacions públiques, recursos humans i medi ambient, entre d'altres especialitats.

Els recursos humans

José Manuel Lara va explicar que «en el món global si vols jugar a primera divisió has de comptar amb tres tipus de recursos: naturals, financers i humans». Els primers, segons Lara, es poden comprar i els segons són globals. Però els recursos humans «són els que defineixen el futur d'una nació», va assegurar.

L'editor va admetre que a Barcelona hi ha dues de les millors escoles de negocis del món però va explicar que «el que falta és una formació competitiva que sigui compatible amb la feina». A més, va incidir en la necessitat dels directius de formar-se permanentment per no «quedar obsolets».

Màrius Rubiralta va explicar que aquesta «aliança estratègica té voluntat internacional, sobretot a Llatinoamèrica». El rector de la UB va mostrar la necessitat de convertir «la formació en valor» al continent sud-americà.

a) Quins avantatges creus que pot tenir la creació d'aquesta escola de negocis?

b) Estàs d'acord amb l'opinió del Sr. Lara sobre els recursos humans de l'empresa? Raona la resposta.

Comprova el teu nivell

1> Quina de les respostes següents no està relacionada amb un comportament emocional desitjable?

a) Tractar la gent amb cortesia i educadament.

b) Escoltar el que els altres han de dir abans d'expressar el teu punt de vista.

c) Posar etiquetes a les persones.

d) Utilitzar les idees de la gent per canviar o millorar en la feina.

2> Un fet diferenciador de les empreses que es pot convertir en una font d'avantatge competitiu és:

a) Els ordinadors que utilitza.

b) Els elements de transport que té.

c) La capacitat i formació dels seus treballadors.

d) Una màquina nova adquirida en el mercat.

3> La gestió per competències implica:

a) Contractar molts treballadors.

b) Reduir personal per reduir costos.

c) Contractar persones amb un currículum molt extens.

d) Contractar persones que es puguin adaptar a la filosofia de l'empresa.

4> La formació del personal per a l'empresa és:

a) Una despesa no recuperable.

b) Una inversió en capital humà.

c) Una de les bases del taylorisme.

d) Una reducció d'impostos.

5> La formació *online* o *e-learning*:

a) Redueix costos.

b) Redueix temps.

c) És còmoda.

d) Totes les opcions són correctes.

6> Una funció del departament de recursos humans és:

a) Buscar el destí de les vacances dels seus treballadors.

b) Orientar-los sobre l'habitatge que han de comprar.

c) Preocupar-se de la formació del personal.

d) Cap de les opcions anteriors.

7> El gràfic on es detallen les qualitats personals que hauria de tenir un treballador per ocupar un cert lloc de treball s'anomena:

a) Organigrama.

b) Currículum.

c) Professiograma.

d) Anagrama.

8> La Llei d'igualtat efectiva d'homes i dones té com a objectiu:

a) Que tinguin el mateix salari si fan la mateixa feina.

b) Que tinguin igualtat d'oportunitats en el treball.

c) Que tinguin igualtat de condicions en el treball.

d) Totes les opcions són correctes.

9> Existeixen altres col·lectius que també tinguin necessitat d'igualtat d'oportunitats en el treball?

a) No, només passa amb la dona en el treball.

b) No, només les persones amb discapacitats.

c) No, tothom té igualtat d'oportunitats en el treball.

d) Sí, en general totes aquelles persones a les quals pot discriminar per raó de sexe, raça, naixement, religió, opinió o qualsevol altra condició o circumstància personal o social.

10> La Llei d'igualtat efectiva d'homes i dones és l'única sobre el tema que obliga al compliment de determinades normes?

a) Sí.

b) No, també existeix la Constitució.

c) No, la llei no obliga, recomana una sèrie d'actituds.

d) No, també hi ha la Constitució i la normativa internacional (Unió Europea i OIT).

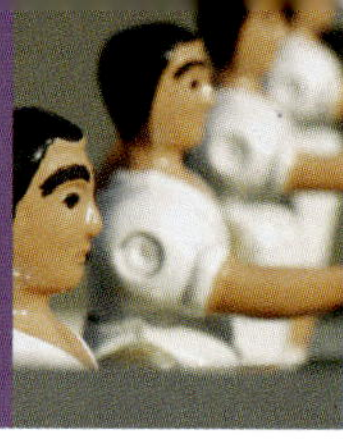

Conceptes bàsics

El **departament de recursos humans (recursos humans)** és aquell que s'ocupa de tots els aspectes relacionats amb el factor humà de l'empresa.

Les **funcions del departament de recursos humans** són l'organització del personal, la selecció i la contractació del personal, l'administració de personal, la formació de recursos humans, les relacions laborals i el control de personal.

Intel·ligència emocional és l'habilitat que ens permet conèixer i dominar els nostres propis sentiments, interpretar o afrontar els sentiments dels altres, sentir-nos satisfets i ser eficaços en la vida.

Gestió per competències és gestionar el personal de l'empresa de manera que els llocs de treball s'ocupin per persones que tinguin un ampli ventall de competències en el sentit que es puguin adaptar a totes les situacions de l'entorn de l'empresa.

Competència laboral són el conjunt de coneixements teòrics, habilitats, destreses i actituds que són aplicats pel treballador en el desenvolupament de les funcions que se li assignin en una organització.

El ***Curriculum vitae* d'una persona** conté la relació detallada de la seva formació acadèmica, l'experiència professional i els seus *hobbies*.

La **gestió del coneixement** és la gestió del capital intellectual en una organització amb la finalitat d'afegir valor als productes i serveis que ofereix l'organització al mercat i diferenciar-los de la competència. El factor humà, la seva preparació i l'experiència són un element primordial en l'empresa i una font d'avantatge competitiu important, d'aquí que cada vegada tinguin més força els aspectes relacionats amb la gestió del coneixement.

6

EL TREBALL I LA LEGISLACIÓ LABORAL

Una bona part de les tasques que desenvolupa el departament de recursos humans són les de la funció d'administració de personal. No són les més importants, però en molts casos absorbeixen força recursos. Es tracta de tot allò relacionat amb els tràmits legals que l'empresa ha de complir en l'àmbit laboral: contractes, salaris, cotitzacions socials i retencions sobre l'impost de la renda, entre d'altres.

En aquesta unitat explicarem què és la normativa laboral, els seus elements fonamentals i tots aquells aspectes administratius que l'empresa té l'obligació legal d'observar i tramitar. Tenint en compte que una part molt important de les persones obtenen del treball els ingressos que els permeten viure, és important conèixer els trets essencials de la legislació laboral, així com el contingut dels drets i deures laborals.

6.1 Què és el treball?

Definició de treball

El treball és el conjunt de tasques i d'activitats que les persones desenvolupen dins de l'empresa. És l'aportació de l'element humà a l'empresa; un factor productiu necessari i fonamental. Aquesta vessant s'estudiarà a la unitat 7, «La funció productiva i els costos de l'empresa».

En aquesta unitat estudiarem amb cert detall la normativa que envolta el treball: la normativa laboral representada per aquella part del dret anomenanda *dret del treball* o *dret laboral*. I per això és important conèixer com considera la normativa laboral l'activitat que en diem treball.

Posem un exemple. Considerem el cas d'un metge que els matins treballa en una clínica que l'ha contractat per exercir la seva professió. Per aquest treball cobra uns ingressos que són el salari, que ja estudiarem més endavant en aquesta unitat. A les tardes té una consulta pròpia on passa consulta de la seva especialitat de metge. Per aquesta activitat cobra uns ingressos que ja veurem que no són salari, sinó que es consideren ingressos d'activitats professionals. Bé, doncs encara que les dues activitats que desenvolupa aquesta persona són la mateixa, fer de metge, en l'àmbit de normativa laboral la feina del matí es considera treball i la feina de la tarda es considera exercici d'una activitat professional; per dir-ho d'una altra manera, no és treball.

Estudiem llavors quines són les característiques del treball.

Característiques de l'activitat laboral

Segons la normativa laboral, per tal que una activitat laboral es consideri treball ha de complir les quatre característiques següents, sense excepció:

- Voluntarietat: la persona decideix si treballa, on ho fa i de quina manera. És a dir, és plenament lliure de decidir dins de la relació laboral.
- Per compte d'altri: treballa per a una altra persona, la qual es beneficia del fruit del seu treball i per això li compensa pagant-li un salari.
- Retribució: el treball ha de ser remunerat, és a dir, la persona desenvolupa una activitat laboral a canvi d'un salari que li paga l'empresa.
- Subordinació: dins de l'activitat laboral, el treball de la persona està sotmès a les decisions de l'empresari, que és qui dirigeix l'activitat laboral.

Considerant aquestes característiques, podem afirmar que en el cas de l'exemple anterior, l'activitat que fa el metge a la clínica es considera treball en l'àmbit de normativa laboral, ja que compleix les quatre característiques anteriors. En canvi, l'activitat que realitza a la consulta pròpia no és treball, ja que és per compte propi i no està subordinat a les decisions de l'empresari, com en el cas de la clínica, i per això està sotmès a una altra normativa que no és la laboral.

Activitats

1> Reflexiona i comenta l'existència d'exemples d'activitats que compleixin totes les característiques del treball excepte el de voluntarietat.

2> Existeix un grup de persones que desenvolpen una activitat que no es considera treball, és a dir, no està sotmesa a la normativa laboral; es tracta dels treballadors autònoms. Fes un petit treball de recerca i investiga els aspectes següents:

- Què són els treballadors autònoms?
- Quines són les característiques del treball que no compleixen?
- Existeix una normativa bàsica i específica que reguli l'activitat dels treballadors autònoms?

3> Un taxista realitza una activitat que es pot considerar treball? Raona la resposta.

6.2 El marc normatiu laboral

El marc normatiu laboral és la legislació laboral, o sigui, el conjunt de lleis i normes legals que determinen l'entorn del treball. És important considerar el concepte de *marc normatiu*, ja que l'activitat de l'empresa està sotmesa a molts tipus de normatives que s'han d'observar i complir. Cada àmbit de l'empresa té el seu marc normatiu. El treball té el seu.

En aquest sentit, cal tenir en compte que hi ha normes que són més importants que unes altres, o sigui, que estan per sobre. Això és la jerarquia normativa laboral.

@

Podeu consultar i descarregar el text íntegre de la Constitució espanyola al lloc web del Congrés dels Diputats i el Parlament de Catalunya:

http://www.congreso.es/consti/

http://www.parlament.cat/activitat/constitucio.pdf

La jerarquia normativa laboral i les fonts del dret laboral

Les principals normes laborals, de més a menys importants, són: la Constitució espanyola, els tractats internacionals, l'Estatut dels Treballadors, els convenis col·lectius i el contracte laboral.

La **Constitució espanyola** és la norma legal suprema de l'ordenament jurídic i està per sobre de qualsevol altra; és el fonament jurídic de la societat, ja que suposa les bases sobre les quals es fonamenten la resta de les normes i es desenvolupen els drets i les llibertats fonamentals dels ciutadans.

El contingut laboral de la Constitució es pot resumir en la taula següent:

Contingut laboral de la Constitució		
Drets fonamentals	*Drets i llibertats dels ciutadans i les ciutadanes*	*Principis rectors de la política social i econòmica*
▪ Dret a no ser discriminat per raó de sexe, raça, religió, opinió o qualsevol altra circumstància personal o social. ▪ Dret a la vaga. ▪ Dret a afiliar-se lliurament al sindicat que es vulgui. ▪ Llibertat per fundar sindicats.	▪ Dret al treball. ▪ Dret a la promoció a través del treball. ▪ Dret a l'elecció de professió o ofici. ▪ Dret a la negociació col·lectiva. ▪ Dret a un salari adequat. ▪ Dret a la llibertat d'empresa.	Els poders públics hauran de: ▪ Mantenir un règim públic de Seguretat Social. ▪ Realitzar polítiques orientades a la plena ocupació. ▪ Vetllar per la seguetat i higiene en el treball. ▪ Garantir el descans necessari mitjançant la limitació de la jornada i les vacances retribuïdes. ▪ Fomentar la formació i la readaptació professional.

Taula 6.1. *Classificació del contingut laboral de la Constitució.*

abc

La **Unió Europea** és una organització de països d'Europa –27 en l'actualitat– que formen una comunitat econòmica i política de caràcter democràtic, on els estats membres han creat institucions comunes amb l'objectiu de desenvolupar-se de manera conjunta i harmònica en pau i prosperitat. Podeu consultar el portal de la UE: *http://europa.eu*

Els **tractats internacionals** són normes legals que un conjunt de països s'obliguen a complir i respectar. En l'àmbit laboral hi ha els convenis de l'OIT (Organització Internacional del Treball) i les normes de la UE (Unió Europea):

- Els **convenis de l'OIT** són una mena de normes internacionals del treball dictades per l'Organització Internacional del Treball, organisme internacional que depèn de l'ONU (Organització de les Nacions Unides) que té com objectiu la promoció de la millora de les condicions laborals i del nivell de vida dels treballadors.

- Les **normes de la UE** en l'àmbit laboral són aquell conjunt de normatives dictades per la Unió Europea amb la finalitat de garantir un mínim nivell de vida dels treballadors, així com l'equiparació de les condicions de treball als diferents països membres. Es poden concretar en els principis generals següents:
  - Lliure circulació de mà d'obra en tot el territori de la UE.
  - Condicions de treball harmonitzades.
  - Reconeixement de les diferents qualificacions professionals.
  - Lliure accés a la funció pública.
  - Fomentar la formació dels treballadors mitjançant programes subvencionats.

L'**Estatut dels Treballadors** és la norma laboral bàsica que fonamenta tot el marc normatiu del treball, ja que desenvolupa i concreta el conjunt de drets, llibertats i obligacions que tenen els treballadors i les empreses indicats de manera genèrica a les normes de rang superior (Constitució i normativa laboral internacional). La gran majoria de referències legals de l'àmbit laboral són contingudes en aquesta llei.

Els **convenis col·lectius** són acords pactats entre els representants dels treballadors i de les empreses d'un sector econòmic on es fixen les condicions de treball i les normes de convivència que s'aplicaran en un període determinat. Allò pactat en els convenis col·lectius ha de respectar sempre les estipulacions de l'Estatut dels Treballadors, i en cap cas les pot empitjorar, però sí millorar. Els convenis col·lectius són fruit de la negociació col·lectiva, que més endavant s'explica amb més detall.

El **contracte de treball** és un acord normalment d'àmbit individual en què la persona treballadora i l'empresa pacten les característiques de la relació laboral per compte aliè, tot respectant sempre les condicions mínimes estipulades al conveni col·lectiu corresponent al sector en qüestió.

Tant el conveni col·lectiu com el contracte són acords escrits que tenen una estructura i un contingut determinat que en apartats següents desenvoluparem amb més detall.

Tal com s'ha indicat anteriorment, aquestes normes que componen el marc normatiu estan subjectes a un principi de caràcter jurídic anomenat ***principi de jerarquia normativa***, que indica que una norma de rang inferior no pot contradir-ne una de rang superior. O sigui, un acord d'un conveni col·lectiu ha de respectar les normes de l'Estatut dels Treballadors, que és d'un rang jurídic superior.

Però, de vegades, les lleis contenen normes que imposen unes característiques mínimes que s'han de respectar. Per exemple, les vacances seran d'un mínim de trenta dies naturals per any treballat o la jornada laboral no pot superar les quaranta hores setmanals. Això determina l'existència d'un altre principi totalment relacionat amb l'anterior, el ***principi de norma mínima*:** una norma de rang inferior ha de respectar els mínims consignats a la norma superior, però la pot millorar. És a dir, per acord de conveni col·lectiu o de contracte laboral, les vacances anuals podrien ser de 35 dies naturals o la jornada laboral màxima podria ser de 35 hores.

abc

La **funció pública** és la funció que desenvolupen les persones que treballen per a l'Estat: funcionaris públics i personal laboral al servei de les administracions públiques. Podeu consultar el lloc web del Ministeri de Política Territorial i Administració Pública: *http://www6.mpt.gob.es*

@

Podeu consultar el lloc web de l'OIT: *http://www.ilo.org/global/lang--es/index.htm*

@

Podeu consultar i descarregar el text íntegre de l'Estatut dels Treballadors al lloc web del Departament d'Empresa i Ocupació de la Generalitat de Catalunya: *http://www20.gencat.cat/portal/site/empresaiocupacio*

@

Existeix un servei de consulta del Ministeri de Treball i Immigracions anomenat Guia Laboral i d'Afers Socials on es pot consultar tota la normativa laboral espanyola de manera ràpida: *http://www.mtin.es/ca/index.htm*

Activitats

4> Imagina't que una persona s'adona que ha signat un contracte amb una empresa en el salari base reflectit és inferior al que indica el conveni col·lectiu del sector corresponent. És això possible? Raona la resposta.

5> És possible que una persona cobri un salari base de 1 400 euros mensuals per treballar com a administratiu comptable, mentre el conveni col·lectiu del sector corresponent fixa en 1 200 euros el salari per a aquesta categoria professional? Raona la resposta.

6.3 Drets i deures laborals

Descripció

Tota relació laboral implica un conjunt de drets i d'obligacions que l'empresa i les persones treballadores han d'observar i que són fruit de l'observació i el compliment de tota la normativa laboral abans esmentada. En la taula següent s'indiquen quins són:

Drets i deures laborals		
Drets bàsics	*Drets relacionats amb el treball*	*Obligacions fonamentals*
■ Treball i lliure elecció de professió. ■ Lliure sindicació. ■ Negociació col·lectiva. ■ Adopció de mesures de conflicte col·lectiu. ■ Reunió. ■ Vaga. ■ Participació en l'empresa.	■ Ocupació efectiva del lloc de treball. ■ Promoció i formació professional. ■ Aplicació de les normes de salut laboral. ■ Respecte a la intimitat i a la dignitat. ■ Percepció puntual del salari. ■ No ser discriminat per cap raó. ■ Exercici individual de les accions derivades del contracte laboral. ■ Protecció davant ofenses de tot tipus.	■ Observar les obligacions del lloc de treball amb bona fe i diligència. ■ Complir les mesures de seguretat i higiene en el treball. ■ Obeir les ordres i instruccions de l'empresari. ■ Contribuir a la millora de la productivitat de l'empresa. ■ No competir amb l'activitat de l'empresa. ■ Totes aquelles pactades vàlidament al contracte.

Taula 6.2. *Principals drets i deures derivats de les relacions laborals.*

Les facultats de l'empresari

L'empresa té en particular l'obligació genèrica d'observar la normativa laboral i reconèixer tots els drets dels treballadors inherents a la relació laboral. Però també exerceix un conjunt de poders:

- Poder de direcció: l'empresari organitza la producció i pren les decisions que consideri necessàries per al bon desenvolupament de l'activitat de l'empresa.
- Poder disciplinari: l'empresari té la potestat de sancionar els treballadors per les faltes comeses dins de l'àmbit de la relació laboral, però d'acord amb el règim disciplinari legalment determinat a la normativa laboral.

Activitats

6> Aconsegueix un exemplar de l'Estatut dels Treballadors (te'l pots descarregar d'un lloc web d'Internet) i identifica quins articles contenen els drets i deures laborals. Comenta el significat de dos d'ells:

- El deure de no competir amb l'empresa.
- El dret a la percepció puntual del salari.

7> Investiga què diu l'Estatut dels Treballadors sobre el poder disciplinari de l'empresa.

6.4 La representació dels treballadors i dels empresaris

Per tal que les persones treballadores i les empreses puguin defensar els seus drets i acordar les característiques de la relació laboral, de manera que la negociació col·lectiva i les relacions laborals es desenvolupin fluidament, cal que estiguin convenientment representants. És a dir, cal l'existència d'òrgans de representació.

Les organitzacions sindicals

Els sindicats són organitzacions on les persones treballadores s'associen lliurement per defensar els seus drets laborals i són els seus interlocutors en els processos de negociació col·lectiva.

Com s'ha comentat abans, la Constitució reconeix com a drets fonamentals dels treballadors el dret a afiliar-se lliurement al sindicat que es vulgui i la llibertat per fundar sindicats. És per això que existeix una llei que desenvolupa el contigut de la llibertat sindical: és la Llei de llibertat sindical.

Fonamentalment, els sindicats serveixen per protegir els drets laborals dels treballadors, assessorar-los en aspectes legals i permetre que puguin discutir amb l'empresa com a representants vàlids dels treballadors.

Com que existeix llibertat sindical, hi ha nombrosos sindicats que són d'importància i d'àmbit molt divers. I molts també es diferencien per l'orientació ideològica i les diferents estratègies que duen a terme per prestar la seva acció sindical. Exemples de sindicats d'àmbit nacional són: CCOO (Comissions Obreres), UGT (Unió General de Treballadors), CGT (Confederació General de Treballadors) o USO (Unió Sindical Obrera).

La representació dels treballadors a l'empresa

Com a complement de l'existència de sindicats, els treballadors de totes les empreses tenen dret a disposar de representants laborals que facin la funció d'interlocutors legítims davant l'empresa. Aquests representants són elegits de manera democràtica per la plantilla de treballadors de l'empresa i exerceixen el seu càrrec per un període de quatre anys renovables.

Les competències bàsiques dels representants dels treballadors són les següents:

- Rebre informació sobre l'activitat de l'empresa i les característiques de la seva plantilla.
- Conèixer els estats financers de l'empresa, és a dir, la situació econòmica i financera.
- Vetllar pel compliment de la normativa laboral per part de l'empresa.
- Representar els treballadors en els processos de negociació col·lectiva i en la resolució de conflictes.

Aquesta representació pot prendre dues formes en funció de la dimensió de la plantilla de l'empresa:

- Delegats de personal: si l'empresa té més de 10 i menys de 50 treballadors. En cas que l'empresa tingués entre 6 i 10 treballadors, si aquests ho decideixen per majoria, poden triar un delegat de personal.

- Comitè d'empresa: si l'empresa té 50 o més treballadors.

Representants dels treballadors	
Nombre de treballadors de l'empresa	*Delegats de personal*
Fins a 30 De 31 a 49	1 3
	Comitè d'empresa
De 50 a 100 De 101 a 250 De 251 a 500 De 501 a 650 De 651 a 1 000 De 1 000 en endavant	5 9 13 16 21 Se n'afegeixen 2 per cada mil o fracció

Taula 6.3. *Composició del comitè d'empresa segons el nombre de treballadors.*

Les funcions d'ambdós tipus de representants són idèntiques, només canvia la forma de la seva elecció. Si es tracta de delegats de personal, els treballadors elegeixen tants candidats com nombre de representants han de tenir. En canvi, si es tracta de comitè d'empresa, els treballadors trien una llista tancada de candidats entre diverses llistes presentades.

Els representants dels treballadors no tenen per què formar part d'un sindicat, no és obligatori, poden ser independents. Encara que és habitual, ja que les organitzacions sindicals prestaran assessorament i suport a les tasques dels representants.

Les organitzacions empresarials

Igualment, les empreses també s'associen en forma d'organitzacions empresarials, les anomenades *patronals*, per defensar els seus interessos i per participar en la negociació col·lectiva i la resolució de conflictes.

Les organitzacions empresarials més importants d'àmbit nacional formen dues associacions: la CEOE (Confederació Espanyola d'Organitzacions Empresarials) i la CEPYME (Confederació Empresarial de la Petita i Mitjana Empresa).

Activitats

8> Si una empresa té una plantilla de 1 150 persones, quin tipus de representants dels treballadors tindrà? Quants representants? I si tingués una plantilla de 2 320 persones?

9> Investiga si a part de l'Estatut dels Treballadors hi ha una altra llei fonamental que en l'àmbit laboral reguli la representació col·lectiva. Què diu del dret de reunió?

6.5 Negociació col·lectiva

La negociació col·lectiva és el procés que té com a finalitat assolir un acord entre treballadors i empreses sobre les condicions en què es desenvoluparà l'activitat laboral. El fruit d'aquest procés és l'acord escrit anomenat *conveni col·lectiu*.

Els convenis col·lectius

Existeix un servei del Departament d'Empresa i Ocupació de la Generalitat de Catalunya anomenat cercador de convenis:

http://www20.gencat.cat/portal/site/empresaiocupacio

Com anteriorment s'ha avançat, un conveni col·lectiu és un acord negociat i celebrat entre els representants dels treballadors i de l'empresa, en què es regulen les condicions de treball i les normes de convivència laboral que s'aplicaran en una empresa o un sector d'empreses durant un determinat període de temps.

Els convenis col·lectius poden ser de dos tipus: d'empresa, si afecten només una empresa; o sectorial, si s'apliquen sobre un conjunt d'empreses que pertanyen a un mateix sector d'empreses, és a dir, que desenvolupen la mateixa activitat econòmica.

Els convenis col·lectius compleixen una funció molt important, ja que, en ser acords entre treballadors i empreses, permeten que les relacions laborals siguin més dinàmiques, que es coneguin de manera àmplia les condicions de treball i que hi hagi un instrument per solucionar els conflictes laborals.

Legalment, els convenis col·lectius són fruit d'un procés on les comissions negociadores dels treballadors i de les empreses es reuneixen fins que pacten l'acord escrit, que posteriorment s'ha de registrar seguint un procediment específic. Els acords del conveni col·lectiu han de respectar les normes laborals de rang superior, o sigui, la Constitució, la normativa laboral internacional i, en especial, l'Estatut dels Treballadors.

Per exemple, l'Estatut dels Treballadors fixa que una persona ha de gaudir d'unes vacances remunerades de com a mínim 30 dies naturals per cada any treballat. En un conveni col·lectiu no es podrien pactar unes vacances de 25 dies, ja que no respecta l'estipulat en una norma laboral de rang superior. En canvi, sí que podrien fixar unes vacances de 35 dies, ja que respecta la norma superior, a més de millorar-la.

Un dels aspectes més rellevants que es negocia en un conveni col·lectiu és el salari que han de cobrar les persones treballadores en funció de la seva categoria professional. Es pot consultar el breu text que es reprodueix tot seguit i que tracta d'aquest aspecte:

La pujada salarial en convenis va ser del 2,9 %

L'increment salarial mitjà pactat en els convenis col·lectius registrats al tancament del 2007 va arribar al 2,90 %, més d'un punt per sota de l'IPC, que es va situar en el 4,2 %, i tres dècimes inferior a l'increment salarial del 3,28 % registrat el 2006. Segons les estadístiques del Ministeri de Treball i Afers Socials, de gener a desembre es van registrar 4 230 convenis, que van afectar 8 412 100 treballadors i tenien una jornada laboral mitjana de 1 748,2 hores anuals.

Del total de convenis registrats, 3 247 eren d'empresa, amb efectes sobre 989 000 treballadors, i 983 tenien àmbit sectorial, amb cobertura sobre 7 423 000 treballadors.

El País, Economía, 21 de gener del 2008

- Què és l'increment salarial?
- Què és l'IPC? Pots fer una recerca utilitzant Internet per contestar.
- Creus que l'increment salarial és una matèria que s'ha de tractar als convenis col·lectius?

Contingut mínim

El contingut dels acords és la regulació d'una sèrie de matèries, com els salaris i altres remuneracions; la jornada laboral, els descansos i les vacances; les categories professionals i la promoció professional; les condicions de treball i la productivitat, o les obligacions dirigides a regular la pau laboral.

Tot i això, segons l'Estatut dels Treballadors, els convenis col·lectius han de tenir un contingut mínim:

- Determinació de les parts que l'han concertat: representants del treballadors i de les empreses.
- Definició de l'àmbit:
  - Personal: si l'acord afecta tots els treballadors o només aquells que pertanyen a una professió o dedicació específica dins l'empresa.
  - Territorial: extensió geogràfica del conveni; si és comarcal, provincial, autonòmic o nacional.
  - Funcional: quina és l'activitat econòmica comuna que engloba les empreses.
  - Temporal: període de vigència del conveni. La normativa no fixa cap durada; això és decisió de les parts negociadores, encara que habitualment tenen una durada d'entre dos i quatre anys.
- Forma i condicions de la denúncia del conveni: quan s'inicia la negociació d'un nou conveni, quan el vigent arriba a la fi de la seva vigència.
- Formació de la comissió paritària: representada per les parts per solucionar les discrepàncies existents durant la seva vigència.
- Condicions per a la no-aplicació del règim salarial: en cas que una empresa presenti dificultats econòmiques per poder complir els compromisos salarials.

II CONVENI COL·LECTIU D'EMPLEATS DE NOTARIES DE LA COMUNITAT AUTÒNOMA DE CATALUNYA 2007

TÍTOL PRIMER

Disposicions generals

Article 1. Àmbit territorial

Coincideix amb el territori del Col·legi Notarial de Catalunya.

Article 2. Àmbit funcional

Regula les relacions laborals dels notaris amb els seus empleats.

Article 3. Àmbit personal

1. Les disposicions d'aquest conveni obliguen tots els notaris i tots els seus empleats, entenent que ho són els qui estiguin al servei regular del notari, en el desenvolupament de l'activitat notarial.
2. Constitueix el centre de treball el despatx o la oficina on el notari desenvolupa la seva funció notarial.

Article 4. Àmbit temporal

El present conveni entra en vigor el dia 1 de gener del 2007 i té vigència fins al dia 31 de desembre del 2007.

Article 5. Pròrroga i denúncia

Si, arribada la data assenyalada, com a terme final de vigència, el conveni no hagués estat denunciat, s'ha d'entendre que aquest és prorrogat tàcitament per períodes anuals complets.

Amb tres mesos d'antelació, com a mínim, a la data de venciment del conveni o de qualsevol de les seves pròrrogues, qualsevol de les parts pot denunciar-lo.

La denúncia efectuada per una de les parts ha de fer-se per escrit, que ha de ser traslladat a l'altra part. La comunicació ha de registrar-se en el Departament de Treball de la Generalitat de Catalunya.

Article 6. Vinculació a la totalitat

Les condicions pactades en el present conveni formen un tot únic, orgànic i indivisible i, a l'efecte de la seva interpretació i aplicació pràctica, s'han de considerar globalment i conjuntament, per la qual cosa, si la Jurisdicció Social, les seves clàusules, el conveni s'ha de renegociar en la seva globalitat.

Article 7. Garantia personal

S'han de respectar les situacions personals vigents en la data d'entrada en vigor del primer conveni col·lectiu que, en el seu conjunt i en còmput global, per qualsevol concepte, siguin més beneficioses que les fixades en el present conveni, i s'han de mantenir estrictament *ad personam.*

No obstant això, en matèria salarial, una vegada distribuït el salari brut anual que estigui percebent l'empleat —excloent qualsevol complement que s'aboni per la feina realitzada (incentius, primes i qualsevol altre complement salarial variable)— entre els distints conceptes que s'estableixen en l'article 19, el diferencial que resulti s'ha de prorratejar mensualment i s'ha d'incorporar a l'estructura salarial en concepte de «salari garantit», incorporant-lo en la nòmina dintre del concepte «complement personal garantit». Aquest import ha de tenir la consideració de retribució fixa, no absorbible ni compensable.

Les quantitats que es vagin percebent, en concepte d'incentius, primes o qualsevol altre complement salarial variable, per la feina realitzada, han de ser objecte de renegociació pel notari amb els seus empleats, tret que la retribució fixa anual que vagin percebent sigui superior o igual a l'establerta amb caràcter de mínims en l'article 19 del present conveni col·lectiu, inclòs el complement per instruments, si és procedent. A aquests efectes, si qualsevol empleat percep una paga fixa per beneficis, aquesta no ha de tenir la naturalesa de concepte inclòs en els complements definits en el present paràgraf, sinó que ha de quedar integrada dintre de la retribució bruta anual a distribuir-se entre l'estructura salarial que es pacta en aquest primer conveni col·lectiu.

Article 8. Dret supletori

Pel que fa a tot allò no previst en el present conveni, s'ha de seguir el que disposa l'Estatut dels Treballadors i altra legislació vigent.

Article 9. Comissió paritària

Es crea una comissió paritària d'interpretació i vigilància del conveni com a òrgan d'interpretació, aplicació i vigilància del seu compliment. Així mateix, aquesta comissió ha de tenir qualsevol funció que acordi, sempre que no entri en contradicció amb el que disposa el present conveni col·lectiu.

Es compon de quatre vocals triats per l'Associació de Notaris de Catalunya i quatre vocals triats pels sindicats signants del conveni col·lectiu, i s'ha d'alternar la presidència en cadascuna de les reunions que es mantinguin. La comissió paritària s'ha de considerar vàlidament constituïda amb la presència de dos vocals de cada part.

La comissió paritària s'ha de reunir si hi ha assumptes per resoldre, entenent-se com a reunió ordinària, amb sol·licitud prèvia de tots els components d'una de les parts al president de l'última reunió, i convocatòria per part d'aquest. Pot, així mateix, reunir-se en sessió ordinària si n'hi ha necessitat i hi convenen les parts. En les reunions ordinàries, la comissió ha de debatre forçosament tots els

assumptes, les consultes o les qüestions sotmeses a la seva consideració des de la data de la seva reunió precedent.

Els acords dintre de cada representació s'han de prendre per majoria simple.

Es pot sotmetre a la comissió paritària tota qüestió que pugui sorgir, amb caràcter litigiós o no, respecte a l'aplicació o la interpretació de les normes del conveni, a fi que aquella emeti dictamen, amb caràcter previ, al possible plantejament del conflicte o la presentació de demanda o reclamació.

Si no existeix acord en el si de la comissió paritària, correspon a la Jurisdicció Social la seva interpretació, seguint el procediment establert en la Llei de procediment laboral.

El domicili de la comissió paritària, a l'efecte de notificacions, és indistintament el de l'Associació de Notaris de Catalunya i el dels sindicats COMFIA-CCOO i FES-UGT en la ciutat de Barcelona.

TÍTOL SEGON

Organització del treball

Article 10. Organització i vigilància del treball

Dintre dels límits establerts en les legislacions notarial i laboral i en el present conveni, l'organització del treball correspon exclusivament al notari, sota la responsabilitat i la dependència del qual han d'actuar els empleats.

El notari pot encomanar a qualsevol dels seus empleats la realització de qualsevol tipus de feina que sigui necessària per a l'adequat i l'eficaç funcionament de la notaria, sense que això afecti el seu nivell retributiu, sempre que concorrin necessitats peremptòries o imprevisibles de l'activitat notarial.

En matèria de mobilitat funcional per realitzar funcions superiors s'ha de seguir el que es disposa en l'article 39.4 de l'Estatut dels Treballadors.

El notari pot adoptar les mesures més òptimes de vigilància i control de la feina per verificar el compliment per part de cada empleat de les seves obligacions i deures laborals, de conformitat amb la seva categoria professional i d'acord amb la legislació vigent.

Article 11. Categories professionals

1. A l'efecte d'aquest conveni, el personal es classifica en les categories següents:

   A Branca jurídica:

   Oficial jurídic: és l'empleat, sigui o no llicenciat en dret, amb coneixements jurídics i tècnics suficients per redactar documents sota la direcció del notari, i atendre, conforme a les ordres d'aquest, les consultes que se li formulin.

   Auxiliar jurídic: és l'empleat amb coneixements suficients per redactar documents que no requereixin una especial preparació jurídica.

   Copista: és l'empleat encarregat de l'elaboració de les còpies dels documents notarials, testimoniatges i fitxers i arxius jurídics.

   B Branca no jurídica:

   Oficial no jurídic: és l'empleat, amb titulació acadèmica o sense, amb coneixements tècnics suficients per dur, sota la direcció del notari, l'organització de qualsevol departament no jurídic de l'oficina.

   Comptable: és l'empleat amb coneixements tècnics suficients per dur la comptabilitat integral de l'oficina.

   Auxiliar no jurídic: és l'empleat amb coneixements suficients per realitzar feines d'oficina que no requereixin una especial preparació.

   Subaltern: és l'empleat que realitza feines de caràcter accessori, com encàrrecs, tasques de neteja i altres d'anàlogues. S'inclouen en aquesta categoria els empleats no compresos en cap de les altres categories.

2. Amb l'únic objecte d'adequar les anteriors categories a les establertes per a les normes de cotització, es crea la taula de conversió següent:

CATEGORIES CONVENI	GRUPS DE COTITZACIÓ
OFICIAL JURÍDIC	GRUP 1
AUXILIAR JURÍDIC	GRUP 5
COPISTA	GRUP 7
OFICIAL NO JURÍDIC	GRUP 3
COMPTABLE	GRUP 3
AUXILIAR NO JURÍDIC	GRUP 7
SUBALTERN	GRUP 6

TÍTOL TERCER

Contractació

Article 12. Període de prova

Pot concertar-se per escrit un període de prova, que, en cap cas, pot excedir de 6 mesos per als oficials jurídics, oficials no jurídics i comptables; de 3 mesos per als auxiliars jurídics i copistes i d'un mes per a la resta de categories professionals relacionades en l'article 11.

TÍTOL QUART

Jornada, hores extraordinàries, horari, descansos, vacances anuals, permisos i excedències

Article 13. Jornada i hores extraordinàries

1. La jornada de treball és, a jornada completa, de 38 hores setmanals de treball efectiu i de mitjana en còmput anual, sense que la jornada ordinària diària pugui superar les 8 hores de treball efectiu.
2. Es consideren hores extraordinàries les que excedeixin de la jornada assenyalada en el paràgraf anterior. Sense perjudici dels acords individuals entre notari i empleat, són d'obligat compliment les hores extraordinàries que es derivin de guàrdies, ja siguin electorals o col·legials.
3. Es distingeixen quatre modalitats d'hores extraordinàries:
   a) Hores extraordinàries diürnes: les que es realitzen entre les 6 h i les 22 h.
   b) Hores extraordinàries nocturnes: les que es realitzen entre les 22 h i les 6 h.
   c) Hores extraordinàries festives: les que es realitzen en un dia festiu.
   d) Hores extraordinàries per guàrdies: les que es realitzen a conseqüència de celebració d'un referèndum o d'eleccions (municipals, autonòmiques, estatals o europees), o perquè són fixades com a servei pel Col·legi de Notaris.

Article 14. Horari

El notari, sense superar el límit legal establert, ha de fixar l'horari de treball de la seva notaria en la manera que millor s'adapti a les necessitats del servei que s'hi presta i a les circumstàncies de la localitat.

Article 15. Calendari laboral

Anualment el notari ha d'elaborar un calendari laboral, on s'han de fixar els horaris als quals es refereix l'article 14 anterior.

Article 16. Descansos

1. Els empleats han de gaudir d'un descans setmanal d'un dia i mig (36 hores) ininterromputs, que, com a regla general, excepte guàrdies, usos locals o necessitats del servei, han de comprendre la tarda del dissabte o, si escau, el matí del dilluns i el dia complet del diumenge.
2. Això no ha de ser d'aplicació en el cas d'eleccions o altres supòsits de caràcter excepcional, en què l'empleat ha de realitzar la feina encomanada encara que sigui en dies o hores no laborables. L'elecció dels empleats afectes a aquesta activitat extraordinària correspon al mateix notari.

Article 17. Vacances anuals

1. Els empleats han de gaudir d'un període de vacances retribuïdes de 31 dies naturals l'any.
2. El període o períodes del seu gaudi s'ha de fixar de comú acord entre el notari i l'empleat.
3. En cas de desacord entre les parts, ha de resoldre la Jurisdicció Social.
4. L'empleat ha de conèixer les dates que li corresponguin de vacances dos mesos abans, almenys, del començament del seu gaudi.

Article 18. Permisos i excedències

1. Permisos i reduccions de jornada.

   L'empleat, amb avís i justificació previs, podrà absentar-se de la feina, amb dret a remuneració, per algun dels motius, i pel temps, següents:
   a) Quinze dies naturals en cas de matrimoni.
   b) Dos dies pel naixement de fill i per la defunció, accident o malaltia greu o hospitalització o intervenció quirúrgica sense hospitalització que precisi repòs domiciliari, de parents fins al segon grau de consanguinitat o afinitat. Quan per aquest motiu l'empleat necessiti fer un desplaçament a aquest efecte, el termini serà de quatre dies.
   c) Un dia per trasllat del domicili habitual.
   d) Pel temps indispensable per al compliment d'un deure inexcusable de caràcter públic i personal, comprès l'exercici del sufragi actiu. Quan consti en una norma legal un període determinat, s'ha d'estar al que aquesta norma disposi quant a la durada de l'absència i a la seva compensació econòmica.
   Quan el compliment del deure abans referit comporti la impossibilitat de la prestació de la feina deguda en més del vint per cent de les hores laborables en un període de tres mesos, el notari pot passar l'empleat afectat a la situació d'excedència forçosa. En el cas que l'empleat, per compliment del deure o acompliment del càrrec.

http://www.comfia.net/archivos/IIconv_notaries_07_cat.pdf

Activitats

10> Realitza una breu recerca per Internet i aconsegueix el conveni col·lectiu vigent del sector d'oficines i despatxos de Catalunya. Identifica l'existència dels diferents continguts mínims.

11> Quina diferència hi ha entre un conveni col·lectiu sectorial i un conveni col·lectiu d'empresa?

6.6 Els conflictes laborals

Un conflicte laboral es produeix quan l'empresa i els treballadors presenten discrepàncies en algun aspecte de la relació laboral. La manifestació d'aquest conflicte pot ser de diferents formes: el conflicte col·lectiu, la vaga i el tancament patronal.

El conflicte col·lectiu de treball

Es planteja una discrepància o un desacord sobre aspectes rellevants de les relacions laborals entre empresa i treballadors. Si els treballadors no decideixen suspendre voluntàriament el treball com a mesura de protesta (la vaga, que seguidament explicarem) s'acorda fixar un calendari de reunions per trobar una solució pactada al conflicte sorgit. Finalment, la solució d'aquest pot ser de diferents tipus:

- Acord entre les parts de caràcter voluntari.
- Conciliació: les parts acorden que un tercer intervingui per facilitar la negociació, però sense aportar solucions. Aquest agent conciliador és una entitat pública anomenada SMAC (Servei de Mediació, Arbitratge i Conciliació).
- Mediació: les parts acorden que un tercer intervingui en la solució oferint propostes, però sense poder de decisió.
- Arbitratge: les parts acorden sotmetre's a la decisió vinculant d'un tercer, d'un àrbitre que mitjançant un laude arbitral imposarà la solució al conflicte.

> abc
>
> L'**autoritat laboral** és l'organisme públic que té legalment la capacitat per entendre els assumptes de legislació laboral. També es pot definir com la representació del poder executiu en l'àmbit laboral. Segons el seu grau d'actuació, en l'àmbit nacional correspon al Ministeri de Treball i Immigració, i en l'àmbit autonòmic català, al Departament d'Empresa i Ocupació de la Generalitat de Catalunya.

La vaga

Es tracta de la interrupció de la prestació laboral per part dels treballadors amb la finalitat d'imposar certes condicions a l'empresa o manifestar una protesta. És un dret reconegut a la Constitució de manera que els treballadors puguin defensar els seus interessos.

Per tal que sigui considerada legal com a mesura de pressió envers l'empresa, la vaga s'ha de notificar per escrit a la direcció de l'empresa i a l'autoritat laboral amb cinc dies naturals d'antelació a l'inici d'aquesta. Si es tractés d'una empresa encarregada de la prestació d'un servei públic, l'antelació s'amplia a deu dies.

En aquesta notificació s'han d'especificar els aspectes següents:

- Objectius de la vaga.
- Gestions realitzades amb anterioritat per solucionar el conflicte.
- Data d'inici.
- Composició del comitè de vaga: conjunt de treballadors de l'empresa que participa en les actuacions i negociacions per solucionar el conflicte. També vetlla per garantir els serveis necessaris per a la seguretat de les persones i de les instal·lacions de l'empresa.

Durant la vaga, els treballadors participants no tenen dret al seu salari i s'ha de respectar el dret a treballar d'aquells que no s'hi afegeixen. L'empresa no pot sancionar els treballadors que estan en vaga i no els pot substituir per altres treballadors nous. Però, per sobre de tot, la finalitat de la vaga és forçar la solució del conflicte laboral mitjançant la negociació amb l'empresa.

Seguidament es pot llegir el text següent on s'explica el cas d'un conflicte laboral amb resultat de vaga dels treballadors com a mesura de pressió per a la negociació d'una sèrie de millores laborals.

Acord després de quatre dies de protesta

Desconvocada la vaga indefinida de les funeràries de Girona

1. Les petites empreses han accedit a millorar els horaris laborals.
2. La patronal demana que no es tornin a produir incidents als enterraments.

FERRAN COSCULLUELA

GIRONA

Els treballadors i la patronal de les funeràries de Girona van arribar ahir a un principi d'acord que va permetre desconvocar la vaga indefinida iniciada dimecres passat. El pacte ha estat possible després que la majoria d'empreses acceptés aplicar a partir del mes de març vinent millores en els horaris i la disponibilitat dels empleats. Després de superar-se la protesta que en els últims dies va obligar la policia a vigilar alguns enterraments per evitar incidents, les dues parts continuaran negociant el conveni col·lectiu.

Tant els representants dels assalariats com la patronal van expressar ahir la seva satisfacció per haver aconseguit desencallar un conflicte que havia pertorbat el clima de convivència. Les dues parts van advocar per mirar el futur, encara que van reconèixer que sempre queda «malestar» quan es convoca una vaga. Jesús Girón, portaveu de la Federació d'Activitats Diverses de CCOO, va valorar positivament l'acord a què es va arribar. "No hem aconseguit tot el que volíem, però hem acordat que les empreses petites també es comprometin a introduir millores", va explicar.

MEDIACIÓ DE TREBALL

La proposta de la Conselleria de Treball, que va actuar com a mediadora, garanteix als treballadors que a les empreses grans es crearà un torn de nit, cosa que reduirà les necessitats de disponibilitat de la resta de la plantilla. També s'ha acordat que el còmput d'hores setmanals serà de 45, amb un horari màxim de nou i un horari mínim de cinc.

Xavier Poch, responsable de Funerària Poch, la més important de tota la demarcació i la que s'ha vist més afectada per aquesta vaga, va destacar que l'acord suposa "una sortida digna per a tots". L'empresari va afirmar que ara el més important és que s'estableixin unes noves regles de joc "que impedeixin que es torni a produir una situació com la que s'ha viscut en els últims dies", en referència implícita a l'incident que va protagonitzar dijous un piquet a Banyoles i que va obligar la seva empresa a demanar protecció policial.

El Periódico de Catalunya, 20 de gener del 2008

- Explica quina és la utilitat d'una vaga.
- Per què es fa la mediació?
- És necessari que sempre hi hagi mediació a qualsevol vaga?

Activitats

12> Explica per quina raó es considera la vaga un instrument per solucionar un conflice laboral.

13> Quina diferència hi ha entre la mediació i l'arbitratge a l'hora de solucionar un conveni col·lectiu?

14> Per quina raó es pot veure obligada l'empresa a realitzar un tancament patronal? És una manera de solucionar un conveni col·lectiu? Raona la resposta.

El tancament patronal

És el tancament del centre de treball per part de l'empresa, en cas de vaga o per una altra irregularitat col·lectiva en el règim de treball, sempre que es doni alguna de les circumstàncies següents:

- Notori perill de violència per a les persones o de danys greus per als béns físics.
- Ocupació il·legal del centre de treball o perill cert que es produeixi.
- Inassistència o irregularitats en el treball que dificultin greument el procés normal de producció.

L'empresa té l'obligació de comunicar el tancament patronal a l'autoritat laboral en un termini de dotze hores i ha de justificar les raons. Si es considera legal, l'empresa no pagarà el salari als seus treballadors; en canvi, si no és legal, perquè l'autoritat laboral no considera suficientment justificat el tancament, l'empresa haurà d'abonar la totalitat del salari als treballadors.

6.7 El contracte de treball

Un contracte de treball és un acord on es reflecteixen les voluntats d'una empresa i un treballador, el qual es compromet a prestar personalment a l'empresa els seus serveis retribuïts, a actuar sota la seva direcció i a cedir-li, des de l'inici, el resultat que obtingui amb la seva activitat.

D'aquesta definició es poden destacar els aspectes següents:

- Els subjectes del contracte de treball són la persona treballadora i l'empresa, i amb la signatura del contracte, ambdós assumeixen un conjunt de drets i d'obligacions de caràcter recíproc.
  - Treballador: l'edat mínima per treballar són els 16 anys.
  - Empresa: pot ser persona física o jurídica.
- La persona treballadora presta de manera personal els seus serveis a l'empresa, és a dir, desenvolupa una determinada professió, treball o servei per a l'empresa.
- La direcció i l'organització de l'activitat laboral és competència de l'empresa.
- Els fruits del treball, o sigui, el valor de la seva prestació, pertanyen a l'empresa.
- La persona treballa a canvi d'una remuneració, d'un salari.

Contingut i característiques

Tot contracte de treball que se celebri ha de tenir un contingut mínim:

- El contingut de la prestació laboral: el tipus de treball que s'ha de realitzar.
- La durada: pot concertar-se per temps indefinit o per una durada determinada, amb relació a les característiques de l'empresa i del lloc de treball.
- La remuneració salarial: el salari, les pagues extraordinàries i altres components salarials, determinats d'acord amb el conveni col·lectiu i la normativa vigent.
- El període de prova: de manera general és de 6 mesos per als tècnics titulats (tècnics en formació professional i titulats universitaris) i, per a la resta de treballadors, de 2 mesos en empreses de 25 o més treballadors, i de 3 mesos en empreses de menys de 25 treballadors.

CONTRACTE DE TREBALL DE DURADA DETERMINADA

A temps complet	Codi del contracte
☐ Obra o servei determinat	401
☐ Eventual per circumstàncies de la producció	402
☐ Interinitat	410
A temps parcial	
☐ Obra o servei determinat	501
☐ Eventual per circumstàncies de la producció	502
☐ Interinitat	510
☐ Situació de jubilació parcial	540

DADES DE L'EMPRESA CIF/NIF/NIE

Nom i cognoms	NIF/NIE	En concepte[1] d
Nom o raó social	Domicili social	
País	Municipi	C. postal

DADES DEL COMPTE DE COTITZACIÓ

Règim	Cod. prov.	Número	Dig. contr.	Activitat econòmica

DADES DEL CENTRE DE TREBALL

País	Municipi

DADES DEL TREBALLADOR/A

Nom i cognoms		NIF/NIE	Data de naixement
NASS	Nivell d'estudis acabat	Nacionalitat	
Municipi del domicili		País del domicili	

Amb l'assistència legal, si escau, d..., amb el NIF/NIE núm. ...., en qualitat[2] d..

DECLAREN

Que compleixen els requisits exigits per subscriure aquest contracte de treball i, en conseqüència, decideixen formalitzar-lo d'acord amb les següents

CLÀUSULES

1. El treballador/a prestarà els seus serveis com a[3] ...., inclòs en el grup professional/categoria/nivell professional[4] d.., d'acord amb el sistema de classificació professional vigent a l'empresa.
2. La jornada de treball és[5]:
   - ☐ A temps complet: la jornada de treball és d........ hores setmanals, prestades d.. a ...., amb els descansos que estableix la llei.
   - ☐ A temps parcial: la jornada de treball ordinària és d............ hores ☐ diàries ☐ setmanals ☐ mensuals ☐ anuals

     Aquesta jornada és inferior a:[6]
     - ☐ la jornada d'un treballador/a a temps complet comparable
     - ☐ la jornada a temps complet prevista en el conveni col·lectiu d'aplicació
     - ☐ la jornada màxima legal

     El temps de treball es distribuirà de la manera següent: ....
3. La durada d'aquest contracte és des d...................................... fins a .... S'estableix un període de prova[7] d.. Si el conveni col·lectiu permet una durada més gran a l'establerta per llei, poseu una X: ☐

G866NCL-040-07

[1] Director/a, gerent, etc.
[2] Pare, mare, tutor/a o persona o institució que el/la tingui al seu càrrec.
[3] Indiqueu la professió.
[4] Assenyaleu el grup professional i la categoria o el nivell professional que correspongui, segons el sistema de classificació professional vigent a l'empresa.
[5] Marqueu amb una X el que correspongui.
[6] Marqueu amb una X la situació que correspongui.
[7] Cal respectar el que estableix l'article 14.1 del Text refós de la llei de l'estatut dels treballadors, aprovat pel Reial decret legislatiu 1/1995, de 24 de març (BOE de 29 de març).

Fig. 6.4. *Contracte de treball de durada determinada.*

4. El treballador/a ha de percebre una retribució bruta total d........................... euros[8] ...., que es distribueix en els conceptes salarials següents:[9] ....
En el cas del contracte per substituir treballadors en formació per treballadors beneficiaris de prestacions d'atur, el treballador/a en atur percebrà la prestació contributiva o el subsidi d'atur a què tingui dret pel 50% de la quantia durant la vigència del contracte, amb el límit màxim del doble del període pendent de percebre la prestació o el subsidi. L'empresari/ària, durant el període de percepció de la prestació o el subsidi que es comptabilitza, haurà d'abonar al treballador/a la diferència entre la quantia de la prestació o el subsidi d'atur i el salari que li correspongui; l'empresari/ària també és responsable de totes les cotitzacions a la Seguretat Social per totes les contingències i pel total del salari indicat, inclòs l'import de la prestació o el subsidi.
5. La durada de les vacances anuals és[10] d..
6. El contracte de durada determinada se subscriu per a:
   - ☐ Realització de l'obra o servei[11].., que té autonomia i substantivitat pròpies dins de l'activitat de l'empresa.
   - ☐ Atenció a les exigències circumstancials del mercat, l'acumulació de feines o l'excés de comandes, consistents en[12] ....
   ....,
   tot i que es tracti de l'activitat normal de l'empresa. En cas que es concerti per un termini inferior a la durada màxima legal o convencionalment establerta, el contracte es podrà prorrogar, amb l'acord de les parts, per una única vegada, i la seva durada total no podrà excedir de la durada màxima esmentada.
   - ☐ Substitució del treballador/a[13] ...., per tal de:
     - ☐ Substituir treballadors amb dret a reserva del lloc de treball.
     - ☐ Substituir treballadores per maternitat, sense bonificació de quotes.
     - ☐ Substituir treballadors excedents per tenir cura de familiars, i el treballador/a que substitueix l'excedent és el perceptor, durant més d'1 any, de prestacions d'atur de nivell contributiu o assistencial (disposició addicional 14 del Reial decret legislatiu 1/1995).
     - ☐ Cobrir temporalment un lloc de treball durant el procés de selecció o promoció, per a la cobertura definitiva.
     - ☐ Substituir treballadors en formació per treballadors beneficiaris de prestacions d'atur.[14] S'adjunta un certificat expedit per l'Administració pública o l'entitat encarregada de gestionar la formació.
     - ☐ Substituir treballadors amb disminució que tinguin suspès el seu contracte per incapacitat temporal contractant persones amb disminució en atur durant el temps que duri aquesta situació. Aquests contractes donen lloc a una bonificació del 100% en les quotes empresarials a la Seguretat Social.
   - ☐ Substituir treballadores víctimes de la violència de gènere:
     - ☐ Que hagin suspès el seu contracte laboral. Aquest contracte dóna dret a una bonificació del 100% de les quotes empresarials a la Seguretat Social per contingències comunes, durant tot el període de suspensió de la treballadora substituïda.
     - ☐ Que hagin exercit el dret de mobilitat geogràfica o de canvi del centre de treball. Aquest contracte dóna dret a una bonificació del 100% de les quotes empresarials a la Seguretat Social per contingències comunes durant 6 mesos.

   El treballador/a contractat ha de desenvolupar el lloc de treball[15] d...
   - ☐ Reducció de la jornada de treball i el salari del[16].............% quan el treballador/a reuneix les condicions generals exigides per tenir dret a la pensió contributiva de jubilació de la Seguretat Social, amb excepció de l'edat, que ha de ser, com a màxim, 5 anys inferior a l'exigida o bé quan, reunint les condicions generals esmentades, ha complert ja aquesta edat.
7. En finalitzar el contracte, i excepte en els casos de contracte d'interinitat, el treballador/a tindrà dret a rebre una indemnització amb una quantia equivalent a la part proporcional de la quantitat que resulti d'abonar 8 dies de salari per cada any de servei, o l'establerta, si escau, a la normativa específica aplicable.
8. Aquest contracte es regula d'acord amb la legislació vigent que hi sigui aplicable i, particularment, amb els articles 12 i 15 de l'Estatut dels treballadors, article 1 de la Llei 12/2001, de 9 de juliol (BOE de 10 de juliol), amb el Reial decret 2720/1998, de 18 de desembre (BOE de 8 de gener), i, si escau, amb la disposició addicional novena i transitòria sisena de la Llei 45/2002, de 12 de desembre (BOE de 13 de desembre), amb la disposició addicional quaranta-set de la Llei 2/2004, de 27 de desembre (BOE de 28 de desembre), i amb l'apartat 3 de l'article 21 de la Llei orgànica 1/2004, de 28 de desembre (BOE de 29 de desembre). Així mateix, hi és aplicable el que disposa el Conveni col·lectiu d...
9. El contingut d'aquest contracte s'ha de comunicar a l'Oficina de Treball de la Generalitat d...
.... en el termini dels 10 dies següents a la seva concertació.[17]

CLÀUSULES ADDICIONALS

....
....

I, perquè consti, s'expedeix aquest contracte en 3 exemplars, que signen les parts interessades, en el lloc i la data indicats a continuació.

...., ... d........................ de 20......

El/la treballador/a, El/la representant de l'empresa, El/la representant legal del/de la menor, si escau,

[8] Diaris, setmanals o mensuals.
[9] Salari base i complements salarials.
[10] Mínim: 30 dies naturals.
[11] Identifiqueu clarament l'obra o servei, amb autonomia i substantivitat pròpia dins de l'activitat de l'empresa en què prestarà servei el treballador/a contractat.
[12] Indiqueu la causa o les circumstàncies que justifiquen el contracte.
[13] Assenyaleu el nom del treballador/a substituït.
[14] Només les empreses de fins a 100 treballadors, i sempre que aquestes accions formatives estiguin finançades per alguna de les administracions públiques. Apartat 1 de la disposició transitòria sisena de la Llei 45/2002, de 12 de desembre (BOE de 13 de desembre).
[15] Indiqueu si el lloc de treball que cal ocupar és el del treballador/a o el d'un altre treballador/a de l'empresa que passa a desenvolupar el lloc del primer. Cal identificar, si escau, el lloc de treball la cobertura definitiva del qual es produirà després del procés de selecció externa o promoció interna.
[16] Indiqueu el percentatge de reducció de la jornada i del salari, que ha d'estar entre un 25% i un 85%.
[17] Les dades consignades en aquest contracte tenen la protecció derivada de la Llei orgànica 15/1999, de 13 de desembre (BOE de 14 de desembre).

- El temps de treball: es fixen la jornada laboral, els descansos, les vacances o les hores extraordinàries.

El contractes es poden celebrar per escrit o de manera oral. Sempre hauran de ser per escrit si la durada és superior a les quatre setmanes o si ho obliga en particular la modalitat de contracte. A la pràctica, la gran majoria de contractes s'han de fer per escrit.

Si es fa per escrit, el contracte s'ha d'emplenar utilitzant un model oficial, que varia segons la modalitat de contractació. Observeu la figura 6.4, on es reprodueix el model oficial d'un tipus de contracte, en aquest cas d'una modalitat denominada *contracte de durada determinada*.

El temps laboral

Com s'ha comentat abans, dins del contracte i en general considerant la relació laboral, s'han de tenir en compte els diferents elements que conformen el temps laboral: durada màxima de la jornada, descansos, vacances, etc.

- Jornada laboral:
  - Setmanal: el màxim és de 40 hores setmanals com a mitjana anual. Això implica que la durada pot ser irregular: es poden donar setmanes amb més de 40 hores i d'altres amb menys.
  - Diària: el màxim són 9 hores al dia, encara que per conveni col·lectiu es pot ampliar, tot respectant els descansos corresponents. Els menors no poden fer més de 8 hores al dia.
- Descansos:
  - Dins de la jornada: quinze minuts si és continuada i supera les sis hores. En el cas dels menors, serà de trenta minuts si la jornada continuada supera les quatre hores i mitja.
  - Entre jornades: entre el final d'una jornada i el principi de la següent ha de transcórrer un mínim de dotze hores.
  - Setmanal: un mínim d'un dia i mig ininterromput. Es podran acumular en períodes de catorze dies, treballant onze dies seguits i descansant tres dies més. Els menors faran un descans mínim de dos dies ininterromputs.
- Vacances: un mínim de trenta dies naturals per any treballat i retribuïdes. No es poden substituir per compensació econòmica.
- Jornada nocturna: és la que fa un mínim de tres hores de la jornada en horari nocturn (de 22.00 a 6.00). El menors no poden treballar en horari nocturn.
- Treball a torns: quan l'empresa té un procés productiu continu i l'organitza en torns rotatius, llavors no es pot obligar a estar en el torn de nit més de dues setmanes consecutives, tret que sigui voluntàriament.
- Hores extraordinàries: són les hores que es fan superant la jornada màxima. N'hi ha de dos tipus:
  - Normals: les que es fan per exigències de producció de l'empresa com acumulació de comandes, excés de demanda o absències imprevistes.
  - Per força major: les que es fan per prevenir danys extraordinaris i urgents.

Són de caràcter voluntari, excepte les de força major i les que es pactin al conveni col·lectiu. No es poden fer més de 80 hores extraordinàries l'any, no computant-ne les de força major i les que es compensen amb descans equivalent. Els menors no en poden fer.

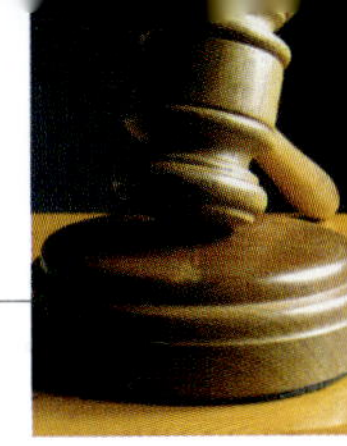

Modalitats de contractació

Existeixen diverses modalitats de contractes. L'empresa triarà aquell que més li convingui, tenint en compte les característiques del lloc de treball, el temps que necessitarà els serveis de la persona treballadora i el cost de la contractació.

Encara que hi ha una gran diversitat de modalitats, només comentarem aquelles que són més habituals i que s'utilitzen més en les empreses. D'entrada considerem dos grans grups: els contractes indefinits i els contractes temporals.

Els **contractes indefinits** són aquells en els quals no es fixa una data determinada de finalització. Aquests contractes per temps indefinit també es coneixen popularment com a *contractes fixos*, ja que són els que tenen els treballadors que formen part de la plantilla fixa de l'empresa.

Dintre d'aquest grup, la modalitat més remarcable és el **contracte de foment de la contractació indefinida.** L'objecte d'aquest contracte és estimular la contractació indefinida de persones que pertanyen a certs col·lectius que tenen especials dificultats per obtenir una contractació indefinida o que estan especialment afectats per la inestabilitat laboral (vegeu **taula 6.5**).

L'empresa, a canvi de contractar de manera indefinida persones d'aquests col·lectius, rebrà una compensació econòmica consistent en una bonificació en la quota empresarial de cotització a la Seguretat Social, o sigui, es beneficiarà d'una reducció dels costos laborals associats a aquestes persones contractades. L'empresa també es pot beneficiar d'un cost més reduït en l'acomiadament, en determinades circumstàncies. De vegades fins i tot l'empresa pot rebre addicionalment una subvenció directa.

L'altre gran grup de contractes que estudiarem és el dels **contractes temporals,** és a dir, aquells en els quals hi ha una data deteminada de finalització de la relació laboral. I dintre d'aquests estudiarem dues modalitats: els contractes de durada determinada i els contractes formatius.

Els **contractes de durada determinada** són modalitats de contractació que donen resposta a situacions, habituals en l'activitat empresarial, en les quals l'empresa necessita realitzar un contracte temporal. Actuament n'existeixen tres tipus: contracte d'obra o servei determinat, contracte eventual per circumstàncies de la producció i contracte d'interinitat. En la taula següent s'indiquen les característiques principals d'aquests tipus de contractes (**taula 6.6**).

L'altra modalitat de contactes temporals és la dels **contractes formatius.** Es tracta de dos tipus de contractes que tenen com a finalitat global fomentar la contractació de persones que tenen especials dificultats per ser contractades per manca d'experiència laboral o per manca de formació. Són el contracte en pràctiques i el contracte per a la formació i l'aprenentatge. Seguidament comentem les seves característiques en la **taula 6.7.**

interinitat => substitució

Activitats

15> Què significa que la jornada setmanal ha de ser com a màxim de 40 hores en còmput anual? Posa'n un exemple.

16> Fes una recerca per Internet i descarrega't els models oficials dels contractes que hem estudiat en aquesta unitat.

17> Una persona treballadora pot negar-se a fer hores extraordinàries? Raona la resposta.

La **Seguretat Social** és una entitat pública que organitza i gestiona un sistema de cobertures socials que garanteix una sèrie de serveis assistencials i de prestacions socials suficients a les persones treballadores i els seus familars davant de situacions de necessitat –malaltia, accident, jubilació, atur, etc. Es pot consultar el lloc web *www.seg-social.es*

1. Persones desocupades que pertanyin a algun dels col·lectius següents:
■ Joves fins a 30 anys. ■ Dones desocupades en professions amb una menor taxa d'ocupació femenina. ■ Persones més grans de 45. ■ Desocupats de llarga durada. ■ Discapacitats. ■ I en general aquells col·lectius que el Govern consideri.
2. Persones que a una data determinada es troben a la mateixa empresa amb certs contractes temporals (contractes de durada determinada i contractes formatius) i es realitzi la seva conversió en contracte a temps indefinit.

Taula 6.5. *Grups de persones que tenen especials dificultats per obtenir un contracte indefinit.*

Les **cotitzacions a la Seguretat Social** són les aportacions que fan treballadors i empreses com a contribucions al finançament de la Seguretat Social.

Contractes de durada determinada			
	Obra o servei determinat	*Eventual per circumstàncies de la producció*	*Interinitat*
Objecte	La realització d'obres o prestació de serveis amb autonomia i sustantivitat pròpia respecte de l'activitat habitual de l'empresa.	Atendre les exigències circumstancials del mercat, acumulació de feines o excés de comandes encara que es tracti de l'activitat habitual de l'empresa.	■ Substituir un treballador amb dret a reserva del lloc de treball. ■ Cobrir temporalment un lloc de treball durant el procés de selecció o promoció de personal. ■ Substituir treballadors en formació per treballadors beneficiaris de prestacions per atur.
Durada	■ Pel temps necessari per a la realització de l'obra o el servei. ■ Si al contracte es fixa una durada o termini, aquests seran orientatius. ■ Si la durada és superior a un any, cal un preavís de quinze dies abans de la finalització.	■ Màxim de sis mesos dintre d'un període de referència de dotze mesos. ■ Per acord al conveni col·lectiu es pot ampliar el període de referència fins a divuit mesos, sense que la durada no sigui superior al 75 % d'aquest o a dotze mesos.	■ Mentre subsisteixi el dret del treballador substituït. ■ Tres mesos com a màxim en el cas del procés de selecció de personal.
Jornada	A temps complet o a temps parcial.	A temps complet o, en casos molt excepcionals, a temps parcial.	La que tingui el lloc de treball del treballador substituït.
Formalització	Per escrit.	Per escrit si supera les quatre setmanes de durada o si és a temps parcial.	Per escrit.
Indemnització	Vuit dies de salari per any treballat o la part proporcional per períodes inferiors.		No.

Taula 6.6. *Tipus de contracte de durada determinada.*

	Contracte en pràctiques	*Contracte per a la formació i l'aprenentatge*
Requisits del treballador/a	Tenir títol universitari o de formació professional de grau mitjà o superior.	Tenir entre 16 i 24 anys. Sense límit màxim d'edat en el cas de persones amb discapacitat. Transitòriament, es pot aplicar a menors de 30 anys fins al 31/12/2013. Sense titulació acadèmica requerida pel contracte en pràctiques.
Requisits de l'empresari/ària	Donar al treballador/ra un lloc que li permeti realitzar la pràctica adequada al nivell d'estudis cursat.	Té un nombre màxim de contractacions d'aquesta modalitat, segons la mida de la seva plantilla.
Durada	Un mínim de 6 mesos i un màxim de 2 anys.	Un mínim d'un any i un màxim de dos. Esgotada la durada màxima, el treballador no podrà ser tornat a contractar sota aquesta modalitat en aquesta o en una altra empresa.
Pròrrogues	Se'n poden concedir un màxim de 2, que no poden ser inferiors a 6 mesos.	12 mesos més en circumstàncies específiques.
Període de prova	No pot ser superior a 1 mes per als titulats de grau mitjà i 2 mesos per als de grau superior.	No pot ser superior a dos mesos.
Retribució	Segons el conveni, no pot ser inferior al 60 % del salari d'un treballador que ocupi el mateix lloc de treball, durant el primer any de vigència del contracte, ni al 75 % durant el segon any. Malgrat això, no pot ser mai inferior al salari mínim interprofessional (SMI).	Es fixarà en proporció al temps de treball efectiu (no superior al 75% de la jornada laboral), segons el conveni col·lectiu. En cap cas pot ser inferior a l'SMI en proporció al temps de treball efectiu. La resta de la jornada laboral (no inferior al 25% del total) s'haurà de destinar a formació acadèmica en un centre formatiu.
Forma	Per escrit.	Per escrit.
Excepcions	No es tindrà en compte la consideració de contracte en pràctiques quan la pràctica s'inclogui en els estudis corresponents i sempre que es realitzi com a part integrant dels cursos de formació professional.	No es poden expedir aquests tipus de contractes quan tinguin per objecte la qualificació per a un lloc de treball que hagi ocupat anteriorment el treballador en la mateixa empresa, per un període superior a 12 mesos.

Taula 6.7. *Contractes formatius.*

6.8 El salari

Què és el salari

Tal com defineix l'Estatut dels Treballadors, el **salari** és la totalitat de les percepcions econòmiques dels treballadors, en diners o en espècie, per la prestació professional dels serveis laborals per compte aliè, ja sigui com a retribució pel treball efectiu o pels períodes de descans computables com a treball.

Com ja s'ha comentat al principi de la unitat, el treball ha de ser remunerat, entre altres característiques (subordinat, voluntari i per compte aliè), ja que l'empresa compensa la persona treballadora per la seva contribució a la producció. Aquesta contribució té un valor econòmic quantificable. És el salari. A vegades s'utilitzen sinònims com *remuneració salarial* o *retribució salarial*.

Per a l'empresa, el salari és un cost com un altre, però econòmicament i socialment es tracta d'una part molt important dels ingressos de les economies domèstiques, i és per això que tant la normativa legal com els organismes públics de govern li destinen moltes atencions.

Amb relació a això, el govern fixa anualment el **salari mínim interprofessional** (SMI), que és la remuneració mínima que pot tenir una persona treballadora que realitzi la jornada completa per qualsevol tipus de professió o ofici. Per a l'any 2011, l'SMI ha estat de 600 euros mensuals distribuïts en catorze pagues anuals (vegeu el text següent). Es considera que aquesta és la quantitat mínima i indispensable que una persona hauria de cobrar com a salari per poder viure dignament. Per aquesta raó, el Govern revisa l'import de l'SMI cada any i hi incorpora l'increment del cost de la vida. També se sol utilitzar com a indicador de referència per decidir quines persones tenen dret a rebre subvencions i ajuts de l'Estat.

abc

Salari en espècie és aquella part del salari que es rep en béns o serveis susceptibles de valoració econòmica, com allotjament, vehicles, productes o serveis, etc. No pot superar el 30% de totes les percepcions salarials.

Atesa la importància que té el salari per a les persones treballadores, existeixen les **garanties del salari**, que són una sèrie de mesures de protecció i que es manifesten de diverses formes:

- **FOGASA** (Fons de Garantia Salarial) és un organisme públic que depèn del Ministeri de Treball i Afers Socials i que té com a funció, en cas d'insolvència, suspensió de pagaments, fallida o concurs de creditors de l'empresa i amb caràcter subsidiari, garantir als treballadors la percepció dels salaris. Aquest fons està finançat amb l'aportació de les empreses a través de la cotització corresponent.
- **Preferència dels salaris** no pagats per l'empresa sobre altres deutes de l'empresa en cas que no pugui fer front a les seves obligacions econòmiques.
- **Inembargabilitat de l'SMI:** en cas que el salari de la persona treballadora hagi de ser embargat, només es podrà fer en determinada proporció que excedeixi l'import de l'SMI.

El Consell de Ministres incrementa el salari mínim fins als 600 euros

El Consell de Ministres ha aprovat avui que el salari mínim interprofessional (SMI) per al 2008 sigui de 600 euros mensuals, la qual cosa suposa un increment del 5,15 % respecte al del 2007, segons ha informat avui el Ministeri de Treball i Afers Socials.

En un comunicat, aquest ministeri ha destacat que per als treballadors eventuals i temporers els serveis dels quals a una mateixa empresa no excedeixin de 120 dies, el salari serà de 28,42 euros per jornada, mentre que per als empleats de la llar la quantitat establerta és de 4,7 euros per hora treballada.

A més, ha subratllat que amb aquest augment es redueixen les diferències de la quantia amb el 60 % del salari mitjà que hi ha a Espanya i amb el valor mitjà de l'SMI de la Unió Europea.

El ministeri ha incidit en el fet que en aquesta legislatura els treballadors que depenguin o tinguin com a referència el valor del salari mínim han vist incrementat l'import en 139,5 euros, cosa que suposa un augment del 30,3 %.

EFE - Madrid

ELPAIS.com, Economía, 28 de desembre del 2007

- Per què creus que és necessari l'SMI?
- Fes una senzilla recerca per Internet i observa quina ha estat l'evolució dels SMI en els últims cinc anys.
- Dóna la teva opinió sobre el valor de l'SMI. Creus que és suficient?

Composició del salari

El salari està format per dos components bàsics: el salari base i els complements salarials. El **salari base** és la remuneració principal de la persona treballadora i es fixa en funció de la seva categoria professional acordada al conveni col·lectiu de l'empresa o del sector. En cas que no hi hagi conveni col·lectiu, el salari base serà l'acordat al contracte de treball. Aquesta remuneració pot expressar-se per unitat de temps (euros al mes o al dia) o per unitat d'obra (euros per unitats produïdes).

Els **complements salarials** són les quantitats de diners que s'afegeixen al salari base en concepte de les característiques personals del treballador, de les característiques del lloc de treball, pel rendiment del treballador o per altres conceptes diversos:

- Antiguitat: l'empresa valora positivament la permanència del treballador.
- Coneixements especials, els quals milloren el treball de la persona i beneficien l'empresa conseqüentment.
- Penositat, toxicitat, perillositat, tornicitat o nocturnitat: compensen el treballador per les incomoditats que generen aquestes característiques especials.
- Incentius, primes de productivitat, assistència o puntualitat: es valora el superior rendiment que té el treballador quantitativament i qualitativament.
- Hores extraordinàries: es compensen les hores treballades de més.
- Gratificacions extraordinàries: el treballador té dret a un mínim de dues pagues extraordinàries a l'any d'un import mínim equivalent a trenta dies de salari base, encara que és habitual que, per acord, en el conveni col·lectiu s'hi afegeixin complements com l'antiguitat.

El rebut de salaris: contingut i resolució d'un cas pràctic

L'empresa té l'obligació de pagar els salaris mensualment o amb una freqüència inferior (setmanalment o quinzenalment), i per això ha de lliurar a la persona treballadora el **rebut de salaris** o **nòmina,** que és el rebut justificatiu del pagament del salari, on s'especifiquen les percepcions pagades, els descomptes realitzats i, finalment, el salari net que s'ha de pagar.

El rebut de salaris ha de seguir el model oficial establert pel Ministeri de Treball i Immigració. Seguidament explicarem l'estructura del rebut de salaris i els càlculs que s'han de realitzar per emplenar-lo. Per això observem el rebut de salari reproduït a continuació:

REBUT INDIVIDUAL JUSTIFICATIU DEL PAGAMENT DE SALARIS

Empresa: INDUSTRIAL SABADELLENCA, S.A.	Treballador/ra: RAMON PI PELLICER
Domicili: Sant Andreu, 15, SABADELL	NIF: 30000123 Y Núm. del llibre de matrícula: 27
CIF: A080000000	Núm. d'afiliació a la Seguretat Social: 08/1234567890
Codi del compte de cotització a la Seguretat Social: 08/00000000/87	Categoria o grup professional: AUXILIAR ADMINISTRATIU
	Grup de cotització: 07

Període de liquidació : del dia 1 al dia 30 d'abril de 20 07. Total de dies 30

			TOTALS
I. MERITACIONS			
1. Percepcions salarials			
Salari base		878,98	
Complements salarials: antiguitat		51,75	
Hores extraordinàries		72,12	
Gratificacions extraordinàries			
Salari en espècie			
2. Percepcions no salarials			
Indemnitzacions o bestretes: dietes		33,06	
Prestacions i indemnitzacions a la Seguretat Social			
Indemnitzacions per trasllat, suspensió o acomiadament			
Altres prestacions no salarials			
A. TOTAL MERITAT			1.035,91
II. DEDUCCIONS			
1. Aportació del/de la treballador/ra a les cotitzacions a la Seguretat Social i conceptes de recaptació conjunta	%		
Contingències comunes	4,7	54,68	
Atur	1,55	19,15	
Formació professional	0,1	1,24	
Hores extraordinàries			
Per força major			
No estructurals i estructurals	4,7	3,39	
TOTAL D'APORTACIONS		78,46	
2. Impost sobre la renda de les persones físiques	15	155,39	
3. Bestretes			
4. Valor dels productes rebuts en espècie			
5. Altres deduccions			
B. TOTAL A DEDUIR			233,85
LÍQUID TOTAL A PERCEBRE (A-B)			802,06

Sabadell, 30 d 'abril de 20008

Signatura i segell de l'empresa

HO HE REBUT

Quantitat que paga el treballador/a a la Seguretat Social com a cotitzacions socials

Suma de les quantitats que es dedueixen de les percepcions brutes del treballador/a (78,46 + 155,39)

Quantitat que paga el treballador/a com a impostos (IRPF)

Quantitat que finalment cobra el treballador/a, fetes les deduccions corresponents (1035,91 – 233,25)

DETERMINACIÓ DE LES BASES DE COTITZACIÓ A LA SEGURETAT SOCIAL I CONCEPTES DE RECAPTACIÓ CONJUNTA I DE LA BASE SUBJECTA A RETENCIÓ DE L'IRPF

1. Base de cotització per contingències comunes	
Remuneració mensual	930,73
Prorrata per pagues extraordinàries	232,68
TOTAL	1.163,41
2. Base de cotització per contingències professionals (AT i MP) i conceptes de recaptació conjunta (atur, formació professional, fons de garantia salarial)	1.235,53
3. Base de cotització addicional per hores extraordinàries	72,12
4. Base subjecta a la retenció de l'IRPF	1.035,91

Suma de les percepcions brutes del treballador/a

Fig. 6.7. *Rebut de salari.*

Tot seguit explicarem com s'emplena el rebut de salaris i com a exemple utilitzarem el reproduït a la Fig. 6.7, on es mostra la nòmina d'una persona que té les dades laborals següents:

- Salari base: 878,98 €/mes.
- Pagues extraordinàries anuals: 3 de salari base més antiguitat.
- Antiguitat: 51,75 €/mes.
- Hores extraordinàries: 72,12 € en aquest mes.
- Dietes: 33,06 € en aquest mes.
- Categoria professional: auxiliar administratiu.
- Tipus de contracte: de temps indefinit a jornada completa.
- Retenció IRPF: 15 %.

El rebut de salaris està compost per cinc parts que seguidament expliquem.

I. Encapçalament. Hi figuren les dades de l'empresa i de la persona treballadora.

II. Meritacions. Són les quantitats que percep la persona treballadora per diferents conceptes:

- **Percepcions salarials:** formades pel salari base i els complements salarials.

  A l'exemple, hem suposat que la persona cobra un salari base de 878,98 €, una antiguitat de 51,75 € i hores extraordinàries de 72,12 €.

- **Percepcions no salarials:** són quantitats pagades a la persona treballadora, però que no tenen la consideració de salari, ja que no estan remunerant el seu treball, sinó altres conceptes com les indemnitzacions que rep com a compensació per les despeses que li ha ocasionat el treball (dietes, despeses de transport, roba de feina o desgast d'eines).

  A l'exemple cobra 33,06 € en concepte de dietes.

- **Total meritat:** és la suma de les percepcions salarials i les percepcions no salarials. A vegades també s'anomena *salari brut*.

A l'exemple, la suma que forma el total meritat és 1 035,91 €.

III. Càlcul de les bases de cotització i de la base d'IRPF. S'han de calcular unes bases sobre les quals s'apliquen uns tipus de cotització i la retenció a compte de l'IRPF (impost sobre la renda de les persones físiques).

- **Determinació de les bases de cotització:** hi ha tres bases de cotització.

  1. **Base de cotització per contingències comunes (BCCC).** És la suma de dos conceptes: la remuneració mensual i la prorrata de pagues extraordinàries.

     Remuneració mensual (Rm): és la suma del salari base i la resta de complements salarials, excepte les hores extraordinàries i les pagues extraordinàries.

     A l'exemple: salari base 878,98 + antiguitat 51,75 = 930,73 €.

     Prorrata de pagues extraordinàries (Ppe): és la suma de totes les pagues extraordinàries que es cobren anualment i es divideix entre 12.

$$\text{Ppe} = \frac{\text{nre. pagues extraordinàries} \cdot \text{import paga extraordinària}}{12}$$

A l'exemple suposem que es cobren tres pagues extraordinàries i que l'import és de salari base més antiguitat:

$$\text{Ppe} = \frac{3 \cdot (878{,}98 + 51{,}75)}{12} = 232{,}68\ €$$

Per tant, BCCC = Rm + Ppe = 930,73 + 232,68 = 1 163,41 €.

Però abans s'ha de comprovar que aquesta base estigui entre una base mínima i una base màxima determinades legalment. Per això s'ha de consultar una taula on s'indiquen.

A l'exemple suposem que la persona treballadora té la categoria d'auxiliar administratiu. Si consultem la taula, veiem que a aquesta li correspon el grup de cotització 7, que té com a base màxima 3 230,10 € i base mínima 748,20 €. Es pot comprovar que la BCCC resultant està entre la base mínima i la màxima, o sigui, és correcta.

Base mínima 748,20 < 1 163,41 < 3 230,10 Base màxima

Si fos inferior a la base mínima, s'utilitzaria la base mínima, i si fos superior a la base màxima, s'utilitzaria la base màxima.

2. **Base de cotització de contingències professionals (BCCP).** És la suma de la base de cotització de contingències comunes (BCCC) més la base d'hores extraordinàries (BHE).

   BCCP = BCCC + BHE

   A l'exemple, BCCP = 1 163,41 + 72,12 = 1 235,53 €.

   També s'ha de comprovar que estigui entre la base mínima i la base màxima, tal com s'ha fet en l'apartat anterior. Es pot verificar que la BCCP resultant està entre la base mínima i la màxima, o sigui, és correcta.

   Base mínima 748,20 < 1 253,53 < 3 230,10 Base màxima

3. **Base d'hores extraordinàries (BHE).** És la suma de l'import de les hores extraordinàries realitzades, tant si són normals com de força major.

   A l'exemple és 72,12 € per hores extraordinàries normals.

4. **Determinació de la base subjecta a la retenció de l'IRPF:** sempre és el total meritat.

A l'exemple és 1 035,91 €.

IV. Deducciones. L'import dels descomptes que s'han de realitzar són per diferents conceptes:

- **Aportació a les cotitzacions a la Seguretat Social:** es tracta de les diferents cotitzacions que la persona treballadora ha de pagar com a contribució al finançament de la Seguretat Social. Es calculen aplicant a cada base de cotització el tipus corresponent, consultant la taula de tipus de cotització.

  En aquesta taula s'indiquen els percentatges que tant treballadors com empreses han de pagar en les respectives cotitza-

Bases de cotització per contingències comunes			
Grup de cotització	*Categories professionals*	*Bases mínimes euros/mes*	*Bases màximes euros/mes*
1	Enginyers i llicenciats	1 045,20	3 230,10
2	Enginyers tècnics, perits i ajudants titulats	867,00	3 230,10
3	Caps administratius i de taller	754,20	3 230,10
4	Ajudants no titulats	748,20	3 230,10
5	Oficials administratius	748,20	3 230,10
6	Subalterns	748,20	3 230,10
7	Auxiliars administratius	748,20	3 230,10
		Bases mínimes euros/dia	*Bases màximes euros/dia*
8	Oficials de primera i segona	24,94	107,67
9	Oficials de tercera i especialistes	24,94	107,67
10	Peons	24,94	107,67
11	Treballadors menors de 18 anys	24,94	107,67
Bases de cotització per contingències professionals			
Mínima	748,20	Màxima	3 230,10

Taula 6.8. *Bases mínimes i màximes per contingències comunes i professionals per al 2011. (http://www.seg-social.es)*

Tipus de cotització (%)				
Conceptes		*Treballadors*	*Empresa*	*Total*
Contingències comunes		4,7	23,6	28,3
Atur:	Tipus general	1,55	5,5	7,05
	Tipus t. complet	1,6	6,7	8,3
	Tipus t. parcial	1,6	7,7	9,3
Fons de Garantia Salarial		-	0,2	0,2
Formació professional		0,1	0,6	0,7
Hores extraordinàries:				
- Força major		2	12	14
- Resta h. e.		4,7	23,6	28,3

Taula 6.9. *Tipus de cotització. (http://www.seg-social.es)*

cions. En aquest cas nosaltres només hem utilitzat els tipus de la columna dels treballadors. Però observem que els tipus que paga l'empresa són significativament més grans.

A cadascuna de les bases de cotització se li aplica un tipus de cotització específic. El resultat és l'aportació que es fa a la Seguretat Social per diferents conceptes, que l'empresa calcula i ingressa a la Tresoreria General de la Seguretat Social.

En el cas de l'exemple, com que la persona té un contracte indefinit, se li aplica com a tipus de cotització d'atur un 1,55 %.

Tipus d'aportació	*Base de cotització*	*Tipus de cotització*	*Càlcul*	*Quota*
Contingències comunes	BCCC	4,7 %	1 163,41 · 4 ,7%	54,68
Atur	BCCP	1,55 %	1 235,53 · 1,55%	19,15
Formació professional	BCCP	0,1 %	1 235,53 · 0,1 %	1,24
Hores extraordinàries força major	BHE fm	2 %	-	-
Hores extraordinàries (resta)	BHE r	4,7 %	72,12 · 4,7%	3,39
		TOTAL APORTACIONS		78,46

Taula 6.10. *Càlcul de quotes de cotització.*

- **Impost sobre la renda de les persones físiques:** l'empresa té l'obligació de calcular la retenció a compte de l'IRPF de cada treballador, descomptant-li del salari l'import corresponent i fent l'ingrés a Hisenda. Es calcula de la manera següent:

  retenció IRPF = base IRPF · tipus retenció

  A l'exemple, hem suposat que el tipus impositiu és del 15 %

  retenció IRPF = 1 035,91 · 15 % = 155,39 €

  El tipus de retenció el calcula l'empresa aplicant les normes fiscals que tenen en compte les característiques personals del treballador.

- **Total que s'ha de deduir:** la suma de les diferents deduccions.

  total que s'ha de deduir = 78,46 + 155,39 = 233,85 €

V. Líquid total que cal percebre: és la quantitat que realment ingressa la persona treballadora, una vegada que al total meritat se li descompten les deduccions.

LTP = total meritat – total per deduir

LTP = 1 035,91 – 233,85 = 802,06 €

Activitats

18> És el mateix el salari i la nòmina? Raona la resposta.

19> Una persona cobra cada mes un salari base de 775 euros i una antiguitat del 5 % del seu salari base. En aquest mes ha fet hores extraordinàries per valor de 180 euros i ha cobrat 35 euros en concepte de desgast d'eines. Calcula els diners que realment rebrà aquesta persona al final de mes. Considera que la retenció d'IRPF és del 14 %, que està contractat de manera indefinida i que en aquesta empresa es cobren dues pagues extraordinàries anualment formades pel salari base més l'antiguitat. La categoria professional és auxiliar administratiu.

20> Una persona treballa com a oficial administratiu amb un contracte eventual per circumstàncies de la producció a temps complet, cobrant 25 000 euros l'any repartits en 15 pagues. Si el tipus de retenció és del 7 %, emplena tot el que sàpigues del rebut de salaris. També cobra un complement per idiomes de 25 euros al mes.

Activitats finals

1> Defineix els diversos tipus de contractes.

2> Digues la diferència entre un contracte en pràctiques i un per a la formació.

3> Digues quina d'aquestes condicions no correspon a un contracte en pràctiques.

a) Que el treballador tingui títol universitari o de formació professional de grau mitjà o superior.

b) Que la forma sigui escrita.

c) Que tingui una durada d'un mínim de 6 mesos i un màxim de 2 anys amb opció a 3 anys segons el conveni del sector.

d) Que el període de prova no pugui ser superior a 1 mes per als titulars de grau mitjà i de 2 mesos per als de grau superior.

4> Explica què és el salari i de què està compost.

5> Defineix el concepte de *nòmina*.

6> Enumera les parts de què es compon una nòmina.

7> Explica la diferència que hi ha entre les cotitzacions a la Seguretat Social i les retencions de l'IRPF.

8> Comenta la diferència que hi ha entre el salari brut i el salari net d'un treballador.

9> Un treballador pot cobrar un salari per sota del salari mínim interprofessional? Raona-ho.

10> El salari que ha de cobrar cada treballador és determinat pel que està establert:

a) En el contracte de treball.

b) En el conveni col·lectiu.

c) En el contracte de treball o en el conveni col·lectiu.

11> Quina és la principal diferència entre un contracte eventual per circumstàncies de la producció i un contracte d'obra o servei determinat? I la semblança?

12> Una persona treballa en una empresa amb un contracte en pràctiques, cobrant un salari base de 950 euros al mes. Si el salari base de la categoria equivalent és de 1400 euros, és correcta aquesta situació? Comenta la solució.

13> Explica què són els sindicats i la funció que compleixen a l'empresa.

14> Què és l'SMAC? Fes una breu recerca per Internet i confecciona un informe.

15> Una persona ha finalitzat els seus estudis de tècnic superior en Administració i Finances i comença a buscar feina. Quina modalitat de contracte formatiu és més adient? I quina no? Raona la resposta.

16> Emplena el rebut de salaris d'una persona que treballa com a auxiliar comptable amb les remuneracions mensuals següents: salari base de 875 euros, antiguitat de 12 euros, hores extraordinàries normals de 75 euros i despeses de locomoció de 45 euros. Cobra tres pagues extraordinàries a l'any de salari base més antiguitat i el tipus de retenció d'IRPF és del 5 %.

17> Pot una persona fer una jornada de 12 hores diàries? Raona la resposta.

18> Què és el període de prova? Quin seria el de la persona de l'activitat 15? Raona la resposta.

19> Una persona fa una jornada diària de dilluns a divendres de les 20.00 a les 04.00. Quin descans ha de fer com a mínim? I si és un treballador de 17 anys?

20> Explica quines són les formes de remunerar les hores extraordinàries i posa exemples numèrics per il·lustrar-ho.

21> Calcula la nòmina d'una persona que treballa en una empresa amb la categoria d'oficial administratiu i cada any cobra un salari base de 19520 euros. Té dues pagues extraordinàries a l'any de salari base més antiguitat i cobra un complement d'antiguitat de 124 euros al mes. També ha cobrat 175 euros en conceptes de dietes. La retenció d'IRPF és del 17 %.

Comprova el teu nivell

1> Els treballadors tenen dret a gaudir d'un descans setmanal de:

a) Un dia i mig ininterromputs per als majors d'edat.

b) Dos dies i mig ininterromputs per als menors d'edat.

c) Dos dies per tothom, però dels quals un i mig han de ser ininterromputs.

d) Dos dies, que no cal que siguin ininterromputs.

2> El període de prova es considera:

a) Obligatori per a l'empresa i per al treballador.

b) És un dret per a l'empresa, però no és una obligació per a ella, ja que poden acordar amb el treballador no celebrar-lo.

c) És obligatori per als treballadors que concertin contractes per escrit.

d) Ha de ser de sis mesos com a mínim, per a qualsevol contracte.

3> Quina és la finalitat del contracte de foment de la contractació indefinida?

a) Fomentar la contractació temporal.

b) Incentivar la conversió de contractes temporals en indefinits.

c) Incentivar la contractació de determinats col·lectius.

d) Fomentar la contractació en modalitats formatives.

4> La principal diferència entre un contracte en pràctiques i un contracte per a la formació és:

a) La durada màxima: 2 i 3 anys respectivament.

b) La titulació: batxillerat, formació professional o universitària per al primer i no n'ha de tenir per al segon.

c) La titulació: formació professional o universitària per al primer i no n'ha de tenir per al segon.

d) No hi ha diferències.

5> El contracte s'ha de formalitzar per escrit

a) Sempre.

b) Mai.

c) En el cas de determinats contractes per als quals és obligatori.

d) A voluntat de l'empresa.

6> La jornada màxima de treball és de:

a) 37 hores setmanals.

b) 40 hores setmanals de mitjana en còmput anual.

c) 40 hores setmanals de mitjana en còmput mensual.

d) 35 hores setmanals de mitjana en còmput anual.

7> Les hores extraordinàries no poden ser superiors a:

a) 80 a l'any, sense incloure les compensades amb descans equivalent ni les de força major.

b) 80 a l'any, sense incloure les compensades amb descans equivalent.

c) 80 a l'any, sense incloure les de força major.

d) 80 a l'any en tots els casos.

8> En una jornada continuada que excedeixi les sis hores, el descans dins la jornada no pot ser inferior a:

a) Trenta minuts, si els treballadors tenen 16 o 17 anys.

b) Trenta minuts.

c) Quinze minuts, si els treballadors tenen 16 o 17 anys.

d) Vint-i-cinc minuts.

9> Es considera horari nocturn el realitzat entre les hores:

a) 22.00 i 6.00.

b) 24.00 i 8.00.

c) 23.00 i 7.00.

d) 22.00 i 7.00.

10> El període de vacances anuals és com a mínim de:

a) 30 dies naturals.

b) 30 dies laborables.

c) 25 dies laborables.

d) S'ha d'acordar al conveni col·lectiu o al contracte laboral.

Conceptes bàsics

Treball és la prestació d'uns serveis d'una persona en benefici d'una empresa que li compensa amb el pagament del salari. Per tal que la normativa laboral la consideri ha de de complir les característiques següents:

- Voluntarietat.
- Per compte aliè.
- Subordinació.
- Retribució.

L'**Estatut dels Treballadors** és la norma bàsica fonamental en l'àmbit laboral, ja que recull la major part de la normativa legal que implica el treball.

Sindicats són organitzacions formades per treballadors que s'associen per defensar els seus drets de manera conjunta. En el procés de negociació col·lectiva amb l'empresa arriben a pactar els convenis col·lectius.

Organitzacions empresarials són associacions d'empreses que representen els seus interessos comuns. Acorden els convens col·lectius amb els sindicats dins de la negociació col·lectiva.

Conveni col·lectiu és un acord entre l'empresa i els treballadors on es regulen les característiques del treball i les normes de convivència que seran d'aplicació en una empresa o un sector. Poden ser en l'àmbit de l'empresa o del sector.

Contracte de treball és un acord entre l'empresa i el treballador on es fixen individualment les característiques de la relació laboral i on es manifesten expressament i lliurement les voluntats d'ambdues parts.

Període de prova és un temps al principi de la durada del contracte que es realitza si les parts volen i que no pot superar un màxim fixat per la llei en determinades circumstàncies, i que serveix perquè ambdues part examinin la conveniència de la relació laboral.

Jornada laboral és el temps que es dedica al treball i que de manera genèrica no pot superar les quaranta hores setmanals ni les nou hores diàries. A més, s'han de respectar una sèrie de descansos.

Salari és la retribució que rep la persona per la prestació laboral de serveis considerats com a treball per part de l'empresa.

Rebut de salaris és el document on l'empresa ha de reflectir tots els aspectes de la remuneració dels treballadors. Conté el salari base més complements salarials i no salarials, deduint les corresponents cotitzacions a la Seguretat Social i les retencions a compte de l'IRPF (impost sobre la renda de les persones físiques).

BLOC 3

GESTIÓ DE LA PRODUCCIÓ

Unitat 7
La funció productiva i els costos de l'empresa

Unitat 8
La direcció de la producció

Unitat 9
L'aprovisionament i les existències

Unitat 10
La valoració i l'administració de les existències

7

LA FUNCIÓ PRODUCTIVA I ELS COSTOS DE L'EMPRESA

Una de les funcions més importants de l'empresa és la fabricació del producte o la prestació del servei que és l'objecte de la seva activitat. La fabricació d'un producte s'ha de realitzar seguint uns criteris d'eficàcia i d'eficiència. Des del punt de vista econòmic això implica dur un control dels costos de la producció de manera que siguin als més reduïts possible.

Els conceptes més importants que aprendràs en aquesta unitat són: el procés de producció i la tecnologia; el nivell de costos mínims; els diferents components dels costos de l'empresa i les tècniques per calcular-los: els mètodes *full-costing* i *direct-costing* i llindar de producció.

7.1 El departament de producció

La funció productiva de l'empresa inclou tot el conjunt d'activitats que permeten fabricar un bé o prestar un servei. En l'apartat següent es desenvolupa amb més profunditat el concepte de *producció*, però fonamentalment es tracta de produir un producte final amb la utilització d'unes matèries primeres, de maquinària i d'instal·lacions i d'una mà d'obra especialitzada.

Per exemple, una empresa de mobles d'oficina necessita, per fabricar la seva gamma de productes (taules, cadires, armaris, arxivadors, etc.), diferents materials (fustes, aglomerats, peces d'unió, vernissos, pintures, etc.). Utilitza un conjunt de maquinàries, eines i instal·lacions per elaborar el producte. I amb la col·laboració indispensable del treball realitzat pels operaris especialitzats en la fabricació de mobles.

\+

L'estructura i el funcionament del departament de producció depèn molt del tipus d'empresa, de l'activitat i de la dimensió. Per aquesta raó, la relació amb els altres departaments de l'empresa pot ser molt variada.

Funcions del departament de producció

El departament de producció és el que s'encarrega de la funció productiva de l'empresa. Les seves funcions bàsiques són les següents:

- Aprovisionament: proporciona els materials necessaris per a la producció. Això inclou la selecció de proveïdors i la gestió de les compres.
- Fabricació: gestiona el procés de producció on a partir d'uns factors productius s'aconsegueix un producte final.
- Emmagatzemament: organitza tots els materials que hi ha a les instal·lacions de l'empresa en espera d'utilitzar-se en el procés de fabricació o de vendre'ls als clients.
- Control de qualitat: verifica que el producte fabricat té les característiques desitjades pels clients.

\+

És molt habitual, en especial en les petites i mitjanes empreses (pimes), que el departament de producció sigui el centre de tota l'organització i que fins i tot sigui l'únic departament de l'empresa.

Relació amb altres departaments de l'empresa

Les característiques del departament de producció poden canviar en funció de la dimensió de l'empresa i de la seva activitat, ja que en empreses molt grans cadascuna de les funcions esmentades és responsabilitat d'un departament. És per això normal que hi hagi el departament de compres (o aprovisionament), de fabricació, de qualitat o de logística (magatzems i transports), i tots ells estiguin englobats en una àrea superior que a vegades s'anomena *departament d'operacions*.

En l'exercici de les seves funcions, el departament de producció s'ha de coordinar i relacionar amb altres departaments de l'empresa:

- Departament comercial: els productes fabricats pel departament de producció han de ser venuts pel departament comercial o de vendes, i per aquesta raó cal que aquest departament informi de quines són les característiques del producte esperades pel clients. D'aquesta manera, la producció s'enfoca a la satisfacció de les necessitats dels clients.
- Departament financer: les inversions en maquinària i instal·lacions han de ser aprovades i finançades per l'àrea financera, que estudiarà la seva conveniència. També serà important el control dels costos de producció per part del departament financer, ja que en molts casos la competitivitat de l'empresa passa per produir amb els costos més baixos possibles.
- Departament de recursos humans: com en tota empresa, el factor humà és fonamental i per això aquest departament ha de contractar el personal qualificat que necessiti el departament de producció.

7.2 La producció

Hi ha diverses maneres de definir el concepte de *producció*; però aquí ho farem des de tres punts de vista: l'econòmic, el tècnic i el funcional-utilitari.

Des del **punt de vista econòmic,** l'activitat productiva es defineix com l'elaboració de productes (béns i serveis) a partir d'uns recursos productius bàsics (recursos naturals, treball, capital) per part de les empreses (unitats econòmiques de producció), amb la finalitat que siguin adquirits o consumits per les economies domèstiques (unitats econòmiques de consum o famílies), i satisfacin així les necessitats humanes que aquestes presenten.

Des d'una **perspectiva tècnica** es defineix la producció com la combinació d'una sèrie d'elements, com ara la mà d'obra, les matèries primeres, la maquinària, l'energia, la direcció tècnica, etc. (factors de producció), basada en l'observació i el seguiment d'uns procediments definits prèviament (tecnologia), i amb la finalitat d'obtenir uns béns o serveis (producte).

I des de l'**òptica funcional-utilitària,** la producció és un procés amb el qual s'afegeix valor a les coses, es crea utilitat als béns; és a dir, s'hi aporta un valor afegit.

Si s'observa l'exemple de la fabricació d'un llapis, els elements que el componen són la fusta de l'estructura i el grafit. Per ells mateixos, aquests elements no tenen la utilitat d'escriure: cal que hi hagi una activitat productiva que, tot utilitzant i combinant procediment, mà d'obra i maquinària, els doni aquesta utilitat. De fet, mitjançant la producció s'està afegint un valor suplementari al que tenen la fusta i el grafit del llapis per separat. Aquesta aportació és el **valor afegit.**

De fet, el concepte de *valor afegit* és crucial per entendre què és la producció, atés que darrere de qualsevol activitat productiva existeix un procés de creació de valor. I no es tracta d'un procés paral·lel, sinó de la mateixa qüestió observada amb diferent prisma.

Com s'ha observat amb l'exemple del llapis, qualsevol procés de producció implica que la fabricació d'un bé (o la prestació d'un servei) és un procés de generació de valor afegit i aquest es pot quantificar tant des del punt de vista econòmic com des del punt de vista d'utilitat. La fabricació de pa a partir dels seus ingredients (farina, aigua, sal, llevat), la fabricació d'un vehicle a partir de les diferents peces que el formen o la prestació de serveis sanitaris són exemples que a partir de la mobilització, gestió i organització d'una sèrie de factors materials i humans podem alimentar-nos, conduir un vehicle i gaudir de salut. Aquesta és una de les vessants fonamentals per estudiar la producció com un procés on es genera valor a un conjunt de recursos.

Després de comentar les diverses definicions de *producció*, cal indicar que es tracta d'un terme força genèric, que s'ha de concretar. De les definicions anteriors es conclou que l'activitat productiva proporciona béns i serveis a l'economia. Una empresa automobilística produeix cotxes, una explotació agrària produeix taronges i un banc produeix serveis financers (préstecs, llibretes d'estalvi, targetes de crèdit, etc.). Tot això relaciona el concepte de *producció* amb la classificació de les activitats productives en tres sectors: primari, secundari i terciari.

El sector primari inclou les activitats productives que aprofiten els recursos de la naturalesa (agricultura, ramaderia, pesca, mineria, energia, etc.). El sector secundari engloba les activitats de transformació de productes del sector primari (indústria i construcció). I el sector terciari inclou les activitats de prestació de serveis (bancs, comerç, transport, educació, assegurances...).

Actualment, el concepte de *tecnologia* es relaciona de forma popular amb els avenços tecnològics (ordinadors molt potents, telèfons mòbils amb aplicacions molt noves, etc). Però, estrictament, una tecnologia és una forma de fabricar un producte.

Els factors productius

Anteriorment s'ha explicat que per produir cal combinar una sèrie d'elements materials, humans i organitzatius. Es tracta dels **factors productius** o **factors de producció**, que es considera que són bàsicament tres:

- **Recursos naturals.** Són les matèries primeres, l'energia i els subministraments materials diversos que conformen el producte.
- **Treball.** És la mà d'obra o el temps que dediquen els treballadors a la producció d'un bé o servei.
- **Capital.** És el conjunt de béns d'inversió necessaris per a la producció: maquinària, eines, instal·lacions productives, locals i edificis, i els recursos financers de l'empresa.

La combinació de qualsevol element d'aquests conjunts de factors productius proporciona un producte. Val a dir que des d'una òptica més àmplia també s'afegeix, com un factor de producció més, l'organització empresarial; és a dir, la gestió i l'administració dels factors anteriors.

En el cas de l'exemple de la producció de llapis, els factors de recursos naturals són les matèries primeres (fusta i grafit) i l'energia utilitzada en el procés de producció. El factor treball és tota la mà d'obra (quantificada en hores de feina) dedicada tant directament, pels obrers, com indirectament, pel personal administratiu i d'oficines d'altres departaments de l'empresa. I el factor capital és la maquinària i les eines utilitzades, el local industrial on es localitza l'activitat i els recursos financers destinats a l'activitat productiva d'aquesta empresa.

La tecnologia

Com ja hem vist, per poder produir cal posar en pràctica uns procediments. Aquest conjunt de procediments que defineixen la producció d'un bé s'anomena *tecnologia*.

Amb diferents paraules, una **tecnologia** es defineix com una manera específica o concreta de combinar uns factors productius amb la finalitat de produir béns o serveis. Cada bé o servei produït té associada una tecnologia productiva que l'ha fabricat o proporcionat.

Es considera que una tecnologia concreta és una manera específica de conjuntar factors de producció. Cada tecnologia correspon a la producció d'un bé o servei; però per produir un bé es poden utilitzar diverses tecnologies.

Un exemple seria la producció d'ous de gallina per mitjà de dues tecnologies diferents. Si es volen produir uns 100 ous de gallina la setmana, es pot aplicar la tecnologia tradicional, que suposa un grau de mecanització nul: les gallines resten lliures per una zona de la granja, però controlades; regularment se'ls dóna aliment i es vigila quan ponen ous, per recollir-los. Quan la granja vulgui produir un nombre creixent d'ous, es pot anar automatitzant més el procés: invertir en gàbies on les gallines es moguin l'indispensable, amb mecanismes que hi mantinguin la temperatura, la lluminositat i la humitat; automatitzar i dosificar l'alimentació de les gallines i mecanitzar la recollida d'ous.

Aquestes dues maneres de produir un mateix producte són dues tecnologies diferents, i s'usarà l'una o l'altra segons la necessitat que es tingui del producte.

Com a conclusió, s'accepta que una tecnologia consisteix en un conjunt de procediments, equips productius i maquinàries que, en un moment donat, combinen altres factors materials, humans i organitzatius amb la finalitat de produir un bé o un servei. Es considera que si es combinen o s'utilitzen aquests factors de manera diferent per produir el mateix, llavors es produeix un **canvi de tecnologia.**

És important destacar que les empreses destinen una part dels seus recursos a millorar les seves tecnologies productives i a fer que aquests procediments productius proporcionin més producció o bé que estalviïn en la utilització de factors productius. Aquest fet s'anomena ***inversió en recerca, desenvolupament i innovació,*** habitualment anomenat ***inversió en R + D + I,*** i fa que les tecnologies evolucionin en el temps, posant en pràctica nous processos de producció, estudiant innovacions productives i desenvolupant la creació de nous productes.

La inversió en R + D + I que l'empresa realitza per millorar els seus processos productius suposa que amb la generació d'aquest canvi tecnològic s'està millorant la competitivitat empresarial, o sigui, l'empresa pot millorar el seu nivell de beneficis o l'increment de les vendes respecte a la resta d'empreses del sector.

Suposem que una empresa automobilística inverteix recursos en la investigació de nous motors per a turismes que permetin consumir menys combustible i alhora contaminar menys. Si aquest canvi tecnològic es pot aplicar a la pràctica i permet que l'empresa vengui més cotxes a aquests consumidors preocupats per l'estalvi de combustible i per reduir les emissions contaminants, direm que l'empresa està millorant la seva competitivitat. O sigui, la seva inversió en innovació tecnològica és el fonament del seu èxit empresarial.

@

El suport institucional a la recerca i al desenvolupament és una política de foment de les innovacions tecnològiques. Consulta les pàgines web de l'Institut Català de Tecnologia i del Ministeri de Ciència i Innovació:

http://www.ictonline.es/cas/index.htm

http://www.micin.es

El procés de producció

El procés de producció és el sistema global que caracteritza una activitat productiva i que es pot esquematitzar de la manera següent:

ENTRADES *(inputs)* Factors de producció → **TECNOLOGIA** Procediments productius → **SORTIDES** *(outputs)* Producte

Els factors de producció utilitzats (recursos naturals, treball i capital) constitueixen les entrades del sistema; són els *inputs* del procés. Una tecnologia concreta, que caracteritza el procés productiu, combina de manera específica aquests *inputs* (matèries primeres, energia, mà d'obra, maquinària, eines, local industrial...). Les sortides del procés són els productes acabats, els *outputs*; és a dir, els béns o serveis fruit de l'activitat productiva.

> **!** Hi ha diverses maneres de classificar aquests processos de producció, en funció de diferents criteris: segons l'**horitzó temporal**, segons el **procediment productiu** i segons el **tipus de producte obtingut.**

Classificació segons l'horitzó temporal

Si considerem la manera com influeix el temps i la seva planificació en el procés productiu, veurem que hi ha dos tipus de producció:

- **Producció contínua.** La transformació de factors productius en producte és un flux continu, sense interrupcions (alts forns, refineries, cotxes...).
- **Producció intermitent.** No requereix continuïtat en el procés de producció, bàsicament perquè es tracta de productes molt tipificats (obres públiques, construcció...).

> **@** La fabricació d'un avió és un exemple de producció intermitent, mecanitzada i de procés simple. Consulta les pàgines d'Internet de dos dels principals fabricants mundials:
>
> *http://www.boeing.com*
>
> *http://www.airbus.com*

Classificació segons el procediment productiu

En funció de la relació entre la mà d'obra i la maquinària, se'n defineixen tres tipus:

- **Producció manual.** Producció realitzada únicament amb l'esforç humà.
- **Producció mecanitzada.** S'estableix un equilibri entre la mà d'obra i la maquinària en el repartiment de les tasques.
- **Producció automatitzada.** La intervenció humana és mínima, només es realitzen tasques de supervisió i vigilància.

Classificació segons el tipus de producte obtingut

Es diferencien dos tipus de producció:

- **Producció en sèrie** (procés simple). S'obté un únic producte, de característiques homogènies.
- **Producció individual** (procés múltiple). S'obtenen diversos productes diferenciats.

Activitats

1> Posa exemples de producció en sèrie i de producció individual.

2> Identifica els elements del procés de producció (entrades, tecnologia i sortides) de dos exemples reals.

3> Comenta si actualment les noves tecnologies utilitzen més treball que capital.

4> Posa un exemple de dues tecnologies diferents que proporcionin els mateixos béns o serveis.

5> Posa exemples d'empreses que han millorat la seva competitivitat a conseqüència de la innovació tecnològica per la inversió en R + D + I.

7.3 La funció de producció

Després d'estudiar què és la producció i com s'estructura dins del procés productiu, és necessari analitzar i representar l'activitat productiva objectivament, per poder estudiar-la i conèixer aspectes tan importants com els rendiments, l'eficiència i la productivitat. És per això que s'introdueix l'estudi de la funció de producció, com una representació de la quantitat produïda d'un producte amb relació als factors productius utilitzats.

Elements i representació

La funció de producció relaciona els recursos utilitzats en la producció (unitats de factors productius) amb el producte total aconseguit pel sistema productiu. Sintèticament s'expressa aquesta relació mitjançant la funció *(F)*, que dóna la producció *(Q)* associada a cada nivell d'utilització dels factors productius, treball *(L)* i capital *(K)*.

És a dir: $Q = F(L, K)$, on les unitats en què s'expressa aquesta relació funcional són unitats físiques.

Observem l'exemple següent, en què s'estudia una empresa que fabrica sabates utilitzant una certa tecnologia que fa que per a cada combinació de capital i de treball s'obtingui una producció específica. Es considera que s'estudia la producció diària, la qual fa servir diverses combinacions de treball (nombre de treballadors) i de capital (nombre de màquines), i se suposa que la jornada diària de treball és de vuit hores.

Treball (L) (treballadors)	*Capital (K) (màquines)*	*Producció (Q) (parells de sabates)*
5	3	500
7	2	500
8	4	750
10	3	750
12	5	1000
15	4	1000

Es pot comprovar que en aquest exemple d'hipotètica funció de producció $Q = F(L, K)$, un mateix nivell de producció es pot assolir amb diferents utilitzacions de treball i de capital: per produir 500 parells de sabates diàries es pot fer ús de 5 treballadors i 3 màquines, o bé de 7 treballadors i 2 màquines. Això mostra que hi ha un cert grau de substitució tècnica entre treball i capital; és a dir, entre treballadors i màquines.

!

Cal remarcar que una funció de producció representa una tecnologia concreta; si canviéssim de tecnologia, la funció de producció seria una altra.

Els rendiments de la producció i la productivitat

El rendiment d'un procés de producció és la relació que hi ha entre la quantitat produïda i la quantitat dels factors productius emprats. Per a cada nivell de producció hi ha associat un cert rendiment dels factors productius.

La **productivitat d'un factor productiu** mesura el rendiment dels factors de producció en relació a la producció obtinguda.

$$\text{Productivitat del treball} = \frac{\text{producció}}{\text{unitats de treball}} \rightarrow F_L = \frac{Q}{L}$$

(en unitats físiques per treballador)

$$\text{Productivitat del capital} = \frac{\text{producció}}{\text{unitats de capital}} \rightarrow F_K = \frac{Q}{K}$$

(en unitats físiques per màquina)

Si tornem a l'exemple anterior, la productivitat del treball i del capital han estat:

Treball	*Capital*	*Producció*
8 treballadors	4 màquines	750 parells de sabates

$$F_L = \frac{750}{8} = 93{,}75 \text{ unitats físiques per treballador}$$

$$F_K = \frac{750}{4} = 187{,}5 \text{ unitats físiques per màquina}$$

La **productivitat total** és la relació entre el valor de la producció (quantitat produïda pel seu preu de venda) i el cost total dels factors productius utilitzats.

En aquest cas s'observa que si es produeixen 750 parells de sabates amb 8 treballadors i 4 màquines, el rendiment dels factors productius associats a aquest nivell de producció és de 93,75 parells de sabates per treballador i 187,5 parells de sabates per màquina. D'aquesta manera, hem calculat la productivitat dels factors de producció amb relació a la producció obtinguda.

Encara que el rendiment de la producció i la productivitat són el mateix, habitualment s'utilitza el terme *productivitat*, expressat en unitats físiques de producte obtingut per unitat de factor. També es pot expressar en unitats monetàries el valor de la producció obtinguda i el cost del treball o del capital, i d'aquesta manera s'obté una expressió monetària de la productivitat.

Però si es vol una mesura global de la productivitat de l'empresa, llavors se n'ha de calcular la productivitat total.

$$\text{Productivitat total} = \frac{\text{valor de la producció}}{\text{cost de la producció}}$$

Aquesta mesura és útil quan es vol comparar la productivitat de l'empresa en diferents períodes o bé la productivitat de diferents empreses.

Exemple 1

Una empresa estudia l'evolució de la productivitat al llarg de l'any, prenent dades de cada trimestre sobre el valor i el cost de la producció obtinguda.

Trimestre	*1r*	*2n*	*3r*	*4t*
Valor producció	37 500	42 500	51 225	56 700
Cost producció	29 700	38 900	48 500	46 200

Per calcular la productivitat total només cal relacionar ambdues quantitats per a cada trimestre:

Per al primer trimestre, $PT_1 = \dfrac{37\,500}{29\,700} = 1{,}26$

i per al segon, $PT_2 = \dfrac{42\,500}{38\,900} = 1{,}09$

i així successivament per als trimestres següents.

El resultat només és útil si es compara amb la productivitat total d'altres períodes o d'altres empreses, ja que de manera absoluta no significa res. Confeccionem una taula amb tots els resultats i afegim la variació de la productivitat de cada trimestre respecte de l'anterior.

Trimestre	*1r*	*2n*	*3r*	*4t*
Productivitat	1,26	1,09	1,06	1,23
Variació	—	−13,5 %	−2,8 %	16 %

Com es pot comprovar, durant el segon i el tercer trimestre s'ha experimentat una caiguda de la productivitat de l'empresa, o sigui, una reducció del rendiment global de l'empresa, que en canvi s'ha pogut recuperar al quart trimestre.

És en aquest moment que es poden classificar els tipus de rendiments que pot presentar un procés de producció, en funció de com es modifiquen aquests rendiments quan canvia, en la mateixa proporció, l'ús dels factors productius. Aquesta classificació s'anomena ***rendiments a escala*** o ***economies d'escala.***

Si suposem que s'augmenten les unitats utilitzades dels factors productius en la mateixa proporció, es pot deduir que això farà que hi hagi un augment de la producció. En funció de com és aquest augment es parla de:

- **Rendiments decreixents a escala,** si l'augment de la producció és menor que l'augment de l'ús dels factors productius.
- **Rendiments constants a escala,** si aquest augment de la producció és d'igual proporció que l'augment de la utilització dels factors productius.
- **Rendiments creixents a escala,** si la producció augmenta en major proporció.

En l'exemple anterior aplicarem el concepte de *rendiments a escala*.

Partint d'una situació inicial, s'han augmentat el 100 % les unitats de factors productius utilitzades; és a dir, s'han doblat. La producció ha augmentat el 60 % en el primer cas (rendiments decreixents a escala), el 100 % en el segon cas (rendiments constants a escala) i un 140 % en el tercer cas (rendiments creixents a escala).

Rendiments	*Treball*	*Capital*	*Producció*
Situació	8	4	750
Decreixents	16	8	1 200
Constants	16	8	1 500
Creixents	16	8	1 800

L'eficiència de la producció

Com hem vist anteriorment, la funció de producció expressa la producció màxima que es pot obtenir per una combinació específica de factors productius.

En l'exemple de la fàbrica de sabates, amb 8 treballadors i 4 màquines, es produïa una quantitat de 750 unitats, que és la màxima que permetia la tecnologia emprada. Si es produeixen 600 unitats amb les mateixes quantitats de factors, es diu que no s'està aprofitant la tecnologia, que s'estan malbaratant els recursos; és a dir, que no s'està actuant amb eficiència productiva.

L'**eficiència productiva** és el concepte amb el qual es qualifiquen i es valoren les tecnologies productives. Això es pot fer amb dos indicadors: l'eficiència tècnica i l'eficiència econòmica.

Si considerem que un producte concret es pot produir amb diferents tecnologies, es diu que hi ha **eficiència tècnica** quan una tecnologia A elabora la mateixa quantitat d'un producte que una altra tecnologia B, però utilitzant menys unitats de factors productius, o bé elabora més productes utilitzant idèntiques quantitats de factors productius.

És a dir, la tecnologia A és tècnicament eficient respecte de la tecnologia B.

Observem l'exemple següent:

Tecnologia	*Treball*	*Capital*	*Producció*	*Eficiencia tècnica*
A	8	4	750	SÍ
B	8	4	700	NO
C	9	4	750	NO

La tecnologia A és tècnicament eficient respecte de la tecnologia B, ja que amb els mateixos recursos produeix més; i també ho és respecte de la C, ja que produeix el mateix però utilitza menys recursos.

Una altra mesura de l'eficiència, que en moltes ocasions és més adequada, és l'eficiència econòmica. S'utilitza per triar per a un mateix procés productiu entre diverses tecnologies que presenten idèntica eficiència tècnica.

En aquestes ocasions, l'**eficiència econòmica** consisteix a seleccionar aquella tecnologia que permeti produir amb el mínim cost, és a dir, de la manera més barata.

En l'exemple següent es pot observar que les dues tecnologies presenten la mateixa eficiència tècnica. Però si el cost unitari del treball és de 60,10 € i el cost unitari del capital és de 48,08 €, es comprova que la tecnologia B és econòmicament eficient respecte de la tecnologia A, ja que permet produir a un cost inferior.

Tecnologia	*Treball*	*Capital*	*Producció*
A	8	4	750
B	4	8	750

Tecnologia	*Cost treball (60,10 €/dia)*	*Cost capital (48,08 €/dia)*	*Producció*
A	480,8	192,32	673,12
B	240,4	384,64	625,04

Activitats

6> Una empresa produeix 500 000 unitats amb 14 operaris que treballen 1 600 hores anuals. Si a l'any següent la producció és de 600 000 unitats amb 12 operaris i 2 000 hores treballades, calcula la productivitat per cada any i la seva taxa de creixement.

7> Dels processos següents, n'hi ha algun que sigui tècnicament ineficient si amb tots tres s'arriba a la mateixa producció?

Procés	A	B	C
Factor capital	6	8	6
Factor treball	8	6	9

7.4 Els costos de l'empresa

La fabricació d'un producte implica la utilització d'una sèrie de factors productius que tenen un valor econòmic quantificable. El cost de la producció és el valor dels factors productius consumits per a la producció d'un bé o servei.

L'estructura dels costos d'una empresa es relaciona directament amb la funció de producció. És per aquesta raó fonamental que cal determinar els components dels costos de l'empresa i analitzar-los. L'estudi dels costos es pot fer des de diferents criteris o punts de vista, segons allò que es vol analitzar.

Costos fixos i costos variables

Anteriorment s'ha definit el cost total de l'empresa com el valor total dels factors productius utilitzats en la producció. Si es classifiquen els costos segons la seva relació amb la quantitat produïda, es descobreix que hi ha costos fixos i costos variables.

- **Costos fixos.** Són aquells costos independents del nivell de producció; és a dir, que no varien si canvia la quantitat produïda. Són el valor d'aquells factors que a curt termini són fixos a l'empresa (el lloguer del local, l'amortització de la maquinària o els costos de les instal·lacions productives).
- **Costos variables.** Són aquells costos proporcionals al nivell de producció; és a dir, els costos dels factors que canvien amb la producció (matèries primeres, treball o consum d'energia).

S'ha de tenir en compte que el curt termini diferencia entre costos fixos i variables, i que en el llarg termini tots els costos són variables.

Els **costos totals** són la suma dels costos fixos i els costos variables: $CT = CF + CV$.

També s'han de considerar els **costos mitjans** com els costos unitaris, el quocient entre el cost total *(CT)* i el nivell de producció *(Q)*:

$$CM = \frac{CT}{Q}$$

A partir d'aquí es defineixen els **costos mitjans variables** com el quocient entre el cost variable *(CV)* i el nivell de producció *(Q)*:

$$CMV = \frac{CV}{Q}$$

De la qual podem deduir una altra fórmula per als costos mitjans:

$$CM = \frac{CT}{Q} = \frac{CF + CV}{Q}$$

$$CM = \frac{CF}{Q} + \frac{CV}{Q}$$

$$CM = \frac{CF}{Q} + CMV$$

Un altre tipus de cost és el **cost marginal**, que és l'increment del cost total en incrementar la producció en una unitat:

$$CMg = \frac{\Delta CT}{\Delta Q}$$

!

Curt termini. Es considera curt termini la durada d'un exercici econòmic (normalment un any).

Llarg termini. Es considera llarg termini la durada superior a un exercici econòmic (normalment superior a un any).

Exemple 2

Una empresa presenta els costos de la taula següent. Representa'ls gràficament.

Si representem els punts en una gràfica obtenim:

Unitats produïdes	*Cost fix*	*Cost variable*	*Cost total*	*Cost mitjà variable*	*Cost mitjà total*	*Cost marginal*
0	660	0	660	—	—	—
1	660	200	860	200	860	200
2	660	360	1 020	180	510	160
3	660	490	1 150	163,33	383,33	130
4	660	600	1 260	150	315	110
5	660	700	1 360	140	272	100

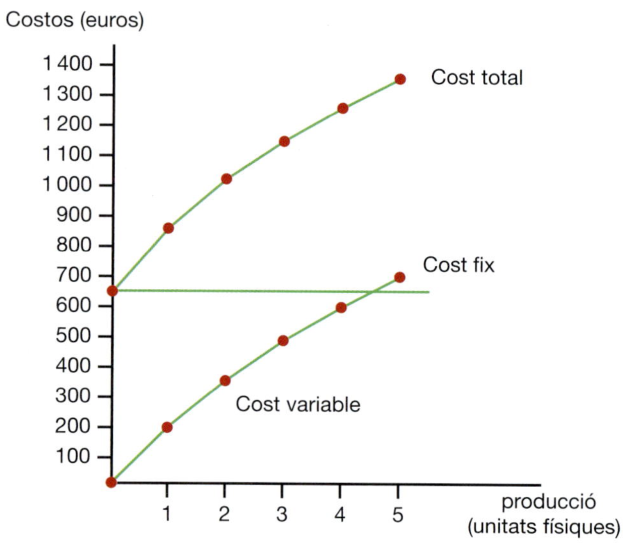

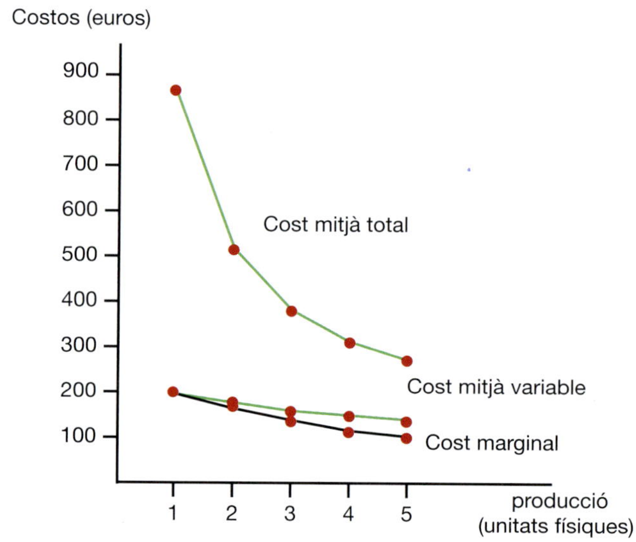

Observem que el cost fix no depèn de les unitats produïdes, mentre que el variable augmenta a mesura que es fabriquen més unitats del producte. El cost total, com que és la suma del fix i del variable, també augmenta de manera directa amb la producció.

El cost mitjà total o unitari, en canvi, disminueix a mesura que es fabriquen més unitats. Això és així perquè els costos fixos, que són constants, es reparteixen entre més unitats de producte. El mateix succeeix amb el cost marginal.

L'assignació dels costos: costos directes i costos indirectes

Hi ha una altra classificació dels costos que s'utilitza quan l'empresa elabora diversos productes i no és fàcil ni immediat assignar a cada tipus de producte els costos associats. Aquests tipus de costos s'anomenen *costos directes* i *costos indirectes*.

- **Costos directes.** Són aquells costos associats directament a la producció i que es poden assignar concretament a cada producte.

- **Costos indirectes.** Són aquells costos que afecten el procés productiu en general o que són comuns a una sèrie de diversos productes i que, per tant, no es poden assignar directament a un producte, sinó que s'han d'utilitzar criteris d'assignació.

Per exemple, si una empresa produeix diferents models de cotxes, els costos directes són les matèries primeres, l'energia utilitzada directament en la producció o els salaris dels obrers. Els costos indirectes són, en canvi, el lloguer dels locals, els salaris del personal administratiu i directiu o les despeses de comercialització.

L'estructura del cost de l'empresa

L'estructura del cost total de l'empresa es considera com un diagrama d'assignació consecutiva de costos.

En el quadre de la dreta es mostra aquesta estructura, en la qual es diferencien els conceptes de *costos directes* i de *costos indirectes*.

El punt de partida són els costos directes de la producció (matèries primeres, treball i energia), que configuren els costos primaris. A partir d'aquí s'hi afegeixen els diferents costos indirectes de l'empresa: els generals industrials (costos comuns al departament de producció), que formen el cost industrial; els generals administratius i comercials (costos comuns associats a la distribució i comercialització, i costos del departament d'administració), que formen el cost de l'activitat o de l'explotació, i, finalment, els financers (cost del finançament de les inversions de l'empresa) i els generals de l'empresa (costos de direcció, de promoció o de manteniment dels espais físics comuns), que formen, en definitiva, el cost total de l'empresa.

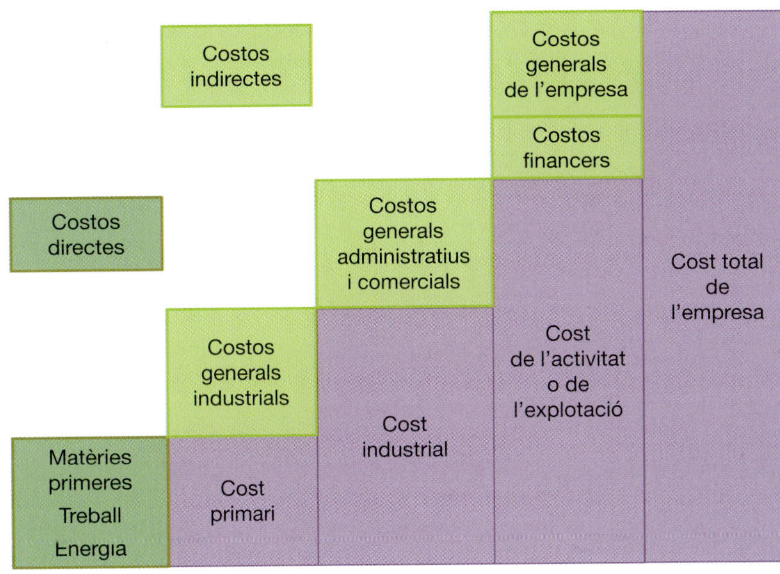

Tècniques per calcular els costos: *direct-costing* i *full-costing*

Dins de l'àmbit aplicat de l'empresa s'utilitzen diverses tècniques per calcular els costos de l'empresa. Dues de les més utilitzades són el **sistema *full-costing*** (costos complets) i el **sistema *direct-costing*** (costos directes o proporcionals).

Sistema *full-costing*

El sistema *full-costing* considera que el cost de producció d'un producte és la suma dels seus costos directes i proporcionals més la part corresponent dels costos indirectes o fixos imputables al producte.

Si una empresa fabrica diversos productes, podrà calcular fàcilment i de manera objectiva els costos variables de cada producte (matèries primeres, mà d'obra o energia per fabricar); però, en canvi, li resultarà més complicat assignar a cada tipus de producte la seva participació en els costos indirectes (lloguer del local, transports o salaris del departament administratiu). Llavors, l'empresa determina aquesta participació amb criteris basats en aspectes més o menys subjectius o arbitraris, en els quals hi ha més possibilitats d'errades o desviacions no desitjades.

En general, aquest sistema és indicat quan es vol conèixer el cost total d'un producte o d'un conjunt de productes, ja que dóna una visió conjunta, però potser esbiaixada, de la realitat.

Exemple 3

L'estructura dels costos (en euros) d'una empresa que elabora dos productes, A i B, és la següent:

Costos	*Producte A*	*Producte B*
Matèries primeres	1 803,04	4 207,08
Mà d'obra directa	2 404,05	3 005,06
Despeses generals (comercials, administratives o financeres)	5 409,11	

L'empresa considera que, de les despeses generals, el 60 % correspon al producte A, i la resta, al producte B. La producció total del període ha estat de 40 000 unitats de A i 60 000 unitats de B. Calcula el cost de producció unitari de cada producte.

Cost de producció unitari del producte A:

$$C_A = \frac{1\,803{,}04 + 2\,404{,}05 + 0{,}6 \cdot 5\,409{,}11}{40\,000} = 0{,}1863 \text{ €/unitat de A}$$

Cost de producció unitari del producte B:

$$C_B = \frac{4\,207{,}08 + 3\,005{,}06 + 0{,}4 \cdot 5\,409{,}11}{60\,000} =$$

$$= 0{,}1563 \text{ €/unitat de B}$$

Sistema *direct-costing*

El sistema *direct-costing* diferencia els costos tenint en compte la seva proporcionalitat respecte de la producció: fixos i variables. Es considera que el cost de producció és el seu cost directe i variable, que es pot assignar a la producció sense utilitzar cap criteri arbitrari d'imputació. En canvi, els costos fixos o indirectes no s'assignen a la producció i es consideren costos generals o d'estructura atribuïbles al període en qüestió, ja que no depenen del nivell de producció sinó de la dimensió de l'empresa i d'altres característiques estructurals.

Aquest sistema s'aplica quan és primordial estudiar la rendibilitat de cada producte o activitat productiva, per facilitar la presa de decisions.

Cada empresa utilitzarà el sistema de càlcul de costos que sigui més adequat a la seva activitat.

Exemple 4

Calcula els costos de producció unitaris dels productes A i B de l'empresa de l'exemple anterior, segons el sistema *direct-costing*.

Cost de producció unitari del producte A:

$$C_A = \frac{1\,803{,}04 + 2\,404{,}05}{40\,000} = 0{,}1052 \text{ €/unitat de A}$$

Cost de producció unitari del producte B:

$$C_B = \frac{4\,207{,}08 + 3\,005{,}06}{60\,000} = 0{,}1202 \text{ €/unitat de B}$$

El resultat dels costos de producció dels productes A i B són més baixos si es calculen amb aquest sistema, ja que no imputen els costos indirectes.

En l'exemple següent es poden veure les diferències que comporta aplicar el sistema *full-costing* o el sistema *direct-costing* al càlcul dels costos d'una empresa.

Exemple 5

Si una empresa produeix i comercialitza un article concret, determina la diferència del cost del producte i dels beneficis obtinguts de la seva venda si els calcula pel sistema del *full-costing* o pel de *direct-costing*.

Matèries primeres	247 500 €	
Mà d'obra	146 250 €	468 750 €
Costos de producció variables	75 000 €	
Costos de producció fixos	56 250 €	
Costos de comercialització	150 000 €	206 250 €
Cost total	675 000 €	675 000 €
Producció	7 500 unitats	
Vendes	6 000 unitats	
Existències no venudes	1 500 unitats	
Preu de venda	120 €/u	

Els costos de l'empresa són els següents:

Calculem el cost unitari segons ambdós sistemes:

sistema *full-costing*: $C = \dfrac{675\,000}{7\,500} = 90$ €/unitat

sistema *direct-costing*: $C = \dfrac{468\,750}{7\,500} = 62{,}50$ €/unitat

Així, podem determinar el següent:

	Full-costing (*F - C*)	*Direct-costing* (*D - C*)
Cost unitari (€/u)	90	62,5
A: ingressos per vendes (6 000 u · 120 €/u)	720 000	720 000
Cost total de producció	675 000	468 750
Cost de les existències **F-C: 1500 u · 90 €/u** **D-C: 1500 u · 62,50 €/u**	(135 000)	(93 750)
B: cost total de les vendes **F-C: 6 000 u · 90 €/u** **D-C: 6 000 u · 62,50 €/u**	540 000	375 000
Benefici brut: A − B	180 000	345 000
Costos indirectes i fixos	(inclosos en el cost total de producció)	(206 250)
Benefici net	180 000	138 750

Com que no es ven tota la producció, observem que les existències estan valorades en el cost unitari.

Es pot comprovar que els beneficis resultants són diferents per a ambdós sistemes, ja que el *full-costing* té en compte tots els costos, mentre que el *direct-costing* només considera el cost directe i el variable de producció.

La diferència dels beneficis (180 000 − 138 750 = 41 250 €) és la mateixa que la diferència en la valoració de les existències (135 000 − 93 750 = 41 250 €).

Activitats

8> Una empresa elabora dos productes, A i B, amb l'estructura de costos de la taula de la dreta. Calcula el cost de producció unitari i els beneficis finals resultants d'ambdós productes segons el mètode del *full-costing* i del *direct-costing*. Suposem que, per al càlcul segons el model *full-costing*, els costos fixos o indirectes es reparteixen en un 35 % per al producte A i un 65 % per al B. Compara'n els resultats.

Costos	*Producte A*	*Producte B*
Matèries primeres	630 000	1 200 000
Cost personal producció	370 000	600 000
Altres costos variables	375 000	450 000
Cost fix producció	210 000	
Cost general comercial	310 000	
Producció (unitats)	1 700	2 700
Vendes (unitats)	1 500	2 100
Preu de venda (€/u)	2 700	2 500

7.5 La decisió de produir o comprar

La minimització dels costos

Tenint en compte l'estructura de la composició dels productes que es fabriquen en una empresa, pot ser que un component o una matèria primera del producte tant es pugui produir a la mateixa empresa com comprar-lo a una altra que el fabriqui. Si un empresari es troba davant aquesta disjuntiva, ha d'aplicar un dels principis fonamentals de la gestió de l'empresa: la minimització dels costos; és a dir, que els costos siguin els més baixos possibles per contribuir al fet que els beneficis siguin els màxims.

Per tant, aquells elements que resultin més econòmic fabricar-los es produiran a l'empresa; els que siguin més barats produïts per una altra empresa es compraran al mercat.

El llindar de producció

El **llindar de producció** és la producció mínima d'un element que fa que resulti més barat produir-lo que comprar-lo.

L'empresa valora si és més convenient produir un component necessari com a matèria primera o comprar-lo a un proveïdor. En molts casos, per estalviar costos, s'encarrega a un proveïdor el subministrament del material; aquest procés és conegut com *externalització de costos*. Seguidament es mostren els càlculs que permeten determinar el valor del llindar de producció.

Suposem que els costos variables unitaris són CV i els costos fixos per a qualsevol nivell de producció són CF. Si es compra, el preu de compra és p, i el nivell de necessitat d'aquest producte és Q.

El cost total de compra és $p \cdot Q$, i el cost total de producció és: $CF + CV \cdot Q$.

Si fos més barat produir l'element que comprar-lo, la condició seria: $p \cdot Q > CF + CV \cdot Q$, és a dir, que el cost de produir seria inferior al cost de comprar.

A partir d'aquesta expressió es pot aïllar Q:

$$p \cdot Q > CF + CV \cdot Q$$
$$p \cdot Q - CV \cdot Q > CF$$
$$(p - CV) \cdot Q > CF$$

$$Q^* = \frac{CF}{p - CV} < Q$$

En què Q^* és la quantitat mínima que s'hauria de necessitar d'aquest element perquè fos més barat produir-lo: $CF + CV \cdot Q < p \cdot Q \rightarrow Q^* < Q$, i per sota d'aquest nivell és més barat comprar-lo: $CF + CV \cdot Q > p \cdot Q \rightarrow Q^* > Q$.

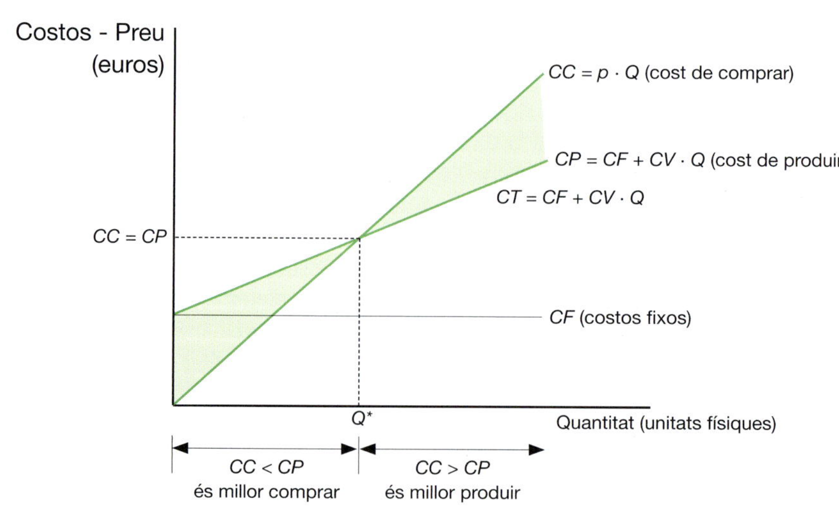

Exemple 6

Si sabem que els costos fixos de producció d'un element són d'1 500 000 €, els costos variables de 50 €/u i el preu de compra de 70 €/u, calcula'n el llindar de producció.

Si apliquem la fórmula: $Q^* = \dfrac{CF}{p - CV} < Q$, veiem que:

$$Q^* = \frac{1\,500\,000}{70 - 50} = 75\,000 \text{ unitats}$$

Per tant, si es necessiten més de 75 000 unitats d'aquest element ($Q > 75\,000$), és més barat produir-lo. Si se'n necessiten menys ($Q < 75\,000$), és més barat comprar-lo.

Activitats

9> Una empresa es troba davant el dubte de produir o de comprar un component de la seva producció. Si el produís, el cost fix seria de 3 000 000 d'euros i el cost variable de 8 500 €/u. Si el comprés, el preu de compra seria de 12 700 €/u. Calcula'n el llindar de producció i fes la representació gràfica.

El llindar de rendibilitat o el càlcul del punt mort

El concepte de *llindar de producció* és útil per determinar quina és la necessitat mínima d'un component d'una producció perquè sigui més barat produir-lo que comprar-lo.

Aquest concepte mateix es pot aplicar en un altre aspecte de la gestió de l'empresa: la determinació de la quantitat mínima de producte que s'ha de vendre per no tenir pèrdues, perquè els ingressos totals siguin iguals als costos totals.

Es tracta del **llindar de rendibilitat** o el **punt mort** de l'empresa; és a dir, la quantitat de producció venuda a partir de la qual es comença a obtenir beneficis.

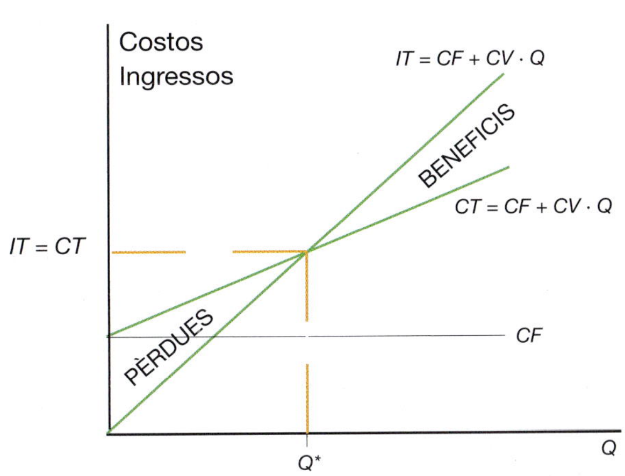

D'aquí es pot deduir l'expressió del *punt mort*, ja que si els beneficis són els ingressos menys els costos totals, i en el punt mort els beneficis són iguals a 0, veiem que:

$$Bf = IT - CT \quad \text{i} \quad Bf = 0$$

$$IT - CT = 0 \rightarrow IT = CT$$

Si $CT = CF + CV \cdot Q$ i $IT = p \cdot Q$, en què p és el preu de venda del producte, aleshores:

$$p \cdot Q = CF + CV \cdot Q, \text{ i es troba que: } \quad Q^* = \frac{CF}{p - CV}$$

Per obtenir beneficis ($Bf = IT - CT$), la producció haurà de ser més gran que el punt mort ($Q = Q^*$).

El punt mort pot veure's reflectit en la gràfica.

Exemple 7

Una empresa elabora un producte A i vol saber quina quantitat n'ha de vendre per no perdre diners. Els costos fixos del producte són de 750 000 €, els costos variables són de 220 €/u, i el preu de venda és de 270 €/u.

Si apliquem la fórmula:

$$Q^* = \frac{CF}{p - CV}, \text{ veiem que:}$$

$$Q^* = \frac{750\,000\ €}{270 - 220} = 15\,000 \text{ unitats}$$

Per tant, a partir de 15 000 unitats venudes, l'empresa començarà a tenir beneficis. El punt mort és de 15 000 unitats.

La resolució gràfica d'aquesta situació és:

$$IT = p \cdot Q \qquad IT = 270\ Q$$

$$CT = CF + CV \cdot Q \qquad CT = 750\,000 + 220\ Q$$

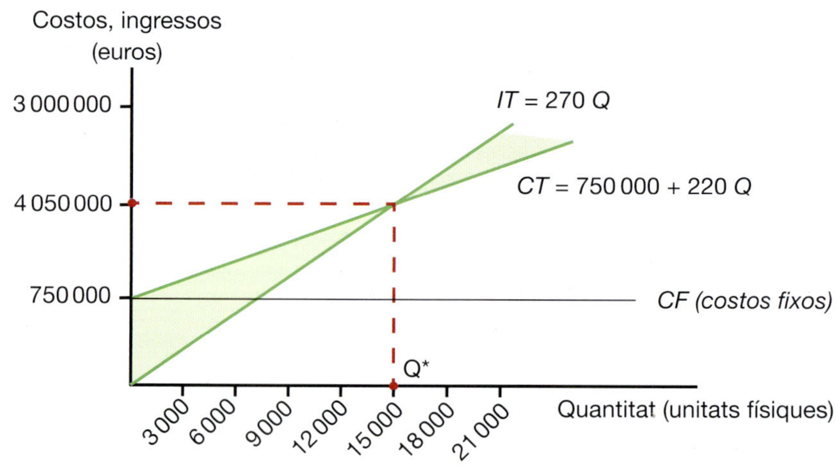

S'ha d'observar que, en el punt mort, el benefici és zero, és a dir, els ingressos totals (IT) són iguals als costos totals (CT). Per aquesta raó, és una bona prova verificar que realment és així. Així, en l'exemple 7, es pot comprobar que, com que el punt mort és de 15 000 unitats, els ingressos totals i els costos totals són iguals a 4 050 000.

Activitats

10> Una empresa fabrica un producte amb els costos següents: lloguer d'edifici, 7 000 €; mà d'obra fixa, 3 500 €; altres costos fixos, 1 250 €, i cost variable unitari, 77 €. Si el preu de venda del seu producte és de 157 €, calcula el punt mort per a aquest producte. Comenta'n els resultats. Representa gràficament.

Tres en un: produir, distribuir i vendre

EI sector tèxtil espanyol està en auge. Cada cop més, grups empresarials com Inditex/Zara, Induyco/EI Corte Inglés, Fa/Mango o Cortefiel estan desenvolupant fórmules d'èxit. Aquestes empreses basen la seva estratègia empresarial en el fet de produir, distribuir i vendre peces de roba amb una bona relació qualitat-preu i amb dissenys actuals.

Els líders de la confecció Facturació 2001 (milions d'euros)	
Inditex	3 249,80
Cortefiel	790,22
Mango	671,52
Induyco	474,80
Burberry Spain	206,24
Saez Merino	147,85
Vives Vidal	117,16
Levi Strauss España	114,70
Adolfo Domínguez	105,86
Confecciones Mayoral	102,43

Font: *Emprenedors.*

L'empresa Inditex —Industria del Diseño Textil— és la que ha experimentat un creixement més gran en els darrers anys. Actualment compta amb sis cadenes de moda —Zara, Pull & Bear, Oysho, Massimo Dutti, Bershka i Stradivarius— i té 1564 botigues repartides per 44 països. Un factor clau del seu èxit és que adapta els productes constantment als gustos del client, per molt ràpidament que aquests canviïn. La seva estructura de producció i distribució és molt flexible, la qual cosa li permet tenir una gran capacitat de reacció. Posseeixen una gran varietat de marques de roba i, a cadascuna, canvien cada poc temps els models. Aquest grup utilitza un sistema d'informació en línia que l'informa de quin tipus de productes van comprant els seus clients, la qual cosa els permet produir, en només dues setmanes, allò que saben que vendran, i sense haver-ho d'emmagatzemar. La seva política d'estocs es podria definir com d'estoc zero, és a dir, que no tenen productes sobrers; tota l'organització està pensada perquè es venguin totes les peces de roba i no en sobri cap.

En la seva gestió empresarial, Inditex dóna prioritat a aquesta capacitat de reacció que li permet adaptar-se a les novetats del mercat i al gust del consumidor, ja que és un factor important de diferenciació davant de la competència. Pot fer-ho perquè posseeix els mecanismes i la tecnologia necessària per reaccionar ràpidament davant dels canvis de la demanda; les seves màquines han estat dissenyades amb un objectiu de polifuncionalitat, perquè es puguin adaptar sense cap problema a allò que demana el mercat a cada moment. Una prova n'és el fet que, en uns vint dies, pot canviar totalment els productes de les seves botigues si ho considera convenient; compta amb uns dos-cents dissenyadors de moda, que creen vint mil models nous cada any.

D'aquesta manera, les seves botigues compten amb articles nous cada setmana i, com que els clients ho saben, tenen garantida l'afluència. La roba de les seves botigues —principalment de Zara— s'adapta constantment als canvis de color, teixit o tall que el públic demana. Un exemple clar n'és el fet que les fàbriques de l'empresa una setmana no saben què fabricaran la setmana vinent; cada tres dies canvien de producte. Per tal que aquesta estratègia funcioni, és essencial analitzar adequadament el producte que volen els clients i disposar d'una cadena d'aprovisionament òptima que garanteixi un control total del procés de producció. Això és essencial, atesa la velocitat vertiginosa a què se succeeixen la presa de decisions i la posada en pràctica d'aquestes.

Un altre factor clau de l'èxit comercial de Zara consisteix en l'elecció del tipus de cost principal que assumeix l'empresa. Atès que Zara no inverteix en publicitat, els seus locals han d'estar en llocs cèntrics molt concorreguts. A més, s'ha de tenir en compte que, per la gran rotació dels seus productes, no seria gaire útil donar-los a conèixer a través d'anuncis publicitaris.

En definitiva, amb fortes inversions en el lloc d'emplaçament dels locals i estalviant en publicitat, aparadorisme —els aparadors de Zara sempre s'han distingit per la seva simplicitat i l'economia de mitjans— i gestió d'inventaris, Zara és avui dia un exemple mundial de gestió empresarial dins del sector de la confecció.

- Quina és la fórmula de l'èxit dels líders de la confecció a Espanya?
- En el cas d'Inditex, què entens per cadena d'aprovisionament òptima?
- Pel que fa als costos, quina ha estat la clau de l'èxit d'Inditex?
- Un dels èxits d'Inditex és la ràpida adaptació als canvis que es produeixen en les preferències del consumidor. Com ho aconsegueix?

Activitats finals

1> Posa tres exemples de productes i determina els factors productius que els componen.

2> Explica la diferència existent entre els tipus de rendiments a escala. Posa'n un exemple numèric.

3> Una empresa elabora 7 500 unitats de productes al mes, amb 20 treballadors i 7 màquines. Calcula'n la productivitat del treball i del capital.

4> Una empresa produeix amb la tecnologia disponible 150 000 unitats de producte mensualment, utilitzant 20 treballadors i 10 màquines. S'incrementa la dimensió de la indústria fins a 28 treballadors i 14 màquines, sense canviar la tecnologia. La producció ha estat de 157 500 unitats de producte. Quin tipus de rendiments a escala té aquesta funció de producció?

5> Una empresa utilitza dues fàbriques per elaborar el mateix producte. A la taula següent es recullen per a l'any 2006 les vendes i els consums dels factors de producció per a cada fàbrica (dades en unitats monetàries):

Fàbrica	*Vendes*	*Capital*	*Mà d'obra*	*Matèries primeres*	*Energia*
A	1 000	100	80	140	120
B	1 000	50	120	150	80

Calcula la productivitat dels factors i la productivitat per a cada fàbrica. Quina és la productivitat global de l'empresa? Comenta'n els resultats.

6> Una empresa presenta uns costos variables com els de la taula següent.

Q	1	2	3	4	5	6	7	8	9	10
CV	25	48	67	80	92	107	119	127	135	141

Els costos fixos són de 250 €. Calcula'n el cost total, els costos mitjans (totals i variables) i el cost marginal. Representa'n gràficament els resultats.

7> Una empresa elabora dos productes, A i B, amb l'estructura de costos de més avall. Calcula el cost de producció unitari i els beneficis finals resultants dels dos productes segons el mètode *full-costing*. Es considera que el 40 % dels costos directes pertanyen a la fabricació del producte A, i el 60 % a la del producte B.

Costos (€)	*Producte A*	*Producte B*
Matèries primeres Cost personal producció Altres costos variables	1 260 000 740 000 750 000	2 310 000 1 200 000 900 000
Cost fix producció Cost general comercial	420 000 625 000	
Producció (unitats)	1 500	2 500
Vendes (unitats)	1 200	2 100
Preu de venda (€/u)	3 000	2 700

8> Calcula el cost de producció i els beneficis finals resultants de l'exercici anterior utilitzant el sistema *direct-costing*. Compara i comenta els resultats dels dos exercicis.

9> Mira la taula següent i calcula el cost de producció unitari i el resultat final per a una empresa que elabora dos productes; utilitza els sistemes *full-costing* i *direct-costing*. Comenta'n les diferències. Per al càlcul amb el sistema *full-costing* se suposa que el 35 % dels costos indirectes corresponen al producte M, i la resta, al producte N.

Costos (€)	*Producte M*	*Producte N*
Matèries primeres Mà d'obra producció Costos producció variables	180 000 120 000 69 000	330 000 195 000 100 000
Cost producció fix Cost comercial fix Costos administratius	174 000 185 000 120 000	
Producció (unitats)	18 000	10 000
Vendes (unitats)	10 000	12 000
Existències inicials	2 000	4 000
Preu de venda (€/u)	60	75

10> Una empresa té una capacitat productiva màxima de 1 000 unitats d'un determinat producte. Les dades de l'empresa són les següents: costos fixos de 240 000 €, cost variable unitari de 300 € i preu de venda del producte de 500 €. Calcula'n el punt mort, fes la representació gràfica i comenta'n els resultats.

11> Una empresa es troba davant el dubte de produir o de comprar un component de la seva producció. Si el produís, el cost fix seria de 5 000 000 €, i el cost variable, de 700 €/u. Si el comprés, el preu de compra seria de 2 700 €/u. Calcula'n el llindar de producció.

12> Una empresa determina que li convé fabricar un component a partir de 500 unitats. Si el cost fix de produir-lo és de 750 000 € i el preu de compra és de 5 000 €/u, quin és el cost variable unitari de producció associat?

Comprova el teu nivell

1> Quin factor productiu està format pel conjunt de béns d'inversió necessaris per a la producció?

a) Recursos naturals.

b) Capital.

c) Treball.

d) Organització empresarial.

2> Què és una tecnologia?

a) El conjunt de factors productius necessaris per produir.

b) Les necessitats de maquinària i d'instal·lacions de l'empresa.

c) Una forma concreta de combinar uns factors productius per produir.

d) La maquinària que utilitza l'empresa per produir.

3> Quina és la relació que hi ha entre la quantitat produïda i les unitats de mà d'obra utilitzades per fabricar-la?

a) La productivitat del capital.

b) La productivitat del treball.

c) L'eficiència de la producció.

d) La productivitat total.

4> Quina és la relació entre el valor de la producció i el cost total dels factors productius emprats?

a) La productivitat del capital.

b) La productivitat del treball.

c) L'eficiència de la producció.

d) La productivitat total.

5> Si la tecnologia A necessita 20 hores de treball i 2 màquines i la tecnologia B necessita 15 hores de treball i 2 màquines per produir la mateixa quantitat, què podem afirmar?

a) Que la tecnologia A és més eficient tècnicament que la B.

b) Que la tecnologia B és més eficient tècnicament que la A.

c) Que la tecnologia A és més eficient econòmicament que la B.

d) Que la tecnologia B és més eficient econòmicament que la A.

6> Quin dels costos següents d'una empresa és fix?

a) El lloguer de la nau industrial.

b) El consum d'electricitat de la maquinària.

c) Els salaris del personal del departament de comptabilitat.

d) Les opcions *a* i *c* són correctes.

7> Si una empresa industrial fabrica camions i furgonetes, quin tipus de cost és el consum d'electricitat de la maquinària de la secció de camions?

a) Cost variable i directe.

b) Cost fix i directe.

c) Cost variable i indirecte.

d) Cost fix i indirecte.

8> Per a la mateixa empresa de la qüestió anterior, quin tipus de cost és el lloguer de les oficines on està el departament administratiu?

a) Cost variable i directe.

b) Cost fix i directe.

c) Cost variable i indirecte.

d) Cost fix i indirecte.

9> Una empresa pot comprar a un proveïdor extern un element necessari per a la producció a un preu de 10 €/unitat, però també pot fabricar-lo internament amb uns costos fixos de 15 000 € anuals i un cost variable de 7 €/unitat. Quin és el llindar de producció?

a) 1 500 unitats.

b) 2 142 unitats.

c) 30 000 unitats.

d) 5 000 unitats.

10> El concepte de *llindar de la producció* es fonamenta en:

a) L'eficàcia de la producció.

b) La minimització dels costos.

c) L'eficiència tècnica de l'empresa.

d) L'eficiència econòmica de l'empresa.

Conceptes bàsics

La **producció** és l'elaboració de productes (béns o serveis) a partir d'uns factors de producció o recursos productius (recursos naturals, treball i capital).

Els **factors de producció** són els elements materials, humans i organitzatius, que combinats específicament permeten produir un bé o un servei. Poden ser:

- **Recursos naturals:** matèries primeres amb les quals es forma el producte.
- **Treball:** mà d'obra o temps que dediquen els treballadors a la producció d'un bé o servei.
- **Capital:** conjunt de béns d'inversions necessaris per produir.

El **valor afegit** és la suma del valor suplementari que s'afegeix a les matèries primeres que per separat tenen un valor inferior que combinades en un producte final. És per això que la producció es considera un procés de creació de valor afegit.

Una **tecnologia** és la forma com es combinen els factors de producció per aconseguir un producte. Cada vegada que es produeix una modificació en la forma de combinar aquests recursos es produeix un **canvi tecnològic**.

Les **inversions en R + D + I** són el motor del canvi tecnològic que permet a l'empresa una millora de la seva competitivitat.

Un procés productiu és més **eficient tècnicament** que un altre quan per obtenir la mateixa quantitat de producte utilitza menys quantitat d'un factor productiu i no només d'un altre.

Dins de les tecnologies tècnicament eficients disponibles, l'empresa seleccionarà la que sigui més **eficient econòmicament**, és a dir, la que suposi un cost més baix.

La **productivitat** és la producció que s'obté per cada unitat de factor productiu utilitzat, i pot ser:

- **Productivitat del treball:** quantitat produïda per treballador o per hora de treball.
- **Productivitat del capital:** quantitat produïda per unitat de capital productiu o màquina.
- **Productivitat total:** relació entre el valor econòmic de la producció (quantitat produïda per preu de venda) i el cost total dels factors productius utilitzats.

Les empreses dediquen recursos a millorar la seva tecnologia productiva i inverteixen en **recerca, desenvolupament** i **innovació (R+D+I)** amb la intenció d'incrementar la productivitat, és a dir, aconseguint una major eficiència econòmica.

Els **costos de l'empresa** es poden classificar en diferents tipus:

- **Costos fixos:** els que són independents del nivell de producció, o sigui, que no varien si la quantitat produïda puja o baixa.
- **Costos variables:** els que són proporcionals al nivell de producció, o sigui, que pugen o baixen si la quantitat produïda puja o baixa, respectivament.
- **Costos directes:** els que són associats directament a la producció d'un bé, és a dir, que es poden assignar concretament a la fabricació d'un producte.
- **Costos indirectes:** els que afecten tot el procés productiu en general o que són comuns a un conjunt de productes i que, per tant, no es poden assignar directament a un producte.

Per determinar el cost unitari de producció es poden utilitzar dues **tècniques de càlcul de costos:**

- **Sistema *full-costing*:** el cost de producció és la suma de tots els costos directes i proporcionals més la part corresponent dels costos indirectes o fixos imputables al producte.
- **Sistema *direct-costing*:** el cost de producció és la suma dels costos directes i variables, és a dir, els que es poden assignar a un producte sense utilitzar un criteri d'imputació.

El **llindar de producció** és aquella quantitat mínima d'un component que s'utilitza per produir un bé que fa que resulti més barat produir-lo internament que comprar-lo. Això és l'**externalització de costos.**

El **llindar de rendibilitat** o **punt mort** és la quantitat de producció venuda a partir de la qual es comença a obtenir beneficis.

8

LA DIRECCIÓ DE LA PRODUCCIÓ

La fabricació d'un producte exigeix disposar de tots els materials necessaris en el moment precís, així com també del disseny del procés de producció més adequat tant des del punt de vista tècnic com econòmic. És per això que estudiarem com s'organitza el procés productiu mitjançant la planificació i la programació de totes les etapes que el formen.

Els conceptes més importants que aprendràs en aquesta unitat són: tècniques i mètodes d'anàlisi i control per gestionar la producció (eficàcia i eficiència); la planificació de la producció; el control de la qualitat; el cost social de la producció; la protecció del medi ambient.

8.1 La direcció de la producció

El concepte de *producció* ja s'ha definit a la unitat anterior: és l'obtenció de béns o serveis a partir de la combinació d'una sèrie de factors productius, segons una tecnologia específica. També s'ha comentat que la producció és una de les funcions bàsiques d'una empresa, independentment que es tracti d'una empresa productora, comercial o de serveis. Això no significa que altres funcions de l'empresa, com la funció comercial o la funció financera, siguin menys importants; tenen la mateixa rellevància, però diferent competència.

La **funció de producció** és la funció transformadora o fabricadora de béns, serveis o productes dins de l'empresa.

La funció de producció: objectius i elements

Per exemple, una empresa de congelats transforma els calamars pescats en congelats i una empresa de motocicletes fabrica motos.

Té com a objectiu genèric l'organització, la gestió i el control de les operacions de transformació dels factors productius en productes, amb la finalitat de fer gestions amb la màxima eficiència econòmica i contribuir així a l'objectiu general de l'empresa. Aquest objectiu és maximitzar els beneficis o bé optimitzar la prestació de serveis o la producció de béns amb finalitat social, per a empreses que no tinguin ànim de lucre.

La funció de producció és competència del departament de producció (també anomenat *de fabricació*, *logístic* o *d'operacions*). Aquest departament s'encarrega de la direcció de la producció com un sistema productiu que ha d'assolir uns objectius amb un subsistema de gestió; ha d'observar i gestionar unes estructures de planificació i de programació que permetin prendre decisions racionals i ha de dur un control dels resultats.

Així doncs, un esquema del sistema productiu seria el següent:

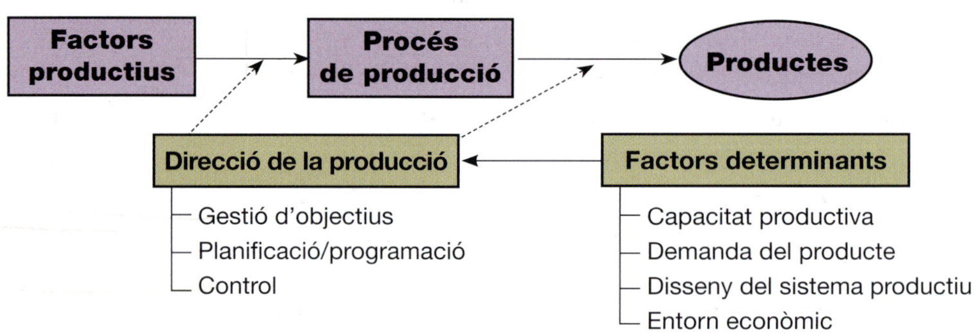

En un **procés de producció** cal disposar dels **factors productius** perquè la **direcció de la producció,** condicionada per uns determinats **factors,** pugui, per mitjà del procés, obtenir un **producte.**

Però com s'observa a l'esquema anterior, hi ha una sèrie de **factors determinants** o **limitadors** que la direcció de la producció ha de considerar per prendre decisions sobre la producció:

- **Capacitat productiva.** És la quantitat de producció màxima que es pot realitzar d'un producte, en funció d'elements com ara el nombre de màquines, o la disponibilitat de mà d'obra (recursos humans). En general es tracta dels recursos limitats que una empresa té a la seva disposició per dirigir la producció.

- **Demanda del producte.** El nivell de demanda del mercat marcarà les quantitats de producte que pot vendre l'empresa i, per tant, les quantitats que n'ha de fabricar. En general el nivell de demanda dependrà del tipus de producte i de com s'estructura la producció: per comandes de client (produir allò que el client demana amb la comanda) o per magatzem (vendre allò que ja s'ha produït).
- **Disseny del sistema productiu.** L'estructura dels processos que integren el sistema productiu i la manera de produir determinen molt la capacitat de la direcció de la producció, per adaptar-se de manera flexible a les situacions de l'entorn.
- **Entorn econòmic.** Són les situacions externes a l'empresa, però que s'hi relacionen. Aquestes situacions determinen un conjunt d'oportunitats que es poden aprofitar (noves expectatives de negocis...) i d'amenaces que cal considerar (problemes amb les fonts d'aprovisionament...).

Amb aquestes consideracions és normal que la direcció de la producció estigui en contacte constant amb el departament comercial i amb el departament financer per col·laborar i participar conjuntament en l'assoliment dels objectius finals de l'empresa.

La planificació de la producció

En general, la direcció de la producció té com a competència fonamental la gestió del sistema de producció sota criteris d'**eficiència** i d'**eficàcia,** amb la intenció de fabricar un producte específic, en les quantitats determinades i en un temps de realització concret.

Es diu que s'utilitzen criteris d'eficiència perquè el sistema de producció ha de permetre aconseguir el màxim producte amb el mínim cost; i criteris d'eficàcia perquè el sistema de producció ha de treballar per al màxim assoliment dels objectius pel que fa a quantitat, qualitat i terminis de realització.

És per tot això que l'empresa ha de desenvolupar un sistema de planificació de la producció com a base de la gestió de la producció. Ha de determinar les operacions, els processos i les decisions que es volen realitzar en el futur. Aquesta planificació s'estructura en un conjunt de fases que comencen en el llarg termini amb especificacions generals i finalitzen en el curt termini amb especificacions concretes:

- **Pla estratègic.** Previsió genèrica a llarg termini sobre els objectius de l'empresa, la capacitat productiva necessària i els plans d'inversions per a la producció.
- **Previsió de vendes.** Relació de les vendes potencials amb la producció necessària per satisfer-les.
- **Pla magistral de producció.** Estructura les necessitats de materials i de mà d'obra en relació amb els costos de l'empresa, i fixa una ordenació de la producció.
- **Programa de producció.** Determinació de les ordres de producció a curt termini, tenint en compte els factors productius disponibles segons el pla magistral de producció, i fixació dels terminis de lliurament dels proveïdors i als clients.

Aquest sistema de planificació s'hauria de complementar amb un sistema de control en dos àmbits:

- **Control operatiu de producció.** Regulació de la programació de la producció amb relació a l'adaptació a canvis o amb la correcció del sistema.
- **Control econòmic de producció.** Vigilància i estudi dels costos de la producció, de la seva desviació en termes econòmics i de les conseqüències sobre l'estructura financera de l'empresa.

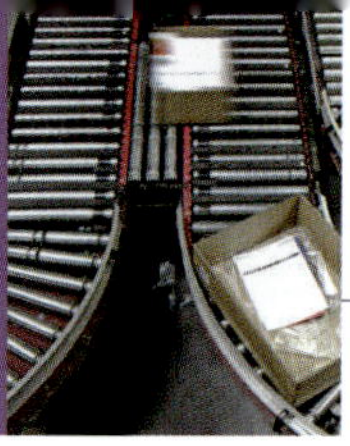

La planificació de les necessitats de materials: el sistema MRP

Per especificar més el sistema de planificació de producció cal desenvolupar l'aspecte de les necessitats de materials per a la producció de l'empresa, és a dir, determinar les necessitats i les disponibilitats de matèries primeres considerades en el programa de producció. Per això s'utilitza el sistema MRP.

Sistema MRP. Sigla de la seva denominació en anglès: **Material Requirement Planning** ('planificació de necessitats materials').

Per dur a terme aquest sistema cal conèixer la informació següent:

- **Programa de producció:** què s'ha de produir i quan.
- **Llistes de materials:** components materials que formen el producte.
- **Disponibilitat d'inventaris:** quines existències materials hi ha als magatzems.
- **Ordres de compres pendents:** què s'ha demanat als proveïdors i encara no ha arribat al magatzem.
- **Terminis:** temps necessari per aconseguir cada material.

El sistema MRP consisteix a processar tota aquesta informació: calcular els materials necessaris per a la producció, determinar les ordres de compra segons el que es vol produir i el que hi ha al magatzem i finalment ajustar tot el sistema per complir la producció assignada en els terminis fixats prèviament. Es tracta bàsicament de planificar, en el temps, els materials necessaris per elaborar un producte.

Una granja de producció de llet ha de saber quanta llet vol produir al dia, què necessita per alimentar les vaques...

Activitats

1> Posa tres exemples en què es puguin diferenciar l'eficiència i l'eficàcia.

2> Descriu la producció de dos productes i determina les llistes de materials que els formen.

3> Explica què és la funció de producció i quin pot ser el seu objectiu fonamental.

4> Què consideres que és millor per a l'empresa, produir per comandes o produir per al magatzem?

8.2 Mètodes i tècniques de planificació de la producció

Hi ha una sèrie de tècniques per planificar projectes de producció que permeten programar i controlar. Són mètodes que introdueixen la planificació temporal i s'usen en sistemes de producció complexos, compostos per diverses activitats executades en un ordre temporal concret i de les quals es coneix la durada. Ja que el temps destinat a la realització d'aquests sistemes és una variable econòmica important, perquè determina els costos del projecte, resulta molt rellevant controlar i programar el procés de producció. Poden ser exemples d'aquests tipus de projectes de producció la construcció d'edificis, les obres públiques o la construcció de vaixells o avions.

D'aquestes tècniques, se'n treballaran unes que permeten fer representacions gràfiques complexes (mètode PERT-CPM) o senzilles (gràfiques Gantt). Abans, però, per poder descriure i treballar un procés productiu és necessari fixar unes etapes prèvies:

1. Definir el projecte i totes les activitats (significatives) que el formen.
2. Determinar les relacions entre les activitats i l'ordre de precedència.
3. Assignar el temps de durada de cada activitat.

El mètode PERT-CPM

El PERT és un mètode creat l'any 1958 als Estats Units que es va complementar el mateix any amb el mètode CPM. És per això que la integració dels dos mètodes es coneix habitualment com mètode PERT-CPM.

L'eina bàsica d'aquest mètode és la tècnica de grafs, mitjançant la qual s'esquematitza la realització d'un projecte en diferents situacions i activitats.

Gràficament, cada situació és un node i cada activitat és una fletxa. Mitjançant una seqüenciació, s'estableixen les relacions entre les situacions i el seu ordre de precedència. S'assigna un temps de durada a cada activitat.

Mètode PERT. Acrònim anglès de **Project Evaluation and Review Technique** ('tècnica d'avaluació i revisió de projectes').

Mètode CPM. Sigla anglesa de **Critical Path Method** ('mètode del camí crític').

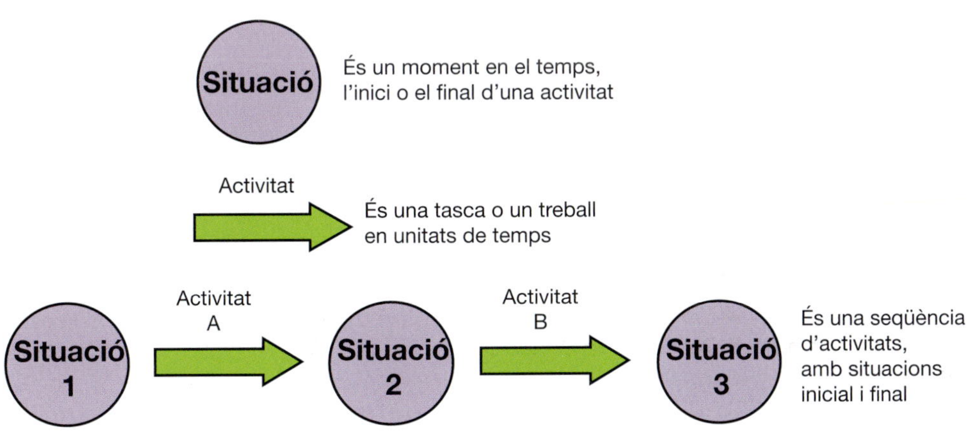

Abans d'iniciar la representació gràfica d'un projecte cal considerar certs aspectes:

- Cal definir les situacions i les activitats que suposen l'inici i el final del projecte.
- Hi ha d'haver un ordre de relació entre les activitats, és a dir, s'ha de saber quines activitats han de finalitzar perquè se'n puguin iniciar d'altres.
- Les activitats han de ser independents entre elles.

Veurem aquest mètode amb més claredat per mitjà d'un exemple.

Exemple 1

Estableix les diferents etapes o situacions en el procés productiu d'instal·lació d'un equip de control de contaminació en una indústria siderúrgica.

Primer de tot s'han de considerar tots els aspectes descrits anteriorment. Per tant, cal identificar totes les activitats del procés, l'ordre que s'estableix entre elles i la durada.

Un cop es coneixen aquestes dades, s'han de plasmar en un quadre:

Activitat	*Descripció*	*Durada (dies)*	*Precedents*
A	Instal·lació de components interns	2	—
B	Modificar sostre i terra	3	—
C	Construir xemeneia	2	A
D	Instal·lar estructura	4	B
E	Instal·lar sistema de control	2	C
F	Instal·lar dispositiu de control	5	D
G	Inspecció i control	2	E, F

A continuació es dibuixa la representació gràfica del quadre i s'assigna a cada activitat una fletxa i a cada situació un node numerat.

El que s'obté és un graf PERT-CPM.

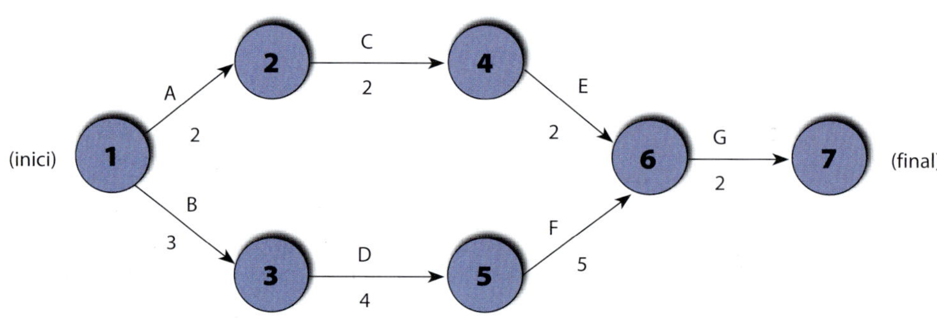

S'ha numerat cada situació (node) correlativament (1, 2, 3...), seguint la regla de no numerar un node si abans no estan numerats tots els precedents. Fixeu-vos que es compleix l'ordre de les activitats precedents, sobretot de l'activitat G, precedida per les activitats E i F.

Hi ha una manera alternativa d'expressar les activitats que consisteix a esmentar el node d'origen i el de destí. En aquest cas, l'activitat A seria la 1-2, l'activitat B seria la 1-3, i així successivament.

La durada de cada activitat s'indica sota la fletxa corresponent.

Pel que fa a la durada de cada activitat, es poden determinar diferents elements temporals que ajuden a interpretar la representació gràfica. Són els següents:

- **Temps *early* d'una situació *(E)*.** Temps mínim que es necessita per arribar a aquesta situació; la data més propera a la qual es pot arribar.

- **Temps *last* d'una situació *(L)*.** Temps màxim que es necessita per arribar a aquesta situació; és a dir, la data més tardana a la qual es pot arribar.
- **Temps total d'execució d'un projecte *(T)*.** El temps *early* o el temps *last* de la situació final, ja que sempre són iguals.

L'aplicació d'aquests elements temporals ajuda a avaluar la planificació del projecte. Per tant, si s'apliquen al graf tractat en l'exemple 1 s'obté:

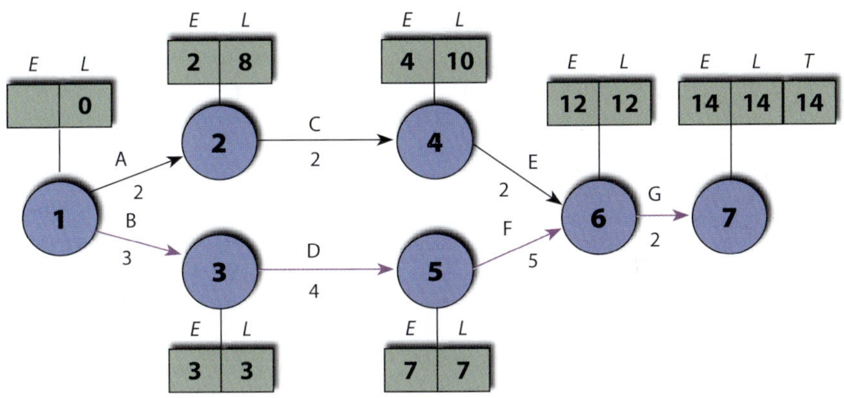

Si observem la situació 2 (node 2) veurem que el seu temps *early (E)* és de 2 dies, que és el temps mínim que es pot necessitar per arribar a la seva execució. El temps *last (L)* és de 8 dies, que és el temps màxim en què es pot realitzar l'activitat A, i que es calcula com la diferència entre el temps mínim d'execució *(T)* i la durada de les activitats que porten del node 2 a la situació final:

$$(14 - 2 - 2 - 2 = 8)$$

En general, per calcular els indicadors temporals se segueix l'ordre següent:

1. Es calcula el temps *early (E)* de cada node fins a arribar a la situació final. Quan un node és precedit per dos nodes alternatius, el temps *early* d'aquest node serà el més alt dels dos possibles. Aquest és el cas del node 6, precedit pels nodes 4 i 5. El seu *E* és 12, ja que el temps superior és el de les situacions 1, 3 i 5, és a dir: (3 + 4 + 5).
2. Quan es coneix el temps mínim d'execució total *(T)*, es calculen els temps *last (L)* començant pel final. El *L* d'un node és igual al temps *last* del node precedent menys la durada de l'activitat que els separa. Per tant, el *L* del node 2 és de 8 dies, ja que és igual al temps *last* del node 4 (10 dies) menys la durada de l'activitat C (2 dies).

Quan s'han calculat tots els indicadors temporals (*E*, *L* i *T*) només cal determinar-ne el camí crític.

Així doncs, en l'exemple anterior hi ha dos camins possibles. El primer és el camí format per les activitats A-C-E-G, de 8 dies de durada (2 + 2 + 2 + 2); i el segon, el camí format per les activitats B-D-F-G, de 14 dies de durada (3 + 4 + 5 + 2). Aquest últim és el camí crític, i coincideix amb la durada mínima d'execució del projecte, 14 dies.

Fixem-nos també que el camí crític està format per les situacions en què el temps *early* i *last* són iguals **(situacions crítiques).** En l'exemple són els nodes 1, 3, 5, 6 i 7. Les activitats que els uneixen són les **activitats crítiques,** i són aquelles activitats que no admeten retards en la seva execució, ja que això implicaria un retard del projecte general.

En resum, el camí crític és la part del projecte que cal vigilar amb més atenció, ja que és on poden aparèixer problemes de retard en la realització del projecte planificat.

> **!**
>
> El **camí crític** és el camí més llarg entre la situació inicial i la situació final, i coincideix amb la durada mínima d'execució de tot el projecte.
>
> A l'exemple, les activitats que formen el camí crític es mostren acolorides.

Les gràfiques Gantt

Aquest tipus de gràfiques són també un mètode de planificació de la producció com el PERT-CPM. Es tracta d'una representació gràfica amb la qual es realitza de manera simultània un control de totes les activitats d'un projecte. Aquesta gràfica permet verificar el grau de compliment de l'execució de les activitats.

En uns eixos de coordenades es representen, en l'eix d'abscisses, els temps d'execució de les activitats i, en l'eix d'ordenades, el conjunt d'activitats del projecte. La durada de cada activitat queda representada mitjançant rectangles de longitud proporcional.

Observem l'aplicació d'aquest tipus de gràfic a l'exemple anterior.

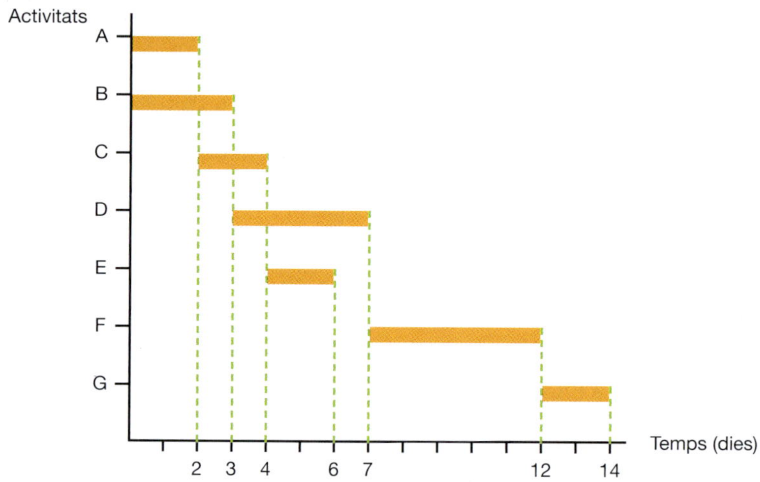

La longitud de cada rectangle és la durada de cada activitat (A = 2 dies, B = 3 dies...). Amb aquesta representació es veu que hi ha activitats que es poden executar simultàniament (E i D) i d'altres que han d'esperar que en finalitzi una altra (F no pot començar fins que acabi D).

Es pot comprovar que la durada total del procés és de 14 dies, és a dir, el temps mínim d'execució del projecte de producció calculat amb el mètode PERT-CPM.

Activitats

5> Un projecte industrial presenta les activitats següents. Calcula'n els temps *early*, els temps *last* i el camí crític.

Activitat	*Durada (dies)*	*Precedent*
A	2	—
B	5	—
C	4	A
D	6	B, C
E	4	D
F	8	E
G	2	E
H	5	F
I	4	G

6> Determina el graf PERT basat en la taula següent:

Activitat	1-2	1-4	1-3	2-5	2-3	3-5	4-6	5-7	6-7

7> Determina el graf PERT basat en la taula següent i calcula'n els temps *early*, els temps *last* i el camí crític.

Activitat	*Durada (dies)*	*Precedent*
A	1	—
B	3	A
C	2	A
D	1	B
E	1	C
F	1	—
G	2	F
H	2	D, E
I	1	G
J	2	H, I

8.3 La logística integral

Fins ara hem estudiat la producció com un conjunt de processos que cal organitzar, planificar i gestionar. En els actuals mercats cada vegada més globalitzats, les empreses tenen la necessitat de desenvolupar nous sistemes de gestió de la producció que els permeti mantenir la seva competitivitat.

Per aquesta raó apareix la logística integral o gestió de la cadena **logística com aquella activitat de l'empresa que gestiona, planifica i controla els fluxos de materials i el seu emmagatzemament de manera eficient i eficaç amb l'objectiu final de satisfer les necessitats dels clients.** La logística de l'empresa implica la gestió i planificació integral de les activitats dels departaments d'aprovisionament, producció, magatzems, transports, distribució i qualitat.

Un sistema de logística integral es basa en uns elements fonamentals:

- La total integració de la planificació i de les activitats dels departaments implicats per definir un eficient sistema de presa de decisions que permeti conjuntar tots els fluxos d'informació.
- Un model d'organització empresarial destinat a la satisfacció de les necessitats dels clients creant vincles que relacionin l'empresa amb els seus clients i proveïdors.
- La minimització dels costos de producció, atès que es busca el màxim aprofitament dels materials utilitzats i dels esforços operatius dels departaments implicats.

Els sistemes de logística integral tenen total connexió amb el concepte de la cadena de valor de l'empresa (ja estudiat a la Unitat 1 d'aquest llibre, ja que es basen en el fet de millorar la interrelació existent entre els diferents elements que formen el valor dels productes elaborats.

Procés de materials i flux d'informació

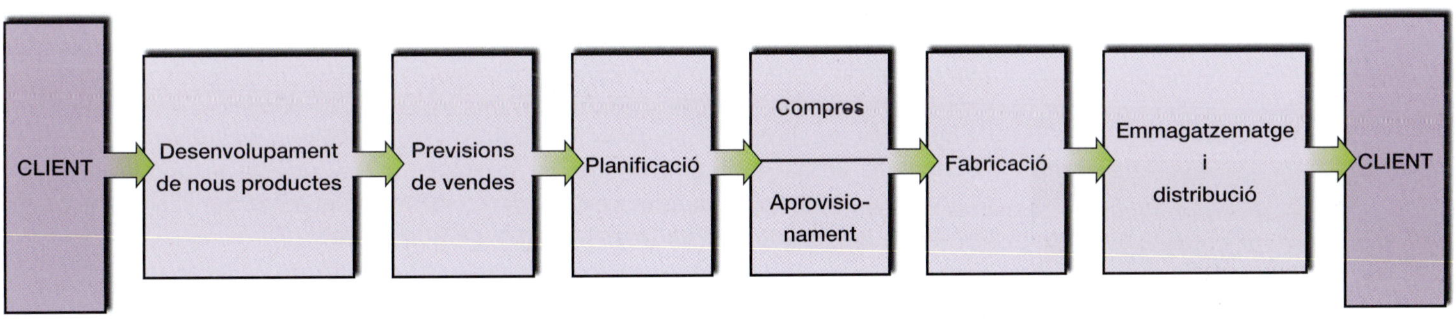

La logística integral, un procés que comença i acaba en el client. A més, ha d'integrar totes les funcions i els processos per satisfer les seves necessitats.

La implementació d'un sistema de logística integral aporta importants avantatges a l'empresa, ja que si l'objectiu fonamental és satisfer les necessitats dels clients, es comença per integrar-los en el disseny del producte que ells necessiten. Per això cal que de manera similar els proveïdors també col·laborin estretament amb l'empresa per desenvolupar el producte.

Amb aquesta estreta relació empresa-clients-proveïdors s'optimitzen els processos de producció fent-los més eficients i eficaços. També és molt habitual que l'empresa externalitzi les activitats d'emmagatzematge i distribució, per fer-les més flexibles i adaptatives, i alhora estalviant recursos que provoquin una reducció global dels costos de producció.

@

Consultant els llocs web del Centro Español de Logística *(www.cel-logistica.org)* i del Centre d'Innovació i Desenvolupament Empresarial *(www.cidem.com)* podem obtenir més informació sobre aquest tema.

8.4 La qualitat a l'empresa

Dins de la funció productiva de l'empresa, la qualitat és un dels elements que determina els objectius de la direcció de la producció. En aquest aspecte, es pot dir que:

> La **qualitat** és el conjunt de característiques i especificacions tècniques que defineixen un producte.

Però hi ha altres definicions de *qualitat*, igualment vàlides i compatibles:

- *És el conjunt de característiques d'un producte tenint en compte la capacitat que té per satisfer les necessitats de l'usuari.*
- *Són totes les característiques i les propietats d'un producte que en determinen el nivell d'adequació a la utilització per a la qual està destinat.*
- *És el compliment concret de les especificacions que diferencien els productes.*

Actualment, la qualitat no és únicament una referència per a l'empresa, sinó un aspecte molt important que ha de gestionar i planificar. La qualitat dels productes elaborats determina la competitivitat de l'empresa dins del mercat, en marca l'estructura de costos i, fins i tot, pot influir sobre la rendibilitat general de les inversions de l'empresa.

En moltes ocasions, per tal que l'empresa implementi un sistema de gestió de la qualitat cal redissenyar els processos productius de manera que millorin en eficiència i en control de la qualitat. O sigui, si es vol elaborar un producte amb la qualitat justa, el primer que es farà serà adaptar i millorar les màquines i les instal·lacions utilitzades per millorar la qualitat dels productes. Això es coneix com **reenginyeria de processos.** I com ja s'ha comentat, aquesta optimització del processos de producció permet oferir la qualitat que els clients necessiten, millorant la competitivitat de l'empresa.

És important remarcar que si l'empresa inverteix en tècniques de millora de la qualitat i de prevenció d'errades de producció, està assegurant una part rellevant del seu futur. Però també cal comentar que si són importants els costos de la manca de qualitat, també ho poden ser els costos per excés de qualitat. En una empresa, la lluita per la qualitat no significa arribar a obtenir la qualitat màxima, sinó la qualitat justa que necessita el producte concret, ja que tant l'excés com la manca de qualitat pot repercutir en els costos. És per això que es parla de la ***gestió de la qualitat.***

Aquesta gestió es pot realitzar de diverses maneres:

- **Tècniques d'inspecció.** Assegurar que s'obté la qualitat prevista.
- **Control de processos.** Dissenyar adequadament els sistemes de producció per evitar que sorgeixin problemes.
- **Gestió integral de la qualitat.** Participació de totes les àrees de l'empresa en la qualitat del producte.
- **Qualitat total.** Ampliar l'abast de la qualitat del producte a la qualitat de l'organització en general, és a dir, als processos productius i a les activitats diverses de l'empresa, i donar molta importància al factor humà. Es considera també la qualitat de totes les activitats realitzades a l'empresa, amb la finalitat global d'atendre totes les expectatives dels clients. Es treballa analitzant i avaluant constantment els sistemes de treball, fomentant el treball en equip per millorar contínuament la qualitat.

En les empreses de manipulació d'aliments, el control de la qualitat del producte és essencialment important.

El sistema de gestió de la qualitat

Aplicar un sistema de gestió de la qualitat d'una empresa significa establir aquesta qualitat com un objectiu més de la direcció de la producció. Per això és bàsic determinar les fases del procés d'implantació de la qualitat dins de l'empresa:

- Identificar els elements rellevants que caracteritzen la qualitat d'un producte concret.
- Assignar un sistema objectiu de mesurament de la qualitat.
- Determinar quina és la qualitat justa dels productes.
- Implantar sistemes de control de la qualitat.
- Controlar i identificar les causes que provoquen una qualitat inadequada.

Un instrument molt útil per a la gestió de la qualitat és el manual de qualitat, que recull normes, procediments i mesures que permeten assegurar la qualitat dels productes d'una empresa. Es tracta d'un document actiu, flexible i amb capacitat d'adaptació, que concreta l'abast de la qualitat a l'empresa.

Cal considerar que la implementació, és a dir, la posada en marxa d'un sistema de gestió de la qualitat en una empresa, implica una estructura suplementària de costos, que evidentment són inferiors als costos de la manca de qualitat. Si els costos suplementaris fossin superiors l'empresa no compliria amb l'objectiu d'invertir en qualitat per obtenir rendibilitat. Els costos suplementaris que poden aparèixer quan s'implementa un sistema de gestió de la qualitat són:

- **Costos de prevenció.** Planificació de la qualitat, determinació del manual de qualitat i costos de formació i de motivació.
- **Costos d'avaluació.** Observació i anàlisi de les característiques que determinen la qualitat, per després poder comprovar-la i assegurar-la.
- **Costos d'errades.** Costos interns deguts a la recuperació i resolució de problemes interns de qualitat, i costos externs deguts a devolucions de clients i per les garanties atorgades.

AENOR

Producto Certificado

La certificació de la qualitat

El sistema de qualitat a l'empresa cal que estigui reconegut o regulat, amb la intenció d'assegurar i d'especificar la qualitat dels productes. Així, els clients poden identificar més fàcilment si el producte o el servei té la qualitat requerida.

Hi ha una institució anomenada ISO (International Standard Organization: Organització Internacional d'Estandardització) que regula i determina les condicions que ha de complir un sistema de qualitat d'una empresa per tal que sigui reconeguda. Aquesta regulació està formada per un manual de qualitat per a l'activitat de l'empresa i el conjunt de procediments i normes que n'asseguren la qualitat.

Per aquest motiu a Espanya hi ha un organisme oficial que té competències similars quant a la certificació de la qualitat de les empreses i a la normalització de procediments i de productes; es tracta de l'AENOR (Associació Espanyola de Normalització).

@

Pots consultar les pàgines web de la ISO i l'AENOR sobre la certificació homologada de la qualitat. També és interessant la del Laboratori General d'Assaigs i Investigacions (LGAI), una entitat que promou el desenvolupament tecnològic, a més de col·laborar en la certificació de la qualitat:

http://www.iso.ch

http://www.ca.aenor.es

http://www.applus.com/es

Activitats

8> Descriu un producte en què la manca de qualitat pugui ser un problema per a l'empresa.

9> Descriu un altre producte en què l'excés de qualitat sigui un problema per a l'empresa.

10> Explica la utilitat del manual de qualitat en un sistema de gestió de la qualitat.

11> Connecta't a la pàgina web d'AENOR i explica què és i quins serveis dóna.

8.5 La producció i el medi ambient

Externalitats i cost social de la producció

Quan una empresa produeix, genera una estructura de costos associada a la utilització dels factors productius, els assumeix internament i els intenta recuperar amb un cert marge de beneficis. En aquest cas es tracta de costos interns. Però en molts casos, la mateixa activitat productiva provoca uns efectes que generen uns costos no inclosos en l'estructura de costos de l'empresa. Es tracta de **costos externs** o **costos socials** de la producció causats per l'existència d'**externalitats** negatives de la producció (explicats, en part, a la primera unitat del llibre, a l'apartat *Responsabilitat social de l'empresa*).

Per exemple, una empresa que es dedica a adobar pells per fer vestits i altres articles té uns costos derivats directament de la seva activitat productiva, de remunerar els factors productius: són els costos interns o costos privats. Però aquesta empresa genera uns costos que superen els interns: els derivats de la contaminació del riu on aboca els residus. Són costos externs o costos socials negatius de la producció, ja que no recauen sobre l'empresa o sobre els consumidors dels seus productes, sinó sobre tota la societat. Això és una externalitat negativa de la producció; són els efectes negatius d'una activitat productiva sobre l'entorn, no reflectits en els costos de l'empresa.

És per això que els problemes derivats de la contaminació i de la insuficient protecció del medi ambient s'han de començar a solucionar amb la inclusió d'aquests costos socials dins de l'estructura productiva de l'empresa.

L'empresa i la protecció del medi ambient

La relació entre medi ambient i activitat econòmica és molt estreta: el medi ambient proporciona recursos per a la producció i assimila residus. L'activitat econòmica pren aquests recursos i els transforma —els modifica, els redueix o els deteriora. Per això és important que aquest intercanvi (empresa-medi ambient) sigui regulat dins d'un marc general que promogui el sosteniment de l'activitat productiva i el manteniment dels recursos amb el mínim deteriorament mediambiental.

Per assolir aquest objectiu és necessari que l'empresa integri de manera sistemàtica la gestió mediambiental en la seva estratègia i la seva organització. Aquesta integració pot tenir diferents graus d'implantació i desenvolupament, segons la capacitat de l'empresa i del sector d'activitat on estigui situada.

La incorporació de la gestió mediambiental a l'empresa és impulsada per quatre factors:

- **Normativa.** La legislació és cada vegada més restrictiva i inclou una creixent responsabilitat civil, penal i administrativa dels incompliments de la normativa mediambiental. També estableix uns incentius fiscals per a les empreses que realitzen inversions en la protecció del medi ambient.
- **Societat.** El deteriorament del medi ambient afecta la imatge de l'empresa, i produeix, per tant, perjudicis econòmics.
- **Economia.** L'atenció al medi ambient pot contribuir a incrementar i enriquir els avantatges competitius de l'empresa.
- **Ètica empresarial.** Cal assumir valors ètics i de consciència mediambiental que incorporin com a objectius de l'empresa la reducció dels perjudicis contra el medi ambient i la utilització racional dels recursos.

Tots aquests factors influeixen l'empresa perquè es responsabilitzi de dos objectius bàsics de la gestió mediambiental: produir sense contaminar i contribuir a no esgotar els recursos naturals. Es pot dir que l'empresa que desenvolupa processos productius i productes respectuosos amb el medi ambient i que col·labora amb el manteniment dels recursos naturals posa en pràctica una bona gestió mediambiental.

@

Consulteu les pàgines oficials sobre medi ambient de la Generalitat de Catalunya, del Ministeri de Medi Ambient i Medi Rural i Marí, de la Unió Europea i de l'Àrea Metropolitana de Barcelona:

http://www20.gencat.cat/portal/site/dmah

http://www.marm.es/ca

http://ec.europa.eu/policies/environment_consumers_health_es.htm

http://www.amb.cat/web/emma

La indústria del medi ambient: oportunitats empresarials

El medi ambient i la seva protecció estan de moda, ja que l'empresa que els incorpora i els integra dins de la seva estructura de gestió d'objectius pot aconseguir-ne guanys en el sentit de competitivitat global, en els aspectes següents: eficiència productiva, estalvi energètic i de matèries primeres, bona imatge d'empresa i de producte, prestigi davant els consumidors, millora de la posició en el mercat i major credibilitat social.

En general, la societat exigeix a l'empresa més compromisos mediambientals. Això representa grans esforços en recursos, tècniques, equips productius, innovació i investigació; però a la vegada implica noves oportunitats de negocis a causa del fet que les noves tecnologies permeten desenvolupar nous processos productius, nous productes i nous serveis.

Tot plegat comporta que si una empresa vol ser competitiva i alhora desenvolupar un procés productiu que respecti i preservi el medi ambient té la necessitat d'integrar els preceptes de la producció sostenible dins de la seva estratègia empresarial. Això implica aprofitar noves fonts de negoci que permetin desenvolupar avantatges competitius per a l'empresa.

Tota aquesta activitat en l'àmbit de la protecció del medi ambient ha generat un nou mercat, una nova demanda, i ha potenciat el naixement de noves activitats econòmiques. Aquesta nova indústria, la indústria del medi ambient, pot actuar per dues vies:

- **Reducció de l'impacte ecològic,** per mitjà de la instal·lació d'equipaments que permetin el control i el tractament de la contaminació. Ho duen a terme les empreses productores de tecnologies de depuració i de tractament final de residus.
- **Protecció del medi ambient,** mitjançant la transformació del procés productiu, de les tecnologies i de l'organització d'operacions: s'actua sobre l'origen de l'impacte ecològic, es limita la producció de contaminants i es redueix el consum de recursos. En aquest cas es tracta de substituir certa tecnologia i certs recursos per altres amb menys impacte mediambiental.

@

ACC1Ó és l'agència de suport a la competitivitat de l'empresa catalana, promoguda per la Generalitat de Catalunya. Disposa d'un lloc web especialitzat en el medi ambient en l'àmbit empresarial.

També són molt divulgatius el web mediambiental de la Universitat Politècnica de Catalunya i el portal Medioambiente.com:

http://www.anella.cat/web/mediambient

http://www.upc.edu:80/sostenible2015/

http://www.portaldelmedioambiente.com

+

Producció sostenible. És aquell sistema productiu que contribueix a la preservació del medi ambient mitjançant la utilització de recursos renovables i la no-emissió de contaminants ni l'alteració del medi ambient.

Activitats

12> Esmenta tres exemples d'externalitats negatives de la producció.

13> Dóna dos exemples d'activitats econòmiques i determina'n l'impacte sobre el medi ambient.

14> Creus que únicament l'enduriment de la legislació mediambiental pot fer que les empreses es vegin incentivades a incorporar la gestió mediambiental? Raona la resposta.

Activitats finals

1> Explica els objectius de la direcció de la producció.

2> Comenta la diferència entre eficiència i eficàcia. Posa'n exemples.

3> Explica què és un sistema de planificació de la producció i quins elements el formen.

4> A quin tipus de projecte s'adapta millor el mètode PERT?

5> Explica la diferència entre el temps *early* i el temps *last* d'una situació.

6> Com es determina el camí crític? Quina és la seva interpretació?

7> Elabora el graf PERT basat en la taula següent; calcula'n també els temps *early*, els temps *last* i el camí crític.

Activitat	*Durada (dies)*	*Precedent*
A	4	—
B	8	A
C	5	B
D	4	C
E	9	A
F	7	A
G	5	F
H	1	D, E, G
I	1	H

8> Explica quina és la importància de la gestió de la qualitat en l'àmbit productiu.

9> Comenta quines són les etapes d'implantació de la qualitat a l'empresa.

10> Explica els costos de la qualitat.

11> Explica què és la reenginyeria de processos.

12> Existeixen externalitats positives de la producció? Raona la resposta i, si s'escau, posa exemples.

13> Fes una llista i classifica els diferents tipus de contaminació; relaciona-ho amb exemples d'activitats productives que generen aquesta contaminació.

14> Una empresa constructora té el projecte d'edificació de dos habitatges unifamiliars, que encara que parteixen d'un mateix model, tenen particularitats que les diferencien. En el quadre següent s'especifiquen les diferents fases de la construcció:

Activitat	*Descripció*	*Durada (dies)*
A	Tasques preparatòries generals	2
B	Fonaments (comú)	7
C	Estructura habitatge 1	12
D	Estructura habitatge 2	17
E	Tancaments habitatge 1	10
F	Tancaments habitatge 2	14
G	Instal·lacions habitatge 1	10
H	Instal·lacions habitatge 2	12
I	Paviments i acabats habitatge 1	19
J	Paviments i acabats habitatge 2	23
K	Instal·lació antena TV en comunitat	1
L	Neteja i preparació per al lliurament	3
Prioritats	■ Activitat inicial: A. ■ Continua la B. ■ Seguidament es realitzen les tasques corresponents a cada habitatge. ■ Les activitats K i L són correlatives i es fan al final del projecte.	

Es demana confeccionar el graf PERT, calcular el camí crític i representar el diagrama GANTT corresponent.

15> Representa amb un diagrama de Gantt els projectes dels exercicis 7 i 14.

16> Quines són les empreses de la indústria mediambiental?

17> El respecte del medi ambient pot ser un valor afegit per a l'empresa? Raona la resposta.

18> Explica quins beneficis creus que pot obtenir l'empresa si adopta una posició productiva respectuosa amb el medi ambient.

19> Investiga si totes les empreses estan obligades a certificar la seva qualitat.

Comprova el teu nivell

1> Quins dels següents és un factor determinant de la direcció de la producció?

a) Capacitat productiva.

b) Forma jurídica de l'empresa.

c) Demanda del producte.

d) Les opcions *a)* i *c)* són correctes.

2> Quins sistemes de control de la producció han d'acompanyar un sistema de planificació?

a) Control de qualitat i control operatiu.

b) Control operatiu i control econòmic.

c) Control de qualitat i control econòmic.

d) Control econòmic i control de presència.

3> La previsió genèrica a llarg termini sobre els objectius de l'empresa, tenint en compte la capacitat productiva necessària i els plans d'inversió, s'anomena:

a) Previsió de vendes.

b) Pla magistral de producció.

c) Programa de producció.

d) Pla estratègic.

4> Un sistema de control de la qualitat té com a objectiu:

a) Que els productes tinguin la més alta qualitat.

b) Que l'empresa pugui estalviar costos de producció.

c) Que els productes tinguin la qualitat justa, ni més ni menys.

d) Les opcions *a)* i *b)* són correctes.

5> Quin són els objectius de la gestió mediambiental de l'empresa?

a) Produir sense contaminar.

b) Vendre més productes.

c) Contribuir al manteniment dels recursos naturals.

d) Les opcions *a)* i *b)* són correctes.

6> El mètode PERT-CPM és:

a) Un mètode de planificació de la producció.

b) Una tècnica de control de la qualitat.

c) Una tècnica de reducció de l'impacte mediambental.

d) Un mètode de planificació de les inversions.

7> El camí crític és:

a) El camí més llarg entre la situació inicial i la situació final.

b) És el temps mínim que es necessita per arribar a una situació.

c) El camí més curt entre la situació inicial i la situació final.

d) És el temps màxim que es necessita per arribar a una situació.

8> El temps total de l'execució d'un projecte és:

a) Temps *early* de la situació final.

b) Temps *last* de la situació final.

c) La durada màxima d'execució del projecte.

d) Les opcions *a)* i *b)* són correctes.

9> La relació de les vendes potencials amb la producció necessària per satisfer-les és:

a) El programa de producció.

b) La previsió de vendes.

c) El pla estratègic.

d) El sistema de control de la qualitat.

10> La regulació de la programació de la producció amb relació a l'adaptació a canvis o amb la correcció del sistema és:

a) El control de qualitat de la producció.

b) El control econòmic de la producció.

c) El control operatiu de la producció.

d) Les opcions *b)* i *c)* són correctes.

Conceptes bàsics

La **funció de producció** és la funció transformadora o fabricadora de béns, serveis o productes de l'empresa.

En el **procés productiu** cal disposar de **factors productius** (capital, treball i recursos naturals) amb els quals la **direcció de la producció** planificarà les activitats productives, tenint en compte uns **factors determinants:**

- **Capacitat productiva:** la producció màxima que pot assolir l'empresa en funció de la limitació de recursos.
- **Demanda del producte:** la quantitat que necessita el mercat.
- **Disseny del sistema productiu:** l'estructura del procés de producció.
- **Entorn econòmic:** influència de la situació externa de l'empresa.

La **planificació de la producció** permet gestionar el sistema de producció amb criteris d'**eficàcia** i d'**eficiència** amb l'objectiu de fabricar un producte en les quantitats necessàries i en un temps determinat.

La **logística integral** és un sistema de gestió de la producció que té com a objectiu la satisfacció de les necessitats dels clients mitjançant la interrelació amb proveïdors i clients de manera que les diferents àrees que intervenen en aquest cicle contribueixin a optimitzar el procés de producció i la reducció dels costos com a eina per a la millora de la competitivitat de l'empresa.

Les **fases** de la planificació de la producció són:

- **Pla estratègic:** previsió a llarg termini sobre els objectius de l'empresa, tenint en compte la capacitat productiva i els plans d'inversió.
- **Previsió de vendes:** nivell de vendes potencials que s'han de satisfer.
- **Pla magistral de producció:** estructura les necessitats de materials i de mà d'obra amb relació als costos de l'empresa.
- **Programa de producció:** determinació de les ordres de producció a curt termini.

Per planificar la producció s'utilitzen diversos mètodes i tècniques:

- **Mètode PERT-CPM:** s'esquematitza mitjançant la tècnica de grafs la realització d'un projecte de producció en les seves diferents situacions i activitats. A més, permet conèixer en cada moment concret si s'estan complint els terminis o si hi ha endarreriments.
- **Gràfiques GANTT:** representació gràfica amb la qual es realitza de manera simultània el control de totes les activitats del projecte i l'avaluació del seu grau d'assoliment.

La **qualitat** és el conjunt de característiques i especificacions tècniques que defineixen un producte, tenint en compte la capacitat que té per satisfer les necessitats de l'usuari i que determina el nivell d'adequació a la utilització per a la qual està destinat.

La **reenginyeria de processsos** és l'adaptació dels processos de producció de l'empresa amb l'objectiu d'assolir el nivell de qualitat òptim. D'aquesta manera la gestió de la qualitat esdevé una variable que contribueix a la millora de la competitivitat de l'empresa.

La **gestió de la qualitat** de l'empresa permet que aquesta pugui controlar la qualitat dels seus productes i assolir el nivell de qualitat necessari mitjançant un procés que té les fases següents:

1. Identificar els elements que caracteritzen la qualitat del producte.
2. Assignar un sistema objectiu de mesura de la qualitat.
3. Determinar quina és la qualitat justa dels productes.
4. Implantar els sistemes de control de qualitat.
5. Controlar les causes de la qualitat inadequada.

La **certificació de la qualitat** és permetre que un organisme reconegut oficialment reguli i determini les condicions que ha de complir un sistema de qualitat d'una empresa per tal que sigui reconeguda.

La **protecció del medi ambient:** és necessari que l'empresa integri sistemàticament la gestió mediambiental responsable en la seva estratègia i en la seva organització.

La **producció sostenible** és aquella que utilitza recursos naturals renovables i que no genera contaminació o alteració del medi ambient. La producció sostenible pot implicar una font d'avantatges competitius per a l'empresa.

Una bona **gestió mediambiental** es posa en pràctica si l'empresa:

- Desenvolupa processos productius i productes respectuosos amb el medi ambient.
- Col·labora amb el manteniment dels recursos naturals.

BLOC 3

9

L'APROVISIONAMENT I LES EXISTÈNCIES

En aquesta unitat presentem l'àrea d'aprovisionament. Aprovisionar implica comprar materials per a la producció, emmagatzemar-los temporalment i gestionar tot el procés. Estudiarem el magatzem, els diferents tipus d'existències i les funcions dels estocs. La gestió de les existències implica uns costos econòmics molt importants que influeixen en la política de determinació del nivell d'existències de l'empresa. Coneixerem també tècniques analítiques que permeten calcular la comanda òptima, el nivell d'estocs o el període òptim d'aprovisionament. Els conceptes més importants que aprendràs en aquesta unitat són: la funció d'aprovisionament; el cicle d'aprovisionament; les existències; els costos de les existències; altres models de gestió d'inventaris.

9.1 L'aprovisionament

La funció d'aprovisionament consisteix a comprar els materials necessaris per a l'activitat de l'empresa (producció i/o venda), emmagatzemar-los mentre s'inicia cada procés de producció o de comercialització i gestionar-ne els diferents inventaris.

Des d'un altre punt de vista, la funció d'aprovisionament presenta l'objectiu global de subministrar al **departament de producció** els materials necessaris (matèries primeres, recanvis, envasos, etc.) per a la fabricació i, al **departament de vendes,** els productes que ha de comercialitzar. A més, cal organitzar les diferents existències que es generen en aquest procés.

Habitualment, el departament que s'encarrega de la funció d'aprovisionament és el **departament de compres** o **departament d'aprovisionament.**

En general, la funció d'aprovisionament es compon de tres aspectes fonamentals: compres, magatzems i gestió d'inventaris.

En primer lloc, la persona encarregada de l'aprovisionament ha de realitzar les **compres** de productes que necessiten el departament de producció o el departament comercial (depèn de si l'empresa és productora o és comercial) tenint en compte una sèrie de variables rellevants: preu, qualitat, termini de lliurament, condicions de pagament, servei postvenda, etc. Això implica fer una òptima selecció dels proveïdors per tal d'assolir de la millor manera possible aquestes variables, que determinen la realització de les compres.

En segon lloc, la funció d'aprovisionament implica disposar de **magatzems** per guardar-hi els productes comprats mentre el departament de producció no els necessiti. Una vegada s'ha fabricat el producte, aquest també s'ha d'emmagatzemar mentre el departament comercial no el vengui als clients. Per tot això, cal un magatzem com a espai físic on ordenar i guardar convenientment els productes comprats o fabricats, o sigui, un sistema organitzatiu per classificar i gestionar les existències emmagatzemades.

I en tercer lloc, cal desenvolupar un sistema de **gestió d'inventaris,** que té com a objectiu determinar la quantitat d'existències que s'ha de mantenir i el ritme de comandes, per aprovisionar en els terminis de temps més curts les necessitats de l'empresa per a la producció i la comercialització. És en aquest aspecte que cal considerar la gestió d'inventaris com una política d'empresa, ja que el manteniment d'existències genera uns costos molt importants que cal minimitzar, sense deixar, però, de maximitzar el servei que donen les existències. Aquest aspecte es treballarà més endavant.

Com es pot deduir d'aquestes explicacions, la funció d'aprovisionament suposa un procés en el temps, ja que hi ha un conjunt d'activitats que tenen un ordre cronològic. Es considera el cicle d'aprovisionament com el període que hi ha entre la realització de la compra i el moment en què es lliuren els productes venuts als clients. Però aquest cicle pot prendre diverses formes segons si es tracta d'una empresa productora o d'una empresa comercial.

El quadre del cicle d'aprovisionament d'una empresa productora seria el següent:

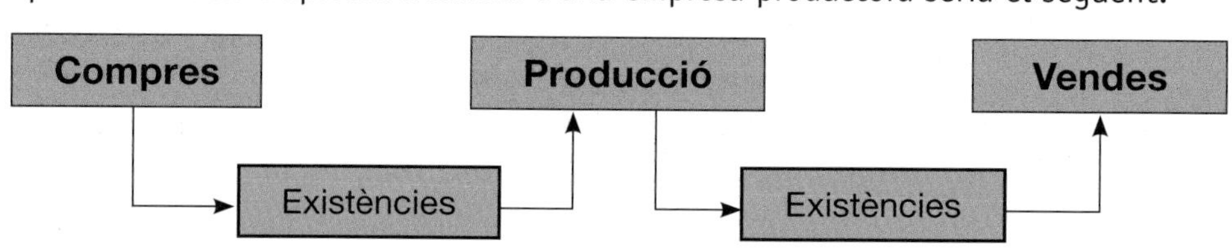

Com es pot veure, l'**empresa productora** comença amb les compres dels materials necessaris per a la producció, els quals, mentre no s'utilitzen, resten al magatzem (existències). Una vegada s'han fabricat els productes destinats a la venda, també es dipositaran al magatzem mentre no es venguin (existències).

És a dir, en el magatzem es generen moviments per quatre motius: entrada de les compres, sortida per produir, entrada del producte fabricat i sortida del producte per a la seva venda.

Un exemple d'empresa productora és una indústria d'automòbils, que manté existències de matèries primeres i de components per a la producció, i després de la producció manté existències de vehicles fabricats en espera de la seva comercialització.

En el cas d'una **empresa comercial,** el cicle d'aprovisionament implica menys moviments, ja que l'activitat de l'empresa és comercialitzar i distribuir un producte, una activitat de compravenda, sense cap transformació. El cicle es redueix a dos moviments: entrades per compres i sortides per vendes.

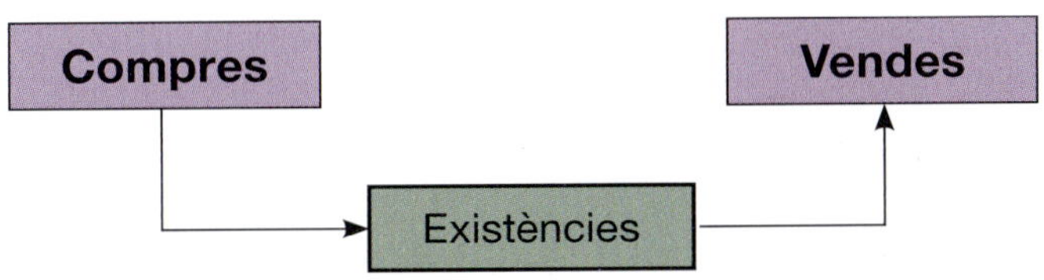

Un exemple d'empresa comercial és un supermercat, que únicament manté existències de productes per vendre'ls, o sigui, sense cap transformació, només per a la compravenda.

Un altre exemple serien les empreses de serveis que no són comercials, ja que cal que tinguin existències en els seus magatzems, és a dir, materials necessaris per al servei que ofereixen. Aquest és el cas d'una bugaderia, que té un magatzem amb els productes de neteja i altres subministraments necessaris per prestar el servei.

@ És habitual que per facilitar l'aprovisionament de les empreses les institucions públiques promoguin la creació d'àrees que centralitzin les activitats logístiques d'una zona industrial. Consulta la pàgina web del Parc Logístic de la Zona Franca:

http://www.parclogistic.es

Les existències: concepte i tipologia

Les existències són tots aquells materials que una empresa té dipositats en els seus magatzems i que compleixen una sèrie de funcions específiques dins de la gestió de l'aprovisionament. Conceptualment, les existències poden denominar-se *estocs* (paraula que prové del terme anglès *stock*) o *inventaris;* els dos termes es poden considerar com a sinònims.

Segons les característiques de l'empresa es poden determinar diferents tipus d'existències per la seva utilitat o la seva posició en el cicle d'aprovisionament:

- **Matèries primeres.** Són aquelles que, mitjançant la transformació o l'elaboració, es destinen a formar part dels productes fabricats.
- **Productes semiacabats.** Són productes fabricats per l'empresa i no destinats normalment a la venda fins que no són objecte d'elaboració, incorporació o transformació posterior.
- **Productes en curs.** Són aquells que es troben en procés de formació o de transformació al tancament de l'exercici econòmic.
- **Productes acabats.** Són els productes fabricats per l'empresa i destinats al consum final o a la utilització que en facin altres empreses.
- **Mercaderies o existències comercials.** Són els materials comprats per l'empresa i destinats a la posterior venda o comercialització, sense transformació.
- **Altres aprovisionaments.** Són els elements incorporables, com ara combustibles, recanvis, materials diversos, embalatges, envasos i material d'oficina.
- **Subproductes** (de caràcter secundari o accessori respecte de la fabricació principal), **residus** (obtinguts al mateix temps que els productes i que poden ser utilitzats, venuts o inservibles) i **materials recuperables** (reutilitzats després de la producció).

Una bona gestió dels inventaris d'una empresa permet que es pugui saber en tot moment l'estat de les existències.

Funcions de les existències: necessitat dels inventaris

Les existències poden considerar-se com aquells recursos emmagatzemats que s'utilitzen per satisfer una sèrie de necessitats econòmiques i operatives de l'empresa.

Les empreses necessiten els inventaris per un conjunt de raons, basades en les funcions que poden complir:

- Donen seguretat davant la incertesa en les vendes i l'aprovisionament, ja que si no es coneix la demanda dels clients, les vendes poden ser incertes.

  En aquest cas, les existències poden fer front a comandes inesperades dels clients, perquè si no hi hagués productes per vendre, el grau de servei al client no seria satisfactori i aquest podria passar-se a la competència.

  La incertesa també pot ser originada per les fonts d'aprovisionament, ja que si un proveïdor triga més temps de l'acordat a lliurar unes matèries primeres, com que la producció no es pot aturar, l'empresari haurà d'utilitzar les existències que tingui.

  En aquest cas es produeix una **ruptura d'estocs,** és a dir, que no es disposa de prou existències per realitzar una venda o per produir.

- Diferencien la producció i la distribució en els casos de demanda molt estacional. Un fabricant d'abrics té la major part de la demanda als mesos d'hivern; per tant, durant els mesos de primavera i estiu fabrica i incrementa existències per poder-se dedicar a la distribució del producte quan arribin els mesos de fred.
- Aprofiten economies d'escala amb la compra de materials en grans quantitats, amb descomptes per quantitat i menors costos de transport i de transacció; així es contribueix a reduir el cost dels productes.
- Donen protecció contra la inflació i la variabilitat dels preus. Amb les existències es poden reduir els efectes negatius sobre els costos de l'empresa i la gestió d'aprovisionament.

En general, les existències de l'empresa permeten compatibilitzar els ritmes de compres, producció i vendes, i suavitzar-ne les diferències, i així l'empresa pot aprofitar millor les oportunitats de negoci i pot reduir l'efecte negatiu de les amenaces (inflació, increment inesperat de la demanda, incompliment dels terminis de lliurament, etc.).

Els inventaris són necessaris perquè aporten flexibilitat a les operacions de l'empresa i faciliten la gestió d'aprovisionament.

@

Hi ha empreses que es dediquen a gestionar inventaris, a realitzar-los o a assessorar altres empreses sobre la gestió d'existències, com aquesta:

http://www.inventaria.es

!

La **inflació** és la pujada generalitzada dels preus.

Activitats

1> Posa exemples d'empreses productores i d'empreses comercials i determina com es componen les seves existències.

2> Penses que una empresa de serveis no ha de tenir una gestió d'aprovisionament?

3> Explica les diferències entre un subproducte i un residu. Posa'n exemples.

4> Recordes què és una economia d'escala? Explica-ho amb les teves paraules.

9.2 Els costos de la gestió d'existències

Ja coneixeu les funcions de les existències dins la gestió d'aprovisionament i els efectes positius que això té per a l'empresa; per això l'empresa ha de destinar una part dels seus recursos a mantenir un cert nivell d'existències. D'aquesta manera, la gestió d'aprovisionament gaudeix de més flexibilitat operativa. Però aquestes decisions sobre la gestió de les existències generen una sèrie de costos rellevants econòmicament, que condicionen, per tant, la gestió d'aprovisionament.

Classificació dels costos de les existències

Els costos de gestió de les existències es poden classificar en tres grups:

- **Costos de comandes.** Són aquells costos generats per realitzar comandes o reaprovisionament: costos administratius fruit de gestionar i de realitzar les comandes als proveïdors.
- **Costos de manteniment d'inventaris.** Són els costos que té l'empresa per mantenir un volum d'existències concret en els seus magatzems. Aquests costos de possessió d'existències poden ser:
  - *Administratius.* Costos del personal administratiu i del sistema de gestió i d'administració.
  - *Operatius.* Costos del personal dels magatzems, dels equips de manipulació i d'assegurances de les existències contra riscos diversos.
  - *D'espai físic.* Costos de lloguers de locals, amortitzacions, impostos, aprovisionaments diversos i assegurances de l'edifici.
  - *Econòmics.* Costos d'obsolescència i depreciació de les existències.
  - *Financers.* Costos dels interessos pagats pel finançament dels capitals invertits per mantenir les existències.

Amortització. Despesa de l'empresa per compensar la depreciació física de les seves inversions, és a dir, la pèrdua de valor a causa del seu ús o del temps.

Obsolescència. Depreciació econòmica; pèrdua de valor de les inversions per causes econòmiques. Una maquinària és obsoleta quan la seva tecnologia està desfasada, encara que no hi hagi depreciació física.

- **Costos de ruptura d'estocs.** Són aquells costos que té l'empresa quan es queda sense existències, és a dir, quan no pot fer front a una comanda d'un client per manca de producte, o quan no pot produir per manca de matèries primeres o d'altres existències necessàries per a la producció.

Aquest fet provoca una disminució del grau de satisfacció dels clients a causa d'una demanda insatisfeta i fa que l'empresa pugui perdre vendes; o pot provocar també una aturada del sistema de producció, amb costos d'inactivitat productiva i de modificació dels programes de producció. Aquest és el conjunt de costos més difícils de quantificar econòmicament.

Globalment, els costos de manteniment d'inventaris (costos de magatzem) són els més fàcils de quantificar i, de fet, els més rellevants per a l'estructura econòmica de l'empresa, ja que determinen la gestió d'aprovisionament.

La determinació del nivell d'existències

Una de les qüestions fonamentals de la gestió d'aprovisionament és saber la quantitat d'existències que s'ha de mantenir als magatzems. El problema concret no és trobar un sistema analític de determinació, sinó com respondre a les restriccions que imposen els dos objectius generals que s'han de considerar en aquesta situació:

- **Objectiu d'eficàcia.** Disposar d'estocs suficients per garantir amb flexibilitat el funcionament productiu i comercial de l'empresa, és a dir, tenir existències per satisfer les demandes dels clients o per alimentar la producció.
- **Objectiu d'eficiència.** Mantenir les existències justes, que no suposin un excés de recursos destinats als magatzems; o sigui, que els costos de la gestió d'existències siguin els mínims possibles.

S'ha de tenir en compte que cada empresa, determinada per la seva activitat i altres característiques, necessitarà un nivel òptim específic, ateses aquestes característiques. A més, aquest nivell òptim pot canviar si les circumstàncies de l'entorn ho exigeixen.

Perquè l'aprovisionament sigui eficient, cal controlar els abundosos costos que implica tenir alts nivells d'existències, cosa que provoca una política de disminució d'estocs, de limitació de les inversions en existències i de determinació d'existències mínimes.

Com es pot suposar, la decisió de la quantitat d'existències que s'ha de mantenir en un magatzem és molt complexa, ja que els dos objectius que es volen assolir són contraposats. Perquè l'aprovisionament sigui eficaç, els estocs han de ser prou grans per atendre les necessitats dels clients, per servir totes les comandes i per adaptar-se a tots els requeriments productius. Això tendeix a mantenir existències abundants.

En definitiva, la gestió d'aprovisionament ha d'aplicar una política de determinació del nivell d'estocs amb criteris de compensació, ja que en aquest cas el nivell d'existències actua com un equilibri entre les dues forces contraposades que determinen a l'alça i a la baixa el volum d'inventaris. És per això que la millor manera d'assolir ambdós objectius és aplicar sistemes d'optimització de la gestió d'aprovisionament que impliquin el millor compliment possible d'aquestes restriccions.

Activitats

5> Què és una ruptura d'estocs? Explica-ho amb exemples de situacions reals d'una empresa i del seu entorn.

6> Determina concretament els elements que poden formar els costos de comandes.

7> Consideres que la importància dels costos de la gestió d'existències és igual per a les empreses productores, les comercials o les de serveis? Raona-ho amb exemples.

8> Posa dos exemples de béns afectats per l'obsolescència.

9.3 La gestió dels inventaris

Una vegada s'ha considerat l'equilibri de forces que suposa determinar una gestió d'aprovisionament òptima, és molt important fixar què vol determinar aquest sistema de gestió: quines comandes s'han de realitzar per mantenir un nivell d'estocs òptim, en quin moment i amb quin sistema de gestió i de planificació.

L'administració dels inventaris

Per estudiar els elements que caracteritzen l'administració dels inventaris cal considerar els indicadors següents, reflectits també al gràfic:

- **Estoc màxim.** La quantitat d'existències més gran d'un material que es pot mantenir al magatzem, amb relació als abundants costos de magatzem que cal suportar.
- **Estoc mínim o de seguretat.** La quantitat d'existències més petita d'un material que es pot mantenir al magatzem, sota la qual el risc de ruptura d'estocs és molt alt.
- **Punt de comanda.** Nivell d'existències en el qual s'ha de realitzar la comanda per reaprovisionar el magatzem. Quan es fa la comanda s'ha de tenir en compte el temps que el proveïdor triga a servir (termini d'aprovisionament) per no quedar per sota de l'estoc de seguretat.

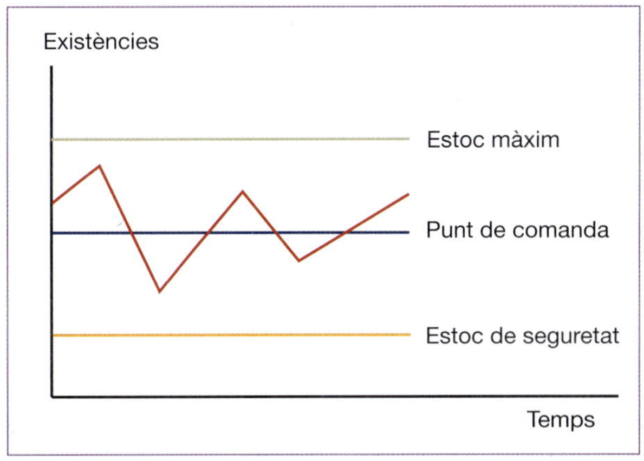

Aquesta anàlisi és comuna per estudiar l'evolució del nivell dels estocs d'un producte concret i per caracteritzar els indicadors que el determinen.

La gestió d'inventaris ha d'adoptar criteris concrets per determinar quin és l'estoc màxim i quin és l'estoc de seguretat, ja que normalment és molt complex fixar els nivells d'estoc òptim. Amb les dades disponibles es pot determinar el punt de comanda, que és útil per indicar quan s'ha de realitzar una comanda al proveïdor o una ordre de fabricació al departament de producció.

Wilson fou un analista empresarial que va desenvolupar un model creat per F. W. Harris el 1915 amb la intenció de planificar l'aprovisionament de l'empresa.

El model de comanda òptima

El model de comanda òptima o **model de Wilson** té com a objectiu determinar el volum o la quantitat de la comanda que es vol realitzar per optimitzar el sistema de gestió d'inventaris. Les hipòtesis inicials del model són les següents:

- L'empresa s'aprovisiona per lots de producte (comprats als proveïdors o fabricats pel departament de producció) de quantitat constant, que cal determinar.
- La demanda del producte (quantitats totals que es compren al proveïdor o que es fabriquen a producció) és constant i coneguda al llarg del període de gestió.
- El preu del producte i el termini d'aprovisionament són constants i coneguts.

Quan el nivell de les existències baixa fins al punt de comanda, es gestiona una comanda. El temps que passa entre l'emissió de la comanda i la recepció física del material és el termini d'aprovisionament, és a dir, el temps que té el proveïdor per lliurar el material, que és fix i conegut. Mentre l'empresa espera que lliuri el material, el nivell d'existències disminueix (sense arribar a ser més baix que l'estoc de seguretat) fins que rep la comanda.

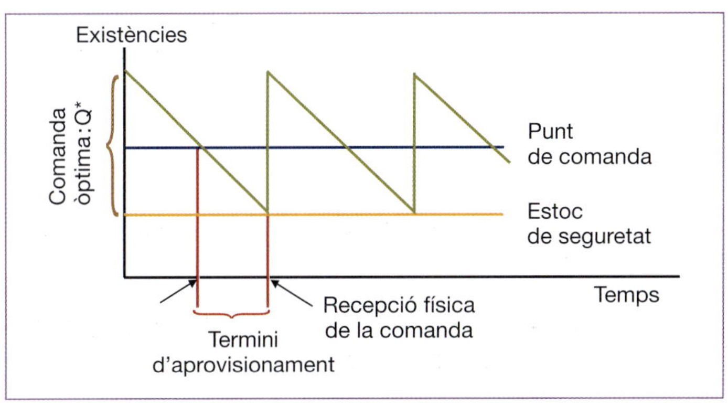

Representació gràfica del model de comanda òptima.

El cost de gestió d'inventaris està format per:

- **Cost d'adquisició** *(CA)*. És el cost de comprar el producte al proveïdor, en què *p* és el preu de compra i *D,* la demanda esperada del producte.

$$CA = p \cdot D$$

Quan una empresa no compra un producte, sinó que el fabrica, aleshores *CA* també és el cost total de fabricació, en què *cf* és el cost unitari del producte fabricat. El cost *CA* és independent del volum de comanda.

$$CA = cf \cdot D$$

- **Cost de comanda** *(CC)*. És el cost unitari de les despeses en fer comandes, i *s* (costos administratius, telèfon, correus, etc.), pel nombre de comandes realitzades en total, *N*. El nombre de comandes és el quocient entre la demanda total, *D,* i el volum de la comanda, *Q*.

Per tant, $CC = s \cdot N$, i si $N = \frac{D}{Q}$, aleshores: $CC = s \cdot \frac{D}{Q}$

Aquest cost disminueix amb el volum de la comanda, ja que com més gran sigui una comanda, menys comandes s'hauran de realitzar en total.

- **Cost d'emmagatzematge.** Són els costos totals del manteniment d'inventaris al magatzem: lloguer dels magatzems, costos salarials del personal, assegurances, energia, depreciació, costos financers, etc. En general, tot el conjunt de costos que suposa el funcionament d'un magatzem.

Per tant, si *g* és el cost anual d'emmagatzemar una unitat de producte; *Q*/2 és la mitjana d'estocs al magatzem, suposant que la demanda és constant i la quantitat de cada comanda és *Q*, i *Es* és l'estoc de seguretat, es considera l'expressió següent per determinar el cost d'emmagatzematge:

$$CE = g \cdot \left(\frac{Q}{2} + Es\right)$$

Aquest cost augmenta amb el volum de la comanda, ja que com més gran és una comanda, més estoc hi ha i, per tant, més costos d'emmagatzematge es generen.

En moltes ocasions, el cost unitari *g* de mantenir una unitat física en el magatzem és complicada de calcular amb exactitud. Llavors s'utilitza una aproximació suposant que *g* es pot expressar com el cost d'oportunitat de mantenir una unitat en el magatzem, és a dir, el cost dels recursos financers immobilitzats per mantenir un cert nivell d'estocs. Si *r* és el tipus d'interès de mercat i *p* ja hem dit que és el preu de compra del bé emmagatzemat, llavors *g* s'expressa de la manera següent:

$$g = r \cdot p$$

Nosaltres considerarem ambdues possibilitats, atès que són la mateixa expressió d'una realitat única, que mantenir productes al magatzem genera uns costos considerables.

> abc
>
> El model determina que la **comanda òptima** és aquella que minimitza els costos de gestió d'inventaris.

> !
>
> El **cost d'oportunitat** és el valor dels guanys o ingressos que es deixen de percebre quan es deixa de triar una opció per triar-ne una altra. Si una empresa inverteix per mantenir un cert nivell d'estocs, els diners que hi ha destinat els podria haver invertit, per exemple, en un compte bancari. El cost d'oportunitat és el valor dels interessos que no s'ingressen pel fet d'haver triat invertir en inventaris.

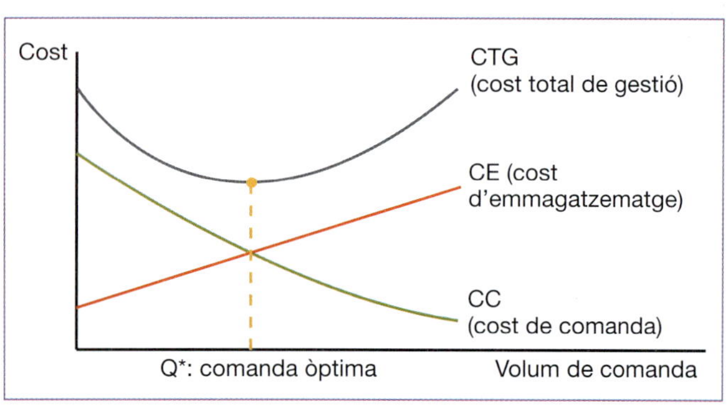

En general, el cost total de gestió dels inventaris és:

$$CTG = CA + CC + CE = p \cdot D + s \cdot \frac{D}{Q} + g \cdot \left(\frac{Q}{2} + Es\right)$$

Veiem que *CA* no depèn del volum de la comanda, però *CC* i *CE* sí que en depenen.

S'observa que la comanda òptima *(Q*)* és aquell volum de comanda pel qual el cost total de gestió d'inventaris és mínim i en què el cost de comanda és igual al cost d'emmagatzematge. Com que *CA* no depèn del volum de la comanda, no apareix a la gràfica.

Per obtenir la comanda òptima, s'haurà d'optimitzar la funció que representa el cost total de gestió d'inventaris, respecte de la variable del volum de comanda. Matemàticament suposa minimitzar aquesta funció, derivant-la respecte de Q i igualar a zero, per trobar un mínim associat a la comanda òptima, Q^*.

Si derivem CTG respecte de Q i igualem a zero obtenim:

$$CTG = f(Q) \rightarrow f'(Q) = \frac{\delta\ CTG}{\delta\ Q\delta} = \frac{2s \cdot D}{Q^2} + \frac{r \cdot p}{2} = 0$$

I si isolem Q obtenim el valor de la comanda òptima (Q^*):

$$Q^* = \sqrt{\frac{2 \cdot s \cdot D}{g}} \qquad \text{On: } r \cdot p = g$$

Exemple 1

Una empresa necessita anualment una matèria primera per a la producció en la quantitat de 225 000 kg, i la compra a 0,27 €/kg. El cost per realitzar una comanda és de 45,08 € i la taxa de cost d'emmagatzematge és del 12 %. Calcula'n la comanda òptima. Com que coneixem tots els valors de l'expressió de la comanda òptima, substituïm:

$$D = 225\,000 \text{ kg} \qquad s = 45{,}08 \text{ €} \qquad p = 0{,}27 \text{ €/kg} \qquad r = 12\,\% \qquad g = r \cdot p$$

$$Q^* = \sqrt{\frac{2 \cdot s \cdot D}{g}} \longrightarrow Q^* = \sqrt{\frac{2 \cdot 45{,}08 \cdot 225\,000}{0{,}12 \cdot 0{,}27}} = 25\,022 \text{ kg}$$

La comanda òptima serà de 25 022 kg.

Exemple 2

Una empresa distribueix diversos productes informàtics, entre ells ven monitors d'ordinador que adquireix a un proveïdor al preu de 115 € la unitat. Preveu que necessitarà uns 1 000 monitors l'any. El cost de cada comanda és de 500 € i el cost unitari d'emmagatzematge és de 7 € per unitat i any. Quina serà la dimensió de la comanda òptima? Quin serà el cost total anual de gestió dels inventaris si l'estoc de seguretat és 50 unitats?

$D = 1\,000$ unitats

$p = 115$ €/u

$s = 500$ €/comanda

$g = 7$ €/u

$$Q^* = \sqrt{\frac{2 \cdot s \cdot D}{g}} = \sqrt{\frac{2 \cdot 500 \cdot 1\,000}{7}} = 378 \text{ unitats}$$

La comanda òptima serà de 378 unitats aproximadament.

$$CTG = 115 \cdot 1000 + 500 \cdot \frac{1\,000}{378} + 7\left(\frac{378}{2} + 50\right) = 117\,995{,}75 \text{ €}$$

El cost total de gestió d'inventaris serà de 117 995,75 €.

Referent a l'exemple 1 es pot plantejar una altra qüestió: el nombre de comandes que s'hauran de realitzar durant el període de gestió.

Si s'observa l'explicació del cost de comanda, el nombre de comandes anual és el quocient entre la demanda total, D, i el volum de la comanda (comanda òptima), Q:

$$N = \frac{D}{Q}$$

Per tant, si: $N = \frac{D}{Q} = \frac{225\,000}{25\,022} = 8{,}99$ ($\simeq$ 9 comandes l'any)

També es pot determinar el temps que passa entre cada comanda, T^*, conegut com a ***cadència òptima de les comandes.*** Si se sap que anualment es fan N comandes, llavors:

$$T^* = \frac{360}{N} \text{ (en dies)} \quad \text{o també: } T^* = \frac{1}{N} \text{ (en anys)}$$

Aleshores, per a l'exemple anterior, $T^* = \frac{360}{N} = 40$ dies o $T^* = \frac{1}{9} = 0{,}11$ anys

Es pot comprovar que: $Q^* = T^* \cdot D$

I amb els valors de l'exemple anterior: $Q^* = \frac{1}{9} \cdot 225\,000 = 25\,000$ kg ($\simeq 25\,022$ kg)

Hi ha una expressió per calcular la cadència òptima, T^*, directament (sense conèixer el volum de la comanda), que es basa en un raonament similar al de la comanda òptima. En aquest cas, T^* és el temps òptim entre comandes que minimitza el cost total de gestió d'inventaris. La seva expressió és la següent:

$$T^* = \sqrt{\frac{2\,s}{r \cdot p \cdot D}}$$

Si apliquem les dades de l'exemple anterior, obtenim que:

$T^* = \sqrt{\frac{2 \cdot 45{,}08}{0{,}12 \cdot 0{,}27 \cdot 225\,000}} = 0{,}11$ anys entre comandes, que és el mateix que 40 dies.

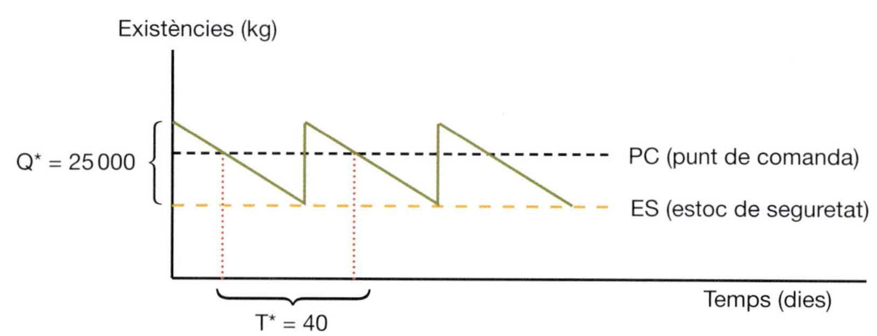

La representació gràfica de l'exemple solucionat amb els valors de Q^* i T^* és la que hi ha a l'esquerra. S'hi pot veure clarament la comanda òptima i el termini d'aprovisionament.

Relacionat amb aquest model de comanda òptima, es pot determinar un sistema per calcular un dels indicadors de l'administració d'inventaris. Es tracta del **punt de comanda,** és a dir, el nivell de les existències que obliga a realitzar una comanda d'aprovisionament.

Quan el nivell de les existències baixa al punt de comanda, se'n gestiona una. El temps que passa entre l'emissió de la comanda i la recepció física dels materials (Q^*, comanda òptima) és el termini d'aprovisionament o termini de lliurament per part del proveïdor, que es considera que és fix i conegut. Mentre s'espera que es lliurin els materials, el nivell d'existències disminueix fins que es rep la comanda, però mai sota de l'estoc de seguretat.

PC = **Demanda estimada al termini d'aprovisionament** + **Estoc de seguretat**

Aquest punt de comanda es calcula mitjançant la suma de la demanda estimada al termini d'aprovisionament i l'estoc de seguretat.

Exemple 3

Una empresa té una demanda estimada anual de 225 000 kg, el termini d'aprovisionament de 10 dies i l'estoc de seguretat de 3 750 kg. Quin és el punt de comanda? Fes la representació gràfica de totes les dades.

Sabent la demanda estimada al termini d'aprovisionament, sumem l'estoc de seguretat:

$$PC = \frac{225\,000}{360} \cdot 10 + 3\,750 = 10\,000 \text{ kg}$$

La representació gràfica seria la de la dreta:

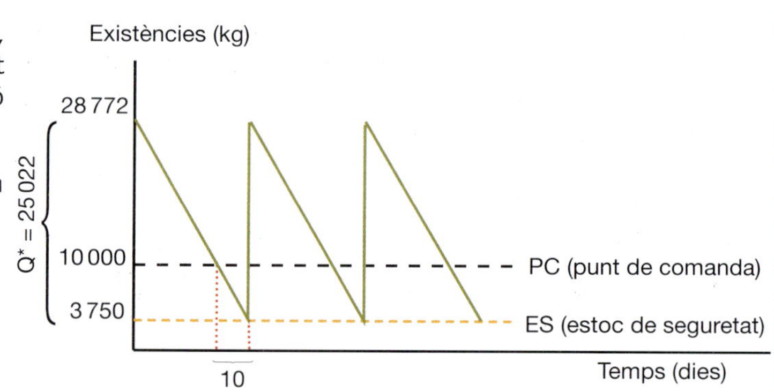

El model ABC de gestió d'inventaris

Aquest model s'utilitza per classificar per importància relativa les diverses existències d'una empresa, quan té uns inventaris amb molta varietat de productes i no hi pot destinar el mateix temps ni els mateixos recursos, ja que cadascun té una influència diferent sobre la gestió d'inventaris.

Suposem que una empresa es dedica a la producció de taules. En els seus inventaris hi haurà existències de diversos tipus, com ara una matèria primera (fusta) i material d'oficina (paper blanc DIN A4). És evident que la gestió d'inventaris d'aquesta empresa haurà de dedicar més recursos materials i organitzatius a assegurar l'aprovisionament de fusta, ja que si l'empresa n'exhaureix pot arribar a aturar el ritme de producció i, de retruc, el de vendes. En canvi si es queden sense paper blanc per als usos administratius, no hi haurà cap repercussió sobre l'activitat de l'empresa.

Aquest exemple mostra la necessitat de discriminar els diferents productes en funció de la seva influència sobre la gestió d'aprovisionament.

El model de gestió es basa en la classificació de les existències en tres categories:

- **Existències A.** Són els articles més importants per a la gestió d'aprovisionament i conformen aproximadament el 20 % dels articles del magatzem i, en conjunt, poden ser del 60 % al 80 % del valor total de les existències. Aquestes existències cal controlar-les i analitzar-les estrictament i detalladament, ja que tenen el valor econòmic més rellevant per a l'aprovisionament.

- **Existències B.** Són existències menys rellevants per a l'empresa que les anteriors. Malgrat tot, s'han de controlar i cal mantenir un sistema de control, però molt menys estricte que l'anterior. Poden suposar el 30 % dels articles del magatzem, amb un valor d'entre el 10 % i el 20 % del magatzem.

- **Existències C.** Són les existències que tenen molt poca rellevància per a la gestió d'aprovisionament. Per tant, no cal controlar-les implícitament i n'hi ha prou amb els mitjans més simplificats o aproximats. Representen al voltant del 50 % de les existències de l'empresa, però menys del 5 % o 10 % del valor total del magatzem.

Bàsicament es tracta d'un sistema que classifica les existències en *molt importants*, *menys importants que les anteriors* i *molt poc importants*, d'acord amb la seva aportació al valor de les existències de l'empresa. Els límits quantitatius són aproximats i cal definir-los explícitament per a cada empresa. D'igual manera, és recomanable utilitzar un altre sistema de gestió d'inventaris complementari que especifiqui clarament altres variables de la gestió d'aprovisionament (estoc màxim, estoc de seguretat, punt de comanda o termini d'aprovisionament).

A continuació apliquem el model ABC de gestió d'inventaris a un exemple per classificar les existències d'una empresa. En aquest exemple es classifiquen deu articles en existències, d'acord amb la seva demanda anual considerada per la gestió d'aprovisionament. Es col·loquen a la taula de manera decreixent en valor absolut i en percentatge sobre el total, com també per la demanda anual acumulada. Després d'observar la importància relativa de cada producte se li assigna el tipus A, B o C. Cal aclarir que aquesta classificació és una estimació proposada tenint en compte com es defineix el criteri ABC.

Codi existències	*Demanda anual*		*Demanda acumulada*		*Tipus (A, B, C)*
	€	*%*	*€*	*%*	
1	12 900	43,52	12 900	43,52	A
2	8 800	29,69	21 700	73,21	A
3	2 750	9,28	24 450	82,49	B
4	2 000	6,75	26 450	89,24	B
5	1 260	4,25	27 710	93,49	B
6	760	2,56	28 470	96,05	C
7	540	1,82	29 010	97,87	C
8	405	1,37	29 415	99,24	C
9	120	0,40	29 535	99,65	C
10	105	0,35	29 640	100	C
Total	29 640	100			

Observem que els articles 1 i 2 són del tipus A, ja que representen en conjunt el 73 % del valor del magatzem; són els que s'han de controlar més estrictament. Els articles 3, 4 i 5 són del tipus B, ja que suposen aproximadament el 20 % del valor del magatzem; s'hi destina un control menys rigorós. Els articles del tipus C són la resta, que en conjunt representen el 7 % del valor total del magatzem; atesa la seva poca importància, els sistemes de control i de gestió per a aquests han de ser molt simplificats i aproximats.

El sistema JIT *(just-in-time)* de gestió d'inventaris

El sistema JIT (*just-in-time*: 'just a temps') és un sistema integrat de gestió de producció i gestió d'aprovisionament desenvolupat al Japó als anys vuitanta i posteriorment aplicat als EUA. Actualment s'utilitza a les principals grans empreses industrials a escala mundial.

El sistema JIT es fonamenta en el fet que l'empresa no fabrica cap producte fins que no es necessita, és a dir, fins que no hi ha una comanda en ferm de clients o una ordre de fabricació. Aquest sistema de planificació de la producció té com a objectiu bàsic reduir les existències en inventari i relacionar-les amb la satisfacció immediata de les comandes dels clients o de les ordres de fabricació. L'inventari JIT és el nivell d'existències mínim per mantenir el funcionament de la producció i de l'aprovisionament a l'empresa eficaçment. Desenvolupar un bon sistema JIT implica reduir i minimitzar la variabilitat i la incertesa provocades pels factors interns i externs que tendeixen a mantenir un nivell superior d'existències per diferents motius (vegeu *Funcions de les existències: necessitat dels inventaris*, pàg. 180).

Aquest sistema permet reduir o eliminar el malbaratament de recursos de l'empresa (existències, temps, inversió...); identificar els problemes de la producció o de l'aprovisionament, i adaptar la producció als ritmes de demanda dels clients.

Tot això implica estabilitzar els sistemes productius i d'aprovisionament, tot controlant els factors d'incertesa i variabilitat de l'entorn.

Per implementar un sistema JIT en una empresa cal un conjunt de requeriments específics:

- Gran participació del personal per identificar problemes de producció i d'aprovisionament, i per proposar solucions ràpides i dinàmiques.
- Desenvolupar i disposar d'aplicacions importants d'enginyeria industrial per adaptar els sistemes de producció i d'aprovisionament a les especificacions i les necessitats del sistema.
- Aplicar un sistema de control de qualitat total, que incideixi en la millora continuada dels processos de producció i d'aprovisionament.

En termes més específics, la finalitat del sistema JIT és destinar el mínim de recursos al manteniment d'inventaris, reduir els terminis de producció i de lliurament als clients, reaccionar àgilment i ràpidament davant de canvis de la demanda i disposar d'un sistema integrat de qualitat que identifiqui ràpidament els problemes operatius.

En definitiva, el sistema JIT de gestió d'inventaris proposa la reducció a la mínima quantitat necessària de les existències, mitjançant un sistema integrat de planificació i d'adaptació de la gestió de producció i d'aprovisionament. Reduir els inventaris implica una important reducció dels costos, i aquest és un dels objectius per assolir la millor eficiència de l'activitat productiva de l'empresa.

Aquest conjunt de requiriments del sistema JIT implica reorganitzar globlament tot el sistema de producció i aconsegueix una sèrie de millores operatives des del punt de vista d'eficiència i eficàcia productiva:

- S'agilita la producció en reduir els temps d'espera.
- Es millora la qualitat ja que hi ha un control més directe de la producció i per la reducció de desperdicis.
- S'aconsegueix una reducció dels costos a conseqüència de l'optimització de la producció.
- S'aprofiten millor les aptituds de la mà d'obra i, per tant, millora la seva productivitat.

I finalment tot això aporta un avantatge competitiu per a l'empresa, ja que respon millor a les demandes dels clients, produint amb costos més reduïts i amb més qualitat.

@

L'empresa japonesa Toyota, fabricant d'automòbils, fou la que va començar a aplicar amb èxit el sistema JIT:

http://www.toyota.com

Activitats

9> Una empresa necessita anualment una matèria primera per a la producció de cadenes de bicicleta en la quantitat de 325 000 kg i la compra a 0,44 €/kg. El cost de realitzar una comanda és de 7,51 € i la taxa de cost d'emmagatzematge és del 10 %. Calcula'n la comanda òptima, el nombre de comandes anual i la cadència òptima.

10> La demanda estimada anual d'una matèria primera en una empresa és de 120 000 kg, el termini d'aprovisionament és de 7 dies i l'estoc de seguretat és de 3 750 kg. Calcula'n el punt de comanda.

11> Classifica les existències següents del magatzem d'una empresa utilitzant el model ABC de gestió d'inventaris.

Codi article	RT	GT	DS	BG	FV	PL	TR	DA	PM	BS
Consum anual (en €)	240	175	80	50	25	200	125	70	40	20

Perfil de classe mundial: Harley-Davidson

Harley-Davidson és un fabricant repetitiu. Això vol dir que munta mòduls. Com la majoria dels fabricants repetitius, Harley produeix en una cadena de muntatge i el producte final pren una varietat de formes depenent de la combinació dels mòduls. En el cas de Harley, els mòduls són components de motocicleta en forma de dos tipus de motors en tres mides de cilindrada per a 20 models de motos de carrer, que estan disponibles en 13 colors i dues opcions de rodes. Això puja fins a 95 possibles combinacions. A més, Harley produeix 4 models Policia, 2 Shrine i 19 opcions de pintura per al client. Tot això comporta que no menys de 20.000 peces diferents es muntin en una línia de producció. L'ús de mòduls redueix algunes de les tasques de gestió associades a un inventari de 20.000 parts.

Els motors Harley-Davidson es fabriquen a Milwaukee i s'envien a York, Pennsilvània. En les instal·lacions de producció de York, tant els distribuïdors com els departaments de producció fan els lliuraments a la cadena de muntatge segons una base just a temps (en anglès *just-in-time*, JIT).

Harley-Davidson es va fundar a Milwaukee el 1903. Des d'aquell moment ha competit amb centenars de fabricants estrangers i nacionals. La competència ha estat dura, especialment amb els japonesos. De fet, després de gairebé nou dècades, Harley és l'única companyia de motos que continua produint als Estats Units. La invasió de motocicletes japoneses dels anys setanta va agafar Harley en un foc encreuat entre Honda i Yamaha. La competència fou tan intensa que Honda introduí 81 nous models en només 34 mesos. Per fer front al desafiament, la direcció de Harley-Davidson va possar l'èmfasi en una millora de la qualitat.

Un èmfasi en la qualitat és un tònic meravellós per a qualsevol empresa. I les tècniques de just a temps obligaven els directors d'operacions a realitzar millores pràcticament en totes les àrees. Per a Harley-Davidson això va significar un perfeccionament en el producte i en el procés, l'inventari JIT, i una pila d'altres mètodes moderns de fabricació. Però, principalment, significà un programa de control de qualitat total impulsat pel JIT.

Utilitzant el JIT, es van eliminar els inventaris de parts, amb els seus problemes inherents i costos elevats. Ara, la direcció insisteix en el lliurament de petites quantitats de parts sense defectes. A la cadena de muntatge el concepte s'aplica tant als proveïdors com als treballadors de Harley-Davidson. De fet, Harley és tan bona en el desenvolupament de proveïdors que fins ara ofereix consultoria en aquesta àrea.

Dirección de la Producción (decisiones tácticas)
Jay Heizer & Barry Render

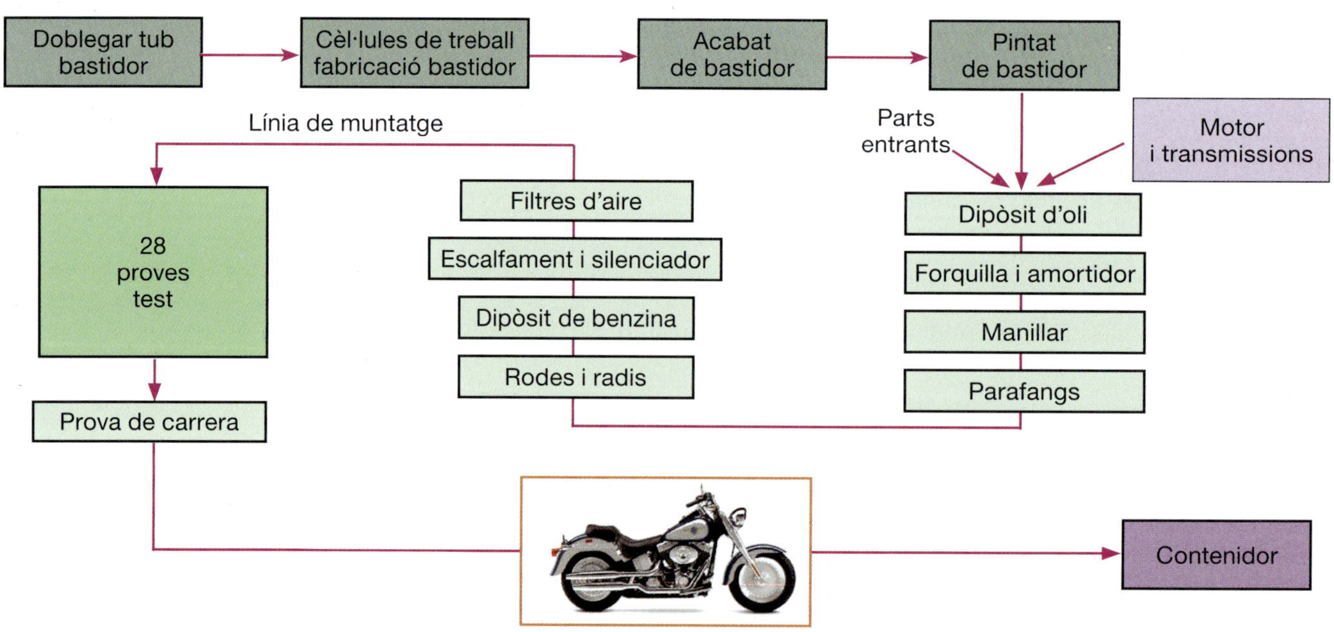

- Explica com el sistema *just-in-time* va beneficiar l'empresa Harley-Davidson.
- Identifica punts febles en el sistema JIT en general o en particular a l'empresa Harley-Davidson. Comenta aquests possibles punts febles o amenaces que poden suposar per a una empresa l'aplicació del sistema JIT (fixa't en el cas de Harely-Davidson).
- Consideres que una àmplia gamma de models produïts facilita l'aplicació del sistema JIT a Harley-Davidson? Raona la resposta.

Producció «just a temps» versus *producció tradicional*

L'entorn industrial amb què comença aquest segle es caracteritza per la competitivitat, la velocitat dels canvis i la inestabilitat de la demanda. Això es deu, en gran manera, a l'augment de les exigències dels clients en mercats madurs, que requereixen productes de qualitat que s'ajustin a les seves necessitats específiques, així com lliuraments més freqüents i ràpids. La resposta de les empreses en aquest entorn —mitjançant l'augment de la varietat de productes finals i la seva producció a la mesura del client— és particularment significativa en articles com, per exemple, els automòbils o els ordinadors, que fa unes dècades es produïen en massa. En la fabricació d'aquest tipus de productes, els sistemes de producció coneguts com JIT (*just-in-time,* «just a temps») han tingut un auge sense precedents durant les últimes dècades. Així, després de l'èxit de les companyies japoneses durant els anys que van seguir a la crisi dels anys setanta del segle passat, investigadors i empreses de tot el món van centrar la seva atenció en aquesta forma de producció.

La metodologia JIT té com a objectiu un processament continu, sense interrupcions de la producció. Assolir aquest objectiu suposa la minimització del temps total necessari des del començament de la fabricació fins a la facturació del producte. El temps total de producció és la suma del temps de totes les activitats que afegeixen valor al producte més totes les que no ho fan.

El JIT sorgeix per les debilitats que té el sistema de valoració tradicional, amb retards en el procés de fabricació, ja que produeix quantitats de productes en excés respecte de la demanda corrent. La filosofia JIT es fonamenta en la minimització de les tasques que no afegeixen valor, sense preocupar-se de l'optimització i la grandària dels lots; la seva conclusió és que els inventaris alts són el resultat d'una producció i d'un aprovisionament incerts o d'una producció d'escassa qualitat.

Per tot això, es dedueix que les empreses que practiquen un programa de qualitat total són les que més eficientment poden adaptar el model «just a temps»: els temps de producció disminueixen considerablement, ja que en produir en petits lots són fàcilment detectades les parts defectuoses en cadascun dels departaments que intervenen en el procés de producció, i així es porta un control que permet en qualsevol moment modificar el procés que està causant la desviació.

Comparació entre la producció «just a temps» i la producció tradicional

Les principals diferències entre ambdós processos de producció es poden resumir en:

- Disminució dels inventaris: el JIT busca reduir els inventaris a nivells molt baixos, mentre que en el sistema tradicional els materials se subministren i transfereixen al procés següent sense tenir en compte el nivell de la demanda existent.
- Unitats de producció: en la producció tradicional els productes es mouen des d'un grup de màquines idèntiques a un altre departament amb màquines que fan un altre treball específic; en canvi, el JIT reemplaça aquest patró per un d'unitats de producció en què s'agrupen les màquines en famílies i es disposen de tal manera que es pot desenvolupar una sèrie d'operacions seqüencials. Cada unitat s'instal·la per fer un grup de productes o un en particular.
- Mà d'obra interdisciplinària: en la metodologia tradicional, els treballadors s'especialitzen en el maneig d'una sola màquina en un sol departament; al contrari, el model JIT busca que tots els treballadors sàpiguen operar tot el conjunt de màquines i així es crea un entorn interdisciplinari.
- Gestió de la qualitat total: el sistema JIT no pot implantar-se en una empresa que no tingui un clar compromís amb la gestió de la qualitat total, ja que si no es tracta d'un procés productiu sense deficiències, no es pot crear la confiança en què es fonamenta el sistema.
- Descentralització dels serveis: per a l'aplicació del sistema JIT es requereix un fàcil i ràpid accés als serveis de suport, la qual cosa implica que els departaments de serveis estiguin descentralitzats, al contrari del que ocorre en el sistema tradicional.

- Pensa en alguna activitat que afegeixi valor a la producció i en alguna altra que no n'afegeixi.
- En quin sentit el sistema JIT s'associa a la gestió de la qualitat total?

Activitats finals

1> Explica què és la funció d'aprovisionament.

2> Posa tres exemples de cicle d'aprovisionament d'empreses comercials o productores.

3> Comenta les diferències entre les matèries primeres i les mercaderies.

4> Explica per què les existències serveixen per aprofitar les economies d'escala.

5> Com creus que la inflació pot afectar la gestió d'aprovisionament?

6> Explica què són els costos de manteniment d'inventaris.

7> Podries fer una estimació de quins són els costos de ruptura d'estocs?

8> Comenta per què el nivell de les existències s'ha de considerar com un equilibri a la gestió d'aprovisionament.

9> Una empresa es dedica a la fabricació i distribució d'un producte. Normalment en distribueix 18 000 unitats anuals. Darrerament, la demanda ha estat oscil·lant, cosa que ha fet que es mantingui un estoc de seguretat de productes acabats de 400 unitats. Aquesta empresa elabora mensualment 1 500 unitats. Amb aquestes dades, realitza el gràfic d'inventaris corresponent, i raona els diferents conceptes que hi apareguin.

10> L'empresa OLA ven articles de platja. Un d'aquests articles és un para-sol, del qual s'estima que tindrà una demanda anual aproximada de 24 000 unitats. Per evitar que l'empresa es quedi sense existències si el producte té molt èxit, es mantindrà un estoc de seguretat de 300 unitats. L'empresa fa les seves comandes cada dos mesos al fabricant de Taiwan per un volum de 4 000 unitats per comanda. Amb aquestes dades, realitza el gràfic d'inventaris, i raona'n els diferents conceptes.

11> Una empresa utilitza anualment 50 000 kg d'una matèria primera per a la producció. El cost aproximat de gestionar cada comanda és de 350 € i el cost anual d'emmagatzematge és de 5,25 €/kg. Calcula el volum de la comanda òptima, el nombre de comandes, la cadència òptima i el cost total de gestió d'inventaris si el preu d'adquisició és de 2,84 €/kg i l'estoc de seguretat és 750 kg.

12> Una empresa productora necessita 9 000 components anuals per a la seva producció. El preu és de 9,02 €/u, el cost de realitzar una comanda és de 15,03 € i la taxa de cost del magatzem és del 15 %. Calcula'n la comanda òptima, el nombre esperat de comandes i el temps esperat entre comandes.

13> Explica la relació que hi ha entre la comanda òptima i la cadència òptima.

14> Calcula la demanda anual que realitza una empresa d'un determinat producte de 240 €/u si la comanda òptima és de 650 unitats, el cost de realitzar una comanda és de 25 € i el cost de tenir una unitat en el magatzem és de 12 €.

15> Comprova que, per a l'exercici anterior, el volum de comanda òptima minimitza realment el cost total de gestió de mercaderies.

16> Calcula la comanda òptima i la resta d'indicadors per a una matèria primera d'una empresa productora que presenta una demanda anual de 30 000 unitats, un preu de compra de 9,02 €/u, un cost per comanda de 5,41 € i una taxa de cost de magatzem de l'11 %.

17> Resol l'exercici anterior per als diferents valors de r i raona les diferències trobades: 9 %, 12 % i 15 %.

18> Calcula el punt de comanda d'un producte que té una demanda mensual estimada de 60 000 unitats, el seu estoc de seguretat és de 15 000 unitats i el termini d'aprovisionament és de 7 dies.

19> Una empresa fixa per a un producte del seu magatzem un estoc de seguretat de 10 000 kg. Sap que el termini de lliurament del proveïdor és de 15 dies i estima que la demanda anual d'aquest producte és de 360 000 unitats. Calcula'n el punt de comanda. Com canvia si el termini de lliurament es redueix a 5 dies?

20> Classifica les existències següents del magatzem d'una empresa utilitzant el model ABC de gestió d'inventaris.

Codi article	E5	T7	F9	S8	D3	A4	C7	K9	V8	V2
Consum anual (en €)	10	700	80	200	500	16	800	320	960	280

21> Explica i relaciona el sistema JIT de gestió d'inventaris amb la reducció global dels costos de les existències, i identifica concretament quins són els costos que poden disminuir.

Comprova el teu nivell

1> El cicle d'aprovisionament d'una empresa productora està format per:

a) Compres, producció, control de qualitat i vendes.

b) Compres i vendes.

c) Compres, producció, emmagatzematge i vendes.

d) Selecció de proveïdors, compres i vendes.

2> Aquelles existències que són els productes fabricats per l'empresa i destinats al consum final o a la utilització per altres empreses són:

a) Productes en curs.

b) Productes acabats.

c) Matèries primeres.

d) Mercaderies.

3> Què és la ruptura d'estocs?

a) Quan no es troben els materials que hi ha emmagatzemats.

b) Quan no es disposa de prou existències per realitzar una venda o produir.

c) Quan hi ha excessiva quantitat d'un material als magatzems.

d) Quan es malmeten els productes emmagatzemats.

4> Aquelles existències que es destinen a formar part dels productes fabricats mitjançant la transformació o l'elaboració són:

a) Productes en curs.

b) Productes acabats.

c) Matèries primeres.

d) Mercaderies.

5> Els costos administratius, els operatius, els econòmics o els d'espai físic, quin tipus de costos d'existències són?

a) Costos de manteniment d'inventaris.

b) Costos de ruptura d'estocs.

c) Costos de comandes.

d) Costos de qualitat.

6> El nivell d'existències en el qual es dóna una sol·licitud de compra a un proveïdor per reaprovisionar el magatzem es coneix com:

a) Estoc de seguretat.

b) Estoc mínim.

c) Punt de comanda.

d) Estoc màxim.

7> El temps que transcorre entre l'emissió de la comanda i la recepció física dels materials és:

a) Temps de comanda.

b) Termini d'aprovisionament.

c) Cadència òptima.

d) Termini de seguretat.

8> La quantitat que demanem al proveïdor que permet minimitzar el cost total de gestió d'inventaris és:

a) Cadència òptima.

b) Punt de comanda.

c) Comanda òptima.

d) Estoc màxim.

9> Una de les finalitats fonamentals del sistema *just-in-time* (just a temps) és:

a) Aplicar un sistema de control dels clients.

b) Destinar el mínim de recursos al manteniment d'inventaris.

c) Produir amb els mínims costos possibles.

d) Disposar d'un magatzem ben aprovisionat.

10> El model ABC de gestió d'inventaris serveix per:

a) Classificar les existències per la seva importància relativa.

b) Determinar el volum òptim de les comandes.

c) Determinar l'estoc de seguretat.

d) Classificar les existències per ordre alfabètic.

Conceptes bàsics

La **funció d'aprovisionament** consisteix en la compra i l'emmagatzematge dels materials necessaris per a l'activitat de l'empresa.

El **cicle d'aprovisionament** és el període que transcorre des del moment de la compra fins a la venda del producte. Si es tracta d'una **empresa productora** es composa de compra, emmagatzematge, producció, emmagatzematge i venda. Si és una empresa comercial serà compra, emmagatzematge i venda.

Les **existències** són els materials que emmagatzema l'empresa i que poden ser de diferents tipus: matèries primeres, productes acabats, productes semielaborats, mercaderies, etc.

Els **costos de les existències** són aquells que l'empresa té per mantenir existències en els magatzems i que, en general, s'han d'intentar minimitzar; es poden classificar com:

- **Costos de comanda:** el que costa efectuar i gestionar les comandes als proveïdors.
- **Costos de manteniment d'inventaris:** el que costa tenir materials al magatzem.
- **Costos de ruptura d'estocs:** els que té l'empresa quan no disposa de materials per produir o per vendre.

La **gestió dels inventaris** ha de permetre organitzar els magatzems de l'empresa i determinar el nivell de les existències complint dos objectius:

- **Eficàcia:** disposar dels estocs necessaris de manera que l'empresa pugui desenvolupar la seva activitat econòmica.
- **Eficiència:** aconseguir minimitzar el conjunt de costos de les existències, contribuint a l'objectiu general de l'empresa de maximitzar els beneficis.

La **gestió dels inventaris** controla i determina el nivell d'existències que hi ha al magatzem tenint en compte diversos indicadors:

- **Estoc màxim:** la quantitat més gran que pot haver-hi d'un material en funció de la importància i el seu cost.
- **Estoc mínim o de seguretat:** la quantitat més petita que pot haver-hi per evitar que l'empresa aturi la seva activitat per una ruptura d'estocs.
- **Punt de comanda:** el nivell d'existències en el qual s'ha de realitzar una comanda al proveïdor.

La **comanda òptima** és la quantitat de materials que l'empresa ha de comprar en cada comanda perquè els costos totals de gestió d'inventaris siguin mínims mitjançant la fórmula següent:

$$Q^* = \sqrt{\frac{2 \cdot s \cdot D}{g}}$$

On **s** és el cost unitari de realitzar una comanda, **D** és la quantitat del material que anualment es necessita i **g** és el cost unitari d'emmagatzematge.

Altres **models de gestió d'inventaris** són:

- El **sistema *just-in-time*** («just a temps»): s'intenta minimitzar els costos de mantenir inventaris mitjançant una eficient planificació de la producció i del procés d'aprovisionament en general.
- El **model ABC** classifica les existències en tres grups: *importants*, *menys importants* i *poc importants*, i d'aquesta manera es destinen recursos en funció d'aquesta importància.

10

LA VALORACIÓ I L'ADMINISTRACIÓ DE LES EXISTÈNCIES

L'empresa ha de saber en tot moment quina és la composició dels seus magatzems, de quantes unitats disposa i el seu valor econòmic. Això implica tenir un sistema d'organització i administratiu que controli els materials emmagatzemats mitjançant uns documents anomenats *fitxes d'existències,* on s'anoten les entrades, les sortides i les existències de tot el que hi ha al magatzem, i tot això valorat econòmicament. Cal conèixer com es valoren les entrades de materials, com es controlen les existències i com es valoren les sortides de materials, en especial quan tenen preus diferents. Els conceptes més importants que aprendràs en aquesta unitat són: el preu d'adquisició; el cost de producció; els criteris de valoració de les existències; la fitxa de control d'existències.

10.1 La valoració de les existències

Les existències, com tots els actius o béns de l'empresa, tenen un valor econòmic quantificable. A més de la seva rellevància dins de l'aprovisionament de l'empresa, suposen una inversió considerable de recursos que cal controlar, valorar i administrar.

La direcció de l'empresa ha de conèixer en tot moment el valor dels productes que té als seus magatzems per planificar a curt termini les seves necessitats en l'àmbit productiu, comercial i financer. Per aquesta raó hi ha una sèrie de normes i criteris que cal observar sobre la valoració de les existències de l'empresa, regulats per la legislació mercantil dins de la normativa vigent.

> Els **costos directes** són aquells que es poden assignar a la fabricació d'un producte.

La normativa estableix que les existències s'han de valorar segons la seva naturalesa, al preu d'adquisició o al cost de producció. Ja hem descrit diferents tipus d'existències en unitats anteriors però, bàsicament, o bé les comprem o bé les produïm. Segons això, si les existències són productes comprats externament per l'empresa, es valoraran al **preu d'adquisició.** Si, al contrari, són productes produïts internament a l'empresa, es valoraran al **cost de producció.**

> Els **costos indirectes** són aquells que no es poden assignar a la fabricació d'un producte, ja que afecten de manera general tots els productes fabricats per una empresa.

Una empresa productora aplica ambdues normes a l'hora de fer la valoració de les existències: valora les matèries primeres necessàries per al procés de producció al preu d'adquisició i els productes fabricats al cost de producció. En canvi, una empresa comercial, l'activitat de la qual és fer d'intermediària i distribuïdora sense cap transformació interna dels productes comercialitzats, valora les seves existències (mercaderies, en aquest cas) al preu d'adquisició.

Els conceptes més importants d'aquestes dues normes són:

- **Preu d'adquisició.** És l'import total de la compra, segons la factura del proveïdor, més totes les despeses que ha pogut generar l'operació (transports, assegurances, envasos, impostos no repercutibles...).

Preu d'adquisició = **Import facturat de les mercaderies** + **Despeses de l'operació**

Cal tenir en compte que hi ha impostos repercutibles, com l'IVA (impost sobre el valor afegit).

Això vol dir que quan l'empresa fa una compra, paga l'IVA i, posteriorment, quan fa la venda cobra la part corresponent de l'IVA. Quan hagi de liquidar l'impost de l'IVA cobrat es deduirà l'IVA pagat i ingressarà la part resultant a la Hisenda Pública. Per tant, a l'empresa l'IVA no li representa cap cost.

- **Cost de producció.** És la suma del preu d'adquisició de les matèries primeres i dels materials consumits en la fabricació, dels costos directes de la producció (mà d'obra, energia...) i de la part proporcional dels costos indirectes imputables a la producció.

Cost de producció = **Matèries primeres** + **Altres consums** + **Cost directe de fabricació** + **Cost indirecte de l'empresa**

Exemple 1

Una empresa comercial compra un lot de 10 telèfons mòbils per vendre'ls. El preu de compra segons la factura ha estat de 63,11 €/u més 16 % d'IVA. A més, l'operació ha generat unes despeses totals de 52,29 € de transports, 15,03 € d'assegurances i 11,24 € d'embalatges. Quin és el preu d'adquisició unitari de les mercaderies comprades?

Abans de fer els càlculs corresponents hem de considerar quins elements formen part del preu d'adquisició i quins no. L'únic element que no s'ha d'incloure-hi és l'IVA, ja que es tracta d'un impost repercutible, o sigui, que d'igual forma que l'empresa el paga quan realitza la compra, en el moment de fer la venda, l'empresa el cobra, ja que l'aplica sobre el preu de venda.

L'empresa, de l'IVA pagat es resta l'IVA cobrat i ingressa a Hisenda aquesta diferència, per tant per a ella no representa cap despesa sinó que actua com a intermediari.

$$pa = \frac{(63{,}11 \cdot 10 + 52{,}29 + 15{,}03 + 11{,}24)}{10} = \frac{709{,}66}{10} = 70{,}97 \text{ €/u}$$

Per saber el preu d'adquisició unitari, hem dividit l'import total de la compra més les despeses (709,66 €) entre les unitats adquirides (10 unitats).

Exemple 2

Una empresa distribuïdora importa en exclusiva 7 500 unitats d'un producte a un preu de 7,51 €. Però la compra genera unes despeses addicionals: 4 507,59 € de transports, 132,22 € d'assegurances, un aranzel (l'impost sobre els productes que s'importen) d'importació del 7,5 % sobre el preu de compra i 751,27 € de l'agent de duanes. Calcula el preu d'adquisició de cada unitat d'aquest producte. Has de saber que l'import de l'aranzel és repercutible sobre la venda, és a dir, és el 7,5 % del valor de la factura (7 500 unitats a 7,51 €/unitat).

$$pa = \frac{[7{,}51 \cdot 7\,500 + 4\,507{,}59 + 132{,}22 + (7{,}51 \cdot 7\,500) \cdot 0{,}075 + 751{,}27]}{7\,500} =$$

$$= \frac{65\,940{,}46}{7\,500} = 8{,}79 \text{ €/u}$$

Exemple 3

Una empresa fabrica un producte en lots de producció de 10 000 unitats. Per a la fabricació de cada lot de producció, els costos totals són els següents: 1 081,82 € de matèries primeres i 420,71 € de consums diversos; els costos directes associats a cada fabricació són 330,56 € de mà d'obra i 210,35 € d'energia consumida, i el cost indirecte és de 7 212,14 €, proporcional a l'elaboració d'aquest producte del 10 %.

Quin és el cost de producció unitari?

matèries primeres . . . . 1 081,82 €

altres consums . . . . 420,71 €

costos directes *mà d'obra (330,56 €) . . . . 540,91 €
*energia (210,35 €)

costos indirectes (10 % de 7 212,14 €) . . . . . . 721,21 €

$$cp = \left(\frac{2\,764{,}65}{10\,000}\right) = 0{,}276 \text{ €/u.}$$

És habitual que les empreses elaborin els seus productes en lots mínims de fabricació, com és aquest cas, que produeix 10000 unitats, per aprofitar millor els recursos productius, és a dir, per raons d'eficiència, per aprofitar les economies d'escala.

Activitats

1> Una empresa elabora 7 500 unitats d'un producte amb l'estructura de costos següent: 5 108,60 € de matèries primeres, 1 382,32 € de consums diversos, 991,67 € de costos directes, 1 352,28 € d'envasos i 11 118,72 € de cost indirecte total (25 % corresponent a la fabricació d'aquest producte). Calcula'n el cost de producció.

2> Una empresa fabrica dos productes, A i B, utilitzant dues matèries primeres, X i Y. Una unitat del producte A necessita 5 unitats de X i 3 de Y; i una unitat del producte B necessita 8 unitats de X i 10 de Y. El preu de X és de 47,18 €/u i el de Y és de 10,52 €/u. A més a més, cada unitat d'ambdós productes afegeix en concepte de consums diversos un valor de 12,92 €. L'envasat i l'embalatge final de cada producte comporta un cost de 4,66 €.

L'estructura organitzativa de l'empresa fixa els lots de producció en 12 000 unitats del producte A i 10 000 unitats del producte B. Els costos directes associats a aquests nivells de producció són de 45 376,41 € per al producte A i 49 583,50 € per al producte B. Les despeses generals per al total de la producció s'estimen en 72 121,45 €, repartides proporcionalment com a cost indirecte en el 45 % per al producte A i 55 % per al producte B.

Calcula el cost de producció unitari d'ambdós productes.

10.2 Els criteris de valoració

Encara que s'apliquin les normes del preu d'adquisició i del cost de producció quan es fa una valoració de les existències, no sempre serà una tasca fàcil, ja que si els productes o les mercaderies entren al magatzem en grans quantitats i a preus d'adquisició o costos de producció diferents, serà difícil determinar de manera clara el valor individualitzat d'aquestes entrades.

Observem l'exemple d'una panificadora, que registra el valor de les seves compres de farina per produir pa: veiem que, per les característiques físiques del producte emmagatzemat i si hi ha diversos preus d'adquisició de les diferents partides de farina adquirida, no es pot donar directament un valor individualitzat de les existències; s'ha de definir un criteri per facilitar-ne la valoració en aquests casos.

La normativa vigent proposa i recomana uns criteris de valoració per als casos en què les normes del preu d'adquisició i del cost de producció són insuficients per valorar individualment les existències de l'empresa. Es tracta del **criteri PMP** i del **criteri FIFO.** Són dos mètodes diferenciats que permeten calcular ordenadament el valor de les existències emmagatzemades per l'empresa, en qualsevol moment i situació.

> **!** La normativa recomana de manera general l'aplicació del criteri PMP, encara que permet i tolera també l'aplicació del criteri FIFO, sota la consideració de la direcció de l'empresa, si n'afavoreix el control i la gestió.

- **Criteri PMP** (preu mitjà ponderat). Consisteix a calcular el valor mitjà de les existències inicials i de les entrades, ponderades segons les seves quantitats. Si p és el preu o valor i q les quantitats d'existències o de producte entrant, el PMP el calcularem així:

$$\text{PMP} = \frac{(q_1 p_1 + q_2 p_2 + \ldots + q_n p_n)}{(q_1 + q_2 + \ldots + q_n)}$$

  Les entrades es registraran al seu valor i les existències, i les sortides, al PMP corresponent.

Exemple 4

A la nostra empresa tenim en data 01/07 unes existències d'un producte de 1700 unitats a un preu de 75 €/u. Després fem dues compres: el 07/07 en comprem 2000 unitats a 85 €/u i el 25/07, 1200 unitats a 77 €/u.

Quin és el valor de les existències del producte si després d'aquestes operacions en realitzem una venda de 3000 unitats el 28/07? Suposem que valorem seguint el criteri PMP.

01/07	existències inicials	:	1700 unitats a 75 €/u	=	127 500 €
07/07	compra	:	2000 unitats a 85 €/u	=	170 000 €
25/07	compra	:	1200 unitats a 77 €/u	=	92 400 €
			4900 unitats a ? €/u	=	389 900 €

Calculem el preu mitjà de les 4900 unitats:

$$PMP = \frac{1700 \cdot 75 + 2000 \cdot 85 + 1200 \cdot 77}{1700 + 2000 + 1200} = \frac{389\,000}{4900\text{ u}} = 79{,}57\text{ €/u}$$

Per acabar, calcularem el valor final de les existències:

25/07	existències	:	4900 unitats a 79,57 €/u	=	389 900 €
28/07	venda	:	3000 unitats a 79,57 €/u	=	238 714 €
28/07	existències finals	:	1900 unitats a 79,57 €/u	=	151 186 €

Les vendes es valoren a un preu de sortida, segons el criteri PMP, de 79,57 €/u, i les existències es veuen reduïdes per aquesta venda. Ens hem de fixar que estem anomenant *preu de sortida* al valor de les existències en el moment concret de fer una venda, però no *preu de venda*, ja que encara no hi hem inclòs el marge de benefici.

- **Criteri FIFO** (acrònim de la seva denominació en anglès *first in, first out*, «primeres a entrar, primeres a sortir»: PEPS, en català). El valor de sortida dels productes del magatzem és el preu de les primeres unitats físiques que hi van entrar.

  D'aquesta manera les existències surten del magatzem valorades en el mateix ordre en què van entrar. I les existències es registraran al seu valor d'entrada tot respectant l'ordre cronològic d'entrada.

Exemple 5

Imagina la mateixa situació de l'empresa de l'exemple solucionat 4, però valorarem segons el criteri FIFO. Quin és el valor de les existències després de les operacions?

En aquest cas valorarem la sortida i les existències finals tenint en compte l'ordre d'entrada i els seus preus, prenent el preu dels productes que van entrar abans:

01/07	existències inicials	:	1 700 unitats a 75 €/u	=	127 500 €
07/07	compra	:	2 000 unitats a 85 €/u	=	170 000 €
25/07	compra	:	1 200 unitats a 77 €/u	=	92 400 €
					389 900 €

Calculem el valor de venda de les unitats segons el criteri FIFO

27/07	venda	:	3 000 u	=	1 700 u a 75 €/u	=	127 500 €
					1 300 u a 85 €/u	=	110 500 €
							238 000 €

Valor de les existències finals:

28/07	existències finals	:	1 900 u	=	700 u a 85 €/u	=	59 500 €
					1 200 u a 77 €/u	=	92 400 €
							151 900 €

Anthony Perkins a El procés, *d'Orson Welles, 1963.*

Activitats

3> Determina el valor final de les existències d'una empresa que ha registrat les operacions del seu magatzem pel criteri PMP i FIFO:

01/02 existències inicials: 500 unitats a 4,51 €

10/02 compra: 750 unitats a 4,63 €

15/02 venda: 1 000 unitats

19/02 compra: 800 unitats a 5,26 €

28/02 venda: 975 unitats

10.3 L'administració de les existències

La gestió d'aprovisionament recull una sèrie d'informacions documentals (comandes, albarans, factures...) que resultarà molt útil per administrar adequadament els magatzems. Tot això, complementat per informacions d'altres departaments (de producció, comercial o financer), permetrà sistematitzar i registrar els moviments de les existències mitjançant un document comú, la **fitxa de control d'existències.** Aquest és un document que registra individualment tots els productes que hi ha en existències, i que en recull principalment la valoració i el registre cronològic, les entrades i les sortides. A més, s'hi reflecteixen altres informacions dels productes emmagatzemats.

Les informacions que conté la fitxa de control d'existències són les següents:

- La identificació del producte, la referència o la codificació d'ús intern i els proveïdors que el subministren (en cas que no es produeixi a la mateixa empresa).
- Les referències a la gestió d'inventaris: l'existència màxima i mínima que cal observar, el punt de comanda, l'estoc de seguretat i el termini de lliurament del proveïdor.
- El criteri de valoració utilitzat: PMP o FIFO.
- La descripció i el registre cronològic dels moviments de les existències: entrades, sortides i existències valorades, ordenades cronològicament, amb l'especificació del proveïdor per a les compres (entrades) o del client per a les vendes (sortides).

La fitxa de control d'existències esdevé una de les principals eines de la direcció de l'empresa per prendre decisions sobre les existències i el nivell dels magatzems. Amb el control i la gestió continuada de les fitxes dels productes que es tenen emmagatzemats s'observa si els nivells d'estoc són massa elevats —fet que comporta problemes de costos— o si estan per sota de l'existència mínima —fet que comportaria iniciar el procés d'aprovisionament.

En general, mitjançant la informació conjuntada en aquest document, el director d'aprovisionament podrà dirigir la gestió d'inventaris i fer que els nivells de les existències s'adeqüin a les necessitats de l'empresa.

Fitxa de control d'existències

Article:	**Estoc màxim:**	**Criteri de valoració:**
Referència:	**Estoc mínim:**	**Punt de comanda:**
Proveïdor:	**Estoc de seguretat:**	**Termini de lliurament:**

Data			Concepte	Entrades/compres			Sortides/vendes			Existències		
Dia	*Mes*	*Any*	*Proveïdor/client*	*Quantitat*	*Preu*	*Valor*	*Quantitat*	*Preu*	*Valor*	*Quantitat*	*Preu*	*Valor*

Exemple 6

Fes la fitxa de magatzem de l'empresa Subministres JV, SA, per al producte ABC que subministra el proveïdor Indústries Fum, SA, dels moviments del mes de març, segons els criteris PMP i FIFO, i calcula els beneficis que s'han generat en finalitzar el mes per a cadascun dels casos, segons el criteri utilitzat (PMP i FIFO). Els moviments del mes són:

01/03	existències inicials	:	700 unitats a 12 €/u
05/03	compra	:	250 unitats a 10 €/u
07/03	venda	:	500 unitats a 32 €/u
09/03	venda	:	400 unitats a 37 €/u
12/03	compra	:	350 unitats a 11 €/u
15/03	compra	:	500 unitats a 12,50 €/u
18/03	venda	:	700 unitats a 28,5 €/u
22/03	compra	:	900 unitats a 14 €/u
28/03	venda	:	800 unitats a 31 €/u

Fitxa de control d'existències

Article: ABC	**Estoc màxim:**	**Criteri de valoració:** PMP
Referència:	**Estoc mínim:**	**Punt de comanda:**
Proveïdor: Indústries FUM, SA	**Estoc de seguretat:**	**Termini de lliurament:**

Data			Concepte	Entrades/compres			Sortides/vendes			Existències		
Dia	*Mes*	*Any*	*Proveïdor/client*	*Quantitat*	*Preu*	*Valor*	*Quantitat*	*Preu*	*Valor*	*Quantitat*	*Preu*	*Valor*
01	03	01	Existències inicials							700	12	8 400
05	03	01	Compra	250	10	2 500				950	11,47	10 900
07	03	01	Venda				500	11,47	5 736,84	450	11,47	5 163,16
09	03	01	Venda				400	11,47	4 589,47	50	11,47	573,69
12	03	01	Compra	350	11	3 850				400	11,06	4 423,69
15	03	01	Compra	500	12,50	6 250				900	11,86	10 673,69
18	03	01	Venda				700	11,86	8 301,76	200	11,86	2 371,93
22	03	01	Compra	900	14	12 600				1 100	13,61	14 971,93
28	03	01	Venda				800	13,61	10 888,68	300	13,61	4 083,25
									Cost vendes			*Existències finals*

Fitxa de control d'existències

Article: ABC	**Estoc màxim:**	**Criteri de valoració:** FIFO
Referència:	**Estoc mínim:**	**Punt de comanda:**
Proveïdor: Indústries FUM, SA	**Estoc de seguretat:**	**Termini de lliurament:**

Data			Concepte	Entrades/compres			Sortides/vendes			Existències		
Dia	*Mes*	*Any*	*Proveïdor/client*	*Quantitat*	*Preu*	*Valor*	*Quantitat*	*Preu*	*Valor*	*Quantitat*	*Preu*	*Valor*
01	03	01	Existències inicials							700	12	8 400
05	03	01	Compra	250	10	2 500				250	10	2 500
07	03	01	Venda				500	12	6 000	200	12	2 400
										250	10	2 500
09	03	01	Venda				200	12	2 400			
							200	10	2 000	50	10	500
12	03	01	Compra	350	11	38 500				350	11	3 850
15	03	01	Compra	500	12,50	6 250				500	12,50	6 250
18	03	01	Venda				50	10	500			
							350	11	3 850			
							300	12,50	3 750	200	12,50	2 500
22	03	01	Compra	900	14	12 600				900	14	12 600
28	03	01	Venda				200	12,50	2 500			
							600	14	8 400	300	14	4 200
									Cost vendes			*Existències finals*

Exemple 7

Si sabem que els beneficis són la diferència entre les vendes i el seu cost, primer calculem el valor total de les vendes.

Marge de beneficis = vendes − cost vendes $Bf = q \cdot p - Cv$

El valor total de les vendes és:

Nombre d'unitats		Preu de venda		Import
500 unitats	·	32 €/u	=	16 000 €
400 unitats	·	37 €/u	=	14 800 €
700 unitats	·	28,5 €/u	=	19 950 €
800 unitats	·	31 €/u	=	24 800 €
		Total vendes	=	75 550 €

Ara, podem calcular el marge de beneficis i les existències finals segons cada criteri de valoració.

El cost de les vendes i les existències finals els obtenim de l'exemple 6.

Criteri	*Vendes*	*Cost de les vendes*	*Marge de beneficis*	*Existències finals*
PMP	75 550 €	29 516,75 €	46 033,25 €	4 083,25 €
FIFO	75 550 €	29 400 €	46 150 €	4 200 €

Taula 10.1.

Com es pot comprovar, els valors del marge de beneficis i els de les existències finals són diferents segons el criteri que s'utilitzi, ja que cada criteri valora de manera diferent les sortides del producte del magatzem.

10.4 La selecció d'un criteri de valoració

L'empresa pot decidir quin criteri de valoració vol aplicar, però ens trobem que els criteris presenten diferents resultats segons la tendència general dels preus.

El criteri PMP és força neutral en situacions d'inestabilitat general de preus. En canvi, el criteri FIFO és més recomanable en situacions de deflació, quan els preus tendeixen a baixar, ja que d'aquesta manera la seva repercussió sobre el resultat comptable és menys distorsionada.

Activitats

4> Fes la fitxa de magatzem per a cadascun dels mètodes de valoració dels moviments que registra l'empresa Subministraments Agrícoles, SA durant el mes de juliol del seu producte filtre d'oli model OL75/7. Determina els marges de beneficis corresponents i comenta les diferències.

01/07 existències inicials	:	750 unitats a 120 €/u
03/07 venda	:	200 unitats a 185 €/u
07/07 compra	:	300 unitats a 114 €/u
10/07 compra	:	700 unitats a 105 €/u
17/07 venda	:	850 unitats a 187 €/u
28/07 venda	:	600 unitats a 195 €/u

5> L'empresa Tothoven, SL comercialitza maquinària d'oficina. Durant el mes d'abril ha registrat els moviments següents del producte eurocalculadora model X67:

03/04	existències inicials	:	1 200 unitats a 8,57 €/u
07/04	compra	:	300 unitats a 9,25 €/u
09/04	compra	:	700 unitats a 8,25 €/u
14/04	venda	:	1 100 unitats a 15,25 €/u
27/04	venda	:	700 unitats a 17,50 €/u

Fes la fitxa de magatzem per a cadascun dels mètodes de valoració i elabora un quadre-resum de les diferències observades en cada cas.

Activitats finals

1> Una empresa produeix 2 500 unitats d'un producte amb l'estructura de costos següent: 901,52 € de matèries primeres, 180,30 € de consums diversos, 450,76 € de costos directes, 150,25 € d'envasos i 16 527,83 € de cost indirecte total (7 % corresponent a la fabricació d'aquest producte). Calcula'n el cost de producció.

2> Una empresa comercialitza un producte que compra a 11,12 €/u. Si en compra un lot de 5 000 unitats, les despeses són les següents: 5 258,86 € de transports, 931,57 € d'assegurances i 4 507,60 € d'envasos i embalatges. La compra va gravada amb el 16 % d'IVA repercutible sobre les vendes. Calcula'n el preu d'adquisició.

3> Una empresa fabrica dos productes, A i B, i utilitza dues matèries primeres, X i Y, per produir-los: una unitat del producte A necessita 3 unitats de X i 7 unitats de Y, i una unitat del producte B necessita 5 unitats de X i 5 unitats de Y. El preu de X és de 11,12 €/u i el preu de Y és de 16,05 €/u. A més, cada unitat de tots dos productes afegeix en concepte de consums diversos un valor de 7,51 €. L'envasat i l'embalatge final de cada producte suposen un cost de 5,26 €.

L'estructura organitzativa de l'empresa fixa els lots de producció en 6 000 unitats del producte A i 5 000 unitats del producte B. Els costos directes associats a aquests nivells de producció són de 40 568,32 € per al producte A i 30 952,12 € per al producte B. Les despeses generals per al total de la producció s'estimen en 16 527,83 €, repartides proporcionalment com a cost indirecte en el 40 % per al producte A i el 60 % per al producte B.

Calcula el cost de producció unitari dels dos productes.

4> Una empresa importa 7 500 unitats d'un producte que té un preu de 10,52 €. Però la compra genera unes despeses addicionals pagades a part: 1 051,77 € de transport, 72,12 € d'assegurances, un aranzel d'importació del 12 % i 570,96 € de l'agent de duanes. L'operació és gravada amb un IVA del 16 % repercutible sobre les vendes. Calcula el preu d'adquisició d'aquest producte.

5> Una empresa comercial compra a un mateix proveïdor 1 500 impressores a 110 €/u i 750 escàners a 75 €/u. Les despeses totals de l'operació han estat de 1 750 € de transport i 1 055 € d'aranzels per importació. Calcula el preu dels dos productes, adquirits en el mateix lot de compra.

6> L'empresa Mercaderies Reunides, SL comercialitza el producte W. Durant el mes de febrer ha fet les operacions següents:

- 01/02 existències inicials de W: 20 unitats a 100 €/u
- 04/02 compra de 10 unitats de W a 120 €/u amb un descompte del 10 %
- 12/02 venda de 16 unitats de W a 600 €/u
- 18/02 compra de 40 unitats de W a 90 €/u
- 25/02 venda de 45 unitats de W a 550 €/u

Elabora'n la fitxa de magatzem, sabent que el producte W es valora amb el criteri FIFO.

7> L'empresa Materials Llull, SL comercialitza el producte R. Durant el mes de març ha fet les operacions següents:

- 01/03 existències inicials de R: 100 unitats a 50 €/u
- 05/03 compra de 200 unitats de R a 60 €/u
- 07/03 compra de 400 unitats de R a 40 €/u amb un descompte del 7 %
- 23/03 venda de 600 unitats de R a 440 €/u amb un descompte del 5 %
- 26/03 compra de 200 unitats de R a 70 €/u
- 27/03 venda de 100 unitats de R per un import de 47 500 €
- 29/03 un client torna 10 unitats de R per problemes diversos

Elabora'n la fitxa de magatzem, sabent que el producte R es valora amb el criteri PMP i FIFO.

8> Calcula els marges de beneficis totals, diferenciats per a cada producte de les operacions realitzades en els exercicis 6 i 7.

Comprova el teu nivell

1> Les entrades d'existències s'han de valorar segons els criteris de:

a) Preu d'adquisició.

b) Cost de producció.

c) Ambdós anteriors, segons la naturalesa del material.

d) Preu mitjà ponderat.

2> El criteri FIFO de valoració significa que:

a) Les primeres que entren seran les primeres que sortiran

b) Les últimes que entren seran les primeres que sortiran

c) Es calcula una mitjana ponderada dels diferents preus o costos.

d) Les últimes que entren seran les següents que sortiran

3> El criteri PMP de valoració significa que:

a) Les primeres que entren seran les primeres que sortiran.

b) Les últimes que entren seran les primeres que sortiran.

c) Es calcula una mitjana ponderada dels diferents preus o costos.

d) Les últimes que entren seran les següents que sortiran

4> La selecció d'un criteri de valoració pot afectar:

a) El valor de les existències finals.

b) No té efectes rellevants sobre els beneficis de l'empresa.

c) El marge de benefici de l'empresa.

d) Les opcions *a)* i *c)* són correctes.

5> Hem adquirit 200 unitats a 14 €/unitat i després 500 unitats a 7 €/unitat. Si venem 400 unitats, quin serà el preu mitjà ponderat de cada unitat?

a) 10,5

b) 21

c) 9

d) 7

6> Hem adquirit 300 unitats a 10 €/unitat i després 400 unitats a 5 €/unitat. Si venem 400 unitats, quin serà el preu de sortida utilitzant el mètode FIFO?

a) 300 unitats a 5 €/unitat i 100 unitats a 10 €/unitat.

b) 400 unitats a 7,14 €/unitat.

c) 400 unitats a 7,5 €/unitat.

d) 300 unitats a 10 €/unitat i 100 unitats a 5 €/unitat.

7> Hem adquirit 1 200 unitats a 3 €/unitat i després 300 unitats a 9 €/unitat. Si venem 700 unitats, quin serà el preu mitjà ponderat?

a) 6

b) 4,2

c) 12

d) 4

8> Si comprem 1 000 kg a 25 €/kg i teníem unes existències inicials de 250 kg a 20 €/kg, quin serà el preu de sortida utilitzant el mètode FIFO si fem una venda de 500 kg?

a) 24

b) 22,5

c) 250 kg a 20 €/ kg i 250 kg a 25 €/ kg

d) 25

9> El cost de producció:

a) S'obté sumant únicament els costos variables.

b) El calculen les empreses comercials.

c) No pot variar amb la inflació.

d) El calculen les empreses industrials.

10> El preu de l'adquisició:

a) Inclou l'IVA en el seu càlcul.

b) És el valor de les existències de les empreses comercials.

c) El calculen les empreses industrials.

d) És igual al preu de venda.

Conceptes bàsics

Quan entren materials al magatzem, bé perquè s'han comprat o bé perquè s'han produït, l'empresa ho ha de valorar seguint uns criteris generals:

- El **preu d'adquisició** és l'import total de la compra més totes les despeses generades per l'operació d'adquisició (transports, assegurances, envasos, etc.).
- El **cost de producció** és la suma de tots els costos necessaris per a la fabricació d'un producte, com la mà d'obra, les matèries primeres o els consums d'energia.

D'aquesta manera l'empresa sap en cada moment quin és el valor d'allò que ha entrat als magatzems. Aquest control es realitza mitjançant una eina que és la **fitxa de control d'existències,** que es tracta d'un document que registra per cada tipus d'existència la seva valoració i un registre cronològic detallat de les entrades i de les sortides del magatzem.

Els **criteris de valoració de les existències** són les diferents formes com l'empresa pot valorar econòmicament els inventaris i controlar les entrades i les sortides de materials.

En especial cal utilitzar un criteri de manera homogènia quan d'un mateix material hi hagut entrades a preus diferents, ja que llavors s'ha de decidir quin serà el preu de sortida.

Hem estudiat els criteris següents:

- **PMP,** «preu mitjà ponderat»: es calcula una mitjana ponderada dels diferents preus d'adquisició.
- **FIFO,** «primeres que entren, primeres que sortiran» (PEPS): les existències que surten es valoren al preu de les primeres que van entrar al magatzem de manera successiva.

La normativa comptable (Pla General de Comptabilitat) defineix de manera oficial el preu d'adquisició i el cost de producció de la manera següent:

- **Preu d'adquisició:** és l'import en efectiu i altres partides equivalents pagades, o pendents de pagament, més el valor raonable de la resta de contraprestació compromeses derivades de l'adquisició, que han d'estar directament relacionades i ser necessàries per a la posada de l'actiu en condicions operatives.
- **Cost de producció:** inclou el preu d'adquisició de les matèries primeres i altres consumibles, el cost dels factors de producció directament imputables a l'actiu i la fracció que raonablement correspongui dels costos de producció indirectament relacionats amb l'actiu, en la mesura en la qual es refereixin al període de producció, construcció o fabricació, es basin en el nivell d'utiltzació de la capacitat normal de treball dels mitjans de producció i siguin necessaris per a la posada de l'actiu en condicions operatives, observables o contrastables.

BLOC 4

GESTIÓ COMERCIAL

Unitat 11
La funció comercial i l'anàlisi de mercat

Unitat 12
El màrqueting i els seus elements

Unitat 13
Posicionament de producte i pla de màrqueting

11

yes!!!!!!

23m

LA FUNCIÓ COMERCIAL I L'ANÀLISI DE MERCAT

En aquesta unitat et presentem el departament comercial i les seves funcions. La funció comercial ha anat guanyant importància dins l'empresa. La competència, els clients i les condicions del mercat afecten directament el nombre de vendes i, per tant, la xifra de beneficis i la supervivència. L'anàlisi de mercat, el tipus de competència i el comportament del consumidor són alguns dels aspectes que estudiarem.

Els conceptes més importants que aprendràs en aquesta unitat són: el departament comercial (objectius i funcions); les relacions del departament comercial amb els altres departaments de l'empresa; els tipus de mercat; els estudis de mercat (concepte i fases); l'anàlisi de l'entorn, de la competència i del consumidor; definició de segmentació de mercats i principals criteris de segmentació.

11.1 El departament comercial

La funció comercial inclou el conjunt d'activitats necessàries per fer arribar als consumidors els béns o serveis produïts a l'empresa. El departament que organitza l'empresa per dur a terme aquesta funció s'anomena *departament comercial.*

Les funcions més importants del departament comercial són:

- **Anàlisi de mercats,** que proporciona la informació que permet a la direcció de l'empresa fixar la seva política i prendre decisions sobre bases segures.
- **Màrqueting,** que dissenya la política comercial de l'empresa.
- **Vendes,** que organitza la venda directa i també la relació amb els canals de distribució (intermediaris).

!

L'atenció al client o possible client i al seu entorn, el coneixement de les seves necessitats i la manera de satisfer-les es converteixen en els objectius més importants del departament comercial.

La proximitat als clients, a les seves inquietuds i necessitats ajuda a crear valor dins l'empresa, contribuint a ferla més competitiva.

Juninho

Relació amb altres departaments de l'empresa

Tenint sempre present que l'empresa és un sistema, cada departament no és independent sinó que es troba interrelacionat amb els altres i amb la globalitat de l'empresa.

El departament comercial, quan realitza les seves funcions, s'ha de coordinar amb la resta de departaments per aconseguir els objectius que marca la direcció gerencial, i ho fa de la manera següent:

- **Relació amb el departament de producció.** El departament comercial necessita que el departament de producció presenti un determinat producte acabat amb una qualitat, en una quantitat i en un moment determinats, per poder desenvolupar les seves funcions. D'altra banda, el departament comercial, amb l'estudi de mercat, és el que detecta els canvis en els gustos o les preferències dels consumidors i, per tant, el que proposa al departament productiu possibles variacions en la composició o presentació dels productes.
- **Relació amb el departament financer.** Les necessitats de finançament del departament comercial han de ser aprovades pel departament financer. D'altra banda, les decisions sobre les vendes i el preu de venda s'han de prendre de manera conjunta en comitè de direcció, ja que el departament comercial defensarà un preu competitiu, mentre que el director financer voldrà maximitzar els ingressos i demanarà, possiblement, preus més alts.
- **Relació amb el departament de recursos humans.** Aquest departament té com a funcions principals seleccionar i contractar treballadors, formar-los, elaborar nòmines i assegurances socials, i vetllar pel compliment de la legislació laboral i de seguretat social. S'encarrega de tot l'equip humà de l'empresa; per tant, també dels treballadors del departament comercial (venedors, dependents...).

abc

S'entén per **mercat** el conjunt d'activitats de compra i venda d'un **producte** dutes a terme per dos subjectes econòmics: **oferents** (venedors) i **demandants** (compradors).

11.2 El mercat

La funció comercial connecta l'empresa amb l'exterior, és a dir, s'ocupa de fer arribar els béns i serveis produïts al consumidor per satisfer les seves necessitats.

Si analitzem la funció comercial veurem que hi ha tres elements importants: el **producte** (béns o serveis), l'**empresa** que fa el producte i el **consumidor** que satisfà necessitats amb la compra del producte. Aquests tres elements són precisament els que defineixen un mercat.

Tipus de mercats

Podem trobar diferents classificacions dels tipus de mercats atesos tres factors: oferents, demandants i producte. Una de les classificacions més habituals es mostra a continuació.

- **Competència perfecta.** Es diu que una empresa està en un mercat de competència perfecta quan compleix les condicions següents:
  1. **Homogeneïtat de producte:** el que ven un oferent és el mateix que venen els altres.
  2. **Gran nombre d'oferents i demandants:** les decisions d'un oferent particular tenen escassa influència sobre el mercat total.
  3. **Coneixement total del mercat:** els participants tenen total informació de les condicions del mercat.
  4. **Llibertat d'entrada i de sortida del mercat:** si les expectatives que ofereix el mercat són bones, hi haurà empreses que hi vulguin entrar, mentre que si una empresa no obté beneficis pot deixar de fabricar el producte.

> El preu en aquest mercat de competència perfecta l'estableix estrictament el joc de l'oferta i la demanda. Cap empresa aïlladament té poder sobre el mercat. Els productes agrícoles i de matèries primeres són bons exemples d'aquests tipus de mercats.

- **Competència imperfecta.** Parlem de competència imperfecta quan no es compleix alguna de les característiques de la competència perfecta. És el tipus de mercat que trobem més habitualment. Les empreses intenten aconseguir el màxim control possible del mercat per poder influir en el preu del producte i augmentar els beneficis. Els principals exemples de competència imperfecta són el monopoli, l'oligopoli i la competència monopolística.
  1. **Monopoli:** és el tipus de mercat oposat al de la competència perfecta. En aquest cas només hi ha un venedor i molts compradors; per tant, l'oferent té plena capacitat per determinar el preu i decidir la quantitat que vol produir. Els monopolis estan prohibits des que vam entrar a la Unió Europea.
  2. **Oligopoli:** es forma quan hi ha pocs venedors (oferents) i un gran nombre de compradors (demandants). La competència és molt forta i, com que hi ha poques empreses, la política comercial adoptada per una d'elles influeix en la de la resta. Un exemple d'oligopoli és el mercat automobilístic o el del petroli.
  3. **Competència monopolística:** la forma un gran nombre de compradors i venedors d'un producte que no és homogeni. L'empresa intenta diferenciar el seu producte dels altres donant-li les formes i característiques que el facin més desitjable, amb la intenció d'individualitzar al màxim el seu mercat de vendes. Es tracta d'aconseguir una secció monopolística per a un producte d'una empresa dins d'un mercat de competència. Per exemple, el mercat dels discos compactes.

A la taula següent pots apreciar les diferències i les semblances entre aquests tipus de mercat.

Tipus de mercat			
Competència perfecta	*Competència imperfecta*		
	Monopoli	*Oligopoli*	*Competència monopolística*
Hi ha moltes empreses	Hi ha una sola empresa	Hi ha poques empreses	Hi ha moltes empreses
Venda de productes no diferenciats molt similars	Venda d'un únic bé o servei	Venda de productes molt similars	Venda de productes similars però diferenciats
Competència molt forta	No hi ha competència	Competència molt forta	Competència molt forta
Les empreses tenen preus acceptants	L'empresa decideix el preu i les condicions de venda	Preu i polítiques comercials molt similars	Política comercial orientada a diferenciar el producte dels seus competidors

Demanda total i demanda d'empresa

La demanda és la quantitat de productes o serveis que estan disposats a adquirir els compradors en un període de temps determinat.

S'entén per **demanda total** o **global** d'un determinat producte la quantitat total de compres d'aquest producte que es fan en un període. Es troba sumant les vendes totals de totes les empreses que es dediquen a comercialitzar-lo.

La quantitat de compres d'un producte a una determinada empresa durant un període de temps determinat rep el nom de **demanda d'empresa;** és a dir, és una part del consum total del producte.

Es parla de **demanda potencial** d'un mercat quan es fa referència a la quantitat màxima de vendes a la qual es podria arribar en un període de temps.

La demanda potencial és la suma dels consumidors de l'empresa més els de la competència més altres possibles consumidors del producte.

La diferència entre la demanda total i la demanda potencial és que la potencial és un concepte teòric, mentre que la total és la que existeix realment.

Les actuacions del departament comercial de cada empresa aniran encaminades a aconseguir incrementar la demanda dels seus productes, amb la incorporació de consumidors potencials.

Quota de mercat

És molt important per a una empresa conèixer la part proporcional del total de vendes que li correspon. Aquest concepte s'anomena ***quota de mercat,*** i es pot calcular amb la fórmula següent:

$$\text{Quota de mercat} = \frac{\text{mercat empresa}}{\text{mercat total}} \cdot 100$$

El resultat mostra el tant per cent de productes comprats en el mercat que són de l'empresa que s'estudia.

La quota de mercat es pot expressar com un percentatge de les vendes de l'empresa dividit per les vendes totals realitzades en el mercat, o també es pot expressar com el percentatge del nombre d'unitats venudes per l'empresa dividit per les unitats venudes en el mercat.

Exemple 1

Una empresa es dedica a la fabricació i la venda de bolígrafs. La suma de les vendes que ha fet el sector d'aquest producte durant un determinat període ha estat de 9 015,18 €, i l'empresa ha efectuat vendes per valor de 2 524,25 € durant el mateix període. Calcula'n la quota de mercat.

$$\text{Quota de mercat} = \frac{2\,524,25}{9\,015,18} \cdot 100 = 28\,\%$$

Aquest resultat ens indica que de cada 100 euros ingressats per vendes del producte en el mercat, 28 euros corresponen a l'empresa.

Activitats

1> Raona si el mercat de les taronges compleix les característiques d'un mercat en competència perfecta.

2> Quins creus que són els principals beneficiats quan es produeix un increment de la competència? Per què?

3> Posa tres exemples d'empreses monopolistes actuals.

4> Raona el valor que tindrà la quota de mercat en una empresa monopolista.

11.3 L'estudi de mercat

Si fem una mica de recorregut històric, observarem que s'han produït canvis importants en el mercat. S'ha passat d'una etapa en què la producció era relativament escassa i tot el que es produïa es venia, a una altra en què es podria dir que el mercat està pràcticament saturat de productes i ja no es compra tot allò que es fabrica, sinó que les empreses han de descobrir les necessitats dels consumidors.

Per aconseguir uns bons resultats a l'hora de crear un producte i vendre'l no n'hi ha prou amb tenir intuïció, sinó que s'ha de fer una investigació o un estudi de mercat.

> Un **estudi de mercat** consisteix a recopilar, elaborar i analitzar informació sobre l'entorn general, la competència i el consumidor.

> @ CREED España és una empresa dedicada a la consultoria estratègica orientada al mercat:
>
> *http://www.creedes.com*

Aquesta informació és necessària per a la planificació de les accions que s'han de realitzar en l'àmbit de l'empresa i permet a la direcció la presa de decisions amb les majors possibilitats d'èxit.

Fases de l'estudi de mercat

Per fer un estudi de mercat cal seguir una sèrie de fases successives.

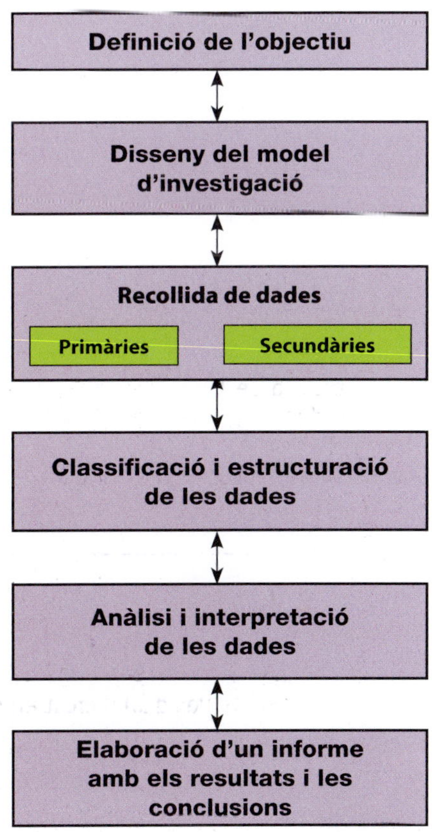

1. Definició de l'objectiu de la investigació

Abans de començar qualsevol estudi s'ha de tenir molt clar què es pretén saber i on es vol arribar. Si no es té clar l'objectiu de la investigació hi ha el perill d'enfocar-la malament, amb la conseqüent pèrdua d'esforços i diners.

Un objectiu podria ser la detecció de les necessitats del consumidor per crear i llançar un producte nou o incrementar la quota de mercat dels productes de l'empresa.

2. Disseny del model d'investigació

Un cop definit l'objectiu de l'estudi cal determinar la manera com es durà a terme la investigació. Les fonts d'informació principals són:

- Informació interna de l'empresa: s'obté a partir d'informes elaborats per l'empresa, entrevistes amb el personal executiu, de gerència i de distribució més important de l'empresa...
- Dades estadístiques oficials publicades: informació que s'obté d'anuaris, d'estudis d'un determinat sector en l'àmbit nacional o internacional...
- Investigacions realitzades fora de l'empresa: es tracta de sortir de l'empresa i de buscar informació sobre la competència, les preferències dels clients, els canvis en l'entorn general...

3. Recollida de dades

La recollida d'informació és en la majoria dels casos un procés difícil i costós. Les dades que s'utilitzen en una investigació solen ser de dos tipus:

- **Dades primàries:** es tracta d'informació no estructurada que s'ha recollit especialment per a l'estudi en qüestió. Per exemple, els resultats d'una enquesta sobre les preferències dels consumidors.
- **Dades secundàries:** consisteix en una informació estructurada i de ràpida disponibilitat. Aquestes dades han estat recollides prèviament amb un altre propòsit; per exemple, poden ser molt útils els resultats d'un cens, ja que recullen dades de tota la població.

Amb la finalitat d'aproximar-se a la situació que s'ha d'investigar i de disminuir costos, en la primera fase de l'estudi s'han d'utilitzar les dades secundàries. Això suposa treure informació tant de l'interior de l'empresa (a partir d'entrevistes, amb diferents persones de l'equip directiu, amb proveïdors i distribuïdors) com de l'exterior. Si, acabat el procés anterior, es determina que el procés és viable, es comença la recollida de dades primàries.

4. Classificació i estructuració de les dades

Un cop es tenen totes les dades que es desitgen, se'n fa una classificació per mitjà de procediments estadístics (gràfics, taules, etc.).

5. Anàlisi i interpretació de les dades

Quan es tenen totes les dades reunides i classificades es passa a la fase d'anàlisi de resultats. És la fase fonamental de tot el procés, ja que la decisió d'intervenció en el mercat dependrà del resultat que se n'obtingui.

6. Presentació dels resultats

Els resultats es presenten mitjançant un informe comprensible per als gestors comercials. Es tracta d'un treball de síntesi que ha de contenir les parts següents:

a) Anàlisi del problema: plantejament i objectius que es pretenia aconseguir amb l'estudi.

b) Anàlisi de la metodologia que s'ha utilitzat.

c) Resultats tècnics: recull en taules i gràfics els resultats obtinguts de l'anàlisi.

d) Conclusions en les quals s'estableixin les recomanacions i conseqüències que s'extreuen de la investigació.

Tècniques de recollida de dades primàries

L'enquesta

És la tècnica més usual per a l'estudi de mercat. Consisteix a presentar a una persona o grup de persones una sèrie de preguntes perquè les responguin. Normalment, el nombre de persones a les quals es pot passar el qüestionari és tan gran, que seria gairebé impossible, a més de molt car, intentar arribar a tothom. A la pràctica, es recullen les dades d'una part representativa de la població (conjunt de persones que tenen la informació que es necessita), que s'anomena ***mostra***. A partir dels resultats de la mostra s'estableixen conclusions per al total de la població.

Per exemple, per fer un estudi sobre la preferència dels joves pel que fa a una beguda refrescant amb gas o sense, tenim una població formada per tots els joves que es troben en el territori on es vol fer l'estudi. La mostra seria el conjunt de nois i noies als quals es passaria el qüestionari en representació del total.

Alguns tipus d'enquesta són:

- **Entrevista personal.** Es realitza mitjançant persones que contacten directament amb l'entrevistat. Es pot fer en el lloc de compra, al carrer, en el domicili de l'entrevistat... És el mètode més eficaç per fer enquestes, però implica un cost elevat.
- **Enquesta per correu.** S'envia el qüestionari als individus que formen la mostra, juntament amb una carta on s'explica l'objectiu de l'estudi i es demana col·laboració. A la carta s'hi adjunta, normalment, un sobre amb l'adreça i sense despeses d'enviament. El desavantatge principal d'aquest mètode és que hi ha molta gent que no respon l'enquesta.
- **Enquesta telefònica.** Es telefona a les persones seleccionades i se'ls fa les preguntes. Aquest tipus d'enquesta té un percentatge de respostes més elevat que l'anterior.

- **Enquestes per correu electrònic i web.** Es poden trobar en un lloc web perquè les omplin els visitants o bé s'envien a una determinada adreça de correu electrònic. Avui s'han convertit en un mitjà molt atractiu per la comoditat que suposen, tant pel que fa a l'enquesta com per l'enquestat.

Les enquestes per correu electrònic i web són ràpides i de baix cost i permeten accedir-hi des de qualsevol lloc del món, així com utilitzar elements visuals, però, en contrapartida, no són representatives de la mostra (els enquestats acostumen a tenir un nivell cultural i econòmic superior, són joves...).

Observació

Consisteix a contemplar la conducta dels consumidors i treure'n conclusions. En aquest cas, la persona o persones objecte de la investigació tenen una actitud totalment passiva; per tant, actuaran amb llibertat, ja que no se sentiran observades.

L'observació pot ser directa o a través de vídeo. L'observador directe ha de ser capaç de sintetitzar tot el que veu, el que es diu, els gestos o les indecisions de compra, per treure'n conseqüències i reajustar amb encert la política comercial.

Experimentació

Aquesta tècnica es basa en el fet de provocar la conducta del consumidor per estudiar les seves reaccions. En un experiment es poden preparar diferents alternatives i quantificar-ne els resultats. Imaginem per exemple que es vol determinar quin color de detergent per a la vaixella agrada més als consumidors: el blau, el verd o el taronja. Per fer l'estudi es mantindrien constants la resta de variables que poden afectar l'elecció: preu, mida, envàs, disposició a la botiga... Si després d'un temps s'observa que la diferència entre les vendes és significativa, es deduirà que el color és un factor important en el detergent per a vaixelles.

Es poden fer proves d'experimentació per determinar l'embolcall, el format, el gust dels productes, el nom, l'eslògan publicitari...

Anàlisi de l'entorn general

Per fer qualsevol estudi de mercat s'ha d'analitzar la realitat que envolta l'empresa perquè qualsevol canvi en l'entorn podria afectar-ne les decisions. En aquest apartat estudiarem els entorns següents:

- **Entorn legal.** L'empresa ha de conèixer el conjunt de lleis que regulen la seva activitat econòmica: normativa sobre la seguretat del producte, la seva composició, els conservants autoritzats, els residus contaminants...
- **Entorn tecnològic.** En una situació com l'actual, en què la competència entre els diferents productes és tan gran, l'empresa ha d'estar al dia de les millores tecnològiques que es produeixen i que afecten el procés de fabricació. Una millora tecnològica implica una disminució de costos i, per tant, poder competir millor amb el preu del producte.
- **Entorn social.** És molt important conèixer els canvis que es produeixen en els consumidors: renda, modes, costums, gustos...
- **Entorn econòmic.** L'economia d'un país pateix diferents fluctuacions: expansió, recessió, crisi; són els anomenats *cicles econòmics*. Segons l'objectiu de l'estudi que fa l'empresa pot ser molt interessant saber quines són les perspectives econòmiques del país.

Per elaborar una enquesta s'han de tenir presents els aspectes següents:

1. Cal evitar les preguntes que són ambigües.
2. La pregunta ha de fer referència a un únic punt.
3. No s'han de preguntar coses que l'entrevistat no pugui saber.
4. No s'han de fer preguntes que orientin o condicionin la resposta.
5. S'han d'ordenar les preguntes i deixar per al final les més difícils o compromeses.

@

El grup Multivex realitza diversos serveis de mercat, com ara enquestes telefòniques:

http://www.multivex.com/encuestas.htm

Abans de fer l'estudi de mercat, cal conèixer les perspectives econòmiques del país.

Anàlisi de la competència

Per saber quina posició té l'empresa en el mercat cal conèixer totes les característiques de la competència.

S'entén per **competència** el conjunt d'empreses que fabriquen o comercialitzen, en un mateix mercat, un mateix producte o servei.

Per fer un estudi de la competència s'ha de seguir una sèrie de passos:

1. Localització dels competidors.
2. Recerca de la informació necessària: quota de mercat, preu, proveïdors, presentació del producte, ubicació de l'establiment, tecnologia que aplica, mètodes de publicitat...
3. Comparació de la situació de la competència respecte de l'empresa: fortaleses i debilitats

A partir dels resultats de la investigació i la comparació es poden determinar els punts forts i els febles de l'empresa, és a dir, els factors pels quals l'empresa es troba en avantatge o desavantatge respecte de les altres empreses competidores.

Exemple 2

Una empresa mitjana, de 130 treballadors, es dedica a la confecció de pantalons texans. Un estudi de la competència ha revelat que la majoria de pantalons texans que es troben al mercat són confeccionats per empreses grans que utilitzen una tecnologia molt més moderna. Quina posició ocupa l'empresa en el mercat?

Es pot deduir que aquesta empresa es troba en desavantatge comparatiu pel que fa a la tecnologia i, per tant, al preu.

S'entén per *necessitat* quelcom que falta i que el consumidor desitja tenir amb major o menor intensitat.

Anàlisi del consumidor

El consumidor és el gran objectiu de la funció comercial i, per tant, l'empresa ha de tenir informació sobre la seva manera de comportar-se. Això suposa conèixer, entre altres coses, les seves necessitats, desitjos, preferències i les diferents formes de vida, que generen alhora diferents necessitats.

Hàbits de compra

Per començar l'anàlisi del consumidor, cal donar resposta a un seguit de preguntes que proporcionen informació sobre els hàbits de compra:

1. **Qui compra?** Cal tenir en compte que, en molts casos, el comprador no és el mateix que el consumidor.
2. **On compra?** En quin tipus d'establiment li agrada més comprar.
3. **Per què compra?** Es tracta de trobar la necessitat que ha provocat la compra.
4. **Quant compra?** Cal saber la quantitat de producte que compra.
5. **Quan compra?** Hi ha molts productes i serveis que tenen un consum estacional, és a dir, que segons l'època de l'any, el seu consum varia de manera important; per exemple, els gelats i els torrons. Altres productes i serveis són de consum diari totes les èpoques de l'any.

6. **Què compra?** De vegades es compra un producte determinat, per exemple, pel prestigi social que comporta, com ara un cotxe de la marca Mercedes.

Comportament del consumidor

Quan un individu té una necessitat i vol satisfer-la, abans passa per un procés de decisió que el portarà a actuar d'una manera o d'una altra.

L'ésser humà, quan consumeix, està satisfent una necessitat. El seu comportament està condicionat per diferents factors que podem resumir en:

- Manera de ser pròpia basada en el passat i l'experiència.
- Cerca de l'aprovació dels altres, ja que amb aquest reconeixement l'individu millora l'autoestima i se sent més satisfet de la seva personalitat.
- Necessitat de seguretat que li fa ser conservador i caut.
- Conviccions pròpies basades en la cultura i en l'entorn social.

Aquests factors, entre d'altres, condicionen l'acció de compra de l'individu. Si un producte és de consum freqüent, generalment, el consumidor manté un comportament rutinari anomenat ***fidelitat a la marca.*** Hi ha la tendència a adquirir la mateixa marca i en el mateix lloc. Això es pot justificar per la por del canvi, por d'equivocar-se.

La seguretat que implica comprar sempre el mateix es posa en dubte quan es modifica, de manera important, alguna característica del producte (preu, aparició d'un nou producte de millor qualitat, promocions…). En aquest cas, el comportament serà semblant al que es té quan s'adquireix un producte per primera vegada.

En aquesta circumstància, el que condiciona més la compra són els factors relacionats amb les conviccions pròpies i la recerca del reconeixement i l'aprovació dels altres. Moltes vegades el consumidor intenta imitar el comportament d'altres persones amb les quals li agradaria identificar-se: és el que s'entén per ***moda.***

> @ L'Organització de Consumidors i Usuaris (OCU) és una associació per a la defensa dels interessos dels consumidors:
>
> *http://www.ocu.org*

Classificació del client segons la seva capacitat de decisió

Hi ha tres figures en relació a la decisió de compra. De vegades totes tres poden ser la mateixa persona i, de vegades, persones diferents.

El **prescriptor** és el professional que recomana el producte, l'opinió del qual és valorada pel consumidor. Un exemple és un metge, pel que fa al consum de medicaments, o un professor, en relació a la compra de llibres.

El **comprador** és la persona que adquireix el producte, però no ha de coincidir necessàriament amb el consumidor. Pot ser algú que compra per encàrrec d'un altre o perquè el consumidor final no té poder de compra. Per exemple, un pare que compra la roba per al nen o un senyor que compra menjar per al seu gat.

El **consumidor** és qui finalment satisfà una necessitat amb el producte.

Quan es fa una anàlisi del consumidor és important saber quin és el seu grau o poder de decisió sobre la compra d'un determinat producte.

Saber qui paga

Activitats

5> Enumera avantatges i inconvenients de fer una enquesta per correu.

6> Per què és important per a l'empresa obtenir informació sobre l'entorn tecnològic?

La importància de conèixer el mercat

La faula dels ànecs i les molles

En una dolça alba de tardor, Joost* (Joost Van Nispen, la persona que va explicar aquesta història) passejava tranquil·lament capficat en els seus pensaments. De cop i volta, es va sobresaltar perquè una parella se li acostà de manera esvalotada i, com si fos una emergència, li demanà: On són els ànecs? On són els ànecs?

La parella portava una bossa i Joost (el protagonista d'aquesta història) els va dir, pausadament, que li expliquessin quin era el seu problema perquè el poguessin resoldre plegats.

Li van explicar que tenien molt de pa a casa seva i com que no el volien llençar pensaren que el millor seria cercar uns ànecs per donar-los-el.

Aquesta vegada van tenir sort, perquè Joost coneixia un estany molt a prop on hi havia molts ànecs. I així ho va fer saber a la parella.

D'aquesta manera, els ànecs van gaudir d'un gran banquet i la parella va restar contenta. Malgrat tot, Joost va extreure la següent moralitat de la faula:

«Abans de fer les molles, sapiguem on són els ànecs»

En aquesta senzilla faula, es posa de manifest la importància que té el coneixement del mercat per a l'empresa si vol aconseguir l'èxit amb el seu producte: «Abans de fer les molles, sapiguem on són els ànecs». Un estudi, aplicat al tema del conte exposat, ens hauria de donar resposta a diferents preguntes, a més de la localització dels ànecs. Quina quantitat d'ànecs hi ha?; els agrada el pa fet molles o els agradaria més tallat a llesques?; hi ha algun altre menjar que sobra a casa que els agrada?; hi ha altres animals que també tenen necessitat de pa?; hi ha alguna legislació que prohibeixi donar pa als ànecs?; hi ha algun aparell que talli fàcilment el pa de la forma adequada?...

Les empreses que tenen més èxit en el mercat són aquelles que saben donar una millor resposta a les necessitats dels consumidors, que ho fan de la manera més eficient possible i que ofereixen algun avantatge sobre els seus competidors. Aconseguir l'èxit no és possible sense un estudi, en profunditat, del consumidor, de la competència i de l'entorn. (De vegades, però, la sort també ajuda.)

* Joost Van Nispen és fundador i president de l'ICEMD (Institut de Comerç Electrònic i Màrqueting Directe). Ha format directius de grans empreses com ara La Caixa, Securitas, Banc Sabadell, El Corte Inglés, Grup Planeta... I ha estat ponent en molts dels grans fòrums i congressos mundials de màrqueting i comunicació.

Llegeix detingudament la notícia i respon la qüestió següent:

- Què hauria passat si la parella del conte no s'hagués trobat amb l'home que sabia on eren els ànecs? Com es pot relacionar aquest fet amb la realitat de l'empresa?

11.4 La segmentació de mercats

Les característiques del producte que satisfarà les necessitats del consumidor, la manera de donar-lo a conèixer i el camí que ha de seguir per arribar a les seves mans estaran condicionats pel tipus de client que es tracti. La divisió de clients segons necessitats homogènies és el que s'anomena ***segmentació de mercats.***

Al grup que se selecciona en funció dels seus trets característics i amb un determinat grau d'homogeneïtat se l'anomena també ***públic objectiu*** o ***target.***

Criteris de segmentació

Per definir el públic objectiu s'han d'aplicar tres tipus de criteris que permeten agrupar els individus o els membres d'una comunitat en funció d'unes característiques que, o bé vénen donades, o bé són triades per raons demogràfiques, econòmiques o psicològiques. En aquest sentit, podem diferenciar tres criteris de segmentació:

- **Criteris sociodemogràfics:** s'agrupen els individus en funció de variables com el sexe, l'edat, el seu hàbitat, el nivell d'estudis i la seva posició a la llar.
- **Criteris socioeconòmics:** divideixen els individus segons aspectes com el seu nivell d'ingressos, les seves possibilitats de consum o la classe social a la qual pertanyen.
- **Criteris psicogràfics:** aporten raons més recentment considerades que completen el coneixement de la conducta dels individus. Entre aquestes destaquem la personalitat, l'estil de vida i el sistema de valors.

El consumidor és un ens complex i variat, i la seva conducta està condicionada per circumstàncies internes i externes que la determinen. Com més ampli sigui el mercat d'un producte, més difícil serà aconseguir que l'actuació comercial arribi a tothom. Per tant, si es delimita el mercat es pot millorar l'eficàcia.

Per segmentar el mercat s'utilitza l'estadística. Hi ha empreses que s'encarreguen de recollir dades i després venen les adreces segmentades a les empreses.

Estratègies de segmentació

Un cop definits els possibles segments de mercat per al nostre producte, l'empresa pot aplicar diferents estratègies de segmentació:

- **Diferenciada:** l'empresa intenta adaptar el producte a cada segment amb la intenció de millorar les vendes en cada grup, i també les totals. Aquesta estratègia la pot aplicar una empresa gran ja que implica una inversió important.
- **Indiferenciada:** l'empresa ofereix el mateix producte a tots els segments. Implica costos menors, però l'adaptació és pitjor a cada grup.
- **Concentrada:** l'empresa tria un segment i adapta el seu producte per satisfer les seves necessitats. Amb aquesta estratègia s'aconsegueix un coneixement més gran del consumidor; implica costos menors que la diferenciada, però un mercat més limitat que les anteriors.

Activitats

7> Quin és el segment de mercat per a un vídeo de dibuixos animats i per a un perfum femení de cost elevat?

8> Observes alguna diferència entre els perfums que es venen per a homes i els que es venen per a dones? Quins criteris de segmentació creus que s'utilitzen en aquests tipus de productes?

Activitats finals

1> Una empresa que fabrica taules de menjador, de mida gran i extensible, observa que han disminuït força les seves vendes. Fa un estudi de mercat i detecta que un percentatge elevat de les famílies viu en pisos petits, volen destinar més espai a la sala d'estar i les grans reunions familiars les fan fora de casa. Quins efectes provocarà aquesta informació en els diferents departaments de l'empresa?

2> Explica les característiques més importants d'un mercat en competència perfecta.

3> Posa un exemple de mercat en competència perfecta i un altre de competència imperfecta.

4> Pensa en el mercat dels detergents per a la roba. Quin tipus de competència creus que hi ha entre les diferents marques? Per què?

5> Diferencia els conceptes *demanda d'empresa* i *demanda potencial*.

6> Calcula la quota de mercat d'una empresa X que ven 4 380 unitats de producte en el mateix període que les vendes totals que s'elaboren en el mercat d'aquest producte són 15 730 unitats. Si la principal empresa competidora de X presenta una quota de mercat del 35 %, en quina situació es troba X?

7> La quota de mercat d'una empresa és del 51%. Per calcular aquest resultat hem utilitzat dades de la facturació d'aquesta empresa enfront de la facturació total del mercat. Interpreta el resultat i la situació de l'empresa al mercat.

8> La investigació de mercats proporciona informació a les empreses que li permeten prendre decisions sobre bases més segures. Quin tipus d'informació l'interessa tenir a l'empresa?

9> Fes un esquema que representi les diferents tècniques de recollida d'informació per fer un estudi de mercat.

10> Explica com afecta l'entorn econòmic en una empresa que vol llançar un producte nou al mercat.

11> Inventa un qüestionari amb cinc preguntes per obtenir informació sobre les característiques del cotxe que més agrada als consumidors.

12> En què consisteix la tècnica d'observació en la recollida de dades primàries?

13> Mira la marca de detergent per a la roba, de pasta de macarrons i de dentífric que utilitzes a casa teva i digues si la teva família és fidel a aquestes marques. En el cas d'una resposta afirmativa, digues per què.

14> Enumera els punts que s'han de tenir en compte per fer un estudi de la competència.

15> Digues si són certes o falses les afirmacions següents:

a) L'observació és una tècnica de recollida de dades que consisteix a provocar la conducta del consumidor per estudiar les seves reaccions.

b) L'enquesta és una tècnica de recollida de dades primàries.

c) L'entrevista personal és el mètode més eficaç per fer enquestes, però implica un cost elevat.

16> Explica per què un consumidor habitual de Cola-Cao continua comprant aquesta marca encara que hi hagi altres productes substitutius al mercat.

17> Posa dos exemples en els quals es vegi clarament la diferència entre el comprador i el consumidor.

18> L'empresa Publicacions PERTUTI, SL ha segmentat el mercat i el resultat ha estat el següent:

Segment 1: adults amb nivell cultural elevat.

Segment 2: adolescents.

Segment 3: nens que comencen a llegir.

Argumenteu quin tipus de publicació consideres més adequat per satisfer les necessitats de cada segment.

19> L'empresa Inditex opera en el mercat amb les marques Zara, Pull&Bear, Massimo Dutti, Bershka, Stradivarius i Oysho. Quina estratègia de segmentació creieu que utilitza?

20> Omple la taula següent amb l'estratègia o les estratègies de segmentació que consideris més adequades, segons les característiques que et donen:

Característiques	*Estratègia de segmentació*
Producte amb poques possibilitats de diferenciació (exemple: patates)	
Empresa amb pocs recursos financers	
Una demanda molt homogènia	
La competència aplica una estratègia indiferenciada	
Empresa gran que fabrica cotxes	

Comprova el teu nivell

1> L'objectiu més important de departament comercial és:

a) Aconseguir el producte amb la qualitat prevista.

b) L'atenció al client o possible client i al seu entorn i el coneixement i la satisfacció de les seves necessitats.

c) Aconseguir diners per fer una determinada campanya publicitària.

d) Aplicar noves tecnologies en el procés productiu.

2> Una de les respostes següents no és una funció del departament comercial:

a) Organitzar la venda directa i la relació amb els canals de distribució.

b) Realitzar i/o examinar anàlisis de mercat.

c) Reduir costos de producció per increment de la productivitat de la mà d'obra.

d) Definir la política de màrqueting de l'empresa.

3> El mercat de les sabates el formen:

a) Únicament els venedors de sabates.

b) Únicament els compradors de sabates.

c) Els compradors i venedors de roba en general.

d) Els compradors i venedors de sabates que actuen en un lloc determinat.

4> Els productes agropecuaris es poden emmarcar dins d'un mercat:

a) Oligopolístic.

b) Monopolístic.

c) De competència perfecta.

d) De competència monopolística.

5> Una empresa dedicada a la fabricació i venda de càmeres de vídeo ha venut en un any 92 416 càmeres. Si les vendes totals en el sector de càmeres de vídeo han estat de 243 200 unitats, quina ha estat la quota de mercat d'aquesta empresa?

a) Un 75%.

b) Un 38%.

c) Un 50%.

d) Un 42%.

6> El mercat potencial d'una empresa està format per:

a) Els clients actuals de l'empresa.

b) Tots els clients possibles que pot tenir l'empresa, sumant els que ja ho són i els que poden arribar a ser-ho.

c) Els clients de la competència.

d) Els individus que mai comprarien el nostre producte.

7> El primer que ha de fer una empresa quan es planteja un estudi de mercat és:

a) Definir l'objectiu de la investigació.

b) Recollir dades secundàries.

c) Preparar una enquesta.

d) Consultar informació a Internet.

8> El principal inconvenient de l'enquesta per correu és:

a) Es tracta d'una tècnica d'elevat cost.

b) Hi ha un índex molt baix de respostes.

c) És difícil que arribi a molta gent.

d) Únicament es pot aplicar a individus que viuen en una determinada comunitat autònoma.

9> El fet de comprar habitualment el mateix producte s'anomena:

a) Comoditat.

b) Convenciment.

c) Moda.

d) Fidelitat a la marca.

10> Respecte de la segmentació de mercats no és cert que:

a) Es pugui segmentar per sexe.

b) La segmentació de mercats consisteix a dividir el mercat en grups més o menys homogenis de consumidors.

c) Únicament l'apliquen les empreses grans.

d) Permet a l'empresa adaptar-se millor a les característiques del client.

Conceptes bàsics

El **departament comercial** és l'encarregat de realitzar les activitats necessàries perquè els béns produïts i/o els serveis prestats per l'empresa arribin fins al consumidor.

El **mercat** està format pel conjunt de compradors i venedors d'un determinat producte.

El **mercat de competència perfecta** es caracteritza per: homogeneïtat de producte, gran nombre de compradors i venedors, informació total i llibertat d'entrada i sortida. En competència perfecta, el preu del producte el decideix el mercat en funció de l'oferta i la demanda.

Monopoli és un cas de competència imperfecta en què hi ha un únic venedor i molts compradors.

Oligopoli és un cas de competència imperfecta en què hi ha pocs venedors i molts compradors.

Competència monopolística és un cas de competència imperfecta caracteritzat per l'existència de molts compradors i venedors d'un producte que no és homogeni.

Quota de mercat d'una empresa és el percentatge de vendes que efectua una empresa respecte del total de vendes d'un producte. S'obté dividint les vendes que ha fet l'empresa en un determinat període entre les vendes totals efectuades per totes les empreses que venen el mateix producte en el mateix període.

Estudi de mercat és l'art de recopilar, elaborar i analitzar informació sobre l'entorn general, la competència i el consumidor.

Enquesta és una tècnica de recollida de dades que consisteix a presentar a una persona o grup de persones una llista de preguntes perquè les responguin. N'hi ha de diferents tipus: entrevista personal, per correu, telefònica...

Observació és una tècnica de recollida de dades que consisteix a estudiar la conducta dels consumidors, sense que se n'adonin, i treure'n conclusions.

Experimentació és una tècnica de recollida de dades que es basa en el fet de provocar la conducta del consumidor per estudiar les seves reaccions.

Segmentació de mercats és la divisió d'aquest en grups més o menys homogenis de consumidors, amb diferents necessitats, característiques o comportaments que poden, per tant, requerir productes de característiques diferents.

BLOC 4

12

EL MÀRQUETING I ELS SEUS ELEMENTS

Si les empreses volen mantenir i incrementar la seva participació en el mercat han de ser capaces de presentar el producte amb la millor combinació de factors per fer-lo més atractiu. Aquests es poden agrupar en presentació de producte, preu, promocions i manera de distribuir el producte: és el que forma el màrqueting.

Els conceptes que aprendràs són: el màrqueting; els elements del màrqueting mixt (producte, preu, promoció i distribució); el producte (tipus i cicle de vida del producte); el preu (mètodes per decidir el preu final del producte); la promoció (publicitat, promoció de les vendes, venda personal i relacions públiques); la distribució (canals); el marxandatge.

12.1 El màrqueting

Què és el màrqueting?

S'entén per **màrqueting** el conjunt d'activitats que desenvolupa una empresa encaminades a satisfer les necessitats i els desitjos del consumidor per tal d'aconseguir un benefici.

Aprofundim una mica en el contingut d'aquesta definició:

1. *Conjunt d'activitats*. Això vol dir que no es tracta d'una única actuació, sinó de tot un conjunt de tècniques de contingut diferent.
2. *Que desenvolupa una empresa*. Les empreses són els agents econòmics que apliquen les tècniques d'investigació i actuació en el mercat.
3. *Per satisfer necessitats i desitjos del consumidor*. El consumidor, com a persona que és, té necessitats, i el màrqueting ha de descobrir-les o ajudar a fer-les conscients. Dins del conjunt de necessitats s'inclouen també les de tipus social. Les noves actuacions del màrqueting s'orienten cada vegada més a la protecció del medi ambient.
4. *Aconseguir un benefici*. Les empreses tenen com a últim objectiu obtenir beneficis. El fi primordial del màrqueting és el consumidor, ja que amb la compra, quan satisfà una necessitat, proporciona a l'empresa uns ingressos superiors als que aconseguiria si no apliqués aquestes tècniques de màrqueting.

Importància del màrqueting

La idea que un producte bo i de qualitat es ven sol es pot considerar desfasada. Un producte es ven si hi ha una bona política de màrqueting que el doni a conèixer i el faci desitjable.

El desenvolupament econòmic, després de la Segona Guerra Mundial, comporta la societat del benestar, en què les necessitats bàsiques es troben cobertes. Les empreses s'han d'orientar al consumidor perquè descobreixi noves necessitats, i han de presentar els productes que satisfaran els seus desitjos.

Amb el temps, però, cada vegada hi ha més productes que presenten característiques semblants. Si una empresa fabrica un producte de gran qualitat però no es preocupa d'estudiar com, quan i on el vol el consumidor, i no en fa una bona presentació, és molt possible que es trobi amb els magatzems plens d'un producte que no es ven.

És per això que, cada vegada més, les empreses dediquen més recursos a realitzar activitats de màrqueting. Des del punt de vista macroeconòmic, hi ha una relació directa entre el desenvolupament socioeconòmic d'un país i el desenvolupament del màrqueting.

Els elements del màrqueting

Hi ha quatre elements controlables per l'empresa que formen el màrqueting total o *marketing mix:* **producte, preu, promoció** i **distribució.**

L'expressió anglesa *mix* vol dir 'combinació', 'barreja'. Aplicada al màrqueting, es refereix al conjunt de tècniques o elements sobre els quals pot actuar l'empresa de ma-

nera planificada i coherent per satisfer les necessitats del consumidor i aconseguir un benefici mutu.

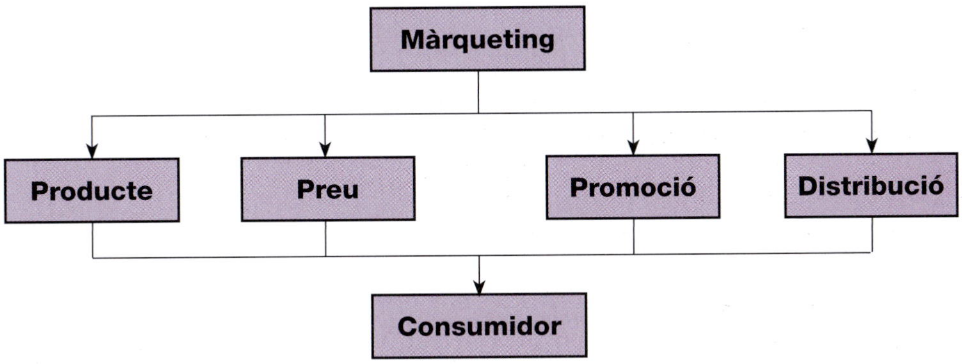

Els elements del màrqueting total són una agrupació de recursos que tenen una finalitat comuna i una certa homogeneïtat entre si.

Activitats

1> Explica en quin moment neix el màrqueting i per què.

2> En quin sentit es pot afirmar que la finalitat del màrqueting és aconseguir un benefici per al consumidor i per a l'empresa?

12.2 El producte

El producte és un element essencial dins de la política de màrqueting, ja que és l'objecte a través del qual l'empresa pot influir en el mercat. Des del punt de vista del màrqueting, el producte és tot allò que es desitja comprar.

Cal dir que quan es pensa en un producte no es diferencia entre marques i models. Per exemple, si es pensa en una rentadora, es considera en general com un producte que serveix per rentar la roba, sense diferenciar entre rentadores de càrrega superior o de càrrega frontal, o d'una mida o d'una altra.

En aquest sentit, també es podria definir el **producte** com una unitat o conjunt de béns o serveis que tenen un elevat grau de substitució entre ells. I es parlaria, així, de **producte diferenciat** com el conjunt de béns que són el resultat de variar un o més atributs d'un producte, de tal manera que el consumidor el pot percebre com una cosa nova i diferent.

En l'apartat en què es parlava dels tipus de competència que es poden trobar en el mercat, es deia que les empreses intenten crear un monopoli del seu producte tot atorgant-li atributs característics per diferenciar-lo dels altres. L'estudi que es desenvolupa en aquesta unitat és en aquest sentit: el conjunt d'atributs que defineixen finalment el producte i que el consumidor pot percebre com a característics d'un producte diferent.

Els productes no tenen una durada infinita, ja que els avenços tecnològics i la competència fan que s'hagin de millorar contínuament. Sovint l'èxit comercial s'aconsegueix quan es llança al mercat un producte nou que no es comercialitzava abans i que presenta unes característiques que són atractives per als consumidors. Això és el que s'anomena ***innovació.***

Tipus de productes

Els aliments són productes de consum fungibles.

Els productes es poden classificar en tres grans grups:

- Els **productes de consum** són tots aquells que satisfan les necessitats dels particulars; per tant, tenen un ús personal, que pot ser individual o familiar, però no industrial. En són exemples els aliments, la roba, els mobles per a la casa...

  Els productes de consum es poden subdividir en **productes fungibles** i **productes de consum durador.** Podem definir un producte fungible com aquell que presenta una sola utilitat i que, per tant, desapareix amb el seu consum: és el cas dels aliments o dels productes per a la neteja.

  Els productes de consum durador són els que es poden fer servir moltes vegades i tenen una llarga durada; per exemple, un moble, un electrodomèstic, un vehicle, etc.

- Els **productes industrials** són els béns físics adquirits per les empreses i que són utilitzats en la seva activitat específica. En aquest sentit, no cal que sigui un producte diferent del consum: l'únic que varia és el comprador (particular o empresa) i la finalitat de la compra (satisfacció d'una necessitat personal o utilització dins de l'empresa en la seva activitat). Per exemple, la farina adquirida per una família és un bé de consum, però la farina que compra un forner és un producte industrial. Entre els productes industrials hi ha les matèries primeres, els productes semielaborats i els béns de producció.

- Els **serveis** són els productes immaterials o intangibles. Constitueixen el conjunt d'activitats econòmiques que realitza el sector terciari. En són exemples les assegurances, el turisme, l'ensenyament, la salut, les finances, les comunicacions, l'oci, etc.

Cartera de productes

Les empreses, normalment, no es dediquen a la fabricació d'un únic producte, sinó que en la majoria de casos en fabriquen i en venen més d'un; això és el que constitueix la seva **cartera de productes.**

> S'anomena **cartera de productes** o **gamma de productes** la totalitat d'articles que una empresa ofereix en el mercat a tots els consumidors.

De tots els productes que l'empresa fabrica, n'hi ha uns que tenen unes característiques homogènies: aquests formen el que s'anomena una *línia de productes*. El conjunt de línies de productes que comercialitza una empresa formarà la seva gamma o cartera de productes.

La cartera o gamma de productes que té una empresa presenta, per tant, tres característiques:

- Amplitud o nombre de línies de l'empresa.
- Profunditat o nombre de productes de cada línea.
- Suma de tots del productes de l'empresa.

> El nombre de línies que formen la gamma s'anomena **amplitud de gamma,** i el nombre de variants de productes que formen la línea s'anomena **profunditat de la línia.**

La direcció de l'empresa ha de decidir l'extensió de gamma i línia dels seus productes. Si l'objectiu de l'empresa és controlar un determinat mercat, possiblement treballarà amb línies molt completes, de gran profunditat, amb la intenció d'allunyar possibles competidors i no deixar forats en el mercat.

De vegades es pot intentar augmentar utilitats dels productes i eliminar-ne alguns; en aquest cas, es redueix la profunditat de la línia.

Considerem, per exemple, una empresa que treballa una gamma de productes de neteja, formada per les línies de detergents per a la roba, detergents per a la vaixella i detergents per al terra. Dins de la línia de detergents de la roba es poden diferenciar els productes per netejar roba blanca i roba de color o per netejar a mà o a màquina.

Un altre exemple real és l'empresa Danone, que comercialitza una àmplia gamma de productes làctics. Dins d'aquests diferenciem les línies:

- Iogurts (iogurt natural, Danissimo, Griego...).
- Funcionals (Actimel, Essensis, Danaten...).
- Infantils (Danonino, Mi primer Danone...).
- Postres (Danet, La copa, Arroz con leche...).
- Bevibles (Danup).
- Vegetals (Savia).

Cicle de vida d'un producte

Com els éssers vius, els productes tenen un cicle vital; és a dir, un període més o menys llarg de temps en què neixen, creixen, maduren i moren. Cal dir que el temps de vida dels productes és molt diferent segons el producte de què es tracti.

Les etapes de la vida d'un producte són les següents:

- **Etapa d'introducció o llançament.** Aquesta etapa la constitueix la sortida al mercat d'un nou producte. Es pot tractar d'un producte completament nou o bé d'una variació d'un altre ja existent. Com que el producte és desconegut per la major part del públic, les vendes en aquesta etapa són baixes i el seu creixement és lent.
- **Etapa de creixement.** Un cop s'ha superat la primera etapa, el producte comença a ser conegut i les vendes experimenten un fort creixement. En aquest moment la publicitat deixa de ser informativa i esdevé persuasiva.
- **Etapa de maduresa.** En aquesta fase la velocitat de creixement de les vendes comença a estabilitzar-se. Les vendes es mantenen durant algun temps. La publicitat busca nous consumidors. S'intenta segmentar el mercat per aconseguir nous clients amb arguments cada cop més sofisticats.
- **Etapa de declinació o saturació.** Les vendes en aquesta fase cauen de manera considerable. L'empresa s'ha de plantejar si rellança el producte, si en busca nous usos i utilitats, si es concentra en un segment del mercat o si el deixa de comercialitzar. En aquest darrer cas, ha d'intentar no perjudicar ni els clients ni la imatge de l'empresa, i tampoc no ha de deixar forats per a la competència.

Quan una empresa deixa de fer un producte ha d'invertir en investigació, per crear-ne de nous.

La pel·lícula El gran salt, *de Joel Coen, és una sàtira del sistema de producció capitalista i mostra un exemple del que és el cicle de vida d'un producte.*

El gràfic següent representa les vendes en funció del temps, segons les diferents etapes de la vida d'un producte.

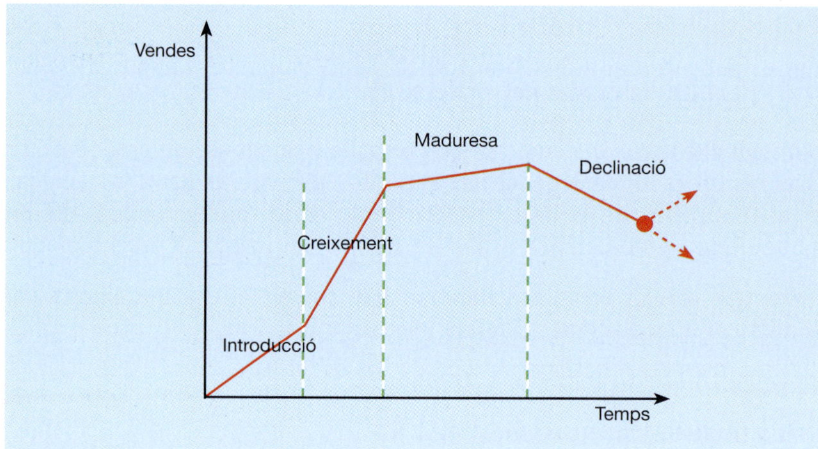

L'estudi i l'anàlisi de la vida d'un producte és molt important per saber l'etapa en què es troba i poder aplicar la política de màrqueting més adequada.

També es pot estudiar la variació que experimenta el benefici de l'empresa en cada fase. El gràfic següent mostra la corba de beneficis i de vendes en funció del temps.

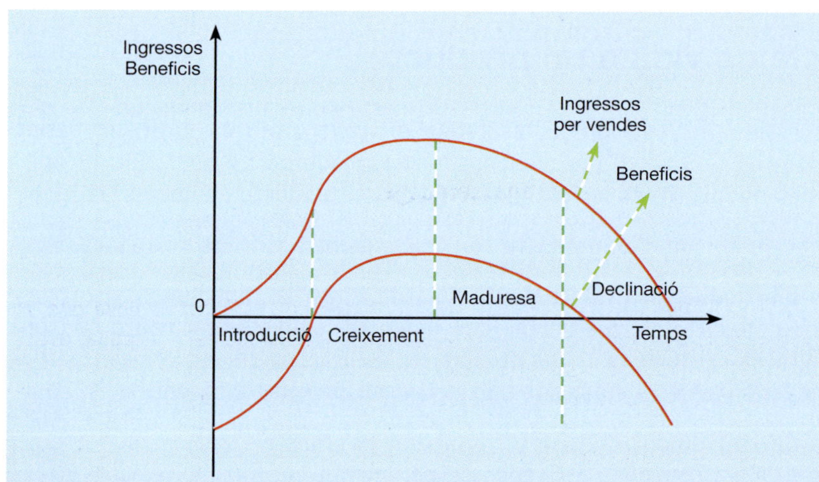

El llançament d'un nou producte al mercat implica molts costos en equipament i investigació, així com importants despeses de promoció i publicitat per donar-lo a conèixer. En aquesta primera etapa l'empresa té pèrdues, ja que els costos han estat grans, i les vendes, reduïdes.

En la fase de creixement es generen beneficis per a l'empresa, ja que les vendes experimenten un fort creixement. És en aquests moments que comencen a aparèixer en el mercat productes que li fan la competència i que són llançats per empreses que s'introdueixen en el mercat atretes pels beneficis que generen les vendes d'aquest producte.

En l'etapa de maduresa, els beneficis són relativament estables, però amb tendència a decréixer a mesura que passa el temps.

En la declinació o saturació, les vendes i els beneficis disminueixen, fins que desapareixen amb la mort del producte.

L'envàs

La presentació del producte és important per aconseguir-ne la venda, sobretot en els productes de gran consum que són adquirits sense gaire reflexió i de manera impulsiva. Les característiques més importants que ha de complir un envàs per aconseguir l'objectiu d'afavorir el volum de vendes del producte són les que esmentem a continuació.

Abans de la compra:

- **Identificació fàcil.** És important aconseguir que un producte tingui una personalitat, és a dir, que la forma, el color, etc., siguin identificatius d'aquell producte en concret i clarament diferenciadors de la resta. Per exemple, la forma de l'ampolla de Coca-Cola.
- **Associació de continent i contingut.** No tots els productes poden tenir un envàs de vidre que permeti reconèixer el que hi ha a l'interior. En molts casos els embolcalls són de paper, cartró, acer, etc. En aquests casos, els colors, els dibuixos i les lletres de l'etiqueta han d'evidenciar què hi ha a l'interior.
- **Atractiu i impactant.** L'envàs ha de tenir una combinació de forma i colors que resulti atractiva al consumidor i es converteixi en la publicitat que faci que el consumidor compri aquell producte i no un altre.

Després de la compra:

- **Fàcil d'obrir.** És important establir dispositius que permetin una obertura fàcil, sobretot en aquells productes que es presenten en llaunes, caixes de cartró, etc. És important destacar la facilitat d'obertura en l'embolcall.
- **Comoditat.** Si es tracta d'un envàs que conté un producte d'ús repetitiu, és convenient que presenti facilitat d'obertura i de tancament, adequada per a una bona conservació del producte en diferents circumstàncies i èpoques de l'any.
- **Facilitat de transport i emmagatzematge.**

L'Oficina Espanyola de Patents i Marques s'encarrega de registrar els diversos títols de propietat industrial:

http://www.oepm.es

Bebidas J&B, Dyc i Cutty Sark llancen campanyes de publicitat per renovar la seva imatge i reforçar la seva presència al mercat. Són rivals en els bars i als prestatges de supermercats, i ara, aquesta batalla comercial es trasllada al màrqueting. Amb una imatge de sofisticació, J&B, Dyc i Cutty Sark han llançat sengles campanyes per reposicionar les seves marques.

L'ensenya de Diageo, J&B estrena ampolla amb la qual busca oferir una «imatge més fresca, moderna i estilitzada»; el mateix que Beam Global que renova la cara de Dyc, el seu whisky *made in Spain*; mentrestant, la distribuïdora Varma ha posat en marxa una nova estratègia per a Cutty Sark basada en imatges d'Orient i inspirada en el veler que li dóna nom.

La renovació està encapçalada pel líder del segment. Diageo ha renovat J&B i Espanya capitaneja el canvi, en ser el principal mercat de l'ensenya, ja que representa el 50% de les vendes mundials de la marca. La modernització comença per la seva ampolla que, malgrat mantenir el vidre verd i l'etiqueta vermella i groga, estilitza el seu perfil i incorpora gravats en el vidre.

«El temps passa i amb l'objectiu de seguir sent líders en el futur, l'evolució de la imatge de l'ampolla es tornava necessària», assegura Carolina Castillo, cap de màrqueting de Diageo Espanya. «Cada cert temps revisem en profunditat la nostra relació amb el consumidor i, després de cinc anys amb la idea creativa Nightology, J&B necessitava una alenada d'aire fresc», apunta Castillo.

La nova estratègia de comunicació, destinada a un públic objectiu d'entre 18 i 35 anys, ha estat dissenyada per Kesselskramer. «Volem transmetre la imatge que J&B és una marca que escolta els consumidors, que els passa la batuta posant-se a les seves mans», assenyala la responsable de màrqueting.

Cinco Días, «Empresa», dilluns, 3 de desembre del 2007

Llegeix detingudament la notícia i respon les qüestions següents:

- Quins canvis es presenten en el producte J&B?
- Quin és l'objectiu d'aquests canvis?

abc

Es pot definir la **marca** com un nom, un terme, un símbol o disseny, o una combinació de tots aquests elements, que tracta d'identificar els béns i serveis d'una empresa i diferenciar-los dels de la competència.

La marca

Quan es parla de *marca* s'engloben dos elements: el nom i el logotip. El nom és el que es pronuncia, i el logotip és la imatge que s'utilitza per identificar el producte.

En la unitat que parlava del comportament del consumidor es deia que aquest té necessitat de seguretat i això el porta a ser fidel a una marca. És per això que la marca ha d'estar legalment protegida per evitar còpies d'altres competidors. La protecció de la marca s'aconsegueix mitjançant la inscripció al registre oficial corresponent. D'aquesta manera, es garanteix a l'empresa la protecció legal per a tots els productes que apareguin al mercat amb aquella marca i s'impedeix que puguin ser copiats per imitadors.

Des del punt de vista del màrqueting, la marca és un instrument comercial, que permet identificar el producte amb el fabricant, influint, de forma clara, sobre la percepció del producte i la seva posició en el mercat.

Amb relació a la marca cada empresa pot aplicar una estratègia de marca diferent:

- **Estratègia de marca única.** Suposa utilitzar el mateix nom per a tots els productes que fabrica l'empresa; pot coincidir o no amb el nom de l'empresa. Aquesta estratègia també s'anomena *marca paraigua*.

  Com a avantatge presenta la reducció de costos promocionals quan es llança un nou producte al mercat. L'inconvenient està relacionat amb el fracàs d'algun producte, que pot afectar el prestigi de l'empresa.

  Aquesta tècnica és recomanada en productes semblants, per exemple per a una mateixa línia d'aliments (làctics, pastes, cafès...).

  En el cas d'utilitzar una mateixa marca per a productes industrials molt diferents, es produiria una confusió en el consumidor.

  Un exemple d'empresa que utilitza estratègia de marca única és Pastas Gallo o Sony.

- **Estratègia de marques múltiples.** En aquest cas l'empresa utilitza més d'una marca; dins d'aquesta estratègia en podem trobar tres:

  - Estratègia de marques individuals. Consisteix a posar un nom diferent per a cada producte que comercialitza l'empresa. Per exemple, la multinacional Procter & Gamble fabrica molts dels detergents, productes de neteja i higiene personal que hi ha al mercat: Ariel, xampú H&S...
  - Estratègia de marca per línia de productes. Utilitza el mateix nom per a aquells productes que tenen relació entre si. Per exemple, l'empresa Pascual utilitza la marca Pascual per a la llet, i la marca Zumosol, per als sucs de fruites.
  - Estratègia de segones marques. La utilitzen aquelles empreses que tenen en el mercat altres marques de més prestigi. Les segones marques no acostumen a tenir un pressupost per a publicitat i comunicació. Tot i que una segona marca es converteix en un competidor de la pròpia empresa, l'objectiu és competir amb altres empreses que tenen productes en un mateix segment de mercat. Un exemple de segona marca és Edesa, que és segona marca de Fagor; es tracta d'una marca adreçada a un públic jove.

- **Estratègia de marques de distribuïdor.** Són aquelles marques fabricades per un determinat industrial i que són ofertes al consumidor sota el nom o la marca del distribuïdor o detallista, que serà el que realitzi totes les activitats de promoció i comunicació amb relació a aquestes.

Aquestes marques reben també el nom de *marques blanques*. És molt habitual trobar marques blanques en botigues comercials: Carrefour, Dia... Darrere d'aquestes marques se sol trobar una empresa que alhora fabrica els seus productes.

Els distribuïdors compren l'excedent de producció a diferents fabricants especialistes i els venen en les seves botigues amb la seva marca de distribució.

Respecte al nom de la marca, convé tenir presents algunes consideracions:

- El nom ha de ser curt, simple i fàcil de pronunciar.
- El nom ha de ser fàcil de llegir.
- El nom ha de ser fàcil de recordar i reconèixer.
- El nom ha de tenir una única pronunciació possible.
- El nom hauria de ser pronunciable en tots els idiomes.
- El nom no ha de contenir sons desagradables.
- El nom no ha de ser ni ofensiu ni obscè.
- El nom ha de permetre adaptar-lo a l'etiqueta i a l'envàs del producte.
- S'ha de triar un nom que sigui suggerent i que pugui mostrar qualitats positives del producte.

De vegades, el nom del producte està relacionat amb alguna característica del mateix producte; per exemple, Don Limpio, que és el nom d'un producte de neteja. En altres casos, el nom és una paraula que que no té un significat concret, com el del detergent Mistol. De vegades, de forma indirecta, el nom de la marca es pot associar amb una procedència geogràfica, com en el cas de Blaupunkt, que es pot associar amb Alemania; Winston, amb Amèrica, o Gucci, amb Itàlia. També, en alguns casos, el fabricant aconsegueix que el producte i la marca es fonguin en un sol nom i el consumidor l'anomeni només per la marca, com ara Cacaolat o cel·lo.

Finalment, cal comentar que per a la generació de nous noms es pot demanar l'assesorament d'experts, dels consumidors o, fins i tot, a programes informàtics que s'han creat especialment per a aquesta finalitat.

Quan es tracta de fer una avaluació del nom, es poden utilitzar tècniques que consisteixen, per exemple, en l'associació de paraules, en tots aquells aspectes que suggereix el nom i, també, en la valoració comparativa amb altres marques que ja existeixen en el mercat.

Activitats

3> Digues tres productes que siguin de primera necessitat i tres que siguin de consum durador.

4> Classifica els productes següents segons siguin de consum fungible, de consum durador, industrials o serveis: un equip de música, una màquina de cosir d'un taller de confecció, una poma, una visita mèdica, pa, el local d'un teatre.

5> Per què les empreses protegeixen la seva marca o el seu logotip?

6> Per què l'envàs pot ajudar a augmentar les vendes del producte?

12.3 El preu

El preu és un element important que cal tenir en compte en la política de màrqueting; per tant, l'empresa fixarà el nivell de preus que més li convingui per aconseguir els seus objectius. El preu està determinat pel cost de producció, la demanda, la competència i les necessitats de promoció del producte en un moment determinat.

Es pot definir el **preu** com la quantitat de diners que el comprador d'un determinat producte o servei lliura al venedor a canvi de la seva adquisició.

El preu és la variable del màrqueting que influeix més ràpidament en les decisions del comprador. És per això que el seu estudi és molt important. El preu del producte no depèn únicament de la voluntat de l'empresa; la demanda de mercat, la competència i la fase del cicle de vida en què es troba el producte són, entre d'altres, factors que influeixen en la fixació del preu.

Hi ha determinats **béns** pels quals un **increment del preu** provoca **un increment de les seves vendes.** Són béns anomenats de prestigi. El consumidor identifica preu alt amb millor producte.

Fixació de preus basada en la demanda

Per a cada preu, el nombre de compradors del producte (demanda) és diferent i, per tant, el nivell de preu té un impacte diferent sobre els objectius de vendes de l'empresa.

La relació entre la quantitat de compres en el mercat d'un producte per a cada nivell de preus (sense tenir en compte altres factors que poder influir en la decisió de compra) forma la corba de demanda. Per a un bé normal, com més elevat és el preu, menor és la demanda, i la forma de la corba de la demanda és:

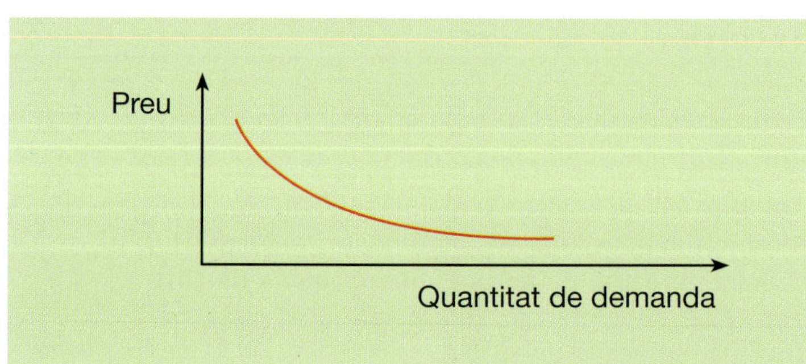

Les empreses intenten conèixer les seves corbes de demanda. Determinar-la amb exactitud és impossible, però hi ha diferents mètodes per aproximar-s'hi, per exemple:

- Analitzar la informació que té l'empresa corresponent a preus i quantitats venudes en el passat.
- Fer una enquesta als consumidors per detectar quantes unitats comprarien a diferents preus.
- Aplicar tècniques d'experimentació posant preus diferents en territoris semblants i veure el seu impacte en les vendes.

Una altra qüestió important per a la fixació del preu tenint en compte la demanda és com variarà la quantitat demanada davant d'un canvi en el preu. A segons quins productes, els canvis en el preu provoquen una variació molt petita en la demanda, com passa per exemple amb l'energia elèctrica. Altres productes pateixen canvis importants en la quantitat demanada quan varien els preus, perquè són productes que tenen molts altres substitutius al mercat.

Quan la **quantitat demanada** d'un producte varia en més proporció que el preu es diu que la **demanda** és **elàstica;** en cas contrari, es diu que és **inelàstica.** Els béns necessaris com la benzina tenen demanda inelàstica.

> **!** L'empresa podrà modificar el preu del seu producte variant la quantitat que fabriqui (oferta). En el cas que es tracti d'un mercat en competència perfecta, la corba de demanda de l'empresa coincidirà amb la corba de demanda de mercat i l'empresa serà preu-acceptant del preu d'equilibri de mercat i no podrà influir en el preu del producte.

Exemple 1

Observa el titular següent:

«El grup tabaquer hispanofrancès Altadis va patir un fort descens de la seva quota de mercat a causa de l'avanç del tabac barat.»

Quan el tabac es distribuïa en règim de monopoli i, per tant, sense competència, la demanda de tabac era força inelàstica, és a dir, els canvis en el preu provocaven pocs canvis en la quantitat demanada (un individu que no és fumador no es convertirà en fumador perquè hi hagi una rebaixa del preu i un fumador segurament continuarà fumant encara que pugi el preu).

Quan apareixen noves marques de tabac i, per tant, productes substitutius, si aquests són més barats, part de la demanda de les primeres marques es trasllada a les noves. La demanda es torna més elàstica, és a dir, les variacions en el preu afecten més la quantitat de producte que els consumidors estan disposats a comprar.

Fixació de preus basada en els costos

Un altre mètode per fixar preus, sense tenir en compte la demanda, consisteix a afegir al cost del producte un determinat marge de benefici. És un mètode més senzill que l'anterior, ja que la informació que es necessita és més accessible per a l'empresa.

En l'apartat *Els costos de l'empresa* de la unitat 7 hem presentat els diferents tipus de costos i la manera de trobar el cost unitari total del producte sumant els costos variables unitaris més els fixos unitaris (costos fixos totals dividits pel nombre d'unitats produïdes). Per tant, per trobar-ne el preu només cal afegir al cost del producte el marge de benefici que l'empresa decideixi.

Exemple 2

Una empresa fabrica 1000 unitats de producte amb uns costos fixos de 300,51 €. Els costos variables unitaris són de 0,45 €. Troba el preu de venda del producte si l'empresa hi vol guanyar el 40 %.

$$\text{Cost total unitari} = \text{Cost variable unitari} + \frac{\text{Costos fixos totals}}{\text{Unitats produïdes}}$$

$$\text{Cost total unitari} = 0{,}45 + \frac{300{,}51}{1\,000} = 0{,}75\ €$$

Preu de venda = Cost unitari + (% Marge · Cost unitari)

Preu de venda = 0,75 + (0,4 · 0,75) = 1,05 €

Així, si l'empresa vol obtenir un marge de benefici del 40 % haurà de fixar el preu del producte en 1,05 €.

Fixació de preus basada en la competència

El mètode de fixació de preus anterior dóna una idea sobre l'interval en què s'ha de moure el preu del producte, però la xifra exacta es troba sempre mirant el mercat, és a dir, estudiant amb detall els preus de la competència. Segons això, es presenten diferents alternatives.

- **Fixar un preu semblant al de la competència.** Això es fa quan el producte és poc diferenciat respecte del de la competència i quan té una àmplia distribució. Es preveu que si el client es troba davant de productes molt semblants de diferents marques no triarà el de preu més alt.
- **Fixar un preu per sota del de la competència.** Aquí l'empresa pretén compensar el preu més baix amb un nombre més gran de clients i així aconseguir ingressos superiors.
- **Fixar un preu per sobre del de la competència.** Això es pot fer quan el client considera el producte millor que el de la competència i, per tant, està disposat a pagar més. En aquest cas es tracta d'una marca molt ben considerada en el mercat.

Quan en el sector hi ha una empresa líder que comercialitza productes que també comercialitzen altres empreses més petites, aquestes poden fer dues coses pel que fa a la determinació de preus:

- Seguir les pautes de l'empresa líder i posar preus semblants als que marca.
- Posar els preus de manera independent tenint en compte, per exemple, els costos unitaris. En aquest cas es pot arribar a una guerra de preus que pot ser perjudicial per a l'empresa petita.

Estratègia de preus

L'empresa ha de prendre contínuament decisions pel que fa al preu dels productes que ven, però un moment especialment important és quan introdueix un producte nou en el mercat i ha de decidir l'estratègia per fixar-ne el preu més convenient. En aquest moment l'empresa pot triar una de les dues estratègies següents:

- **Estratègia de preus màxims.** Començar amb un preu molt alt i dirigir el producte a un sector molt reduït i d'elit. Més endavant es pot rebaixar el preu amb la intenció d'arribar a altres segments de mercat que poden adquirir el producte per imitació. Aquesta estratègia serà adequada per a productes que no tinguin competència i que presentin una novetat, ja sigui per moda o per ser de tecnologia molt avançada. Un exemple podria ser el llançament d'ordinadors portàtils al mercat.

- **Estratègia de preus de penetració.** És el cas contrari de l'anterior i consisteix a introduir el producte en el mercat a un preu més baix que el de la competència, amb la intenció d'aconseguir una quota de mercat determinada. Un cop s'assoleix aquest mercat, es pot apujar el preu fins a equiparar-lo al de la competència. Aquesta estratègia pot presentar el risc que les empreses del sector reaccionin rebaixant també els preus, fet que suposaria entrar en una guerra de preus que només podrien suportar les empreses amb millor situació financera.

- **Estratègia de preus psicològics.** Es basa en la manera com el mercat percep la quantia del preu i en l'associació que fa el consumidor de preu i característiques o atributs del producte; en aquest sentit podem parlar de:
  - *Preu acostumat o habitual*. És el preu dels productes de consum freqüent, que comparteixen la majoria de marques del mercat i que acostuma a ser difícil de modificar (per exemple el preu de la llet, l'oli...).
  - *Preu de prestigi*. És un preu alt que s'associa a un producte o servei de qualitat. Aquesta estratègia serà efectiva sempre que el consumidor s'adoni, d'alguna manera, d'aquesta superioritat.
  - *Preu arrodonit*. De vegades es tracta d'un preu rodó o també una mica per sota per donar la sensació que val menys (4,99 €, 9,50 €).
  - *Preu segons valor percebut*. És el valor que assigna el consumidor a un producte amb relació a la satisfacció que li proporciona el determinat bé o servei.
  - *Preu de referència*. És un preu estàndard amb el qual els consumidors comparen un preu; pot estar basat en preus anteriors o en preus d'altres marques...

- **Estratègia en funció del cicle de vida del producte.** Com s'ha dit, l'estratègia de començar amb preus molt alts o baixos es farà en la fase de llançament. En la fase de creixement, l'increment de les vendes permet abaixar preus. En la fase de maduresa és bo aplicar polítiques de promoció del producte o aplicació de descomptes per aconseguir clients fidels. Per acabar, en la fase de saturació els preus s'han d'abaixar inevitablement.

Activitats

7> Una empresa té uns costos totals unitaris de 130 € per a un determinat producte. Calcula'n el preu de venda si vol obtenir el 25 % de benefici.

8> Raona la importància d'observar els preus de la competència abans de fixar el preu definitiu d'un producte.

12.4 La promoció

La **promoció** del producte és el conjunt de tècniques de màrqueting que tenen com a finalitat comunicar les característiques del producte i ressaltar-ne els atributs per potenciar en els clients el desig de consumir-lo i alhora mantenir els clients habituals.

Ja s'ha comentat en unitats anteriors que el mercat actual es caracteritza per l'existència de molts productes que competeixen fortament entre si. La promoció del producte, per tant, no es pot limitar a una determinada etapa de la vida d'aquest producte, sinó que ha d'estar present d'una manera o d'una altra durant tota la seva vida.

Instruments de promoció

La promoció té com a objectius principals la informació sobre les característiques i els atributs del producte, el manteniment del record del producte durant tota la seva vida i la motivació vers la seva adquisició. Per aconseguir aquests fins, la promoció utilitza els instruments següents: la publicitat; la promoció, pròpiament, de les vendes; la venda personal, i les relacions públiques.

La publicitat

La **publicitat** és l'acció de transmetre un determinat missatge utilitzant un mitjà de comunicació de masses (ràdio, premsa, televisió, tanques publicitàries, revistes...), pagat per una determinada empresa amb la intenció d'influir sobre el comportament del consumidor.

La publicitat té dues funcions bàsiques: informar de les característiques d'un determinat producte i persuadir el consumidor perquè el compri. Quan l'empresa es planteja la campanya publicitària, ha de tenir clar quins són els resultats que pretén aconseguir d'acord amb l'objectiu planificat. Segons si el que es vol és presentar un nou producte, parlar de les característiques diferents que té respecte dels de la competència o crear una imatge de prestigi, l'empresa haurà de decidir el tipus de client al qual es vol dirigir, el canal més adequat i el missatge, així com establir un pressupost de les diferents alternatives.

Els objectius bàsics de la publicitat són:

1. **Cridar l'atenció.** Per aconseguir persuadir el consumidor cal aconseguir, en primer lloc, que s'assabenti del que se li està comunicant. Per això els recursos que fa servir la publicitat són: la sorpresa, la vivacitat, el contrast...
2. **Despertar l'interès.** La publicitat, per aconseguir el seu objectiu, ha de despertar i mantenir l'interès del consumidor.
3. **Trobar un desig.** L'objectiu del màrqueting és satisfer les necessitats del consumidor. Per satisfer una necessitat amb un producte cal que primer s'hagi produït el desig de tenir-lo. La publicitat ha d'aconseguir provocar en el receptor un sentiment nou i diferent, i si s'aconsegueix, el desig es pot convertir en una demanda efectiva.
4. **Aconseguir una actuació.** Aquest és el principi més difícil i el més important. Si tots els principis anteriors s'han aconseguit, llavors la publicitat haurà causat l'efecte que pretenia: la venda.

Els principis de la publicitat són els següents:

- **Senzillesa.** La publicitat és un mitjà que intenta influir sobre un gran nombre d'individus; és per això que s'aplica principalment a productes de gran consum dirigits a segments de població molt grans. Si el missatge que es transmet és senzill, podrà ser captat millor pel gran públic. Si el producte és minoritari i va dirigit a un segment molt específic de la societat, llavors la publicitat pot ser més complexa.
- **Originalitat.** La publicitat ha d'intentar cridar l'atenció i crear un interès. Allò que és nou, innovador i diferent és el que aconsegueix amb més èxit despertar un interès. Això es pot aconseguir de moltes maneres: a través del text, dels colors, amb els models que s'utilitzen...
- **Repetició.** Per aconseguir l'objectiu de la publicitat, el missatge s'ha de repetir moltes vegades, ja que gràcies a la repetició es pot recordar. Per ajudar a recordar s'utilitzen eslògans, cançons, frases fetes associades al nom del producte que fan que sigui més fàcil de memoritzar, etc. Per exemple, «Sempre Coca-Cola», «A casa, Casademont»...
- **Oportunitat.** Hi ha moments i llocs en els quals la publicitat d'un determinat producte aconsegueix els millors resultats. Per exemple, quan s'aproximen les dates de Nadal es produeix un augment molt considerable d'anuncis de joguines, colònies, caves... Aquesta publicitat comença uns dies abans que es produeixi el gran consum previst, per informar i recordar a la gent les diferents marques i característiques dels productes.
- **Sinceritat.** La publicitat no ha d'enganyar, ja que tard o d'hora el consumidor s'adona de l'engany, se sent frustrat i deixa de comprar el producte.

> **!**
>
> A Espanya, la **Llei general de publicitat** prohibeix aquella publicitat que atempta contra la dignitat de la persona o que vulnera els valors i drets reconeguts a la Constitució, així com la publicitat enganyosa, deslleial, subliminal (que utilitza tècniques que actuen per sota del nivell de la consciència i que estimulen un comportament) o que no respecti la normativa que regula la publicitat de determinats productes, béns, activitats o serveis.

Tots els països tenen normes legals per regular la publicitat. Així, a Espanya hi ha la Llei general de publicitat.

Els mitjans de publicitat que més s'utilitzen són els anomenats *mitjans de masses*, per aconseguir que el missatge arribi a un gran nombre de persones. Aquests mitjans són:

1. **La televisió.** La publicitat en aquest mitjà és molt cara, però arriba a un nombre molt gran de persones. En comparació amb els altres mitjans, és molt rendible quan s'utilitza per a productes de gran consum que poden ser adquirits per totes les persones del mercat nacional.
2. **La ràdio.** Aquest mitjà ha perdut, a favor de la televisió, el poder d'audiència que tenia fa anys, tot i que s'utilitza molt per fer companyia, quan es fan les feines de casa, quan s'estudia, per seguir l'actualitat musical... La ràdio fa servir una publicitat breu però introduïda de manera dinàmica i enginyosa.
3. **La premsa i altres revistes.** És un mitjà les característiques del qual determinen el seu públic. Així, per exemple, una revista d'esports està destinada fonamentalment a persones que en practiquin o que hi estiguin interessades. Aquests mitjans permeten, per tant, destinar la publicitat a segments de població molt més específics.
4. **La publicitat exterior.** Recull tota una sèrie de suports molt diversos, com ara tanques publicitàries, anuncis en mitjans de transport, rètols lluminosos... És un tipus de publicitat que es veu de passada i que, per tant, ha de ser capaç de transmetre el missatge en molt pocs segons.

La publicitat és un servei que ha de ser realitzat per especialistes i que es pot organitzar dins de la mateixa empresa o bé es pot encarregar a una agència exterior.

Per a l'elaboració d'un missatge publicitari es poden diferenciar tres etapes:

A. Realitzar la investigació de mercat amb la intenció d'establir els objectius publicitaris.

B. Determinar l'estratègia que cal seguir.

C. Elaboració de l'anunci.

La primera etapa pretén esbrinar les possibilitats que té el producte en el mercat, quin és el públic interessat en ell, quina xifra de vendes es podria aconseguir... Amb tota aquesta informació l'empresa ha d'elaborar els objectius. S'ha d'intentar que els objectius siguin clars, concrets i quantificables i això permetrà avaluar amb més exactitud els resultats.

La segona etapa suposa formular l'estratègia publicitària, la qual cosa implica:

- Definició del segment de mercat al qual ens dirigim, és a dir, el públic objectiu del nostre producte.
- Establir el resultat que es pretén aconseguir dins d'aquest grup.
- Presentar el producte o la marca insistint en algun aspecte innovador; d'aquesta manera, el públic pot valorar aquest aspecte nou i decidir-se pel producte.

La tercera etapa consisteix en l'elaboració del missatge publicitari. Perquè un missatge publicitari sigui eficaç, cal tenir present el mitjà a través del qual es transmet i el públic al qual va destinat:

- **El mitjà.** L'anunci és diferent en funció del mitjà que triem per difondre'l. En un anunci que utilitza com a mitjà una revista, un diari... es pot jugar amb la forma, el color o la distribució de l'espai, mentre que si el mitjà és la ràdio, la televisió... serà molt important, també, la música, el to de veu i altres efectes sonors.
- **El públic receptor** és molt important, ja que el missatge ha de ser diferent en funció del segment de mercat al qual es dirigeix. Per exemple, en la publicitat d'un cotxe, el missatge que s'ha de transmetre serà diferent si es tracta d'un cotxe petit, de poca cilindrada i preu baix o bé si es tracta d'un cotxe potent, gran, amb moltes prestacions i de preu elevat, ja que s'adrecen a un públic diferent.

Podem diferenciar tres elements dins del missatge publicitari:

- *El text,* que és el contingut escrit o verbal de l'anunci.
- *Les imatges*, per a aquells mitjans que ho permetin.
- *La composició*, que es refereix a l'organització que tindrà l'anunci que serà presentat al públic.

Per acabar aquest apartat dedicat a la publicitat, cal dir que no hi ha un mètode per avaluar-ne l'eficàcia. S'ha de tenir en compte que la publicitat forma part de les tècniques aplicades en l'anomenat *màrqueting total* i, per tant, l'increment de les vendes que experimenta l'empresa és la conseqüència de la barreja de totes les polítiques aplicades, sense que es pugui imputar, d'una manera precisa, un resultat a cadascuna.

Els anuncis de televisió són molt útils per promocionar productes de gran consum.

EL «PRODUCT PLACEMENT», UNA SOLUCIÓ ARA REGULADA
***Marketing Online*, 19 de juliol del 2007**

Ja des dels 90, la publicitat tradicional a la televisió començava a mostrar símptomes de l'evident saturació d'avui dia. És per això que des d'aquests anys van començar a buscar-se solucions, i una de les primeres va ser el *product placement*. En l'actualitat, inserir un producte en un programa de televisió pot costar des de 3 000 fins a 12 000 euros per inserció.

«La gent estava farta de tant anunci i calia buscar noves fórmules no convencionals», assegura Alfonso Méndiz, professor titular de publicitat a la Universitat de Màlaga en el diari *Cinco Días*. Segons el professor, una de les sèries pioneres que va inserir anunciants va ser *Farmacia de guardia*, en la qual apareixien McDonald's i Aspirina de Bayer. «Les marques s'insereixen en un programa que l'espectador ha elegit perquè li agrada, és molt més senzill arribar a ell», explica un portaveu de Supernovelty.

Fins ara, aquesta pràctica no es regia per normes establertes. La Confederación de Consumidores y Usuarios (CECU) ha interposat diverses reclamacions per considerar que hi ha programes en els quals «es cometen excessos» i demanant límits sobretot en la programació infantil. Per la seva part, l'Asociación Española de Anunciantes (AEA) considera vàlida aquesta pràctica sempre que no interfereixi en el programa i no afecti els espectadors. Per evitar aquest tipus de problemes, la Comissió Europea acaba d'aprovar una reforma de la directiva de Televisió sense Fronteres en la qual es prohibeix el *product placement* en programes infantils, informatius i religiosos. La normativa entrarà en vigor el 2010.

http://www.marketingdirecto.com/noticias/noticia.php?idnoticia=23891

Llegeix detingudament la notícia i respon les qüestions següents:

- Què és el *product placement* o emplaçament de producte?
- Has vist a la televisió l'ús d'aquest tipus de publicitat?

La promoció, pròpiament, de les vendes

La **promoció de les vendes** és el conjunt d'activitats que fa l'empresa amb l'objectiu d'incrementar les vendes del producte durant un període curt de temps.

Aquest increment de les vendes pot interessar a l'empresa per diferents motius: liquidar un excés d'estoc de producte, aconseguir més liquiditat a curt termini, introduir un nou producte, incrementar la quota de participació en el mercat, suggerir noves aplicacions del producte...

La promoció de les vendes està molt lligada a la publicitat, ja que la publicitat de la promoció ajuda a incrementar les vendes del producte que es promociona. Les tècniques que s'utilitzen per promocionar un producte són moltes i variades:

- Rebaixes temporals del preu del producte.
- Regals que acompanyen el producte o la possibilitat de participar en un sorteig enviant-ne, per exemple, les etiquetes.
- Oferir més quantitat al mateix preu.
- Demostració de les característiques del producte en el mateix punt de venda.

Un exemple de promoció podria ser donar tres productes al preu de dos, regalar mostres de productes...

Totes les tècniques que hem enumerat corresponen a promocions externes; és a dir, a activitats que fa l'empresa per aconseguir un increment de les vendes tot influint sobre elements de fora de l'empresa. Aquestes promocions poden estar dirigides al consumidor final o bé als intermediaris. Les dirigides a intermediaris acostumen a ser rebaixes importants o regals a mesura que augmenta la comanda efectuada en una època determinada que interessa a l'empresa.

Les promocions es poden aplicar en diferents fases de la vida del producte i tenen utilitats diferents. En la fase d'introducció s'utilitzen per donar a conèixer el producte. Una forma de promoció adequada en aquest moment, dirigida al consumidor final, és la distribució de mostres gratuïtes a persones que no han consumit mai el producte, amb la intenció d'aconseguir futurs clients. En la fase de maduració i quan comencen a decréixer les vendes, també és important aplicar polítiques promocionals, com ara ofertes (3 al preu de 2), regals, sorteigs...

La política promocional té més èxit quan s'aplica a productes de gran consum, durant un període curt de temps, ja que un excés de promocions aplicades a un producte pot fer que el consumidor el compri només per l'atractiu de la promoció, i que després perdi interès per la marca. El producte pot esdevenir, a la llarga, de poca categoria.

La venda personal

La **venda personal** suposa una relació directa entre el venedor i el client.

En aquest contacte, el venedor o la venedora pot ampliar detalls sobre el producte que interessa als consumidors i captar millor les seves necessitats; s'exerceix, així, un tipus de promoció molt més específica.

D'altra banda, cal comentar que els venedors es converteixen en la figura visible de l'empresa; per tant, transmeten una imatge de l'empresa i, per extensió, dels productes que aquesta comercialitza. Penseu, per exemple, en la impressió que els compradors rebrien d'una empresa que tingués uns venedors bruts, poc amables i que utilitzessin un vocabulari groller: segurament pensarien que una empresa que contracta un tipus de persona com aquesta no té cura de la qualitat dels seus productes i que no mereix tenir-los com a clients.

Un bon venedor ha d'informar, persuadir i convèncer els clients. La diferència principal amb les altres polítiques promocionals es troba en els mitjans utilitzats i en la rapidesa de les seves conseqüències.

El venedor ha de conèixer el mercat i el producte, i ha de tenir habilitat en les tècniques de vendes. La majoria de les empreses dedica recursos a la formació de l'equip de venedors, per així aconseguir els millors resultats.

Les relacions públiques

Les relacions públiques són una tècnica de promoció que es diferencia força de les comentades anteriorment, ja que el seu plantejament és molt menys agressiu i el seu objectiu és contribuir a la formació de la imatge de l'empresa.

Les **relacions públiques** intenten potenciar les relacions que l'empresa manté amb altres agents socials, ja siguin de l'exterior de l'empresa (mitjans de comunicació, sindicats, proveïdors, clients, administracions públiques...), ja siguin de l'interior (treballadors, accionistes...).

Els instruments que pot utilitzar l'empresa per millorar la seva imatge poden ser: col·laborar amb alguna entitat benèfica, organitzar conferències o exposicions artístiques, patrocinar un equip, donar suport a un concert, constituir una fundació...

Tots aquests exemples, a més d'ajudar a donar una imatge d'empresa, aprofiten la difusió que es pugui fer dels diferents actes en els mitjans de comunicació de masses.

A l'empresa li interessa vendre una imatge en diversos moments:

- Quan l'empresa és desconeguda en el mercat, ja sigui perquè és nova, ja sigui perquè mai no s'ha preocupat de donar-se a conèixer.
- Quan, per algun fet, s'ha desprestigiat l'empresa.
- Per aconseguir canviar la imatge que el consumidor té de l'empresa. Per exemple, quan una empresa canvia de productes o n'incorpora de nous.
- Per mantenir la bona imatge d'empresa que s'hagi pogut aconseguir durant el temps. La imatge d'una empresa s'ha d'actualitzar contínuament, ja que en cas contrari podria considerar-se, després dels anys, antiga i desfasada.

Activitats

9> Posa tres exemples d'anuncis publicitaris que t'hagin cridat l'atenció per la seva originalitat i explica per què.

10> Explica dues polítiques promocionals que t'hagin decidit a comprar algun producte.

11> Explica en quin sentit la venda directa és més específica.

12> Quina política promocional s'està aplicant quan una empresa patrocina un concert?

12.5 La distribució

Imaginem un producte qualsevol, un cop finalitzat el procés de producció, en els magatzems de l'empresa: si aquest producte no es mobilitza, a molts consumidors els serà difícil adquirir-lo, i, segurament, els que es poguessin desplaçar fins a l'empresa haurien de comprar-ne molta quantitat per compensar el trasllat i evitar de fer-lo sovint.

La política de distribució és la que permet que el producte es trobi en el lloc i moment adequats per poder passar a mans del consumidor. Per tant, la **distribució** inclou tot el conjunt de processos que condueixen el producte des de l'empresa fins al consumidor. Amb la distribució s'augmenta la utilitat del producte, per això es diu que la distribució crea utilitat de lloc i de temps.

Funcions de la distribució

El conjunt d'activitats relacionades amb la distribució es pot agrupar en tres apartats: el transport, l'emmagatzematge i la informació i l'assessorament al client.

- **El transport.** S'entén com el conjunt de decisions que afecten el mitjà de transport més adequat, la mida del lot transportat i la freqüència del transport. Aquestes decisions estan afectades pel tipus de producte i pel seu preu.

  Per exemple, és convenient que un producte que tingui un cost baix es transporti a un lloc proper i es faci en grans quantitats, per tal d'evitar que el cost del transport tingui un impacte molt elevat en el preu. Si el tipus de producte és de gran consum, caldrà que la freqüència del transport sigui molt elevada i que se'n transportin grans quantitats.

  Els mitjans de transport habituals es poden classificar en: aeris, terrestres (camions i ferrocarrils) i marítims.

- **L'emmagatzematge.** Un cop el producte està acabat pot passar per diferents magatzems, ja sigui en la mateixa empresa, abans que comenci el transport, o bé en els magatzems d'algun dels intermediaris que intervenen en la cadena de distribució. En aquests locals, el producte ha d'esperar fins que s'arriba a constituir el lot adequat de transport o de consum.

  Cal recordar que els magatzems impliquen un cost (lloguer del local, personal, despeses de manteniment...), i que aquest cost és més elevat com més dies hagi d'estar la mercaderia als magatzems. És per això que s'ha d'aplicar una bona gestió d'estocs per minimitzar els costos, que repercutiran en el preu final del producte.

- **La informació i l'assessorament al client.** Aquesta funció de la distribució és especialment important en la fase de llançament del producte, ja que amb el contacte amb el client es poden explicar millor les seves característiques. També és important en la fase de maduresa, ja que és quan comencen a aparèixer productes que li fan la competència i el contacte amb el client serà fonamental per mantenir les vendes.

El canal de distribució

> El **canal de distribució** és qualsevol dels mitjans que s'utilitzen per aconseguir que els productes recorrin el camí des del productor fins al consumidor.

Segons la propietat del canal, podem parlar de:

- **Canal propi o directe,** quan l'empresa productora arriba directament al client. S'utilitza quan la funció d'informació i assessorament al client és molt important.

- **Canal extern o aliè,** quan la distribució la fan empreses diferents de la productora. En aquest cas, la distribució constitueix en si mateixa un altre negoci, amb planificació, organització, gestió i control específics.

El canal de distribució extern està format per una sèrie de persones o institucions que permeten el trasllat dels productes: són els anomenats ***intermediaris.*** La longitud del canal expressa el nombre d'intermediaris que intervenen en la distribució, i que poden diferenciar-se entre majoristes i detallistes.

Els **majoristes** són els que compren als productors o a altres majoristes productes que posteriorment venen a altres intermediaris, que poden ser majoristes o detallistes. La venda es fa en grans quantitats: és l'anomenat *comerç a l'engròs*. Els majoristes poden ser generals si venen tot tipus de productes i en diferents mercats, o especialitzats per productes o per zones geogràfiques.

Els **detallistes** són els intermediaris que venen el producte al consumidor final: és l'anomenada *venda al detall*. Són detallistes les botigues, els supermercats, els centres comercials...

Així, el canal de distribució de productes pot ser segons es mostra a continuació:

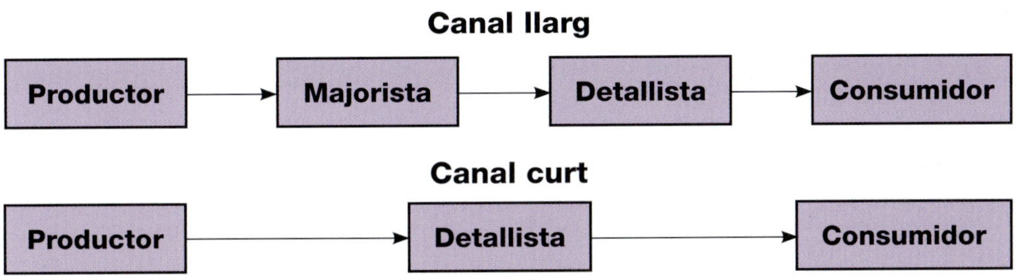

La distinció entre canal llarg i curt depèn de la quantitat d'etapes que segueix el producte. Quan només hi ha una etapa, es parla de ***canal curt,*** mentre que si hi ha dos o més intermediaris es parla de ***canal llarg.*** Així, la representació del canal llarg que es mostra més amunt és la mínima possible: en la realitat es poden trobar més majoristes intermedis.

La figura de l'intermediari acostuma a tenir connotacions negatives, ja que implica un cost que, per tant, s'acumula al preu final. Cal dir que els intermediaris realitzen funcions importants, com ara la distribució física del producte amb menys transaccions que si ho fessin les empreses, ja que un majorista compra productes de diverses empreses i els distribueix a diferents detallistes. També fan funcions de finançament, ja que paguen al comptat a l'empresa productora (si els ofereix descomptes) i venen a crèdit als detallistes.

Canals de distribució alternatius

En l'actualitat hi ha altres canals de distribució que per la seva novetat mereixen un apartat diferent. Són la franquícia, la televenda, la venda per ordinador i la venda mitjançant màquines automàtiques.

- **La franquícia.** És un tipus de contracte utilitzat pel comerç pel qual una part anomenada *franquiciador* cedeix a una altra anomenada *franquiciat* la llicència d'una marca així com els mètodes de fer negoci a canvi d'una tarifa periòdica o *royalty*. La franquícia permet aprofitar l'experiència d'un empresari que ha aconseguit un avantatge competitiu en el mercat. Aquest avantatge pot consistir en una marca de prestigi, productes o mètodes patentats, o simplement en un profund coneixement del negoci que el fa coneixedor de la fórmula per obtenir beneficis.

  Aquest tipus de distribució funciona de la manera següent: el productor (franquiciador) manté el control dels detallistes (franquiciats), de manera que es tracta d'una venda especialitzada. El franquiciat posa, generalment, el local amb les característiques que se li demanen (dimensions mínimes, decoració, zona...) i es fa càrrec de la publicitat local. El productor ofereix el producte, la marca i la publicitat general.

  De tot el que hem comentat podem destacar les característiques següents:

  - Es tracta d'un sistema de cooperació.
  - La relació entre les parts s'estableix en un contracte.

- Les parts són l'empresa principal o matriu, denominada *empresa franquiciadora,* i les empreses que signen el contracte amb ella, que s'anomenen *empreses franquiciades.*
- El franquiciador proporciona als seus franquiciats una marca, una fórmula comercial o mètode d'explotació *(know-how)* i una assistència i ajuda tècnica vigent mentre duri el contracte.
- S'han de pagar uns *royaltys* a l'empresa franquiciadora per l'ús de la marca.

La franquícia és una fórmula comercial que s'aplica en tots els sectors d'activitat i que ha experimentat un important creixement en tots els mercats del món. Alguns exemples de franquícia són Calzedonia, Mango, Tea Shop...

En el quadre següent es resumeixen avantatges i inconvenients de la franquícia per al franquiciador i el franquiciat

	Avantatges	*Inconvenients*
Franquiciador	■ Creador d'una sòlida imatge de marca, més notòria i de major presència en el mercat. ■ Es poden aprofitar economies d'escala des del punt de vista de producció, compres i costos, ja que es fabrica en grans quantitats. ■ El desemborsament econòmic és menor, ja que la infraestructura és aliena. ■ Menor necessitat de recursos humans i càrrecs de direcció intermedis, ja que el franquiciador posa el seu personal i no necessita tant de control, ja que ell és el major interessat en el fet que el negoci funcioni. ■ Permet l'obertura de nous mercats.	■ Inversió inicial important per la posada en marxa de la franquícia. ■ Es posa en coneixement del franquiciat la fórmula o el mètode comercial estratègic de l'empresa, la qual cosa pot donar pistes a la competència en cas que el franquiciador no mantingui la confidencialitat. ■ Pèrdua del contacte directe amb el mercat i de la informació que aquest proporciona. ■ Menor benefici per unitat de producte venut, encara que més unitats venudes.
Franquiciat	■ Treballa amb una marca de prestigi que li assegura la clientela des de l'inici de l'activitat; per tant, redueix el risc de qualsevol inici de negoci. ■ Avantatges de preu de compra, ja que es beneficia de les economies d'escala del franquiciador. ■ Aprofita les campanyes i estratègies de màrqueting de la marca efectuades en l'àmbit general. ■ Rep formació a l'inici i de manera permanent amb relació a estratègies i tècniques d'explotació. ■ Rep els beneficis de les grans empreses degudament organitzades, però sent petit i exercint d'empresari.	■ Limitació de la independència empresarial que tindria si fos el propietari d'un comerç tradicional (localització, decoració local). ■ La marca i el nom amb el qual treballa no són de la seva propietat. ■ Desemborsament econòmic per abonar els drets d'entrada. ■ Mala adaptació en alguns casos a la filosofia del franquiciador en allò que es refereix a diferents aspectes comercials. ■ Dependència total a la sort del franquiciador, depenent en tot moment de la gestió que aquest realitza. ■ Entrega, de manera periòdica, de *royaltys* o cànons al franquiciador.

- **El comerç electrònic.** Entenem per comerç electrònic la compravenda de béns i serveis per mitjans electrònics, particularment a través d'Internet. La principal característica és que el consumidor no té contacte físic amb el producte. Aquest tipus de comerç implica:

  a) Una modernització del procés de distribució.

  b) Una reducció de costos de gestió dels inventaris.

  c) El comprador i el venedor poden estar connectats en països diferents.

  d) La comoditat de poder comprar durant les vint-i-quatre hores del dia sense sortir de casa.

  e) Desaparició dels intermediaris.

  Amb l'evolució de la tecnologia i la generalització d'Internet hi ha moltes empreses tradicionals que han decidit obrir una «sucursal» electrònica. L'empresa publica un conjunt de pàgines web amb el catàleg dels seus productes. L'usuari que es connecta a aquesta pàgina pot enviar directament l'ordre de comanda juntament amb la seva identificació i el seu número de targeta de crèdit.

  Val a dir que les grans empreses ja fa molts anys que utilitzen mecanismes digitals per comunicar-se entre si.

- **La televenda.** En aquest cas, la venda es realitza a través de la televisió. La comanda es fa normalment per telèfon i el cobrament, mitjançant targeta de crèdit o contra reemborsament.

- **La venda mitjançant màquines automàtiques.** Són molt utilitzades per a la venda de tabac, begudes... També, per mitjà de caixers automàtics d'entitats financeres, es venen entrades per a diversos espectacles.

> Els productes que tenen més èxit a través de la xarxa són els llibres, els components informàtics, els viatges, els productes financers...

> A continuació tens alguns exemples d'empreses que han adoptat l'opció del comerç electrònic.
>
> Servei de banca electrònica del banc BBVA:
>
> *http://www.bbvanet.com*
>
> Compra *on-line* de productes de Caprabo i El Corte Inglés:
>
> *http://www.capraboacasa.com*
>
> *http://www.elcorteingles.es*

Estratègia de distribució

Quan una empresa es planteja la necessitat de triar el canal més adequat per comercialitzar els seus productes, haurà de donar resposta a una sèrie de preguntes. Les respostes l'ajudaran a triar el canal més adequat:

- Quin control vol tenir sobre els seus productes i sobre la fixació del preu final?
- Vol abastar un gran mercat o especialitzar-se?
- Vol intervenir en totes les activitats promocionals del producte?
- Quina és la seva capacitat financera?
- ...

En funció del nombre de comerços en què l'empresa decideix col·locar el seu producte, podem parlar de tres alternatives:

A. **Estratègia de distribució exclusiva.** Suposa que la venda del producte en una determinada zona es realitza mitjançant un únic intermediari. Aquest distribuïdor es compromet a no vendre productes de la competència i a realitzar un nombre determinat de vendes.

   Els productes que acostumen a utilitzar aquest sistema són aquells que necessiten un elevat esforç de vendes, serveis de reparació, informació tècnica... Per exemple, certs fabricants d'automòbils que només tenen un concessionari en una zona, alguns distribuïdors d'equips de producció, etc.

En conseqüència, el canal que s'utilitza serà curt.

Com a avantatges d'aquesta estratègia podem destacar:

- Disminució de la competència.
- Major control del fabricant sobre el producte.
- Venda especialitzada.
- Forta cooperació entre fabricant i venedor.

Com a inconvenients podem remarcar el fet que arribarà a un segment de mercat reduït.

B. **Estratègia de distribució selectiva.** Aquesta modalitat es fa quan el fabricant selecciona un nombre limitat de distribuïdors. De la totalitat de distribuïdors que podrien vendre el producte se selecciona els que l'interessen en funció del sector, la importància i el prestigi del comerciant, la comanda mínima que li puguin fer, etc. Aquesta forma de distribució s'aplica generalment a productes cars, com cotxes del segment més alt, perfums, calçats, etc. El canal serà curt però amb major nombre d'operacions comercials que en el cas anterior.

Com a avantatges podem destacar:

- Ajuda a la imatge de producte (producte selecte, exclusiu...).
- Com que se seleccionen els distribuïdors, es poden eliminar aquells que suposin, per exemple, costos més elevats de distribució.

Pel que fa als inconvenients destaquem el fet que, com que es renuncia a determinats punts de venda, els ingressos també seran menors.

C. **Estratègia de distribució intensiva.** El fabricant intenta que la majoria de punts de venda tinguin el seu producte. Se sol aplicar a productes de compra freqüent. Un exemple de producte que aplica aquesta distribució és Coca-Cola; l'empresa vol que trobem el seu producte en la major quantitat de comerços possibles. El canal de distribució en aquest cas serà un canal llarg.

Destaquem els avantatges següents:

- Facilita l'adquisició i la fidelitat al producte per part del consumidor.
- Dificulta l'entrada de competidors, ja que no deixa forats en el mercat.

Com a inconvenients podem destacar:

- Possibilitat que el fet de trobar el producte en un lloc de venda inadequat perjudiqui la seva imatge.
- El cost elevat de distribució que suposa, ja que cal tenir present que els costos augmenten molt ràpidament quan augmenta el nombre de punts als quals cal portar el producte.
- L'empresa pot perdre parcialment el control del mercat i del producte.

Val a dir que les diferents polítiques que integren el màrqueting total han d'estar perfectament coordinades entre si. Per exemple, si es fa una política de promoció a partir d'una campanya publicitària o si es promociona el producte disminuint-ne el preu, se n'ha de preveure la distribució, per tal que el producte es trobi en el lloc de venda en el moment en què el demani el client, amb les característiques de forma, envàs i color que s'hagi estipulat i al preu considerat segons la política de promoció aplicada.

Innovació, creativitat i màrqueting. Tres factors interrelacionats i claus de l'èxit

Petrocat compta amb la primera estació de servei amb taller de bricolatge, el Nanobox.

Petrocat compta amb la primera gasolinera a España que ofereix als clients la possibilitat de reparar ells mateixos els seus vehicles. Es tracta de **Nanobox,** un servei pioner de bricolatge de l'automòbil, implantat arran de la creixent demanda de persones que necessiten reparar ells mateixos a preus econòmics els vehicles. Està ubicat a l'estació de servei Enur de Terrassa, i consisteix en una instal·lació modular de 100 metres quadrats dividida en dos boxs independents, que es poden llogar a baix cost, i completament equipats amb eines i maquinària. L'ús d'aquest servei suposa un estalvi de, com a mínim, el 50% respecte d'un taller convencional. Aquestes instal·lacions permeten a l'usuari exercir els seus treballs de mecànica i electricitat —canvis d'oli, filtres i pastilles de fre, muntatge i equilibrat de pneumàtics—, i posa a la seva disposició un expositor de recanvis i consumibles de taller per poder adquirir els productes necessaris per a cada reparació i posada a punt del vehicle.

L'estació mateix disposa també d'un innovador sistema de bugaderia de roba, que funciona les 24 hores del dia, i està format per quatre rentadores amb una capacitat de 8 kg cadascuna, tres rentadores amb capacitat de 14 kg, i sis assecadores de 14 kg.

De manera que aquesta és la primera gasolinera a España que ofereix als clients diferents serveis, integrats en un mateix recinte i sense necessitat de moure's: l'usuari té la possibilitat de fer benzina, adquirir articles en una àmplia botiga de conveniència, comprar butà, mantenir/reparar o netejar el vehicle, a més de rentar la roba o fer les seves transaccions en el caixer automàtic.

La integració de tots aquests serveis en un mateix lloc respon a la voluntat de la petroliera de facilitar el dia a dia als usuaris i contribuir a millorar la seva economia en l'actual context de crisi. I posa de manifest la importància que la innovació té per a la companyia. Segons el Pla estratègic de Petrocat, la innovació és un dels pilars bàsics, és per això que des de l'empresa es fa atenció a la detecció de noves oportunitats de negoci en un entorn de mercat especialment complicat.

http://www.petrocat.cat/index.php/noticiesdetall/show/12

Preguntes:

- Quins tipus d'avantatge presenta aquest nou servei per als consumidors?
- Quina millora aporta la innovació a l'èxit d'un producte o servei?

Activitats

13> Argumenta el canal de distribució que consideres més adequat per a la comercialització de màquines de grans dimensions.

12.6 El marxandatge

Hem volgut dedicar un apartat al marxandatge per ressaltar la seva importància actual en qualsevol activitat de venda, des d'una gran superfície fins a un petit comerç. Es tracta d'una tècnica de màrqueting que es podria incloure dins de la política de promoció del producte.

El **marxandatge** es pot definir com el conjunt de mitjans que ajuden a donar sortida a un producte en el punt de venda. S'entén per punt de venda el lloc on es realitza l'acció de comprar.

No és arriscat afirmar que el marxandatge ha existit sempre, com ho ha fet l'activitat comercial. En els primers mercats, on cada productor mostrava els seus excedents, segurament es tenia cura de la presentació i es procurava posar més a prop del comprador els articles en millors condicions. Actualment, la compra en grans superfícies i supermercats es generalitza, i la figura del venedor passa a un terme molt secundari; per tant, el producte posat en un prestatge i envoltat de competidors s'ha de vendre a si mateix.

La marca i la presentació del producte són elements molt importants, però hi ha altres factors que poden afavorir-ne la venda: la seva situació en l'establiment comercial (altura, il·luminació, facilitat d'accés, proximitat a determinats productes), ofertes especials, etc. D'aquesta manera, la compra, que en molts casos es fa de manera irreflexiva, es produeix sense que estigui prevista.

El marxandatge es converteix en tota una filosofia de venda. La divisió de la botiga en seccions, el color, els cartells, la il·luminació, la presentació, l'animació..., poden fer que dues botigues de característiques aparentment semblants tinguin resultats econòmics molt diferents.

Elements del marxandatge

La tècnica de marxandatge utilitza uns determinats mitjans per aconseguir els seus objectius:

- **L'ús de cartells.** Poden ser de diferents formes i mides, i es poden utilitzar per informar d'un producte, d'una determinada oferta, etc.

- **La situació del producte.** Es podria dir que el millor lloc per situar el producte és aquell que permet que pugui ser vist per un gran nombre de clients; per exemple, en l'encreuament d'un passadís central o en les proximitats a les caixes, on s'ha de pagar la compra i on la gent ha d'estar més estona parada fent cua. Dins de la situació del producte es pot parlar també de l'altura: els prestatges situats a l'alçada dels ulls o una mica més baixos (a l'alçada de la mà) són els que es troben en una situació privilegiada.
- **La presentació en piles de productes.** Si es presenta el producte en una agrupació excessivament ordenada és possible que el client no l'agafi per por de desfer el grup; per tant, és bo que hi hagi certs productes una mica desordenats perquè es puguin agafar amb facilitat i per donar una sensació de preu baix.
- **La gran quantitat de producte.** Si es tracta d'un producte de caducitat ràpida és convenient presentar-ne una quantitat gran, ja que si n'hi ha poca, el consumidor pot pensar que es tracta dels últims productes i que, per tant, no tenen tota la qualitat que caldria esperar. Aquest podria ser el cas, per exemple, de la fruita, la llet fresca, les safates de carn o de peix...
- **La decoració.** Per *decoració*, en el marxandatge, no s'entén la decoració fixa, sinó aquella que pot canviar amb facilitat, que és mòbil. Per exemple, al començament del curs escolar són moltes les botigues que decoren els passadissos amb llapis de mida gegant, bates, carteres, etc. Així doncs, segons l'època, la decoració és diferent.
- **El moviment i la llum.** Un producte situat en una plataforma giratòria i sota una bona il·luminació té més possibilitats de ser venut que un altre que es trobi en penombra.
- **L'organització de concursos en l'establiment.** Per exemple, una participació en el sorteig d'un cotxe per cada deu euros de compra pot afavorir l'afluència de persones a la botiga.
- **Les demostracions i les degustacions.** La promoció d'un producte a partir de la demostració del seu funcionament, en el mateix establiment, o bé les degustacions, que s'apliquen a productes comestibles: formatges, pernil, xocolata...

La llista d'elements podria ser molt més llarga i les tècniques esmentades només són una mostra per donar una idea clara de les activitats de marxandatge.

Activitats

14> Digues quins són els millors llocs per situar un producte en un supermercat si l'objectiu és incrementar-ne les vendes.

15> Explica la frase següent: «El marxandatge ha existit sempre».

Màrqueting social: L'art d'ajudar-se a un mateix ajudant els altres

Les grans companyies porten temps apostant fort per aquesta metodologia de comunicació. Ofereix una gran oportunitat a les empreses per obtenir un reconeixement social que no podrien aconseguir mitjançant costoses campanyes publicitàries.

27/03/2006 Novacom Consultors de Comunicació

El màrqueting social és una nova metodologia de comunicació d'enorme efectivitat. Es basa en els interessos socioprofessionals dels mercats objectius per potenciar al màxim els resultats de les inversions en comunicació. Hi ha grans companyies com MRW o Wal-Mart que fa ja uns quants anys que aposten fort pel màrqueting social. Altres de més petites han descobert que és una excel·lent oportunitat d'obtenir un reconeixement social que mai podrien aconseguir mitjançant costoses campanyes publicitàries.

Un exemple molt conegut dels pioners del màrqueting social corporatiu és el cas de la companyia de gelats nord-americana Ben&Jerry, que va aconseguir una quota de mercat similar a la del seu millor competidor aplicant aquest tipus d'estratègia. Una de les iniciatives que va rebre més reconeixement i suport per part del públic va ser la contractació de gent que viu al carrer com a dependents dels seus establiments. Aquesta acció va proporcionar importants guanys a Ben&Jerry, així com un increment de la popularitat i de la imatge de l'empresa, que va ser identificada pel consumidor com una companyia no convencional i amb consciència social.

Una dada prou il·lustrativa de la importància que està adquirint el màrqueting social corporatiu es pot extreure d'un estudi elaborat als Estats Units i publicat per la revista *Business Week* que destaca que un 76 % dels consumidors opina que les empreses **han de contribuir en les causes socials** i que un 31 % dels consumidors considera un factor decisiu en el procés de compra, en cas d'igual preu i qualitat, el fet que la marca participi en **programes d'interès social** d'una manera responsable.

Hi ha exemples molt clars de com l'ajuda al proïsme pot ajudar sobretot a un mateix. El gegant de la distribució nord-americana Wal-Mart va anunciar no fa gaire una iniciativa orientada a millorar la seva imatge de marca al mercat, molt erosionada els últims anys a causa de la seva fama d'explotadors i monopolistes. Es tractava d'una campanya promoguda per la pròpia empresa per incrementar el salari mínim als Estats Units, que en aquell moment era de 5,15 dòlars per hora, i que no havia variat des de feia 10 anys.

Wal-Mart era en aquell moment una empresa que tenia en plantilla més d'1,3 milions d'empleats als quals pagava de mitjana una mica menys de 10 dòlars per hora. Promovia l'increment del salari mínim amb el pretext que era massa baix, però el motiu real era que fent això els costos d'alguns dels seus competidors s'incrementaven, ja que tenien menys participació al mercat i les seves economies d'escala no els permetien oferir als seus empleats més del salari mínim.

Es tracta d'un clar exemple de com moltes vegades les iniciatives de **responsabilitat social corporativa** no són més que màrqueting social orientat a millorar la posició de la companyia al mercat. Si els competidors de Wal-Mart incrementen els seus costos hauran d'apujar també els preus, i llavors no podran competir amb els del gegant de la distribució amb majors economies d'escala. Així que al final, Wal-Mart guanya i els seus competidors perden.

El més important és tenir bones idees

A Espanya, una de les companyies més actives és, sens dubte, MRW. Un dels últims informes de la Fundación Empresa y Sociedad destaca que Telefónica, MRW i Caja Madrid són les empreses millor percebudes pel públic per la seva acció social. En termes globals, MRW dedica més d'un 1 % de la facturació bruta anual a acció social, i gairebé res a publicitat.

El programa d'acció social de MRW ha inclòs o inclou diverses iniciatives com:

- **Pla d'ajuda:** les entitats sense ànim de lucre obtenen els seus serveis abonant només un 33,48 % de la tarifa corresponent en cada cas.
- **Pla sub25:** els estudiants menors de 25 anys i els soldats de reemplaçament desplaçats del seu lloc habitual de residència poden enviar o rebre gratuïtament dels seus familiars sobres i paquets (una vegada al mes).
- **Pla Fòrum:** els familiars d'estudiants a l'estranger poden enviar-los gratuïtament documentació cada mes.
- **Campanya Mans Lliures:** traslladen l'equipatge de manera totalment gratuïta, des de l'hotel on s'allotgi el client fins a l'empresa on vagi a treballar.
- **Adscripció al programa ÒPTIMA:** per la qual l'empresa assumeix el compromís que hi treballin un mínim d'un 45 % de dones en iguals condicions que els homes.
- **Acord amb la Fundació ONCE** per incorporar cent persones amb algun tipus de discapacitat en un termini màxim de tres anys.

MRW ha col·laborat a més de manera gratuïta en campanyes de recollida de material humanitari per a Kosovo, l'Amèrica Central, Cuba, Moçambic, etc.

- Amb quina política de màrqueting estudiada en la unitat podries relacionar el màrqueting social?
- Amb quin altre concepte estudiat en el tema 1 es relaciona?

Activitats finals

1> La majoria d'empreses apliquen tècniques de màrqueting per millorar els seus resultats. Les immobiliàries, per superar la crisi, dediquen cada vegada més recursos al marqueting. Una tècnica aplicada per algunes immobiliàries ha estat regalar un cotxe amb la compra d'un dels seus habitatges. Investiga altres estratègies que utilitzen immobiliàries per vendre més habitatges.

2> Explica quina política de màrqueting s'aplica quan es modifica l'envàs d'un producte.

3> Què entens per producte diferenciat? Posa'n exemples que coneguis.

4> Descriu les fases del cicle de vida d'un producte i dibuixa'n la funció de vendes.

5> Quines accions creus que ha de fer una empresa que té un producte a punt d'arribar a la fase final del cicle de vida (declinació)?

6> Ja fa temps que es parla sobre l'escassetat de combustibles fòssils (carbó, petroli...) i sobre l'efecte d'hivernacle provocat per l'increment de CO_2 a l'atmosfera. Els governs es plantegen incrementar els impostos per contaminació atmosfèrica.

a) Quins efectes creus que produiran, aquests fets, sobre la venda d'automòbils tradicionals?

b) Quins efectes cal esperar que es produeixin sobre les vendes del cotxe elèctric i el cotxe híbrid?

c) Creus que en un termini relativament curt de temps (10-15 anys) arribarem a veure la fase de declinació de l'automòbil amb motor dièsel i gasolina?

7> Indica en quina fase del cicle de vida es troben els productes següents:

- Tablet Pc.
- e-book.
- Cotxe híbrid.
- Rentadora.
- CD per emmagatzemar dades.
- Càmera de fotos digital.

8> Per què creus que ha tingut tant d'èxit el bric (Tetra Brik) per envasar líquids?

9> Entra a la pàgina web de l'empresa Procter & Gamble (www.pg.com/es_ES). Observa la seva cartera de productes i respon a les qüestions següents:

a) Quines són les línees de producte de l'empresa?

b) Quina estratègia de marca utilitza?

10> SONY és una empresa que fabrica diferents aparells electrònics. Quina estratègia de marca utilitza?

11> Una empresa que comercialitza CD presenta la taula de vendes següent. Representa gràficament les dades de la taula; situa a l'eix d'abscisses la quantitat, i a l'eix d'ordenades, el preu.

Preu mitjà dels CD (€)	*Quantitat anual demanada (unitats)*
6,01	50
12,02	30
18,03	22
24,04	10
30,05	4
més de 30,05	0

12> Segons les dades de l'exercici anterior, calcula els ingressos totals que aconseguiria l'empresa si vengués els CD en cada situació de preus possibles.

Per quin preu es maximitzen els ingressos que obté l'empresa?

13> Una empresa ven dos productes, amb els costos que es detallen a sota. Calcula'n el cost total unitari.

	Producte A	*Producte B*
Unitats venudes	10 000	50 000
Cost variable	1,20	2,40
Costos fixos	6 010,12	24 040,48

14> Troba el preu de venda de A i B, si l'empresa vol guanyar el 30 % amb el producte A i el 25 % amb el producte B.

15> Calcula el benefici que ha obtingut l'empresa de l'exercici anterior amb la venda de A i B.

16> Explica per què creus que és important l'existència d'una Llei general de publicitat.

17> Comenta avantatges i desavantatges dels mitjans de comunicació següents: la televisió, les revistes especialitzades i les tanques publicitàries.

18> Explica les principals diferències entre la venda personal i les altres polítiques promocionals.

19> Digues si són certes o falses les afirmacions següents:

a) La política de distribució té per objectiu fer arribar el producte al consumidor en el moment i el lloc adequats.

b) La promoció de les vendes té com a objectiu incrementar les vendes a llarg termini.

c) La publicitat té dues funcions bàsiques: informar sobre les característiques del producte i persuadir el consumidor de la seva compra.

20> Assenyala la resposta correcta.

Les relacions públiques:

a) Pretenen cridar l'atenció del consumidor.

b) Intenten crear, fomentar o mantenir una imatge d'empresa.

c) Tenen com a objectiu incrementar les vendes a curt termini.

21> Per què la distribució és una política de màrqueting?

22> Què són els majoristes? I els detallistes?

23> Per què un hipermercat no és un comerç majorista?

24> Donats els productes següents, justifica quina estratègia de distribució utilitzen:

a) Cervesa.

b) Cotxe de la marca Opel nou.

e) Un perfum car.

25> Digues si són certes o falses les afirmacions següents:

a) La longitud del canal de distribució fa referència a la distància que ha de recórrer el producte.

b) La diferència entre canal de distribució llarg i curt depèn de la quantitat d'etapes que segueix el producte.

c) Un canal de distribució curt és el que té un majorista i un detallista intermediaris.

26> Creus que per vendre abrics de visó (preu alt) el millor establiment de venda podrien ser les grans superfícies?

27> Si volguessis muntar un negoci dedicat, per exemple, a la comercialització de roba de nens, argumenta quatre avantatges que et podrien fer decantar per la franquícia.

28> Observa la taula següent, que representa la facturació total dels establiments minoristes i la quantitat que són franquícia, així com el nombre d'establiments totals i els establiments franquiciats.

Facturació	*Establiments*
Facturació del comerç minorista: **112 318 milions de €**	Establiments de venda minorista: **630 000**
Facturació global de la franquícia **15 017 milions de €**	Establiments franquiciats **52 346**
Percentatge de la franquícia sobre el total	
13,3 %	**8,30 %**

A la vista de les dades de la taula, què pots afirmar sobre la rendibilitat de les franquícies?

29> Explica quines són les característiques principals del comerç electrònic.

30> Raona si les diferents polítiques que s'apliquen en el màrqueting són independents o si estan relacionades.

31> Comenta les notícies següents:

a) **Chupa-Chups ven xiclets en un gos robot**

«Els caramels han perdut encant. Els petits consumidors ja no en tenen prou amb el plaer d'assaborir-los. *Crazy Planet*, la marca del grup Chupa-Chups, es va llançar fa dos anys a l'aventura del *novelty candy*, també conegut com confiteria interactiva o amb valor afegit. Un mercat a mig camí entre els caramels i les joguines. L'objectiu és oferir un element que acompanyi la llaminadura, que perduri després del consum i que, en molts casos, pugui ser el motor de compra, més que no pas el caramel.»

b) **Bitllets d'autobús sense passar per la taquilla**

«Els clients d'Auto-Res poden comprar els seus bitllets per Internet i pujar a l'autobús sense passar per taquilla. La plataforma permet reservar, comprar i cancel·lar bitllets a través d'Internet, i a més consultar tota la informació de la companyia sobre línies i horaris.»

Comprova el teu nivell

1> L'inici del màrqueting està relacionat amb:

a) L'aparició de la televisió.

b) L'increment de la producció i l'aparició de la competència.

c) La millora de les tècniques de publicitat.

d) Els inicis de l'activitat comercial.

2> El *marketing mix* o màrqueting total està format per:

a) Bàsicament per la publicitat i altres polítiques de promoció.

b) Producte i preu són els elements més importants.

c) Per la combinació de producte, preu, promoció i distribució.

d) Cap de les opcions anteriors és correcta.

3> Amb el màrqueting, l'objectiu de l'empresa és:

a) Fabricar un producte de gran qualitat.

b) Aconseguir grans quantitats de producció.

c) La protecció del medi ambient.

d) Satisfer les necessitats i els desitjos del consumidor.

4> Les diferents marques i models de cotxe formen un:

a) Producte diferenciat.

b) Producte variat.

c) Producte diferent.

d) Producte de consum fungible.

5> Un ordinador és:

a) Únicament un producte de consum durador.

b) Únicament un producte industrial.

c) Depèn de la seva finalitat i ús pot ser un producte de consum o un producte industrial.

d) Un servei.

6> Respecte del cicle de vida d'un producte:

a) Hi ha productes que no es deixen de produir mai.

b) La majoria dels productes que hi ha en el mercat passen per les etapes de llançament, creixement, maduresa i declinació.

c) Tots tenen la mateixa durada.

d) Els beneficis de l'empresa són més grans en l'etapa d'introducció.

7> Si una empresa rebaixa el preu del seu producte:

a) Les seves vendes augmentaran si és un bé normal de demanda elàstica.

b) És possible que altres empreses de la competència també rebaixin preus.

c) En el cas de mantenir els mateixos costos unitaris, el benefici per unitat serà menor.

d) Totes les opcions anteriors són correctes.

8> La tècnica que utilitzen algunes empreses consistent a comprar tres productes i pagar-ne només dos:

a) Permet incrementar les vendes de l'empresa mentre dura.

b) És una tècnica de publicitat per atreure clients.

c) És una forma de promoció de les vendes.

d) Les opcions *a*) i *c*) són correctes.

9> Un canal de distribució està format per:

a) Diferents agències de transport que un fabricant utilitza per poder arribar al consumidor.

b) Un conjunt d'intermediaris que permeten que el producte arribi des de l'empresa fins al consumidor final.

c) Unes institucions que estimulen la venda del producte.

d) Un productor, un detallista i el consumidor en tots els casos.

10> La franquícia és:

a) Una empresa molt gran que té moltes botigues iguals repartides per diferents territoris.

b) Una forma de distribució on el productor únicament ofereix el producte, la marca i la publicitat general.

c) Qualsevol botiga familiar que es troba en una ciutat.

d) Una institució que controla la venda d'un producte.

Conceptes bàsics

Màrqueting és el conjunt d'activitats que desenvolupa una empresa encaminades a satisfer les necessitats i els desitjos del consumidor per tal d'aconseguir un benefici.

Màrqueting total o *marketing mix* és el conjunt de tècniques o elements sobre els quals pot actuar una empresa per satisfer les necessitats del consumidor i aconseguir un benefici mutu, i està format per: producte, preu, promoció i distribució.

Producte és qualsevol bé o servei que fabrica una empresa i que satisfà una determinada necessitat.

Producte diferenciat és el conjunt de béns que són el resultat de variar un o més atributs d'un producte, de tal manera que el consumidor el pot percebre com una cosa nova i diferent.

Cartera o gamma de productes és la totalitat d'articles que una empresa ofereix en el mercat a tots els consumidors.

Línia de productes són les agrupacions dels productes que fabrica una empresa amb unes característiques homogènies.

Cicle de vida del producte és la durada en el mercat d'un producte i està format per les etapes d'introducció, llançament, creixement, maduresa i declinació.

Marca és un nom, un terme, un símbol o disseny, o una combinació de tots aquests elements, que tracta d'identificar els béns i serveis d'una empresa i diferenciar-los dels de la competència.

Preu és la quantitat de diners que el comprador d'un determinat producte o servei lliura al venedor a canvi de la seva adquisició.

Promoció és el conjunt de tècniques de màrqueting que tenen com a finalitat comunicar les característiques del producte i ressaltar-ne els atributs per potenciar en els clients el desig de consumir-lo i alhora mantenir els clients habituals. Està formada per publicitat, promoció de les vendes, venda personal i relacions públiques.

Publicitat és la transmissió d'un missatge utilitzant un mitjà de comunicació de masses amb la intenció d'informar de les característiques d'un determinat producte i persuadir el consumidor perquè el compri.

Promoció de les vendes és el conjunt d'activitats que fa l'empresa amb l'objectiu d'incrementar les vendes del producte durant un període curt de temps.

Venda personal es produeix quan hi ha una relació directa entre el venedor i el client.

Relacions públiques és una tècnica de promoció de l'empresa que té com a objectiu contribuir a la formació de la imatge de l'empresa.

Distribució és el conjunt de processos que condueixen el producte des de l'empresa fins al consumidor.

Majoristes són els intermediaris que compren al productor o a altres majoristes i que després venen a altres intermediaris que poden ser majoristes o detallistes.

Detallistes o minoristes són els intermediaris que venen el producte al consumidor final.

Marxandatge és el conjunt de mitjans que ajuden a donar sortida a un producte en el punt de venda.

BLOC 4

13

POSICIONAMENT DE PRODUCTE I PLA DE MÀRQUETING

En les dues unitats anteriors hem estudiat el mercat: els seus components, els tipus, les tècniques per fer una anàlisi i els elements del màrqueting.

En aquesta unitat, aplicarem tota la informació anterior per estudiar el posicionament de producte i el pla de màrqueting. Un cop l'empresa decideix el posicionament del producte, és a dir, la imatge de producte que vol transmetre al mercat i que el fa diferent d'altres de la competència, haurà de realitzar un pla de màrqueting per dissenyar els objectius, les estratègies i les accions concretes a fer per aconseguir-ho. També veurem en aquesta unitat exemples reals de posició d'algunes marques en el mercat.

13.1 El posicionament del producte

Què és el posicionament?

En el mercat hi ha molts productes. Els consumidors estan, en molts casos, saturats d'informació sobre els béns i serveis. D'alguna forma, en la ment del client, cada producte i empresa ocupen un lloc, hi ha una imatge del producte que el fa diferent del de la competència.

Podem definir **posicionament d'un producte en un mercat** com la imatge que en té el subjecte al qual va adreçat el producte, comparat amb altres productes de la competència o amb d'altres venuts per la mateixa empresa.

La posició d'un producte depèn de l'associació que fa el possible consumidor amb una determinada idea, qualitat, emoció, il·lusió o sensació.

Els consumidors simplifiquen la seva decisió de compra segons la posició que el producte, l'empresa o la marca ocupen en la seva ment.

El posicionament és el primer pas del procés de màrqueting, ja que és l'empresa qui decideix la posició que vol ocupar en la ment del client.

Procés de posicionament

L'empresa, per posicionar un producte, ha de seguir els passos següents:

1. Dividir el mercat segons els diferents criteris de segmentació: sociodemogràfics, socioeconòmics i psicogràfics.
2. Fer una avaluació sobre l'interès que pot tenir cada segment en el producte.
3. Seleccionar un segment o més d'un, és a dir, selecció del públic objectiu.
4. Identificar les possibilitats de posicionament per a cada segment triat.
5. Selecció i desenvolupament d'un concepte de posicionament.

Aquest procés es pot entendre millor amb un exemple senzill: imaginem una empresa de cotxes que vol llançar un monovolum familiar. El primer pas serà segmentar el mercat segons diferents criteris: sexe, edat, nivell d'ingressos...

Després cal analitzar les necessitats de cada segment. Els adolescents no condueixen ni són decisius en la compra de cotxes; els joves solters o parelles sense fills no mostren interès pels cotxes familiars. De tot l'estudi es decideix que el públic objectiu són les famílies d'ingressos mitjans i alts. A més, l'estudi ens informa que aquest segment mostra una gran preocupació per la seguretat i el prestigi social. L'empresa decideix entrar en aquest segment amb el posicionament *el cotxe familiar més segur i d'alt nivell* amb missatges del tipus: «El veritable luxe és l'espai», «Sent-te segur a la carretera» o «Protegeix la teva família i sigues l'enveja»...

Necessitats i posicionament

Els individus tenim una sèrie de necessitats,cada vegada que consumim intentem satisfer una necessitat amb l'adquisició d'un bé o servei.

En la unitat 3 hem estudiat la classificació que fa Maslow, dins de la seva teoria de la motivació, de les necessitats humanes. Ell fa una piràmide amb cinc esglaons: necessitats fisiològiques, necessitats de seguretat, necessitats socials, necessitats d'autoestima i d'autorealització. Maslow considera que els individus satisfan les necessitats seguint un ordre, i que fins que no tenen cobertes les del nivell inferior, en general, no ques i algunes de les de seguretat estan cobertes per la majoria de persones. És per això que les empreses, amb les seves estratègies de màrqueting, produeixen i ofereixen productes encaminats a satisfer sobretot les necessitats de pertinença a un grup o de prestigi social.

Tot i que la classificació que fa Maslow de les necessitats humanes és la més estesa i coneguda, cal insistir en el fet que de necessitats n'hi ha moltes, pràcticament tantes i tan complexes com individus. Un exemple de classificació de les necessitats que s'intenten satisfer en el moment de la compra també podrien ser:

- **Eficàcia.** Volem que allò que comprem compleixi l'objectiu per al qual ha estat dissenyat.
- **Seguretat.** L'individu no vol córrer riscos amb l'ús del producte i, fins i tot, vol que el protegeixi.
- **Economia.** Cal tenir present que els recursos dels individus són limitats i, per tant, com més barat sigui un producte més recursos li quedaran per poder satisfer altres necessitats. Evidentment aquesta necessitat està relacionada amb el seu nivell d'ingressos, ja que tot i que els recursos sempre són limitats, no són iguals per a tothom.
- **Innovació.** Està relacionat amb la necessitat de tenir alguna cosa nova, diferent, ser el primer...
- **Prestigi.** És allò que ens situa en un nivell superior respecte de la mitjana.

Aquestes necessitats generals no estan presents en igual proporció en els diferents segments de mercat. És per això que l'empresa, quan defineix el seu públic objectiu, ha d'analitzar quina o quines són les necessitats principals que pretén satisfer amb el seu producte i decidir quin serà el seu posicionament, és a dir, la imatge que vol crear en el consumidor. Com més gran sigui l'associació que el consumidor es fa del producte amb la necessitat que en té, millors resultats tindrà l'estratègia de màrqueting.

Estratègies de posicionament

Les empreses utilitzen moltes i variades estratègies de posicionament. Podem fer una primera aproximació diferenciant entre estratègies relacionades directament amb el producte o estratègies relacionades amb la marca:

- **Estratègia de posicionament relacionada amb el producte,** és a dir, amb alguna característica o propietat que té. Vegem-ne alguns exemples:
  - Basat en algun atribut específic: per exemple, la dimensió extraprima d'una càmera de fotos digital (innovació), la durabilitat d'una pila (eficàcia, seguretat)...

- Basat en els beneficis que ofereix, per exemple: ajuda a reduir el colesterol (seguretat), deixa la roba més blanca (eficàcia)...

- Basat en la seva comparació amb altres productes de la competència, per exemple: «Té més contingut en fruita que... » (eficàcia, seguretat), «Si troba un altre de menys preu li tornem la diferència» (econòmica).

- Basat en la recomanació d'especialistes, per exemple un determinat xampú que és recomanat per dermatòlegs (eficàcia).

- **Estratègia de posicionament relacionada amb la marca.** En aquest cas s'intenta identificar tots els productes d'una marca amb alguna idea. En aquest sentit podem veure exemples de diferents posicionaments de marca:

  - **Qualitat.** S'intenta associar la marca amb la qualitat; per exemple, Pascual va insisitir en el fet de la qualitat de la llet amb l'eslògan «La qualitat la nostra raó d'ésser», posteriorment amb els sucs Pascual aprofitava la imatge de marca i afirmava: «Si és Pascual ha de ser bo». La qualitat és un bon posicionament per a aquells que tenen principalment necessitat d'eficàcia i seguretat.

  - **Prestigi.** En aquest cas la marca aporta un fet diferenciador, només uns quants hi poden tenir accés; per exemple, la marca Mercedes de cotxe s'associa amb nivell econòmic elevat. Aquest posicionament anirà adreçat al públic amb necessitats de prestigi.

  - **Preu baix.** Algunes marques, com per exemple les del distribuïdor (Carrefour, Dia, Hacendado), són més barates que les d'altres productes substitutius. En aquest cas la necessitat que satisfà el consumidor és de tipus econòmic.

Exemples de posicionament de productes reals

El màrqueting és una ciència creativa i que recerca noves estratègies en funció dels canvis que es produeixen en les necessitats dels individus, que són il·limitades. Per observar aquest fet ara exposem alguns exemples reals de posicionament de productes o marques que s'adapten a diferents segments de mercat en funció de l'estratègia que apliquen:

Posicionament basat en el preu

El preu és una variable de màrqueting que influeix força en la decisió de compra dels consumidors; tot i que el preu baix és més assequible a una majoria de consumidors, també existeix el forat per a preu elevat.

Preu elevat: «1880: EL TORRÓ MÉS CAR DEL MÓN». Hi ha un sector important d'individus que valora els productes de major durada i qualitat. Per altra banda moltes famílies, al Nadal, quan es produeix un increment de la renda, volen posar a la seva taula productes que simbolitzen un major prestigi.

Preu baix. Els *hard discounts* com Lidl o Dia constitueixen un exemple de posicionament diferenciat orientat a captar segments emergents de clients disposats a sacrificar una bona ambientació en el punt de venda i a acceptar certes limitacions en l'amplitud de l'oferta a canvi de preus sensiblement baixos, sempre que mantinguin una qualitat suficient.

Posicionament basat en la individualització del servei

És el cas de Corporación Dermoestética, que ofereix una àmplia gamma de tractaments de medicina i cirurgia estètica en general. Cada persona que va al centre té una necessitat i motiu individual, per tant els tractaments s'han de fer a la mida del client tant des del punt de vista del servei que ofereix com del seu finançament (ofereixen la possibilitat de finançar els tractaments fins a 5 anys).

Posicionament basat en l'eficàcia

Les pastilles Calgon anticalç són presentades al públic com la marca recomanada pels fabricants de rentadores més prestigiosos; d'aquesta manera el públic triarà aquest producte quan per a ell sigui molt important l'eficàcia i la seguretat.

Un altre exemple dins d'aquest apartat són els cosmètics Max Factor, que presenten el producte com: «Max Factor: el maquillatge dels maquilladors». Amb això han aconseguit incrementar força les vendes, ja que els consumidors associen aquests productes a professionals i artistes coneguts arreu del món.

Posicionament basat en emocions

Associar una determinada marca o producte amb la idea de felicitat és fabulós. Quan et trobes bé, en una situació agradable, s'escau el consum del producte, però si et trobes malament llavors el producte es pot convertir en el remei per combatre l'estat de desànim.

En un estudi de mercat es demostrava que la marca que els consumidors associaven més a la felicitat és la Coca-Cola. Segurament això no és casualitat. Des de sempre Coca-Cola ha utilitzat eslògans com «L'espurna de la vida», «Missatge de pau»... i en la campanya de Nadal del 2007 un espot denominat «Fàbrica de felicitat». Podria ser que la marca intenta reforçar aquest fantàstic posicionament amb aquest espot.

Activitats

1> Argumenta la importància del posicionament d'un producte en el mercat.

2> Com valores el fet que en una campanya publicitària d'un producte et diguin que els experts el recomanen?

13.2 El pla de màrqueting

El pla de màrqueting és l'instrument concret per dirigir i coordinar l'esforç de màrqueting de l'empresa.

> El **pla de màrqueting** és un document pel qual es regula tota la política comercial de l'empresa: objectius, accions concretes i calendari en què es durà a terme cadascuna.

Abans d'establir qualsevol pla de màrqueting cal tenir present que per sobre de qualsevol objectiu de mercat es troba la finalitat de l'empresa. L'alta direcció estableix el marc general per a l'elaboració del pla: els objectius estratègics globals, és a dir, definició del negoci en el qual l'empresa se situa i definició del mercat al qual cal dirigir-se i el posicionament que vol tenir en aquest mercat.

Etapes del pla de màrqueting

1. Anàlisi de la situació i anàlisi DAFO.
2. Determinació dels objectius.
3. Elaboració i selecció d'estratègies.
4. Pla d'acció.
5. Elaboració del pressupost.
6. Mètodes de control.

1. **Anàlisi de la situació.** Cal recopilar, analitzar i avaluar dades bàsiques per a la correcta elaboració del pla tant des del punt de vista intern com extern. Aquesta anàlisi implica una sèrie de passos:

   a) Anàlisi d'actuacions dutes a terme per l'empresa en períodes anteriors: causes dels bons o mals resultats obtinguts, anàlisi del comportament de la força de les vendes (comercials).

   b) Estudi de l'entorn: situació socioeconòmica, normativa legal, tendències, aparició de nous segments de mercat.

   c) Imatge de l'empresa, dels productes, del sector...

   d) Qualificació del personal: equip directiu, col·laboradors externs, venedors...

   e) Xarxa de distribució: tipus de punt de venda, qualificació professional, logística...

   f) Competència: quota de mercat, posicionament, serveis que ofereixen...

   g) Producte: tecnologia desenvolupada, gamma actual, costos, preus, marges, terminis d'entrega...

   Amb tota la informació es fa una anàlisi DAFO; es tracta d'una anàlisi sobre la viabilitat comercial estudiant els factors que poden tenir influència en el seu èxit. Aquestes són les fortaleses i debilitats que sorgeixen de l'avaluació interna de la

companyia i les oportunitats i amenaces que provenen de l'entorn, en el moment actual o que poden venir en un moment futur. Per això DAFO és l'acrònim format per **d**ebilitats, **a**menaces, **f**ortaleses i **o**portunitats.

És important percebre de quina manera el context exerceix un impacte sobre l'empresa, com controlar-ho, i tractar de convertir les debilitats i amenaces en fortaleses i oportunitats o almenys neutralitzar-les.

L'**anàlisi DAFO** consisteix fonamentalment a intentar relacionar un punt fort amb una oportunitat de negoci i fugir de la situació en què es donin alhora una debilitat i una amenaça, tal com es reflecteix en la taula següent:

	Debilitats	*Fortaleses*
Amenaces	**PERILL**	**?**
Oportunitats	**?**	**ÈXITS**

Exemple 1

En aquesta taula es presenten possibles exemples que una empresa pot detectar en una anàlisi DAFO

Debilitats	**Amenaces**
■ Falta de capital de treball ■ Recursos humans insuficients, sense formació i totalment desmotivats ■ Missió i objectius poc clars sense planificació ni control ■ Tecnologia obsoleta ■ Marca i productes mal posicionats	■ Aparició de productes substitutius ■ Aparició de productes importats ■ Ús de matèries primeres no renovables
Fortaleses	**Oportunitats**
■ Abundància de factor treball ■ Recursos humans ben capacitats i motivats ■ Missió i objectius definits ■ Tecnologia d'última generació ■ Marca i productes ben posicionats	■ Mercat en creixement ■ Pujada dels aranzels d'importació ■ Possibilitats d'exportar

2. **Determinació dels objectius.** Tota la informació anterior permetrà elaborar els objectius que es pretenen aconseguir en el període de vigència del pla. Els objectius poden fer referència al posicionament, a les vendes i a la viabilitat econòmica (benefici).

   Els objectius han de ser mesurables i realistes. Es poden classificar en:

   a) Objectius quantitatius. Previsió de vendes, percentatge de beneficis, captació d'un nombre determinat de nous clients...

   b) Objectius qualitatius: reforçar o implementar un posicionament, millorar la imatge, major reconeixement, millora professional dels venedors... (Per fer un seguiment del compliment de l'objectiu qualitatiu s'hauran d'aplicar mesures de quantificació, com per exemple enquestes).

3. **Elaboració i selecció d'estratègies.** Les estratègies són els camins o les actuacions que ha de fer l'empresa per aconseguir els objectius previstos. Els passos que s'han de seguir per triar les estratègies es fonamenten en:

   a) Definició del públic objectiu.

   b) Plantejament general i objectius específics de les diferents variables del *marketing mix* (producte, preu, promoció, distribució...).

   c) Valoració global del pla, elaboració del compte d'explotació provisional per analitzar la viabilitat econòmica del pla.

   d) Designació del responsable o dels responsables que tindran al seu càrrec la consecució del pla.

Exemple 2

Aquí presentem alguns exemples d'estratègies que es poden plantejar en un pla de màrqueting:

- Eliminar productes que presenten menys rendibilitat.
- Modificar algun atribut del producte.
- Tancar les delegacions menys rendibles.
- Modificar els canals de distribució.
- Millorar l'eficiència de la producció.
- Reduir el termini de lliurament.
- Retirar-se d'algun mercat seleccionat.
- Ampliar la cartera de productes.
- Donar suport a la venda dels productes més rendibles.
- Centrar-nos en els canals més rendibles.
- Especialitzar-se en certs productes o mercats.
- Realització de campanyes promocionals.
- Elecció del mitjà de comunicació més adequat.
- Actuacions en la xarxa de vendes.

4. **Pla d'acció.** Són les accions concretes que s'han de posar en pràctica per aconseguir el que es pretén amb l'estratègia. Les tàctiques que es posin en marxa han d'estar relacionades amb les variables de màrqueting:

   a) Producte: eliminació, modificacions, llançament, creació de noves marques, nous envasos o mides.

   b) Preu: revisió dels preus actuals, canvi en polítiques de descomptes, incorporació de descomptes quan s'arriba a una quantitat de vendes (ràpel)...

   c) Promoció: llançament d'una campanya publicitària, aplicació de promocions, millora de la pàgina web...

   d) Sobre els canals de distribució: entrada a Internet, suport a minoristes, obertura de nous canals, millora en el termini de lliurament, subcontractació del transport.

   Totes les accions que es vulguin dur a terme han d'estar en relació amb el posicionament, els mitjans humans i els recursos materials de què disposa l'empresa, i ha de quedar clar el grau d'implicació i responsabilitat de cada persona que participa en la realització del pla.

5. **Elaboració del pressupost.** És la quantificació de l'esforç que suposarà per a l'empresa la realització del pla. L'aprovació del pressupost estarà supeditada a la viabilitat del pla, és a dir, a la possibilitat d'obtenció de beneficis, i implicarà l'autorització per a l'ús dels recursos econòmics.

   Quan la direcció de l'empresa aprova el pla de màrqueting, implica que l'accepten tots els departaments que formen l'empresa i, per tant, suposa el compromís de tots de complir els objectius que s'hi marquin.

6. **Mètodes de control.** Permetran saber el grau de compliment dels objectius a mesura que es van aplicant les estratègies i accions concretes definides. Amb el control es poden detectar possibles errades i desviacions i es poden aplicar mesures correctores de manera immediata. En cas que no s'efectuï control, caldria esperar al final de la vigència del pla i veure si s'ha acomplert o no l'objectiu; en aquest cas, però, ja seria tard per aplicar mesures correctores.

El pla de màrqueting es realitza per a un període de temps determinat: un semestre, un any...

Exemple 3

La millor manera de comprendre en què consisteix un pla de màrqueting és veure'n una aplicació concreta. Vegem per mitjà d'un exemple com el planifica l'empresa fictícia següent.

L'empresa Hankil, SA és un fabricant de productes de neteja. El responsable de producte de detergent per a la roba ha de preparar un pla a llarg termini que s'ajusti als objectius financers de l'empresa. El seu objectiu principal és incrementar la quota de mercat i el benefici en un 10 %.

PLA DE MÀRQUETING

1. Anàlisi de la situació i DAFO:

   L'exercici anterior va acabar amb un 1 % d'increment del benefici i un estancament de la quota de mercat dels productes de Hankil per rentar la roba. Una anàlisi de mercat revela que la gamma de productes que ofereix la companyia és limitada: dos detergents per a rentadora (líquid i en pols) i un per rentar a mà (en pols).

   La competència en aquestes especialitats és alta, i el marge de benefici, petit. La mateixa anàlisi de mercat mostra la bona acceptació que està tenint un detergent en pastilles fabricat per una empresa petita, competidora de Hankil.

2. Determinació d'objectius:
   - Vendre deu milions d'unitats del producte nou al cap d'un any.
   - Posicionar el producte nou com a detergent de qualitat que té cura del medi ambient.

3. Elaboració d'estratègies:
   - El públic objectiu de la nova gamma està format per un client més exigent i ecològic, que està disposat a pagar un preu més alt.
   - La distribució seguirà les vies habituals, però s'espera una reducció del 3 % en els costos de distribució i emmagatzematge.
   - S'augmentarà un 10 % el preu de la gamma nova, que es considera suficient per compensar la disminució de les vendes de la gamma clàssica, la inversió en publicitat i els beneficis esperats per la companyia.

4. Pla d'acció:
   - Es mantindrà la gamma actual de productes, ja que té una clientela fidel, i es llançarà un producte nou que consistirà en una gamma de detergent en pastilles per a rentadora.
   - El producte nou constarà de tres presentacions: pastilles per a la roba de color, pastilles per a la roba blanca i un esprai per a les taques difícils. Les pastilles es presentaran en bosses de dues (dosi per a una rentada) i envasades en un paquet de 40 o 60 pastilles. El nom de la gamma serà *La pineda*, per reflectir una idea ecològica. A més, un envàs en tonalitats verdes reforçarà aquesta idea.
   - El preu serà de 3,50 € el paquet de 40 pastilles, 5,10 € el paquet de 60 pastilles i 1,50 € l'esprai.
   - Promocions. Es premiarà la fidelitat dels clients de la gamma clàssica amb dues campanyes promocionals basades en descomptes en el punt de venda, però sense inversió en publicitat ni en marxandatge. Aquests recursos econòmics es destinaran al llançament del nou producte. En el primer i tercer trimestre del període de promoció es realitzarà una campanya agressiva de presentació del nou producte amb bustiada, anuncis a la televisió i exposició dels productes en llocs propers a les caixes de pagament en grans superfícies i mitjanes. Es destacarà l'eficàcia, l'adaptació a cadascuna de les necessitats de rentada, la comoditat de transport i emmagatzematge i el respecte a la naturalesa, perquè s'utilitza la dosi exacta de detergent a cada rentada i perquè conté essències naturals.
   - Distribució: es manté el canal de distribució llarg amb un majorista intermediari.

5. Elaboració del pressupost: les despeses en promocions i campanya publicitària seran compensades per la disminució dels costos d'emmagatzematge i transport i l'increment del preu del producte nou.

6. Mètode de control: anàlisi trimestral de les vendes per zones geogràfiques. Anàlisi del resultat de les diferents campanyes de promoció dutes a terme.

   La direcció aprova el pla de màrqueting i acorda amb el departament de fabricació dedicar una línea de producció i empaquetament a la nova gamma.

Implantació i viabilitat d'una planta de prefabricats de formigó per a naus industrials a Mallorca

L'empresa Tubos y bloques Fiol SA, fabricant de prefabricats de formigó, detectà la possibilitat d'ampliar el seu negoci incloent a la seva oferta una nova gamma de productes: els elements necessaris per a la construcció de naus industrials. L'objectiu d'aquest projecte és tant verificar la viabilitat de la idea com la realització del «projecte bàsic» per a la implantació de l'activitat. Inicialment s'analitzà la idea de negoci mitjançant la metodologia DAFO (debilitats, amenaces, fortaleses i oportunitats) per tal d'establir l'estratègia que calia seguir. A continuació es va dur a terme un estudi de mercat on s'analitzaven tant la competència existent com la demanda del mercat de l'edificació a Mallorca.

Igualment, es realitzà un sondeig a la cartera de clients de l'empresa i, alhora, es buscaren nous clients potencials. Com a fruit d'aquest primer estudi, quedà palesa la bona acollida del nou producte, donant continuïtat al projecte.

Arribats en aquest punt, s'inicià la descripció de l'activitat. Per tal de determinar els recursos i les instal·lacions necessaris per al seu desenvolupament, es van realitzar els diagrames de procés i de flux, una taula relacional d'activitats i altres diagrames pertinents.

Com a resultat s'obtingueren diferents propostes, de les quals se seleccionà la distribució en planta definitiva. El polígon Ses Veles, al terme municipal de Bunyola (Mallorca), fou el seleccionat per a la implantació. Es tracta d'una zona industrial de nova construcció. Per adquirir aquesta parcel·la i fer front a la gran inversió inicial, es realitzà una ampliació de capital. Paral·lelament es desenvolupà l'estudi de la viabilitat econòmica de l'activitat, per tal de determinar la millor manera de dur a terme el negoci.

Aquest estudi inclou el balanç de situació, el compte P&G i el pressupost de tresoreria, en tres escenaris diferents (pessimista, normal i optimista). Com a resultat de l'estudi de mercat se n'extragué una demanda real que supera els dos anys de feina. Havent realitzat l'estudi tècnic, s'aconseguí la millor distribució en planta per a la parcel·la seleccionada. D'altra banda, l'estudi econòmic reflectí la viabilitat del negoci, amb un benefici diferencial satisfactori.

Irene Fiol Bonnín
Clàudia Valentí Campderrós

http://bibliotecnica.upc.es/pfc/mostrar_dades_PFC.asp?aneu=36297
Pertany a: Universitat Politècnica de Catalunya (UPC) - PFC/TFC/Tesines

- A què es dedica aquesta empresa i què pretén actualment?
- Quin és l'objectiu d'aquest projecte?
- Què pretén l'anàlisi de mercat?
- Quina és la conclusió de l'estudi?

Activitats

3> Creus que el departament de màrqueting ha de prendre la decisió d'implementar un pla concret sense comunicar-ho a la resta de l'empresa? Raona la resposta.

4> En grups de tres a cinc alumnes elaboreu un pla de màrqueting per a una empresa de joguines que desitja incrementar les vendes de jocs de taula, i confeccioneu una presentació en PowerPoint per mostrar-la als companys de classe.

Activitats finals

1> A partir dels resultats d'un estudi realitzat per Sondea en el qual es preguntava als enquestats «De les marques (20 en total) següents digues les cinc que més s'associen a moments feliços i, per tant, directament a la FELICITAT». Els resultats es mostren a la taula següent:

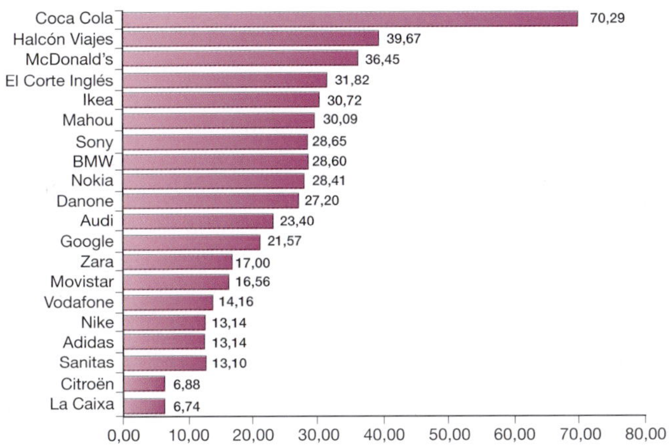

Es demana:

a) Creus que aquests resultats són fruit de la casualitat? Per què?

b) Creus que és adequat l'espot de Coca-Cola «Fàbrica de la felicitat»?

2> Ferrero, una marca de bombons, opta per la retirada del mercat durant els mesos d'estiu dels seus productes «estrella»: Ferrero Rocher i Mon Cheri. Tant en el moment de la retirada com en el de la reincorporació d'aquests productes en el punt de venda aprofita per fer campanyes publicitàries. Quin posicionament pretén aquesta marca amb aquest fet?

3> Nestlé, amb la seva Caja Roja, ha aconseguit mantenir-se en el mercat, creant nous formats (per exemple la Caja Roja dissenyada per Roberto Verino), fent edicions especials en determinats esdeveniments (per exemple l'aniversari Gaudí), canvia el gust i la forma dels bombons... Què opines de l'estratègia d'aquesta empresa amb aquest producte?

4> Imagina't que ets l'encarregat de definir el millor posicionament per al teu producte: es tracta d'un iogurt baix en calories i amb bífids. Quin creus que seria el segment de mercat més adequat per al teu producte?

5> Quin és el posicionament de la roba Lacoste? Quines diferències trobes amb la roba Bershka?

6> La marca d'òptiques Alain Affelou ha dissenyat una reeixida campanya promocional en la qual, comprant unes ulleres, se'n poden tenir unes segones només pagant un euro més. Argumenta punts a favor d'aquesta campanya.

7> A partir d'un estudi sobre el perfil de consumidors de cotxes durant un determinat any es van obtenir els resultats següents:

- Pel que fa a l'edat, un 40 % dels que compren un cotxe tenen menys de 29 anys, encara que és possible que el finançament els hagi proporcionat una persona més gran.
- Pel que fa al sexe, al voltant del 75 % dels compradors de cotxes són homes.
- Pel que fa als ingressos, s'observa que hi ha vendes de cotxes en proporció semblant per diferents nivells de renda. (L'estudi no informa del tipus de cotxe que es compra ni de qui ha finançat l'adquisició.)

Tenint en compte les dades anteriors, estableix quin seria el public objectiu si et dediquessis a la venda de cotxes.

8> Considerem les marques de cotxes següents: Audi, Ford, Renault, Peugeot, BMW, Mercedes i Opel. Si definim dos grups A i B:

- Grup A: representa els consumidors de cotxes cars, excel·lents i distingits, ja que s'associen amb variables: «Motors d'altes prestacions, varietat on triar, qüestions tècniques superiors, servei postvenda i reputació».
- Grup B: representa els consumidors de cotxes amb les mateixes variables que els anteriors però amb un preu més assequible.

A partir de la imatge de marca que tens i sense fer un estudi de preus, separa les marques en els grups A i B.

9> Explica les diferències fonamentals entre objectius, estratègies i pla d'acció que apareixen en el pla de màrqueting i posa un exemple.

10> Imagina't que ets una petita empresa dedicada a tractaments d'estètica i salut, concretament depi-

lació corporal i massatges. Escriu un possible objectiu que es podria plantejar i tres estratègies per aconseguir-lo.

11> L'empresa de distribució Mercadona fonamenta la seva estratègia en quatre elements: un model operatiu força eficient, una política de «sempre preus baixos» sense utilitzar promocions, un elevat desenvolupament de la marca pròpia (Hacendado, El bosque verde...) a partir d'acords a llarg termini amb proveïdors i una cartera de productes relativament àmplia. Aquesta empresa ha aconseguit un important creixement en els últims períodes sense utilitzar gaire més publicitat que les bosses que porten els clients quan surten de l'establiment. Quin posicionament creus que ha assolit aquesta empresa en el mercat?

12> En l'elaboració d'un pla d'empresa, quin paper té l'anàlisi DAFO?

13> Per què és important el control en un pla d'empresa?

14> Al mercat es poden trobar motxilles per menys de 20 euros.

a) Per quins motius creus que molts joves utilitzen, per exemple, motxilles de la marca Eastpak, que tenen un preu significativament superior? Creus que és pel seu posicionament de motxilla dura i resistent, o per la identificació de grup?

b) Què creus que passaria amb les marques més cares si abaixessin els seus preus i els posessin al nivell de la mitjana del mercat?

15> La marca Flora ha iniciat la campanya «Estima el teu cor», que pretén conscienciar la població de la importància de tenir un cor sa. La campanya té dos objectius principals: fidelitzar els consumidors i clarificar el posicionament de Flora com una marca que té en compte la salut vascular.

L'acció busca comunicar el posicionament de Flora («cura cardiovascular») amb regals de temàtica «cor»; amb la intenció d'incentivar els consumidors a participar es planteja l'esquema: «regal segur + regal al qual es pot aspirar». En aquest cas, si s'envien tres proves de compra de qualsevol varietat de margarina Flora per correu tindràs un regal segur, a triar entre: una torradora que deixa gravat el dibuix d'un cor a la torrada, un MP3 amb forma de cor, o un *set relax* de sals i gel de bany amb un coixí en forma de cor i un penjoll també en forma de cor. A més, hi ha un sorteig mensual d'un viatge al cor d'Europa.

L'acció està comunicada en tots els *packs* de totes les varietats de margarina Flora.

a) Quin és el posicionament del producte que es pretén en aquesta campanya?

b) Quantes polítiques de màrqueting veus aplicades en la campanya?

c) Quines parts del pla de màrqueting hi veus reflectides?

16> Tria la resposta correcta entre les següents:

a) L'anàlisi DAFO consisteix fonamentalment a intentar relacionar un punt fort amb una oportunitat.

b) Els objectius que s'estableixen en un pla de màrqueting sempre han de ser quantitatius.

c) Un exemple d'objectiu que es planteja l'empresa en un pla de màrqueting és modificar els canals de distribució.

Comprova el teu nivell

1> Qui decideix el posicionament del producte?

a) Els consumidors.

b) Els distribuïdors del producte.

c) L'empresa.

d) La competència.

2> Un exemple de posicionament de marca és:

a) Qualitat suficient a preu baix.

b) Gamma àmplia de productes.

c) Retribucions elevades als seus treballadors.

d) Deslocalització de la producció.

3> Quin posicionament pretén aconseguir un producte que reforça en la seva campanya de comunicació que es tracta d'un producte recomanat per experts?

a) Preu baix.

b) Eficàcia.

c) Qualitat.

d) Les opcions *b)* i *c)* són correctes.

4> Un exemple de posicionament de producte seria:

a) Una innovació.

b) Superioritat respecte d'un altre competitiu.

c) Un benefici que aporta per a la salut.

d) Totes les opcions anteriors.

5> Quan algú es compra una marca de roba cara, quina necessitat satisfà?

a) Primària o bàsica.

b) Prestigi.

c) Seguretat.

d) Econòmica.

6> Quina necessitat se satisfà, possiblement, amb la compra d'un 4x4 per anar per carretera?

a) Fisiològica.

b) Econòmica.

c) De seguretat.

d) No es satisfà cap tipus de necessitat.

7> El pla de màrqueting ha de tenir en compte:

a) L'opinió dels treballadors de l'empresa.

b) Els objectius generals marcats per l'alta direcció de l'empresa.

c) L'opinió dels sindicats.

d) Que la durada ha de ser sempre d'un any.

8> En el pla de màrqueting:

a) Ha d'estar perfectament definit el posicionament.

b) Només intervé el departament comercial en la seva execució.

c) S'aprova encara que hi hagi dubtes sobre la seva viabilitat econòmica.

d) Pot intervenir el sector públic en la seva aprovació.

9> Una empresa que posiciona el seu producte com qualitat a preu alt:

a) Incrementarà les seves vendes quan hi hagi una disminució de la renda de les famílies.

b) Incrementarà les seves vendes quan hi hagi un augment de la renda de les famílies.

c) La xifra de vendes no es modifica amb la renda.

d) Tindrà èxit en períodes de recessió econòmica.

10> Els objectius establerts en el pla de màrqueting:

a) Tenen en compte els resultats de l'anàlisi DAFO.

b) Són independents dels objectius generals de l'empresa.

c) Poden ser quantitatius o qualitatius.

d) Les opcions *a)* i *c)* són correctes.

Conceptes bàsics

El **posicionament d'un producte** és la imatge que en té el subjecte al qual va adreçat comparat amb altres productes de la competència o amb d'altres productes venuts per la mateixa empresa.

El **procés de posicionament** és el conjunt d'etapes que s'han de seguir per posicionar un producte. Són: segmentació del mercat, avaluació de l'interès que pot tenir cada segment en el producte, selecció del públic objectiu, identificació de les possibilitats de posicionament i selecció i desenvolupament d'un concepte de posicionament.

El **pla de màrqueting** és un document pel qual es regula tota la política comercial de l'empresa: objectius, accions concretes i calendari en què es durà a terme cadascuna.

Les **etapes que formen un pla de màrqueting són:**

- Anàlisi de la situació i anàlisi DAFO.
- Determinació dels objectius.
- Elaboració i selecció d'estratègies.
- Pla d'acció.
- Elaboració del pressupost.
- Mètodes de control.

L'**anàlisi DAFO** és el conjunt de debilitats, amenaces, fortaleses i oportunitats que se li presenten a l'empresa en un moment determinat.